JN024729

最新・社会調査への アプローチ

—— 論理と方法 ——

大谷信介/木下栄二/後藤範章/小松 洋

|編著|

ミネルヴァ書房

最新版の刊行にあたって

　本書の原点となっている『社会調査へのアプローチ』初版が発行されたのは，1999年11月20日であり，その原稿を作成するための第1回「社会調査法研究会」が開催されたのが1994年10月24日であった。初版作成にとりかかって以来，約30年の月日が経過したことになる。この30年間で，社会調査をめぐる状況は，劇的に変化してきた。携帯電話・インターネット・ＰＣ環境の進展によって社会調査の方法は，大きく変化してきている。その一方で，プライバシー意識の高揚にともなって，調査拒否の増加，回収率の低下，公的名簿の閲覧制限等，社会調査を実施する環境は年々悪化してきているのが実情である。

　そんな中で，「社会調査士」認定事業は，全国の大学で制度として定着していった。初版執筆当時，関西学院大学・桃山学院大学をはじめ関西の6つの大学で，教授会認定というレベルで制度化されていた「社会調査士」制度は，2003年11月26日に，日本社会学会・日本教育社会学会・日本行動計量学会の3学会を構成団体として「社会調査士資格認定機構」が発足し，全国制度となった。その後2008年4月に一般社団法人「社会調査協会」として法人化し，今年機構発足20周年を迎えるに至っている。発足当初69大学であった認定校は201大学へ，年間167人であった調査士認定者は2571人へと拡大し，20年間累計で40292人の「社会調査士」，3696人の「専門社会調査士」が誕生してきたのである（2022年度終了時点の数字）。

　資格認定制度が定着してきた一方で，一般社会での「社会調査」の重要性に対する認識は，必ずしも普及してこなかったのが実情である。特に政府や地方自治体では，毎年数多くのアンケート調査が実施されながらも，それらの質的向上がほとんど進展してこなかった。そうした状況を象徴したのが「厚生労働省統計不正問題」の発覚であった。社会調査協会は，2019年2月15日に「統計不正問題と公的統計調査のありかたについて」という理事長声明をまとめ，公表した。そこで特に主張されたのが，統計不正問題の背景に「社会調査プロセス」の軽視という問題点があったという指摘であり，今後，「日本の統計調査への一般的な信頼を高めていくために，社会調査協会が協力を惜しむものではない」という決意表明であった。

最近になって，政府や自治体においても徐々にではあるが「社会調査」の重要性が認識されるようになってきている。総務省自治大学校では，2019年度より研修科目として「社会調査の方法」という科目を新設した。また，川崎市と社会調査協会との間では，「川崎市アンケート調査支援モデル事業」というアドバイザー派遣事業を開始することになった。国が提唱する「証拠に基づく政策立案（EBPM=Evidence-Based Policy Making)」を実質化していくためには，今後さらに「社会調査」の知見が必要不可欠となっていくと思われる。

本書は，初版（1刷：1999年11月20日，13刷：2003年9月30日）の改訂としての第2版（1刷：2005年2月20日，9刷：2012年3月30日），さらにその改訂である，『新・社会調査へのアプローチ──論理と方法』（1刷：2013年4月20日，11刷：2022年12月30日）につづく3度目の全面改訂版である。時代に合わせて3度全面改訂をしてきたが，社会調査への考え方，編集方針は，初版を基本的に踏襲している。本書の編集方針は，「初版はじめに」の以下の記述を全く受け継いでいる。

本書の構成は，基本的に次の2つの側面を重視して編集されている。それは，①「講義（「社会調査論」等）のテキストとして実際に使いやすい本」という側面と，②「学生が実証的な調査（卒論）研究を独学で進めていける本」という側面である。前者の側面としては，「ワーディングの実例や「コラム」を多用するなど，社会調査に関する情報を満載すること」を特に重視した。採用する事例や素材としては「学生にとって身近で，興味を持つような素材」「世間やマスコミ等の社会調査の実状が理解できる素材」「社会調査実習等で実際に学生が実践してきた素材」等を積極的に活用するように心がけた。後者の側面で考慮したのは，「調査の重要ポイントとなる，問題意識から仮説構成をする調査企画・設計段階をできるだけわかりやすく，かつ量的・質的どちらの調査の場合も具体例を挙げて説明していくこと」「実際調査を進めていく上での，作業やそこでの実践的ノウハウについても積極的に言及していくこと」等の点であった。

また編集方法は，第1回「社会調査法研究会」以来，約30年にわたって踏襲してきた「研究会の議論に基づく担当執筆制」を今回も採用した。担当執筆制については，本書の最もこだわっている考え方でもあるので，少々長い引用になるが「初版はじめに」の記述を再録しておきたい。

この研究会が最もこだわった点は，テキスト作成にあたって「分担執筆制」をとらないという合意であった。分担執筆制は，多くの分野のテキストや専門書（えらい先生の退官記念・還暦記念論文集等）で使われてきた手法である。この手法では，編者が章別構成・執筆者・締切を決め，各々の原稿をまとめて出版するという形が多くとられてきた。それぞれの章は，基本的に分担執筆者の責任という形で処理され，議論をして全体的調整を図るということはあまりされないため，統一性に欠けたり，章毎に出来・不出来がはっきりした出版物になる場合が多かったといえる。分担執筆制のいいところは，おそらく「出版までの時間や労力があまりかからないこと」「多くの執筆者がテキストとして使用することによって出版社の営業面で利点があること」等，著者サイドのメリットばかりで，テキストを買わされる学生側の立場から考えると多くの問題を抱えていたといわざるをえなかった。実際本研究会のメンバーのほとんどがこうした分担執筆制で本を出版してきた経験を持っており，日本の出版界では決して珍しいことではないことも事実である。

しかし本書に関しては，あえて分担執筆制とは異なる方式（われわれは「担当執筆制」と命名している）でテキストを創っていこうと挑戦したのである。担当執筆制とは，執筆者それぞれに担当する章は決めるが，担当執筆者が書いた原稿は，研究会メンバー全員が議論をして修正し，内容についてはメンバー全員が責任を負うという方式である。

具体的には，①各人が講義でどのようにそのテーマを教えているかを発表し合う。②担当執筆者を中心として，既存の「社会調査テキスト」がそのテーマをどのように取り扱ってきたかを報告し，その問題点をメンバー全員で議論する。③それらの議論をふまえて，担当執筆者が原稿を執筆する。④その原稿をもとに，議論をしながら修正を繰り返していく，といった一連の手順によって各章を執筆していったのである。

今回の改訂作業では，次の2点を特に重視して編集にあたった。

①本書執筆グループが2016-22年度に受給した科研費基盤研究（A）「政策形成に貢献し調査困難状況に対応可能な社会調査方法の研究」の研究成果をテキストに反映させること。特に2017年に実施した「愛媛・長崎県民生活実態調査」と2019年に実施した「川崎・神戸・福岡市民生活実態調査」では，政府統計調査の問題点を克服するための，実践的調査票の開発や調査方法の実験的試みに数多く挑戦してきた。そこでの研究成果をテキストの中に数多く組み入れ

た。第1回目の改訂版では，2000-03年の基盤研究（B）「実践的社会調査教育方法構築のための実証的研究」，第2回の改訂版では，2005-08年の基盤研究（A）「危機的調査環境下における新たな社会調査手法の開発」といったように，本書には，本書執筆グループを中心とした3度の科研費基盤研究での研究成果が反映されている。

　②『新・社会調査へのアプローチ』が，400頁と分量が多く，テキストとして持ち歩くのに不便であった点を改善すること。またコラムができるだけ頁をまたがないようにしたり，部分的にフォントを変えたりする等の工夫によって，読みやすい編集を心がけた。

　今回の改訂に向けた研究会がスタートしたのは，2019年12月26日京都での対面の研究会からであった。2020年は新型コロナウイルス感染症のパンデミックで，メンバー全員オンライン講義や授業対応に追われ，第2回研究会が実施できたのは，2021年2月27日であった。その後およそ2カ月に1回，土曜の朝4時間のZoomによる研究会を実施して，原稿執筆・編集の議論を積み重ねてきた。多岐にわたる議論を経て完成稿に仕上がるまで，2019年に1回，2021年に7回，2022年に8回，2023年に4回，計20回の研究会が実施された。本執筆メンバーが妥協を許さず「いい本」を作ろうとしてきた姿勢は，初版以来30年間継続してきたことである。この研究会には，科研費基盤研究のリサーチアシスタントであった松川尚子氏（現 神戸学院大学准教授）が毎回参加し，貴重なコメントをしてくれた。特に若手・女性の視点からのコメントはとても参考になった。

　今回の最新版が，初版（13刷），第2版（9刷），新版（11刷）と同様，多くの読者に読んでいただき，日本の社会調査の質的向上に役立っていくことができるとすれば，執筆者一同幸いである。

　この本が，初版以来多くの研究会と議論を展開して作成することができたのは，ミネルヴァ書房の杉田啓三社長の全面的な支援のおかげである。遅々とした研究会に最後まで参加し，編集作業を忍耐強く進めていただいた編集部の岡崎麻優子氏とともにこの場をお借りしてお礼を申し上げたいと思う。

　　2023年6月3日

　　　　　　　　　　　　　　　　執筆者を代表して　大 谷 信 介

<h1 style="text-align: center">目　　次</h1>

最新版の刊行にあたって

第Ⅰ部　社会調査の論理

●コラムの執筆担当者

S. O. = 大谷信介　　E. K. = 木下栄二

N. G. = 後藤範章　　H. K. = 小松　洋

第 I 部

社会調査の論理

第1章

社会調査へようこそ

要点 社会調査へようこそ。世はまさに社会調査花盛り。社会調査は特別な人の特殊な知識ではない。我々すべてが「する人」「読む人」「使う人」そして「協力する人」として、日常的に社会調査に関わりをもっている。社会調査の基礎知識は、現代を生きるための必須アイテムである。

　本章では、社会調査の概要、歴史、そして抱えている問題点を整理して、社会調査とは何であって、それを学ぶ意義が何であるのかを考えてみよう。

➤**キーワード**：社会調査，アンケート，プライバシー，誤差，ステレオタイプ，
　　　　　　　予言の自己成就，アナウンスメント効果

① 社会調査の時代

（1）調査！ 調査！ 調査！

　「社会調査なんて俺には関係ないよ」と思っているそこの人，そんなことでは現代を生きる立派な市民になれないよ。手始めに新聞でもテレビでもウェブでもちょっと見てみよう。「（安倍元首相）国葬「評価しない」57％　旧統一教会への対応は？　NHK 世論調査」（NHK），「カジノ含む統合型リゾート，反対が賛成上回る　大阪ダブル選世論調査」（朝日新聞社），「「ひきこもり」全国146万人，5人に1人がコロナ理由　内閣府調査」（内閣府），「物価上昇（値上げ）に消費者はどのように行動したのか？——長期変化に着目して消費者行動を紐解く」（マクロミル）など，ちょっと見ただけでも，さまざまな問題に対する，さまざまな調査主体による調査結果が紹介されている。

　また，人生を振り返ってみれば，一度くらいは調査に協力したことを思い出すだろう。たとえば，街角でいきなりアンケートへの協力を求められたり，いつの間にかスマホにアンケート協力依頼のメールが来ていて鬱陶しかったりした経験はないだろうか。あるいは教室で，授業評価だの学校評価だの，その他諸々の名目で調査票を配られた記憶があるかもしれない。長い人生，これからも調査はいろいろな形できみにまとわりつくことだろう。

逆に言えば，それだけ多くの調査があれば，きみが調査をする立場になる可能性だって高い。実際，公務員だろうが会社員だろうが，いつ調査の担当にさせられるか知れたものではない。さらに現代は EBMP（Evidence-based policy making：証拠に基づく政策立案）の時代，調査データも使いこなせないようでは，企画立案も政策決定もおぼつかなければ，プレゼンテーションで他企業に勝てるわけもない。

（2）社会調査は現代人の必須アイテム

まさに現代は調査の時代，社会調査は社会学の単なる一技法ではない。地方自治体から国家までのさまざまなレベルでの政策決定にも，企業の営業方針の作成にも，そして我々の生活のあらゆる局面において，もはや無視することのできない重要な社会現象である。

「どうして社会調査がそんなに盛んなのよ？　面倒くさいし迷惑だ！」とお怒りの人もいるかもしれないが，そんなことでは現代社会を生きる資格がない。現代は民主主義の時代，すべての人が平等に社会に参加しなければならない。参加する以上は，「社会はどうなっているのか」という社会的現実も知らねばならない。社会的現実を知ろうともしないで，あなた一人の思いこみで生きていけるほど世の中甘くはない。では，どうやって社会的現実を知るか？　現代は人間も多いし，社会のありようもとても複雑だ。複雑怪奇な現代社会の現実を描き出すために，社会調査は有力な武器となる。

だからこそ，社会調査についての正しい理解が絶対に必要となる。間違った

Words　アンケート

アンケート（enquête）：フランス語に起源をもつアンケートという言葉は，日本ではさまざまな意味で用いられている。「ある特定分野によく通じた専門家を対象としておこなう調査法」と限定的に用いる立場もあれば，「実査をともなう調査」すべてを指して使う立場もある。実際には，これらの中間の立場にたって「調査票を用いる調査」すべてをアンケートと呼ぶことが多いようであるが，本書では混乱している言葉の使用をさけて，「調査票を用いる調査」のことを調査票調査と呼んで，アンケートという言葉は使わないことにする。

また，調査票そのものを指してアンケートと呼ぶ人もいるが，調査票は英語もフランス語も "questionnaire" であるので，それは間違いである。調査票を指してアンケートという言葉を使う場合は，せめてアンケート用紙，アンケート票などと呼ぶべきである。

やり方，いい加減なやり方では社会的現実を正しく捉えることはできない。また，調査結果を読み間違えて社会的現実をわかったつもりになっていたら大馬鹿者だ。社会調査とは特別な人のための特殊な知識ではない。すべての人が，「する人」，「読む人」「使う人」そして「協力する人」として社会調査に関わっている。社会調査に関する基礎知識は，まさに現代人の必須アイテムなのだ。

② 社会調査って何？

（1）社会調査とは

　それでは社会調査とは何だろう。社会調査のほかにも，水質調査とか地質調査など理系の人が実施する調査もあれば，浮気調査やドラ息子の素行調査など探偵さんが登場する個人的な調査もある。水の汚れを調べたり，尾行によって誰かの素行を調べたりすることを社会調査と思う人は少ないだろうが，実はもう少しややこしい。日本における社会調査の巨人，福武直は，次のように社会調査の本質を捉えている。

> 　いかに社会事象の調査とはいえ，単に工場や設備などを漫然と調査したり，交通機関の性能を調べたり，一地域の人口や建造物などを何とはなしに数えあげたりするのでは，社会調査とは言えない。それらは，社会生活との関連においてその意味が求められるときにのみ社会調査となりうる。また，個人の身上調査やメンタル・テストなども，それだけでは社会調査とは考えられないが，それが社会との関連を求めて調査されるなら，対象が個人であっても社会調査に含められる。したがって，社会事象を人間の社会的生活関連における意味に即して調査すれば，それがどのような目的をもち，またいかなる主体によって行われようとも，すべて社会調査と呼んでよいわけである。
>
> 　　　　　　　　　　　　　＊福武直編著，1954，『社会調査の方法』有斐閣，4頁。

　人間が社会の中で生きている限り，その生活は何らかの形で社会と関わりをもたざるを得ないし，たいていのことは社会事象ともなる。要するに，社会調査を社会調査たらしめるのは，その対象や方法ではなく，その調査から「社会について考える」かどうかという姿勢の問題なのである。水の汚れだって，環境問題という社会的問題として捉えるならば，水質調査も社会調査の一環に含まれるし，青少年問題を考えるためには，ドラ息子の素行も大切なデータとなる。第3章でも述べるように，社会調査の本質は「社会について考える」こと。

　世の中，さまざまな調査結果が紹介されているが，それらをまとめた年鑑類も刊行されている。1989年から刊行されている『アンケート調査年鑑』（並木書房）は，企業などが実施している調査を紹介しており，2022年版では94件の調査結果がオリジナル資料のまま，278件の調査については，調査のタイトル・対象者・問い合わせ先が掲載されている。また，教育に関連した調査を集めたものとして『教育アンケート調査年鑑』（創育社）が1994年から刊行されている。こちらは，2022年版では11の分野の計119件の調査の詳細がわかる。

　より広い範囲で，国・地方自治体・研究機関・マスコミなどが行った調査を内閣府大臣官房政府広報室が『世論調査年鑑』（国立印刷局）として2006年版まで毎年刊行してきた。その後は，内閣府のサイトで「全国世論調査の現況」として，直近の数年分は冊子体と同じ内容の情報を見ることができる。この「現況」で紹介されている調査は，標本数が1000人以上で回収率が50％以上のものに限定されるが，令和2年版（2019年4月から2020年3月対象）では630件が掲載されている。そのうち，140件は質問文と単純集計結果を閲覧でき，CSV形式でダウンロードもできる（なお「全国世論調査の現況」については第2章48頁も参照）。

　また，公益財団法人日本世論調査協会のサイトでは「世論調査インデックス」として，マスコミや内閣府などの公的機関が行った調査の実施動向（調査対象や調査方法，サンプル数と回収率など）を閲覧することができる。そのうち，1999年11月26日から2017年7月23日までに実施された3111件については同サイトに掲載されている。2017年8月以降分はPDFファイルをダウンロードしての閲覧が可能である。たとえば，2021年1月から12月までの情報は2枚のPDFにまとめられ，計150件の調査が掲載されている。

　年鑑類や専門機関のサイトだけでもこれだけの数の調査が紹介されているのだから，実際には数倍か，ひょっとしたら数十倍の調査が行われているかもしれない。もっとも，その中には「お座敷芸」（マン，1982：まえがき）と呼ばれるような，とても社会調査とはいえないようなヒドイものも多いだろうが。

　しかし，とにかくも本コラムで紹介した情報源には，調査の数以上に，どのような調査がどのような調査主体によって実施されているかなど，多くの情報が詰まっている。良い調査と悪い調査を見分ける目を養うためにも，これらの情報源を積極的に活用することをお勧めする。

＊「全国世論調査の現況」https://survey.gov-online.go.jp/genkyou/index.html
　「世論調査インデックス（2017年以降）」http://www.japor.or.jp/category/index
　Ｐ・Ｈ・マン（中野正大訳），1982，『社会調査を学ぶ人のために』世界思想社。

（E.K.／H.K.）

そのためにデータを収集するならば，あらゆる調査を社会調査と呼べるのである。

（2）問題意識と公表

「データを集めて社会について考えること」を社会調査と呼ぶ時，われわれが見知らぬ人と話したり，新聞や雑誌を読んだり，あるいは道行く人を数えたりして，そこから社会について少しでも考える時，われわれは社会調査を実践しているともいえる。それはそれでとても大事な営みなのだが，さすがに社会調査としては漠然としすぎている。ここでは2つほど社会調査を社会調査たらしめる条件を付け加えておこう。

第1の条件は，何のためにデータを集めるのかという，問題意識が明確に設定されていなければならないことだ。そして当然ながら，この場合の問題意識とは，「社会について考える」ための社会的な問題意識でなければならない。

第2の条件は，調査結果は必ず公表されなければならないということだ。調査をした本人だけが悦に入っているのでは，調査をした意味がない。

まとめてみよう。つまり，社会調査とは次のように定義される。

> 社会的な問題意識に基づいてデータを収集し，収集したデータを使って，社会について考え，その結果を公表する一連の過程

（3）社会調査の多様性

「ふう〜ん，そうなの。でも結局データは収集しなきゃいけないのね。ところでデータって何で，どうやって集めるの？」と考えた諸君，きみたちは正しい社会調査の理解へと一歩前進した。先に紹介したアンケート（本書では，調査票調査と呼ぶ）は社会調査の一つの技法に過ぎない。社会が複雑で多様であるように，社会調査のデータも多様であり，データ収集の方法も多様である。データを数字に限定して扱うタイプもあれば，数字にできない諸々の現象をそのままデータとして扱うタイプもある。細かいことは本書を読み進めてもらうとして，最も大雑把な区分である量的データと質的データ，そしてそれらのデータを収集する**量的調査**と**質的調査**とを簡単に紹介しておこう。

量的調査とは，まさに数字をもって世の中の現実を語ろうとする方法だ。多数決という言葉が民主主義の基本概念の一つであるように，数というのも大切な社会の現実である。みんなが嫌っていることを，わがままな思いこみで押し

つけようとしてもうまくいくはずがない。さまざまな統計データという形で，社会的現実を数字で示すこと，そしてその数字の意味を理解することも現代人にとっては必要な作業である。本書では，第2章で種々様々なデータの活用術やアクセス法を解説するほか，量的調査の方法として非参与観察法（第11章）と調査票調査について説明している。特に調査票調査は，社会調査の主力中の主力である。第Ⅱ部のほとんどを調査票調査の説明に割いているぐらいだ。

　しかし世の中すべてが数字で語れるはずもない。社会を作っているのはわれわれ人間である。われわれの行為や想いのすべてを，数字で語ろうとするのは不可能だ。僕の涙，僕の笑い，僕の怒り，数字という均等な世界に押し込められるだけでは可哀想だ。そこで**質的調査**も社会的現実を知るために重要な役割を演じる。聞き取り調査と呼ばれる方法では，個々の人間の発する言葉をもとに社会について考える。参与観察法と呼ばれる方法では，五感をフル動員して社会的現実に迫ろうとする。さらにドキュメント分析では，文章，絵画，写真など，さまざまな記録を分析対象にして，社会的現実を再構成しようと試みる。本書では，特に第Ⅲ部で質的調査の方法について解説するから，ここもしっかり勉強しよう。

> ＊上記の量的調査・質的調査と各調査方法の対応は，必ずしも固定的なものではない。非参与観察法は質的データの収集にも用いられる。また，ドキュメント分析は量的データの分析として使われることもあるし，調査票調査の自由回答を質的データとして扱う場合もある。

③　社会調査の歴史

（1）社会調査のルーツ

　人に歴史があるように社会調査にも歴史がある。クリスマスを思い出してみよう。一度くらいは，赤ん坊のキリストが馬小屋で寝ている絵を見たことがあるだろう。ところで，キリストはなぜ馬小屋で生まれたのか？　彼の両親はいつも馬小屋で暮らしていたわけではない。「その頃，全世界の人口調査をせよとの勅令が皇帝アウグストからでた」，「人びとはみな登録のために，それぞれの町へ帰って行った」（ルカ書　2—1，3）と聖書にあるように，皇帝の人口調査の命令によって，普段住んでいるナザレの町を離れて，本籍地であるベツレヘムへと旅をしていたのである。皇帝の命令じゃ仕方ない。マリア様ですら，身重の身体にかかわらず協力する（従う？）しかなかったのである。

社会調査のルーツは，皇帝や王様が行った人口調査に求められる。つまり，権力者が「俺の子分は何人だ」と数え始めたのである。権力者が子分の数を数えるのだから，勝手気まま。身重だろうが病気だろうが，命令通りに調査に協力（！）しなければならない。**社会調査とは，そのルーツにおいて，権力の道具であり，調査される側にとっては，かなり乱暴で迷惑なものであったことも忘れてはならない事実である。**

（2）近代的社会調査のあけぼの

「火縄くすぶるバスティーユ」，1789年のフランス革命勃発をこのように暗記した方もいるだろう。フランス革命に代表される市民革命は，社会調査にとっても重大な意義をもつ。なぜなら，かつては皇帝や王様など一部の権力者の道具に過ぎなかった社会調査が，革命によって初めて我々すべてに解放されたのである。革命が，すべての人間は平等な権利と責任をもつと宣言したことは，同時に我々すべてに社会について考える権利と責任を付与した。これこそが，近代的社会調査が誕生する契機であった。

さて，生まれようとする社会調査が目にした現実は，平等とは名ばかりの大きな貧富の差であった。多くの人々が貧困に喘ぐ状態をいかにしたら改善できるか。そのためにはまず，貧困を客観的に誰でも理解できる形で示すことが必要となる。近代的社会調査は，まず都市貧民の窮状を客観的に明らかにしようとする「**貧困調査**」から出発した。1つの地域を精密に調べる「社会踏査」という方法を編み出したブース（Booth, C. J., 第3章コラム12参照）や，労働者の一生の経済的浮沈を「貧困曲線」に示したロウントリー（Rowntree, B. S., 1871-1954）らの調査は，あらゆる点で現代の社会調査の雛形となっている。

Words　社会踏査

社会踏査（social survey）：特定のコミュニティの状況を，さまざまな側面から包括的に探求するものであって，地域社会の問題解決という実践的志向の強い調査を指して用いられる。調査票調査のみならず各種の観察法や聞き取り調査なども併用して，量的・質的双方の多様なデータを収集するところに方法的特質がある。

なお，社会踏査は social survey の訳語であるが，social survey 自身は，広い意味での社会調査（social research）と同義で用いられる場合もある。

（3）社会調査の発展

20世紀に入ると，大衆社会，消費社会という新しい時代の流れとともに，社会調査は飛躍的な前進を始める。発展する資本主義の中で，主にアメリカを中心に，消費者の動向を知ろうとする**市場調査**が成立した。また，大衆社会の成立とマス・メディアの発達は，**世論調査**を作り出した。特に，大統領選挙の結果を予測しようとする試みは，調査のすぐ後に結果が判明することもあって，サンプリング法をはじめ調査技法を大きく発展させた（第5章参照）。現在の社会調査技法のほとんどは，20世紀前半のアメリカに源流を求められる。

> **Words 市場調査（marketing research），世論調査（public opinion poll）**
>
> **市場調査（marketing research）**：商品（財，サービス，金融商品）の生産者あるいは提供者が，市場，製品，販売，流通，広告，消費者などに関するデータを収集・分析し，大量販売を成功に導くために必要な情報を洗い出す方法を指す。これには心理学的方法など各種の方法があるが，調査票を用いて販売・消費市場についてのデータを収集・分析する方法（市場実査とも呼ぶ）だけを指して市場調査と呼ぶことも多い。この場合，市場調査には，ある製品の普及率などを調べる事実調査と，消費者個人の意見や態度などを測定する意見調査の2つを含んでいる。
>
> **世論調査（public opinion poll）**：1930年代のアメリカで成立した，人々の意見を量的データとして統計的に扱う方法である。広義・狭義さまざまな定義があるが，おおよそ，①社会的に重要とされている問題に関する意見・態度を調査していること，②社会調査の統計的手法を用いていること，③一般個人を対象としていること，の3点が世論調査の要件とされているようだ。
>
> 世論調査は，人々のある問題に対する意見や態度の分布，構造，変化を計量的に一般化した形で測定できるという利点をもつが，世論の表層的把握にとどまるという欠点もある。

アカデミズムの世界でも，社会調査は洗練され始める。その第1は，実験的方法の登場である。ホーソン実験（第11章コラム66参照）で有名なメイヨー（Mayo, G. E.），小集団研究を発展させたシェリフ（Sherif, M.）やレヴィン（Lewin, K.）らは社会心理学に多大の貢献をなした。第2に，急激に発展する「風の街シカゴ」の社会的現実に挑んだシカゴ大学の研究者たちの努力も忘れられない。**参与観察法**を用いて大量の調査モノグラフを描いたパーク（Park, R. E.）らは都市社会学に多大の影響を与えた。また，トマス（Thomas, W. I.）とズナニエツキ（Znaniecki, F. W.）の『欧米におけるポーランド農民』は，ドキュ

　日本における近代的社会調査も，チャールズ・ブースの影響を受けた横山源之助（1871～1915）による『日本の下層社会』（1899）など，近代化・資本主義体制の確立を急ぐ中での多くの矛盾を解明しようとする貧困調査から始まった。

　しかし，第2次世界大戦以前の社会学においては，戸田貞三（1887～1955）による『社会調査』（1933）の刊行などはあったものの，理論研究が中心であり，社会的現実を実証的に捉えようとする社会調査の体系的発展はほとんどなかったといってよい。

　むしろ我が国に特徴的なことは，民俗学や農業経済学を基盤とした研究者たちによる，質的な研究法を用いた農村社会のモノグラフ（主に質的な研究法による報告書）が多くあることである。日本民俗学の基礎を築いた柳田国男（1875～1962）や，有賀喜左衛門（1897～1979），鈴木栄太郎（1894～1966），喜多野清一（1900～82）らの諸業績は，我々の貴重な財産と言える。

　戦後は，一転してアメリカ社会学の影響が強まる中，調査票を用いた量的な研究法が急速に発展・浸透した。日本全国を対象とした調査も行われるようになり，政府や新聞社による多くの世論調査が行われているほか，研究者の手によるものとしては，統計数理研究所によって1953年から5年ごとに実施されている「日本人の国民性」調査，多くの社会学者が参加して，1955年から10年ごとに実施されている「社会階層と社会移動全国調査」（いわゆる SSM〔Social Stratification and Social Mobility Survey〕調査）などが有名である。

　また，戦前からの伝統を引き継いだ研究も多くあることも忘れてはならない。福武直（1917～89），島崎稔（1924～89）らの農村調査のほか，中野卓（1920～2014）による商家同族団の研究や岩井弘融（1919～2013）の反社会的集団の研究などをはじめ，戦後も多くのモノグラフが刊行されている。

　なお近年，日本における社会調査の歴史を見直そうとする作業も行われている。川合隆男らによる『近代日本社会調査史（Ⅰ，Ⅱ，Ⅲ）』（慶應通信）や，石川淳志らの『社会調査——歴史と視点』（ミネルヴァ書房，1994），佐藤健二『社会調査史のリテラシー——方法を読む社会学的想像力』（新曜社，2011）などは，その貴重な研究成果である。

＊横山源之助，1899→1985，『日本の下層社会』岩波文庫。戸田貞三，1933→1993，『社会調査（戸田貞三著作集10）』大空社。川合隆男編，1989，1991，1994，『近代日本社会調査史（Ⅰ，Ⅱ，Ⅲ）』慶應通信。石川淳志・濱谷正晴・橋本和孝，1994，『社会調査——歴史と視点』ミネルヴァ書房。佐藤健二，2011，『社会調査史のリテラシー——方法を読む社会学的想像力』新曜社。

（E.K.）

メント分析という方法を用いて移民とその周辺の社会的現実を描いた古典である（なお，参与観察法やドキュメント分析については第Ⅲ部で詳述する）。そして第3に，市場調査，世論調査等の調査票調査によって得られる量的なデータをもと

に，因果関係や潜在的な構造を解き明かす**多変量解析**を編み出したラザース
フェルド（Lazasfeld, P. F., 1901-76）の名も欠かせない。量的データを数学的に
処理する方法は，大衆社会の進展，マス（多数であること）の意味の増大，そし
てコンピュータの発展もあって，いまや社会調査の主力中の主力である。

④ 社会調査の注意書き

（1）両刃の剣

　近代以降の科学の発展は，我々の生活に大きな豊かさをもたらした。自動車
や飛行機など交通機関の発達は，先人たちが一生かかって旅した道程を，一日
で移動することを可能とした。また，原子力の発見と利用は，無限に近いエネ
ルギーを我々にもたらした。しかし，光あるところ必ず影がある。環境破壊，
放射能汚染，核戦争の恐怖など，科学の発達は一方において我々の生活を脅か
す大変な脅威でもある。

　社会調査の発展でも同じことが言える。社会調査の発展は，我々の認識の幅
を広げ，時には慣習だの常識だのを打ち破る力となり，適切な施策を策定する
大きな力となる。しかし，同時に現代の社会調査は，無駄で不適切な調査の山
を作るだけだったり，個々人のプライバシーを脅かすだけの場合もある。ある
いは，世論を権力者に都合よく誘導する機能をももっている。科学と同じく，
社会調査も，使い方に注意しないと我々の生活に災いをもたらす両刃の剣であ
る。どんなに良い薬でも，注意書きをよく読んで正しく使うことが大切だ。社
会調査が現代社会にとってどんなに重要なものであっても，まずは正しく使う
ための注意書きを考えなければならない。注意すべき点は山ほどあるが，ここ
では，プライバシー（より大きくは人権）との関わり，現実誤認の危険，そして
調査が現実を操作してしまう危険の3点について述べておきたい。

（2）調査とプライバシー

　注意書きの第1は，社会調査は「社会について考える」ためのものだが，そ
のためのデータは，結局のところ個々人に求められるというパラドックスに関
するものだ。個々人を相手にする以上，**プライバシー**という問題は避けて通れ
ない。

　たとえば，近代的社会調査の出発点が貧困調査であったように，社会の階層
性や貧困という重大な社会問題を探求するには，個々人の「収入」は不可欠な

広田伊蘇夫と暉峻淑子の編による『調査と人権』（現代書館，1987）は，社会調査とプライバシーとの関連を正面から捉え直そうとする意欲的な試みである。彼らは「調査の本来的な意義は充分認めつつも，だからといってそのために人権が侵されてはならない」という認識のもと，日本におけるさまざまな社会調査による人権侵害を告発している。

この本では，まず旧西ドイツにおいて国勢調査が中止に追い込まれた事例を紹介して，数字に還元されコンピュータでデータ処理されるにしても，それをもって人権が守られる保証とはならないことを告発する。そのうえで，精神障害や身体障害をはじめとするさまざまな障害をもつ人たちに対する調査が，たとえ調査の出発点は善意であろうとも，調査を受ける方々のプライバシーを侵し，時には生活を破壊する姿を描きだして，調査に対する安易な態度がいかに人々に災いをもたらすことがあるかを厳しく追及している。

これからの社会調査の発展，そして社会調査が真に社会の発展に貢献するために，社会調査に関わるすべての人に一読を推薦したい書である。

また，宮本常一と安渓遊地による『調査されるという迷惑——フィールドに出る前に読んでおく本』（みずのわ出版，2008）は，フィールドワーカーの視点から，被調査者のことを考えない一部の調査者のやり方に警鐘をならしている。資料を借りる際に借用書を渡さないとか，そもそも借りた資料を返却しないといった「略奪調査」や，自分の理論に則した内容の話しか対象者に話させない調査者の態度や，また，「調査してやる」といった傲慢な態度の調査者の例が示されている。さらに，対象地域の人々と深く関わりすぎることで，地域の人々の間に軋轢を生じさせる危険性についても触れている。

本書は人類学者の安渓が1991年から2006年にかけて発表した論考と，安渓が師事した民俗学者宮本常一の1972年の論考をまとめたものであるが，質的社会調査の実践にも大いに参考となろう。

＊広田伊蘇夫・暉峻淑子編，1987，『調査と人権』現代書館。宮本常一・安渓遊地，2008，『調査されるという迷惑——フィールドに出る前に読んでおく本』みずのわ出版。

（E. K.）/（H. K.）

データである。しかし，調査に協力する個々人から見れば，自分の「収入」はプライバシーの最たるものだ。税務署の調査や，昔の王様の人口調査じゃあるまいし，社会調査だからといって，自分のプライバシーをさらけださねばならない理由はない。しかし，プライバシーをあまり強調しすぎて，すべての人の収入が謎に包まれていたのでは，貧富の差異や階層のもつ問題点など社会的な解決を必要とする矛盾を客観的に明らかにすることができなくなる。

社会調査と個々人のプライバシーというパラドキシカルな問題には，残念な
がら決定的な解決策はない。しかし，決定的ではなくとも，意識しておかねば
ならない注意点はある。第1に，時として「調査する側」に，「調査される側」
を対等な人間として見ないで，目的を隠して調査したり，強引に回答を引きだ
そうとするなどの態度が見られるが，これは絶対に許されない。調査の目的を
明示し，なぜその質問が必要なのか説明する，そして社会調査のあらゆる局面
で他者のプライバシーを最大限に尊重する態度が，調査をするすべての人間に
要請される。第2に，調査される側にとっても，自らのプライバシーを尊重す
るとともに，当該の社会調査の必要性を理解しようとする態度が必要である。
いたずらに調査を拒否するだけでは，現代社会の諸問題の隠蔽に力を貸してい
ることになりかねない。社会調査とは調査者と被調査者との対等なコミュニ
ケーションであるという認識こそが，すべての人に必要なのである。

（3）調査で現実を見誤る

　社会的現実を知ること，それこそが社会調査に求められる第1の効能である。
しかし，社会調査によって得られた事実が，常に現実そのものとは限らない。
たとえば，偏ったデータばかり集めたり，質問の仕方が不適切だったりしたら，

Words　ステレオタイプ（stereotype）

　ステレオタイプ（stereotype）：活版印刷工程において鋳型から鋳造される鉛
版（ステロ版）のこと。同じ刻印の鉛版が多数鋳造されることにたとえて，単純
化され固定した紋切り型の態度，意見，イメージなどを指す用語として使われる。
人は，未知の状況に直面すると，その人の所属する社会で定型化された観念に
頼って，その状況の意味を確定しようとする傾向がある。しかし，未知の状況に
既存の観念を当てはめるだけでは，その状況の本当の意味を知ることはできず，
既存の観念を強化して，偏見につながりやすい。ここでの定型化された観念を指
してステレオタイプと呼ぶ。マス・コミュニケーション論の古典である『世論』
の著者リップマン（Lippman, W., 1889-1974）は，ステレオタイプをこの意味
ではじめて用いた。彼はこの言葉を使うことで，ジャーナリズムが人々の「頭脳
の中の映像」を容易に造成し，偏見を醸成する危険性を強調している。
　ステレオタイプの具体例としては，たとえば「イギリス人は紳士的で，イタリ
ア人は情熱的，アメリカ人は社交的」などという外国人に対する評価が挙げられ
る。このような単純化，歪曲化，画一化された考えが偏見と結びつきやすいこと
は容易に想像できよう。
　＊W・リップマン（掛川トミ子訳），1922→1987,『世論（上・下）』岩波文庫。

> 　**誤差（error），標本誤差（sampling error），非標本誤差（non-sampling error）**：社会的現実と調査結果とのズレそのもの，あるいはズレを大きくする要因を指して誤差もしくは調査誤差と呼ぶ。誤差の原因は大きくは標本誤差と非標本誤差に分けられる。
>
> 　標本誤差とは，調査対象を選ぶ，すなわちサンプリングに起因する誤差である。サンプリングに関しては第5章を参照されたい。
>
> 　非標本誤差とは，サンプリングに起因しないすべての誤差を総称して呼ぶ言葉である。この誤差は，社会調査のすべてのプロセスにおいて発生する危険があるが，特に実査の段階では，調査者と被調査者の信頼関係（ラポール）が不完全であるため，被調査者が嘘をつく場合や回答を拒否する場合，あるいは調査者の聞き違いや記録・記入のミスなどがある。また，調査票調査の場合，不適切な質問文を使うと信頼できる回答を得ることができないため，社会的現実と調査結果とのズレが拡大する。
>
> 　いずれの誤差も完全になくすことはできないが，サンプリングを厳密に行うこと，他の調査データとも照合するなど，誤差を小さくする努力と，誤差の大きさを考慮する姿勢は失ってはならない。

調査の示す事実は現実とは異なってくる。

　さらに，調査結果がせっかく高い精度で社会的現実を示していても，それを読み解く過程で間違えることもある。たとえば，問題意識が強すぎると，調査結果の示す多様性を無視して，自分に都合のよい部分ばかりに目を向けてしまうことがある。あるいは，**ステレオタイプ**の発想しかできなければ，やはり調査結果の示す多様性についていけない。いずれにしても，せっかくの調査の豊かな知見を台無しにして，現実を見誤ることとなってしまう。

　調査結果を読むためには，社会調査の結果と現実との間にズレ（**誤差**）のある可能性のあることを認識しておくこと，そして冷静で柔らかな頭が必要なのだ。社会的現実を知ろうとするつもりが，現実から遊離した勝手な思い込みを作るだけだったら，せっかくの社会調査も何の効き目もなかったことになってしまう。

（4）調査が現実を作る

　社会調査には副作用もある。社会的現実を知ろうと思って行った社会調査が，逆に社会的現実を作ってしまう。なぜなら，社会調査の結果は公表されなけれ

ばならないが，公表された結果は，その真偽はともかく事実として人々の意識に作用する。新聞だろうがテレビだろうがウェブだろうが「社会調査の結果では世の中こうなっているのだ」と言われ続ければ，たいていの人は「そうか，世の中そうなっているのか」と思ってしまう。たいていの人が思ってしまえば，嘘でもホントになってしまう。**予言の自己成就**と呼ばれる恐ろしい事態である。

また，選挙の予測調査を考えてみよう。マス・メディアによる予測報道を見て，「あの候補（政党）が圧勝するのなら，俺があの候補（政党）に投票しなくてもいいや」とか，あるいは逆に「みんながあの人に投票するのなら，私もそうしよう」とか思ったことはないだろうか。これを**アナウンスメント効果**と呼

```
Words  予言の自己成就（self-fulfilling prophecy）
```

予言の自己成就（**self-fulfilling prophecy**）：自己成就的予言ともいう。マートン（Merton, R. K., 1910-2003）がその著書『社会理論と社会構造』の中で用いた用語で，ある予測が，その予測をしたことによって，予測通りの状況が起こることを指す概念である。たとえば，ある銀行が倒産するとの予測があった場合，その予測に基づいて多くの預金者が預金を引き出せば，その銀行は実際に倒産してしまう。あるいは，受験に失敗すると思いこんだ場合，その思い込みによって勉強がはかどらず，実際に受験に失敗することなどが想定される。

　＊R・マートン（森東吾・森好夫・金沢実・中島竜太郎訳），1949→1981，『社会理論と社会構造』みすず書房。

```
Words  アナウンスメント効果（announcement effect）
```

アナウンスメント効果（**announcement effect**）：選挙の当落予想などの予測調査において，その予測結果を公表することそれ自体が，社会的現実を変化させる要因となることを言う。アナウンスメント効果は，変化の方向によって**バンドワゴン効果**（**bandwagon effect**）と**アンダードッグ効果**（**underdog effect**）に区分されている。

　バンドワゴン効果とは，いわば「勝ち馬に乗ろう」とする人間心理による動きであり，選挙の場合，ある候補者が優勢との報道によって，個々人が自分の意見をその報道にあわせて優勢な方に投票することをいう。選挙における「なだれ現象」などが例として挙げられる。アンダードッグ効果とは，逆に「判官びいき」の心理による動きであり，劣勢と伝えられる候補者に人々の支持が集まることを指す。

　しかし，アナウンスメント効果が実際にどの程度あるのかについては，効果が大きいとする立場と，ほとんどないとする立場に分かれており，今なお結論はでていない。

び，社会調査の結果を公表することが，社会的現実を左右してしまう可能性を示している。政治家が，選挙報道に神経質になることにも一理はある。

効き目のある薬には，思いがけない副作用があるように，社会調査にも恐ろしい副作用があることを覚えておこう。

⑤ 社会調査を学ぶ真の意義

さて，社会調査に関する注意書きを述べてきたが，逆に考えれば，これらの注意をよく守って正しく使えば，社会調査は現実認識の有力な武器であり，まさに「自由で民主的な社会の維持と発展のために，不可欠な要素」（盛山ほか，1992）なのだ。第3節でも述べたように社会調査の発展の歴史は，現代社会の発展の歴史そのものである。

＊盛山和夫・近藤博之・岩永雅也，1992，『社会調査法』放送大学教育振興会。

これから本書で学んでもらうことは多いが，最も学んでほしいことは，我々一人ひとりが社会の一員として，これから社会調査とどう関わっていくか，それを考えるセンスである。何らかのメディアで社会調査を見たら，あるいは何かの仕事で社会調査を使う時，それが正しく行われているのか，社会の現実を的確に押さえているのかを考えるセンス，社会調査に協力を求められたら，何のための調査であり，何の役に立ち，果たして自分のプライバシーの情報を提供してもよいものかを考えるセンス，そして社会調査を実施するにあたっては，傲慢な気持ちを捨てて，謙虚にその調査の意義と方法を考えるセンス，そういったセンスこそを身につけてほしい。

現代社会は多様な人々から成り立っており，そしてその多様性は素晴らしいものだ。あなたひとりの思い込みを捨てて，多様な現実にチャレンジしよう。社会調査は，多様な生きざま，世界観がぶつかりあう場でもある。

真の市民へのステップとして，社会調査へようこそ。

＊本章での用語の解説にあたっては，主として NHK 放送文化研究所編『世論調査辞典』（大空社，1996），森岡清美・塩原勉・本間康平編集代表『新社会学辞典』（有斐閣，1993）を参考とした。ただし，この2冊の間でも，同じ用語に対する説明が異なる場合もある。そのため，筆者の責任で，どちらかを採用したり，一部を書き直した場合もあることをご了承願いたい。

（木下栄二）

　学問には，いかなる研究活動も基本的人権を侵害するものであってはならないという大原則がある。この大原則を守るために，医師や心理学者，ソーシャルワーカーの諸団体では早くから倫理綱領やガイドラインが作成されている。

　社会調査においても同様である。さきの『調査と人権』のコラムにも示したように，社会調査という行為が，他者の人権を踏みにじってしまう場合のあることに常に注意していなければならない。そのため2003年に発足した社会調査士資格認定機構でも，社会調査倫理綱領を定めた。この認定機構を引き継いで一般社団法人化された社会調査協会でも，以下のような倫理規程を定めている。社会調査の倫理は，調査の技術的側面や実践の手法と同様に，すべての調査者が熟知し，そして考えていかねばならない事柄なのである。

（E.K.）

一般社団法人社会調査協会倫理規程

制定　2009年5月16日
改定　2021年5月23日

　　前　文
　一般社団法人社会調査協会は，定款第4条に基づき，会員が社会調査の全過程において遵守すべき倫理規程を定める。
　会員は，質の高い社会調査の普及と発展のために，本規程を十分に認識して遵守し，調査対象者および社会の信頼に応えなければならない。また社会調査について教育・指導する際には，本規程にもとづいて，社会調査における倫理的な問題について十分配慮し，調査員や学習者に注意を促さなければならない。
　社会調査の実施にあたっては，調査者の社会的責任と倫理，対象者の人権の尊重やプライバシーの保護，被りうる不利益への十二分な配慮などの基本的原則を忘れては，対象者の信頼および社会的理解を得ることはできない。調査対象者の協力があってはじめて社会調査が成立することを自覚し，調査対象者の立場を尊重しなければならない。会員は，研究の目的や手法，その必要性，起こりうる社会的影響について自覚的でなければならない。
　本規程は，社会調査協会会員に対し，社会調査の企画から実施，成果の発表に至る全過程において，社会調査の教育において，倫理的な問題への自覚を強く促すものである。
　　第1条
　社会調査は，常に科学的な手続きにのっとり，客観的に実施されなければならない。会員は，絶えず調査技術や作業の水準の向上に努めなければならない。
　　第2条
　社会調査は，実施する国々の国内法規及び国際的諸法規を遵守して実施されなければならない。会員は，故意，不注意にかかわらず社会調査に対する社会の信頼を損なうようないかなる行為もしてはならない。
　　第3条
　調査対象者の協力は，法令が定める場合を除き，自由意志によるものでなければならない。会員は，調査対象者に協力を求める際，この点について誤解を招くようなことがあってはならない。

第4条

会員は，調査対象者から求められた場合，調査データの提供先と使用目的を知らせなければならない。会員は，当初の調査目的の趣旨に合致した2次分析や社会調査のアーカイブ・データとして利用される場合および教育研究機関で教育的な目的で利用される場合を除いて，調査データが当該社会調査以外の目的には使用されないことを保証しなければならない。

第5条

会員は，調査対象者のプライバシーの保護を最大限尊重し，調査対象者との信頼関係の構築・維持に努めなければならない。社会調査に協力したことによって調査対象者が苦痛や不利益を被ることがないよう，適切な予防策を講じなければならない。

第6条

会員は，調査対象者をその性別・年齢・出自・人種・エスニシティ・障害の有無などによって差別的に取り扱ってはならない。調査票や報告書などに差別的な表現が含まれないよう注意しなければならない。会員は，調査の過程において，調査対象者および調査員を不快にするような発言や行動がなされないよう十分配慮しなければならない。

第7条

調査対象者が年少者である場合には，会員は特にその人権について配慮しなければならない。調査対象者が満15歳以下である場合には，まず保護者もしくは学校長などの責任ある成人の承諾を得なければならない。

第8条

会員は，記録機材を用いる場合には，原則として調査対象者に調査の前または後に，調査の目的および記録機材を使用することを知らせなければならない。調査対象者から要請があった場合には，当該部分の記録を破棄または削除しなければならない。

第9条

会員は，調査記録を安全に管理しなければならない。とくに調査票原票・標本リスト・記録媒体は厳重に管理しなければならない。

第10条

本規程の改廃は，一般社団法人社会調査協会社員総会の議を経ることを要する。

第 2 章

社会調査のファースト・ステップ
──情報資源の発掘調査──

要点 この章では，まず社会調査のプロセスを整理する。そのうえで，社会調査を企画・設計する第一段階として取り組む諸々の準備・作業について解説する。それは，調査を構想しテーマを定めて，実効性の高い調査を実行に移していくに先だって身につけるべき，インターネット時代における調査研究情報の収集と活用術である。"センス・オブ・ワンダー"を磨き，ネットや図書館を駆使して"情報資源の発掘調査"を積み重ね，調査研究のステップ・アップをはかっていくという，当たり前のことを当たり前にやっていくことの大切さと手順についてのガイドでもある。

➤キーワード：センス・オブ・ワンダー，情報資源，所在源（書誌）情報と所在情報，図書館，インターネット（WWW），ポータルサイト，公的統計，二次分析，社会調査データ・アーカイブ

① 社会調査のプロセス

（1）社会調査の直線的なプロセスと循環的なプロセス

本書第Ⅱ部（第4〜7章）で扱う調査票（量的）調査は，①調査の「企画」段階，②調査の「設計」段階，③「実査」段階，④回収した調査票の「データ化」段階，⑤データの「分析」と調査結果の「公表」段階，の5段階に分けて整理できる。調査票（量的）調査の場合は，特に企画・設計段階で行きつ戻りつの「循環的なプロセス」を含みながらも，全般的に見れば①→②→③→④→⑤と「直線的なプロセス」で進められていくと言ってよいだろう。他方，第Ⅲ部で扱う質的調査の場合は，段階を踏んで行われるわけでは必ずしもなく，調査対象地に入ってフィールドワークしながら調査の企画を詰め，設計を固めていくことが往々にしてある。企画・設計・実査が，立ち止まったり行ったり戻ったりしながら循環的に進んでいくのである。

（2）社会調査のプロセスと本書各章との対応関係

　ここでは，本書第Ⅰ部と第Ⅱ・Ⅲ部全体の見取り図を示す意味も込めて，各段階が順番にほぼ直線的に進んでいくことが多い量的調査を主軸に据えつつ，循環的に進んでいくことが多い質的調査に関してもあえて段階に分けて，社会調査のプロセスを整理しておきたい。

〈**A　量的調査（調査票調査）のプロセスと本書各章との対応関係**〉

①調査の「企画」段階——調査の全プロセスを見通して企画を立てる

　(1)　調査のテーマや目的を確定する（第2章）：問題意識，何のための調査なのかの明確化

　(2)　問題意識やテーマに関わる情報を検索する（第2章）：情報資源の発掘調査，企画へのフィードバック

②調査の「設計」段階——調査の仕方を具体化する

　(1)　調査方法を決定する（第5・6章）：調査対象・母集団の決定，サンプリングの方法の決定，実査の方法（調査票の配布回収方法）の決定，予備調査（パイロット・サーヴェイ）の実施

　(2)　仮説構成を考えながら質問項目を決定する：概念の操作的定義・変数・仮説（第3章）

　(3)　調査票を作成する（第4章）：ワーディング（質問文と選択肢），質問の順番や調査票のレイアウトの決定，プリテストの実施とそれに基づく調査票の最終確定

　(4)　作成した調査票を基に（変数ごとの）コード表を作成する（第4章）

③「実査」段階——調査を実施して調査票（原票）を回収する

　(1)　実査準備作業を行う（第4章）：調査票・依頼状の印刷，調査の手引き作成

　(2)　サンプリング作業を行う（第5章）：調査対象者名簿・転記

　(3)　【郵送法】郵送作業を行う（第6章）：宛名書き，依頼状・調査票・返信用封筒等の封入と発送，催促状の発送

　(4)　【個別面接・留置法】実地調査を行う（第6章）：住宅地図・個別訪問

④回収した調査票の「データ化」段階——集計・分析可能な調査データをつくる

　(1)　エディティング（点検）を行う（第6章）：調査票（原票）のチェック，有効票と無効票の分別

　(2)　コーディング（符号化）を行う（第6章）：コーディング用マニュアルの作成，有効票へのコードの記入，コーディングミスのチェックと修正

　(3)　データをコンピュータに入力する（第6章）：データ入力用マニュアルとデータ入力用シート（Excel）の作成，シートへのデータ入力

　(4)　データ・クリーニングを行う（第6章）：入力ミスのチェックと修正，単純集計・クロス集計・記述統計をもとにしたロジカルチェックと修正，集

計・分析に供するデータセット（Excel や SPSS など）の完成

⑤調査データの「分析」と結果の「公表」段階——データを集計・分析しその結果を公表する

(1) 集計とデータ分析を行う（第7章）：単純集計・クロス集計（二重クロス，三重クロス），仮説検証・統計的検定，より高次のデータ分析（エラボレーション・擬似相関・多変量解析）

(2) 調査結果を公表する（第7章）：レポート・論文・調査報告書の作成

①調査の「企画」段階

「問題意識に基づいて調査テーマを決定していく段階」であり，本章で詳述する。調査を実施するかどうかを最終的に判断する前段階として，「先行研究のフォローと検討」「既存の統計データの加工・分析」「過去の調査のフォローと検討」といった一連の「情報資源の発掘調査」を繰り返しながら，調査テーマを絞り込む作業が行われる段階と位置づけられる。

②調査の「設計」段階

「調査テーマに基づき，調査方法を決定し，仮説構成を考えながら調査票を作成していく段階」であり，3つの局面（フェーズ）に分けられる。①必要に応じて予備調査（コラム5参照）を行いながら，調査対象地・母集団・全数調査か標本調査か・（標本調査の場合）サンプリングの方法・配布回収の方法を決定する（第5章および第6章）。②「社会調査の基本ルールと基本の道具＝概念の操作的定義・変数・仮説」を使って，仮説構成をしながら質問項目を決定する（第3章）。③質問項目を，「調査票の作り方＝ワーディング・選択肢・質問の順番」の原則に従って，プリテスト（コラム5参照）を実施しながら調査票を完成させる（第4章）。

調査企画・調査設計の2つの段階は，作業量はさほどでもないが重要性はきわめて高く，調査の成否の約8割がこの段階で決まると言ってもけっして過言ではない。

③「実査」段階

この段階からは実務的な作業が中心となるが，その内容は調査方法ごとに異なってくる。ただし，調査票の印刷・作成や「調査の手引き」（作業の流れや担当者・調査員の配置等をまとめたマニュアル）の作成（第4章）等は，どの調査法でも必要な作業である。また，調査前に調査依頼状や調査後に調査協力のお礼状（単純集計結果を同封する場合もある）を郵送することも検討する。

標本抽出が必要な場合（第5章）：サンプリングの作業は，サンプリング台帳

　予備調査はパイロット・サーヴェイとも呼ばれるもので，調査地の概況を把握したり，調査協力体制が得られるように折衝したり，本調査における費用や調査員の管理など運営面に道筋をつけたり，調査に必要な基礎的資料を収集する等の目的のために実施される事前調査のことをいう。したがって，予備調査は，調査対象地や現地の市役所等で行うことになるが，その際に調査テーマにかかわる基礎資料や統計データ（たとえば多くの市役所で発行している『○○市統計書』は大変重宝する）等を収集することも重要である。予備調査で最も重要となるのは，「調査テーマ」をその調査地で実施することの妥当性の判断である。例えばコミュニティ活動に関する調査の場合，問題意識に照らしてその調査地（集団）を調査対象とすることが妥当なのかを十分吟味することが重要である。コミュニティ活動は地域によって多様であり，いろいろな形態で活動が展開されている。町内会がしっかり組織化されている地域もあれば，存在しない地域もある。また公民館で地域活動が展開されているところもあれば，コミュニティセンターの場合もあるといった具合である。町内会が無い地域で町内会参加度等を調査しようとしても意味が無いのは明白である（この点については市役所市民課または地域振興課等の担当部局で聞き取り調査を行う必要がある）。こうした調査テーマと調査対象地の状況を十分考慮しながら，調査設計を再検討していくことが予備調査の重要な役割なのである。

　プリテストは，本調査に先立って，作成した調査票の出来具合をチェックするためにおこなう小規模な事前テストである。調査対象者の属性（性別・年齢他）に近く，積極的に意見や感想を述べてくれるような人を対象としておこなうことが多い。その目的は，実際に使う調査票（質問文）の問題点を検討することである。具体的には「質問文がわかりやすい表現になっているか＝回答しやすいか」，「回答カテゴリー（選択肢）は適当か＝該当しないということはないか」，「質問数や形式は妥当か＝どのくらい時間がかかるか」，「質問の順番・配列は適切か＝キャリーオーバー効果は無いか」，「被調査者はどのような印象を持つか」等が検討項目となる。プリテストの主眼は調査票の最終検討にあるので，必ずしも調査対象地で行う必要はないが，選択肢の項目が調査地の実状に合致しているかという点については常にチェックしなければならない。

　プリテスト段階で，調査票のチェックと共に重要なのが，仮説の再検討という点である。調査終了後のデータ解析段階で必ず思うことは，「あの質問を入れておけばよかった」という後悔である。この後悔を最小限にとどめるためには，「仮説が外れた場合の原因や要因を可能な限り考えておく」ことがきわめて重要である。そのためにもプリテスト段階では，被調査者の意外な反応や対応にも十分目配りしなければならないのである。　　　　　　　　　　　　　　　　　　　　　　　　　　　　　　（S.O.）

（住民基本台帳・選挙人名簿・同窓会名簿等）から，抽出方法を決め，用紙（調査対象者名簿）に転記する。

郵送調査の場合（第6章前半）：料金受取人払いの申請・封筒の調達・往信用封筒の宛名書き・返信用封筒の印刷・締切日が記載された挨拶文の作成・調査票や返信用封筒等の封入・催促状（葉書）の作成と宛名書き，などといった多くの作業がある。郵送調査は，投函するまでの作業量が膨大だが，あとは返送を待つだけとなるので楽な面もある。

面接調査・留置調査の場合（第6章前半）：調査本部や連絡体制の整備・訪問者宅が記載された住宅地図の用意・調査員のインストラクション等にあたって，個別訪問によって実地調査を行う。

④回収した調査票の「データ化」段階

第6章後半で詳述する「調査票を，チェックし（エディティング），数字化し（コーディング），コンピュータ（Excel や SPSS 等のソフト）に入力し，単純集計・クロス集計・記述統計を基にデータクリーニングを行いデータとして完成させる過程」である。とにかくミスがないことが重要であり，丹念なチェックが必要となる。

⑤調査データの「分析」と結果の「公表」段階

データを分析し，仮説検証を行うとともに，ファインディングス（発見／知見）をレポートとしてまとめ，調査結果（報告書等）を公表する段階であり，第7章で詳述する。分析の基本は，クロス集計となるが，統計的検定（カイ二乗検定）やエラボレーションによる相関関係等の吟味，多変量解析等の技法も駆使して分析する必要がある。

これに対して，質的調査の場合は，繰り返しになるが，企画→設計→実査→データ化→分析→結果の公表と，段階ごとに一方向的かつ直線的に進むわけではない。フィールドに入って聞き取りや観察（フィールドワーク）を行いながら，企画・設計を固めていくことも，データ化を先に進めてから設計を行うことも，フィールドワークを重ねる中で企画・設計をし直すことだってある。循環的な調査のプロセスを踏んでいくところに量的調査と決定的な違いがある，と言ってよいだろう。

そこで，ここでは調査の段階をひとまず概念的に切り分けたうえで各段階の眼目を整理しておくと，以下のようになるだろう。

```
┌─────────────────────────────────────────────────────────────┐
│          〈B  質的調査のプロセスと本書各章との対応関係〉          │
│ ①調査の「企画」段階                                           │
│    問題意識を明確にする・問いを育てる（第8章）                  │
│ ②調査の「設計」段階                                           │
│    「どこの誰」「どんなフィールド」「どんな資料」を対象として，「どんな方法」│
│    で調査するかを固める（第8章）                              │
│ ③「実査」段階                                                 │
│    聞き取り調査・参与観察・ドキュメント分析を行う（第9章）       │
│ ④収集したデータ素材の「データ化」段階                          │
│    「問い」と「データ」とを対話／格闘させて，作品へと練り上げる（第8章），│
│    質的データの原料（調査者が五感で感じ取った事柄）と材料（他の誰かによっ│
│    て作られたドキュメント／記録）を分析できるデータに変換する（第8・9章）│
│ ⑤データの「分析」と調査結果の「公表」段階                      │
│    (1)  質的データ分析（第9章），フィールドノーツをもととした「謎解き」（第│
│         8章）                                                 │
│    (2)  調査結果を公表する：レポート・論文・調査報告書の作成（第9章）│
└─────────────────────────────────────────────────────────────┘
```

② 社会調査を企画・設計するために

（1）「調査環境の悪化」問題——調査者のアカウンタビリティ

　ここからがこの章の本題である。社会調査を行うことには説明責任が伴う。なぜなのか。

　社会調査は，もはや研究者や専門機関の専売特許ではない。パーソナル・コンピュータやアプリケーション・ソフト，そして何よりもインターネットといった調査活動を支援するツールの発達と普及は，社会調査を，かつてのように多くの費用と手間を要し，高度な専門知識や技能・経験を不可欠とする代物ではなくした。インターネット上でアンケート調査を簡単に実施（フォームの作成と回答の集計・分析が）できる無料のウェブアンケート・システム（ソフト）も，Google フォーム，SurveyMonkey（ベーシック版），Questant（左同）などと，充実してきている。ある程度の知識と意欲さえあれば，どこででも，誰でも，手軽にできるようになった。その結果，同じような調査が次から次へと行われ，膨大な調査データが日々吐き出されている。しかも，そうしたデータが共有され有効に活用されているのならまだよいが，「私蔵／死蔵」されたまま

になっているものも多い。被調査者への成果のフィードバックも，相変わらず
お寒い限りだ。

　今日にあっては，人々のプライバシー意識の高まりも手伝って，「調査環境
の悪化」という深刻な事態がもたらされている。人々の調査への協力の度合い
が薄れ，調査が拒否されるケースが確実に増大している。有効回収率／回答率
が低下することによって，当然のことながら，得られるデータの信頼性も揺ら
がざるを得ない。

　こうした状況下にあって，より一層強く問われることになるのは，その調査
が行われる必要性なり必然性を十分な説得力をもって説明できるかどうか，で
ある。その点を厳しく吟味して，なおもその調査が実施されなければならない
理由（わけ）を明示できるかどうか。アカウンタビリティ（説明責任）が，調査を実施
する側に強く求められるようになっているのである。調査の企画・設計にあ
たって，何よりもまして重要なポイントとなるのはまさにこの点である。

（2）まず初めにすべきこと―― 4つの課題

　社会調査を企画・設計して（ⓐ調査テーマの確定，ⓑ調査の主旨と目的の明文化，
ⓒ調査の範囲／調査対象の決定，ⓓ予算とスケジュールの大枠の決定，ⓔ調査研究法＝
量的調査か質的調査の選択，ⓕ現地調査の方法の決定など），実施に移すには，問題
意識や課題が鮮明であり，研究テーマが定まっていて，なおかつこれまでの調
査研究成果ではわからない点がはっきりしていることが重要となる。質的調査
ではフィールドに入ってテーマが明確になっていくことがよくあるが，調査票
（量的）調査では問題意識が不鮮明であったりテーマが明確になっていない場
合は，研究のネタを探したりアイデアを練ったりという「調査のスタートライ
ンに立つ手前」にまで「戻る」必要がある。

　この章では，調査票（質問紙）を用いた調査を実施したいと思ってはいるけ
れど，テーマすら決められない多くの学生を念頭に置いて，調査研究の着想段
階から，既存の資料や調査研究成果の確認と検討を経て，調査を企画・設計し
実施するに至るまでの「循環的なプロセス」を追っていく。

　あらかじめクリアしなければならないことをはっきりさせておくと，ポイン
トは以下の4点である。①調査研究の着想：問題意識をしっかりもち，取り組
みたいと考える研究のテーマを見出していること。②先行研究のフォローと課
題の明確化：掲げたテーマに関連する先行研究の成果によって，何がどの程度
明らかにされていて，逆に明らかになっていない点は何なのかがはっきりして

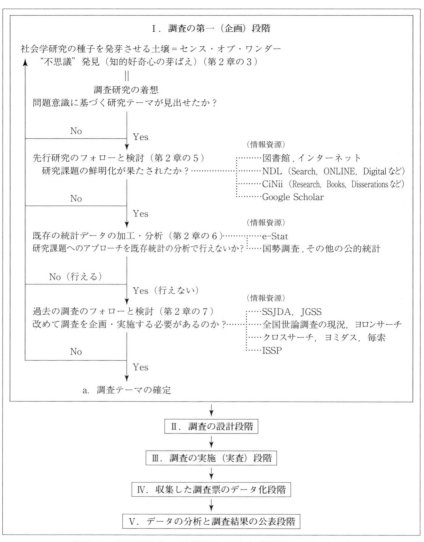

図2-1 調査票調査の企画段階における「循環的なプロセス」

いること。③既存の統計データの加工・分析：研究課題へのアプローチを，既存の統計データの分析によって行うことができないかどうかを探ること。④過去の調査のフォローと結果の検討：過去に同じようなテーマで実施されている調査がないかどうか，社会調査データ・アーカイブを用いた二次分析を行うこ

とができないかどうかを探り，改めて調査を実施しなければならない必要性・必然性を最終的に見定めること。

　これらの作業をフローチャート風にまとめてみると，図2-1のようになる。

（3）調査票調査の実施は最後の最後！

　これらのハードルを乗り越えて，調査・研究成果の批判的検討によって明確化した「まだ明らかにされていない点」を実証すべき必要性が高い場合以外，私たちは社会調査（調査票調査）を"安易に"実施すべきではない。

　「研究する」ということは，「調査を行う」こととイコールではない。社会調査は，「実証／経験科学としての社会学」にとって，社会現象を解明するうえでの最も有力な武器であり，研究のための重要な手段ではあるけれど，社会調査を行わなければ社会学の研究ができないことにはけっしてならない。

　繰り返そう。問われるのは，「なぜその社会調査を行わなければならないのか」に関するアカウンタビリティ。この基本的な責務を果たすためには，テーマに関連する先行研究の成果や既存のデータ（調査結果を含む）といった研究情報を，広く集め深く検討することが何よりも大切だ。そうした情報（資源）は，確かな方法でアクセスしない限りあなたの前に浮かび上がってはこない。地下に埋まった「埋蔵文化財」は，「発掘（発見）」されない限り眠ったままであるのと同じように……。

　だから，社会調査を企画・設計する第一段階として「情報資源の発掘調査」を行うのである。実査までの道のりは，まだまだ遠い。

③　"不思議"発見，センス・オブ・ワンダー

（1）調査研究のネタ探し——"不思議"との出会い

　多くの学生が真っ先にぶち当たる大きな壁。それは，一体，何を調査し研究すればいいのか？　どうすればテーマが見つけられるのか？　どうすれば問題意識をもつことができるのか？　ということ。

　ここでの答えは，社会現象（人と社会）に対する興味・関心を高め，アンテナをいろんなところに張り巡らせて，"センス・オブ・ワンダー"を磨くこと，である。回りくどくて即効的ではないが，これを抜きにしては調査研究など成り立たない。

　インターネットで興味のおもむくままにウェブサイトを次々にたどってみた

　以下に，2011年11月5日（土）付『朝日新聞（別刷）be』の10面「悩みのるつぼ」に掲載された，22歳の女子大学生からの相談と，それに対する社会学者・上野千鶴子の回答の全文を掲載しよう。「社会学を専門にすると，確実に性格が悪くなります。……世間があたりまえと思っていることを疑い，他人が信じていることを相対化し，タテマエのウラをかくのが，社会学者の習い性だからです」などと，聞き捨てならない，しかし多くの社会学研究者にとっては合点のいくことが述べられている。社会学を学ぶ学生も，研究すればするほど，「物事を深く考え」「分析する癖」が身につき，「理屈っぽく」なり，「異議があれば反論」するようになっていく。その結果として，社会学的想像力（第10章コラム64参照）の働きとも相まって，それまで見えなかったものが見えるようになっていく。社会学系人間の醍醐味と言えるだろう。「新しい生き方」が求められている今日にあって，混迷する現代社会を切り開いていく人材の有力なモデルになるはずだ。

〈相談者：女子学生　22歳／「感じが悪い」と指摘され〉

22歳の大学生女子です。

　最近，母に「あなた，性格が変わったわね。感じ悪いわよ」と言われてしまいました。

　自分ではそんなに変わったつもりはありませんでした。むしろ，性格面で人から注意されたことは出来るだけ直そうと努力してきたつもりでしたので，余計にショックを受けました。

　来春，私はある大学院の社会学部に進学する予定です。昔からよく物事を深く考えたり，分析したりするのが癖なのですが，それが日常生活に悪影響を及ぼしたようです。

　母が言うには，もともとは細かいことは気にせず，さっぱりした性格だったようなのですが，最近は何かにつけて理屈っぽく面倒くさい性格になってしまったのだそうです。

　たしかに，母と言い争うことも多くなり，以前なら黙って謝っていた状況でも，反論してしまうようになったと思います。

　この先，進学した大学院で，より論理的に物事を考えたり，激しい討論などを重ねたりするうち，理屈っぽさがエスカレートしてしまうのではないか……と不安でたまりません。

　尊敬する人物は松下幸之助さんのような方で，人生の目標は「感じが良い」「利他愛に富んだ」精神を持つ人になることです。どうしたらこの「感じの悪い」理屈っぽさから抜け出し，目標へ少し近づくことができるでしょうか。

〈回答者：社会学者・上野千鶴子／「感じが良い」は利他愛とは違います〉

　職業や専門は，性格をつくります。はい，社会学を専門にすると，確実に性格が悪くなります。わたしを見てください（笑）。世間があたりまえと思っていることを疑い，他人が信じていることを相対化し，タテマエのウラをかくのが，社会学者の習い性だからです。信じやすく素直なひとは，性格がよくて好かれるかもしれませんが，社会学者には向きません。

　「物事を深く考え」「分析する癖」があり，「理屈っぽく面倒くさい」性格で，異議があれば「反論してしまう」あなたは社会学向きです。「細かいことは気に」したほうが緻密な議論ができますし，「さっぱりした」というより，ねばりづよくひとつの主題を追いかけるこだわりやしつこさも必要です。

　「理屈っぽさがエスカレートして」何がお困りなのでしょう。女が理屈っぽくなると男に愛されなくなる，というご心配？　だいじょうぶ，たで食う虫も好きずき。世の中には理屈っぽい女を好きになる男もいます。それに恋愛って，してみたらあっけなく理屈を超えま

すから、ご心配には及びません。

　人生の目標は「感じが良い」人になること？　だれからみて「感じが良い」と思われたいのでしょう？　万人から「感じ良」く思われるなんてことはありえません。あなたが「感じ悪い」と思っているひとにまで、「感じ良」く思われる必要はありません。「感じが良い」かどうかは、キャラの問題ではなく、関係の問題。感じのよい関係と感じの悪い関係があるだけ。生きていれば感じの悪い関係は避けられません。

　あなたの「利他愛」は、ほんとの利他愛ではありませんね。自分がだれからも感じよく思われたい、というのはたんなる自己愛。こんな低レベルの自己愛を捨てなければ、ほんとうの利他にはたどりつけません。他人の集合である社会の利益のために働きたいと思うなら、時には相手がいやがることもやらなければなりません。感じがよいだけでは利他愛など実現できないことは、知っておいてください。周囲から変人扱いされ、嫌われたり不利益をこうむったりしながらも届せずに、原発の危険を唱えつづけた人たちのような行為を、利他愛と呼ぶのです。

　こう見ていくとあなたはとっても社会学向きのようですね。10年後に新進気鋭の社会学者としてデビューしたあなたに、お目にかかるのが楽しみです。

（2011年11月5日(土)付『朝日新聞be』10面「悩みのるつぼ」）

＊上野千鶴子（うえの・ちづこ）　東京大学名誉教授・認定NPO法人ウィメンズアクションネットワーク理事長。1948年、富山県生まれ。

（N.G.）

り、図書館にこもって雑多な本と「対話」したり、ゆったりした気分で思索に耽るなどして、調査研究のアイデアがわき上がってくることもあるだろう。社会学の著作や論文のタイトルを追ったり、文献を書店や図書館で手当たり次第（“ランダム・アクセス式に”）手にとってパラパラとページをめくりながら斜め読みしたり、その中で使われている引用・参考文献を頼りに“芋づる式に”あたっていくうちに、テーマがはっきり見えてくることもあるだろう。大学の授業やゼミで人の話を聞いたり議論している中で、また、フィールド／現場／現地に入ってぶらぶらと彷徨ってあれやこれやを見たり（観察）聞いたり（インタビュー）しているうちにビビッと着想することだってあるに違いない。人や状況によってきっかけはさまざまであるが、調査研究のネタはいろんなところに転がっている。思いもよらない出会いや発見があったり、奇抜な発想が導かれたり、急転直下の展開が図られたりと、絶えず「行きつ戻りつ」しながら感性が磨かれ、漠然としていた興味・関心に「形」を与え、物語が紡がれていくのである。

　肝心なことは、〈読むこと〉〈見ること〉〈聞くこと〉〈考えること〉〈語ること〉〈交わすこと〉などを通じて、調査研究の課題や仮説をどう発見し、発想を膨らませていくか、である。“不思議との出会いと探求をいざなうセンス”、

すなわち"センス・オブ・ワンダー"，が鍵を握る。〈感じること〉が求められるのだ。

（2）センス・オブ・ワンダー──知性の源としての豊かな感性

"センス・オブ・ワンダー（Sense of Wonder）"という言葉は，殺虫・殺菌・除草を目的とする農薬（有害・有益の区別なくありとあらゆる生き物に害を与える「殺生剤」でもある）その他の化学物質による環境／生態系破壊の実態と恐ろしさを世に先駆けて告発した『沈黙の春』（*Silent Spring*, 1962＝新潮文庫版，青樹簗一訳，1974年）を著したレイチェル・カーソン（Rachel L. Carson，作家・海洋生物学者）が，ガンにおかされ56歳の若さで生涯を閉じた翌年に出版された本のタイトル（*The Sense of Wonder*, 1965, Harper & Row Publishers，新版 1998, Harper Collins Publishers ＝上遠恵子訳『センス・オブ・ワンダー』佑学社版，1991年，新潮社版，1996年）として，広く知られている。

彼女はこの中で，「センス・オブ・ワンダー（神秘さや不思議さに目を見はる感性）」を小さい頃から育んでいくことがいかに大切なのかを説き，地球環境の回復を次世代に託している。この本を読むと，知性（intelligence）の源泉としての感性（sensitivity）の重要性を再認識させられる。彼女は言う。「「知る」ことは「感じる」ことの半分も重要ではないと固く信じています。子どもたちがであう事実のひとつひとつが，やがて知識や知恵を生み出す種子だとしたら，さまざまな情緒やゆたかな感受性は，この種子をはぐくむ肥沃な土壌です。……美しいものを美しいと感じる感覚，新しいものや未知なものにふれたときの感激，思いやり，憐れみ，賛嘆や愛情などのさまざまな形の感情がひとたびよびさまされると，次はその対象となるものについてもっと知りたいと思うようになります」，と（新潮社版，24-26頁）。

（3）社会調査の出発点

私たちの身の回りで日常的に引き起こされているさまざまな社会現象からも「不思議」や「驚き」を発見し，じっくりと観察して，それを自らの身体でしっかりと受け止めてみよう。今まで見落としていたこと，見えていなかったものが見えるようになってきて，内発的な好奇心とあれこれ調べてみたいという欲求が膨らんでいくはずだ。センス・オブ・ワンダーが研ぎ澄まされると，問題意識が鮮明になっていく……。そう，社会調査はここから出発するのだ。

④ 図書館とインターネットを使いこなすために

（1）主要なツール—— 2 つのネット

　調査研究のアイデアが固まってきたら，次はいよいよ本格的な情報資源の発掘調査に取りかかることになる。主要なツールとなるのは，**図書館**と**インターネット**だ。まず，これらを使いこなすための基礎知識を押さえておきたい。

　その前に，1 つだけ注意を喚起しておこう。あなたの大学や地域の図書館 1 館だけで事足りると考えていたら，それは間違いだ。たとえ膨大な蔵書数を誇る大図書館であっても，関連情報を広く深く発掘するには 1 館では不十分であり，ネットワーキング（点と点をつなぎ合わせ，利用網を広げていくこと）が求められる。同じことはインターネットにも当てはまる。インターネットだけで作業が完結することは，まずない。コンピュータ・ネットワーク（インターネット）と図書館ネットワークの 2 つのネットを，身体を介して有機的につなぐフットワークの良さ（情報資源のネットワーキング）が求められるのである。

（2）情報の在りか—— 所在源情報と所在情報

　ある研究テーマに関する先行研究（調査を含む）の成果や既存の統計データの「在りか」を知るには，その研究資料が何という文献に掲載されているかという**所在源情報**（**書誌情報**）と，その文献がどこの図書館に所蔵されているかという**所在情報**がわからなければならない。これらの情報を入手するには，図書館そのものとインターネットを使ってのオンライン検索の仕方を知っておかねばならない。そこでまず，図書館とインターネットに関する基本的な事柄について説明しておこう。

（3）図書館

　図書館と一口にいっても，国立国会図書館から，大学図書館，公共（都道府県立／市区町村立の）図書館，専門領域に特化した専門図書館，学校（小・中・高校）図書館や児童図書館まで，いろいろある。

　国立国会図書館（東京本館：東京都千代田区永田町／最寄駅は地下鉄有楽町線・半蔵門線・南北線「永田町」および地下鉄千代田線・丸の内線「国会議事堂前」。関西館：京都府相楽郡精華町／最寄駅は JR 学研都市線「JR 祝園」および近鉄京都線「新祝園」）は，我が国最大の図書館であり，日本の中央図書館（図書館の図書館），唯一の

国立図書館として，図書・デジタル資料の収集・保存に力を注いでいる。国立国会図書館法に基づいて国内で出版・発行された出版物のすべてが納本・収蔵されているが，実際には漏れもある。一部（人文総合情報室，地図室，音楽・映像資料室，議会官庁資料室，新聞資料室などの専門室）を除いてほとんどが閉架式で，図書を請求してから貸出されるまで20〜30分程度の時間を要し，閲覧は館内だけに限られ，複写にも結構な時間と費用がかかるので，図書館としての使い勝手は，良いとは言えない。しかしながら，ここにしかない資料が少なくないので，利用経験をもつ人は多いだろう。

　他方，国会図書館のオンライン・サービスの拡充には目を見張るものがある。国会図書館，全国の公共・大学・専門図書館などが提供する図書資料やデジタルコンテンツを総合的に検索できる**国立国会図書館サーチ**（NDL Search），国立国会図書館が所蔵する和洋の図書・雑誌・新聞，電子資料，国内博士論文，地図，映像資料，録音資料等を検索し，資料の複写・郵送等の申し込みもできる**国立国会図書館蔵書検索・申込オンラインサービス**（NDL ONLINE），国会図書館で収集・保存しているデジタル資料（明治期〜1995年までに受け入れた図書や雑誌でデジタル化され〔2022年7月時点で〕公開されている294万点〔図書158万点＋雑誌136万点〕，電子書籍・電子雑誌148万点を含む）を検索・閲覧できる**国立国会図書館デジタルコレクション**（NDL-Digital）（2022年5月からはデジタル資料の個人向け送信サービスも開始）などの利用価値は非常に高い。

　ただ，だからといって，国会図書館の敷居が一挙に低くなり，利用頻度が大幅に増えることにはならないだろう。となれば，あなたが日頃実際に利用する図書館は，大学図書館や都道府県立・市区町村立図書館，それに専門図書館ということになるだろうか。まず，ホームグラウンドとなる身近な図書館を1館選んで，徹底的に調べ尽くそう。館内がどうなっているのか，どのような所蔵図書がどれくらいあるのか，参考資料室にどのようなリファレンスブックが置かれているのか，参考係（リファレンサー）はどの程度頼りがいがあるか，どのようなサービス（オンラインを含む）が用意されているのか，他館とどのような相互協定を結んでいるのか，館の職員（司書）の人柄や質（専門職としての力量）はどうか，等々。その図書館の特色（欠点を含む）をしっかりと認識しておけば，何が足りて，何が足りないのかがわかってくる。どこの図書館でも，リクエスト制度を使えば，本や資料を新規に購入してくれたり，国会図書館を含めて他の図書館等から借り受けてくれたりといったこともできるし，市民が図書館を有効に利活用していくことで豊かな図書館文化が育まれることにもなる。

図書館を使いこなすには，図書館自身を詳しくしかもよく知ることが第一歩となるはずだ。

（4）図書館のオンライン検索サービス

国会図書館の NDL Search や NDL ONLINE のような図書館蔵書検索サービスは，大学図書館，公共図書館，専門図書館のほとんどで提供されている。**オンライン検索用目録**（OPAC^{オーパック}；Online Public Access Catalog）と呼ばれるシステムであり，ネットワーク化されているので，全国の図書館の蔵書を横断検索することもできる。館内に設置されている専用端末だけではなく，自宅や研究室に居ながらにして（インターネットにつながった PC から），全国の図書館が所蔵する資料の検索ができてしまう（「日本最大の図書館検索」を標榜している「カーリル」なら全国7400以上の図書館の貸出状況までわかってしまう）。

（5）インターネットとポータルサイト

もはや多言を要しないであろうが，インターネットとは，大中小さまざまのネットワークを相互に連結させた世界規模（world wide）のコンピュータ・ネットワークであり，1990年代中頃から，文字や画像（静止画・動画）・音声などによるマルチメディア情報の提供システムである**ワールド・ワイド・ウェブ**（**WWW**）の普及とともに，規模が急激に巨大化しユーザーが爆発的に増加した。インターネットの生み出すサイバースペース（電脳空間）は無限大に増殖し続けている。

WWW は，WWW サーバーに蓄積された情報（ホームページとかウェブページなどと呼ばれる。URL〔Uniform Resource Locator〕が各ページの所在地を表す）を，ウェブブラウザと呼ばれる情報閲覧ソフト（Google Chrome, Edge, Safari, Firefox など）を使って，見たり，読んだり，聞いたりすることができるシステムであり，利用者は世界大に張り巡らせたくもの巣（Web）を渡り歩くこと（ネットサーフィン）で，関連情報を世界中からたぐり寄せることができる。

これをうまく使いこなすには，膨大なウェブサイト（ウェブページが所在する場所）から有用な情報を的確に集めることを可能とする確かな「窓口／入口／玄関」をもつことが大切だ。インターネットへの入り口となるウェブサイトを**ポータルサイト**というが，情報源となるページを検索してそこにアクセスできるように導いてくれる検索エンジン（Google, Yahoo!, Bing, goo, Ask など）や各種のリンク集などがそれにあたる。これらによって研究に使えるサイトが見

つかったら，URL を「ブックマーク」や「お気に入り」に登録・整理してい
くことも必要だ。

（6）インターネットは万能ではない

インターネットを使えば，どんな情報もたちどころに収集できると感じてい
る向きも少なくはないだろうが，インターネットはけっして万能薬ではない。

刻一刻と膨大なウェブページが加えられたり，消えていっている。お気に入
りのページがなくなっていたり，URL が変わっていたということも頻繁に起
こる。それ以上に問題なのは，インターネット上に流通している情報量の総量
は確かにとてつもなく大きいが，ある問題，テーマに関して得られる情報はか
なり限定的であるうえ，間違っていたり，流言・デマゴーグ的な情報も少なく
ないということ。調査研究を進めるには正確で詳細な情報が不可欠だが，イン
ターネットでは広く浅い情報しか得られない分野も少なくない。

出版されている書籍や雑誌，既発表論文などがすべてオンラインで提供され
ているわけではもちろんなく（電子図書館や電子ジャーナルや電子書籍出版も充実
してきてはいるが），現時点ではまだ一部に過ぎないことも銘記しておきたい。
インターネットが研究のツールとして威力を発揮するのは，ほしい情報がどこ
にあるのか（所在源情報および所在情報）を検索することであって，ほしい情報
そのものが得られるわけでは必ずしもない。つまり，あるテーマに関連した書
籍や論文にはどのようなものがあり，それがどこに所蔵されているのかを教え
てはくれるが，書籍や論文そのものを手に入れることは，多くの場合そのまま
ではできないのである（ただし，第5節で扱う公的統計に関しては，それまでのあり
方が一変し，データをネットで入手する時代になっている）。

インターネットを使っただけで，わかったつもりになってはいけない。イン
ターネットを過小評価するのは明らかに誤りであるが，過度に期待するのも控
えるべきだろう。

（7）図書館ネットワーキング

インターネットがどんなに普及・発達していっても，図書館を使いこなす術
を身につける重要性は少しも減じない。インターネットを使って図書資料の所
在源・所在情報を広く集めれば集めるほど，現物にあたる必要も出てきて1館
では到底足りなくなるので，むしろ使える図書館をたくさんもつことが必要と
なる。ここでは，インターネット時代の図書館活用術として，オンライン検索

を活用しつつ自分の足を使って張り巡らせていく**図書館ネットワーキング**の手法を推奨したい。

　本拠地とする図書館とオンライン検索を徹底的に使いこなす一方，いろんな図書館へ出向いて実際に利用しながら，図書館のネットワークを少しずつ広げていこう。そこにはどんな資料があるのかといった情報や各図書館の特色も身をもってわかっていくだろうから，この分野ならこの図書館，あの分野ならあの図書館へ行けばよいという，独自の図書館利用網ができあがっていくという寸法だ。

（8）灯台もと暗し

　東京や大阪のような大都市では専門図書館や博物館，資料館などの施設が充実しているので，大都市圏に住んでいる人ならそれらを日頃から使わない手はない（むしろ利用しないと大損！）。非大都市圏に住んでいる人も，探さないうちからあきらめるのは早い。灯台もと暗しで，知られていない資源が眠っていることだってあるはずだ。図書館間相互貸借サービスや複写サービスを最大限に活用したり，リクエスト制度を使って図書館に図書を新規で購入してもらったり，時には東京や大阪に出向いて調べてみるのもよいだろう。いずれにしても，最後は何といっても確かな情報収集と自分の足が勝負だ。まず第一歩として，身近な（時間距離で1，2時間程度の）圏域に一体どんな図書館があるのか，きちんとリサーチし掌握しておこう。

⑤　先行研究へのアクセス

　ここからは，「情報資源の発掘調査」の具体的な方法に話を進めていこう。
　第1は，先行研究を洗い出すには何をどのように使ったらいいか，である。
　以下に紹介する国立情報学研究所や国立国会図書館のオンライン検索システム，「Google Scholar」などを使って検索し，テーマに関連する文献を実際にリストアップしてみよう。その際には，自前のデータベース（掲げた研究テーマに関する文献・研究情報のファイル）をこしらえることを忘れないでほしい。情報や現物に接する度に，データベースをアップデートするよう心がけることも必要だ。
　そして次には，文献を漁り，それらを実際に読み込んでレビューしよう。そうすることで，使える文献とそうでない文献とが選りわけられる。こうした地

道な作業の積み重ねによって，そのテーマに関する先行研究の到達点がはっきりしてくる。つまり，何がどのように究明されているのか（されていないのか）がわかり，研究の課題がより一層鮮明になっていくのである。

（1）国立情報学研究所「CiNii」

国立情報学研究所（Nii）は，統計数理研究所などとともに大学共同利用機関法人 情報・システム研究機構を構成する研究機関の一つであり，最先端学術情報基盤の構築を進め，大学などの研究機関や研究者，一般向けのサービスを提供している。

特にお勧めなのはCiNii（サイニィ）であり，論文，全国の大学図書館が所蔵する本（図書・雑誌）や博士論文などの学術情報を検索することができる。「CiNii Articles——日本の論文をさがす」「CiNii Books——大学図書館の本をさがす」「CiNii Dissertations——日本の博士論文をさがす」の3種類のデータベースが構築され，提供されている。2021年4月には，これらに加えて，Niiのデータベース「学術機関リポジトリデータベース（IRDB）」や「科学研究費助成事業データベース（KAKEN）」，立教大学の社会調査データ・アーカイブ「Rikkyo University Data Archive（RUDA）」（後述）等々も収録して，文献だけでなく研究データやプロジェクト情報など学術研究に関わる多様な情報を幅広く横断検索することを可能とするCiNii Researchを公開した。2022年4月からは，CiNii ArticlesがCiNii Researchに統合されて，論文検索はCiNii Researchに一本化された。

論文検索では，論文名や執筆者名，論文抄録や引用情報，論文掲載誌の所在情報などが瞬時にわかる。刊行物の刊行者名や刊行物名から，巻号一覧，目次，本文をたどって見ることもできるし，探している資料が全国のどの大学図書館等にあるか，該当する図書館の利用案内や図書館間の複写・現物貸借サービスの可否等といった情報まで表示され，特定の地域や図書館に絞り込んだ検索も可能である。図書館間複写や図書館間貸出ができる館を探すこともできるので，自分が所属する大学図書館に所蔵されていなくても取り寄せるところまで案内してくれる。電子化して公開されている論文（論文本文がある／連携サービスへのリンクがある場合は表示されるアイコンをクリックすることで，本文全文を閲覧することができる）であれば，キーワードで全文（を対象とした）検索も可能である。

（2）国立国会図書館のオンライン検索システム

　先に紹介した国会図書館の「NDL Search」「NDL ONLINE」「NDL–Digital」
も使える。国立国会図書館職員が特定テーマ（トピック）の調べものに役立つ
と判断した情報資源（図書館資料，各種のデータベースやウェブサイトなど）や調
べ方のノウハウを提供している「国会図書館リサーチ・ナビ」も，参照しよう。

（3）Google「Google Scholar」

　Google Scholar は，Google が提供する学術情報に特化した検索エンジン
のサイトであり，日本のみならず世界中の膨大な学術情報（論文の要約や引用情
報を含む）を無料で瞬時に効率よく検索することができる。また Google と同様，
公開されているウェブの全文を検索するので，大学等の研究機関のウェブで公
開されている論文が多数引っかかってくる。また，検索結果は，Google のラ
ンキング技術に基づいて関連性の高い情報ほど上部に表示されるので，重要度
を色づけした情報が提示される点で他と異なっている。Google や Yahoo!
JAPAN などの検索エンジンで論文等の学術情報を適切・的確に収集すること
は全く期待できないが，Google Scholar は実用に堪えうるし，指定したキー
ワードに関連する新着情報を随時メールで配信する「Google Scholar アラー
ト」というサービスもあるので，活用しない手はないだろう。

（4）大学図書館が提供する学術情報検索・研究支援システム

　近年，大学図書館による学生向けの情報検索・研究支援サービスが充実して
きた。一例として，東西の有力私立大学の図書館が立ち上げている学術情報検
索のための独自システムをあげておこう。慶應義塾大学メディアセンターの
「KOSMOS」，早稲田大学図書館の「WINE」，関西学院大学図書館の
「KWEST」，同志社大学図書館の「DOORS」等がそれであり，いずれも多種
多彩な情報資源を一元化して非常にシンプルなインターフェイスで簡単に検索
し，閲覧することもできるようにしてある。また，東京大学附属図書館でも，
文献検索やレポート・論文作成の支援，データベースの利用法など，学生の
「学術情報リテラシー」向上を目指した「Literacy サイト」を，2021年8月に
オープンさせた。

　本書の読者で多数を占めるのは現役の大学生だろうから，これらのサイトも
参照しつつ，まずは自分の大学図書館が提供する学術情報検索・研究支援シス
テムを調べて，使いこなしてみよう。

⑥　既存の統計データへのアクセスと活用

　調査研究活動は，文献研究だけに留まるものではもちろんない。むしろこの先が大切だ。そこで第2に，課題へのアプローチを既存の統計データ（主に公的統計）の加工・分析によって行うことができないかどうかを探る必要が出てくる。我が国の統計制度について理解したうえで，以下に紹介する総務省統計局の「e-Stat（政府統計の総合窓口）」を活用して必要な統計データを入手し，それに手を加えてみることで，研究目的を達成できることがあるからだ。そうなれば，改めて調査を行う必要がなくなるのはいうまでもない。

　＊既存の統計データの加工・分析によるすぐれた社会学的研究の代表例として，E・デュルケーム（宮島喬訳）『自殺論』（中公文庫，1985；原著，1897），戸田貞三『家族構成』（新泉社，2001；原著，1937），倉沢進編『東京の社会地図』（東京大学出版会，1986）および倉沢進・浅川達人編『新編東京圏の社会地図1975-90』（東京大学出版会，2004）をあげておきたい。

（1）主な公的統計と日本の統計制度

　国や地方自治体等の公的機関が作成する統計を公的統計といい，統計調査によって作成される「調査統計」，業務データを集計することによって作成される「業務統計」，他の統計の結果を加工することによって作成される「加工統計」を包含する。統計調査には，母集団を構成する要素のすべてを対象とする全数調査（悉皆調査）と母集団の一部（ランダムに抽出した標本）を対象とする標本調査に分かれるが，国が行う全数調査を特に**センサス**といい，国勢調査（人口センサス），経済センサス，賃金構造基本統計調査（賃金センサス），農林業センサス，漁業センサス等が代表する。

　公的統計を柱とする我が国の統計制度のあり方や仕組みについては**統計法**という法律によって規定されているが，1947年3月に公布された統計法（旧法）が全面改正され，2007年5月に新法が公布された。その中で，社会の情報基盤としての公的統計の体系的・計画的な整備，統計データの有効活用の推進（学術研究目的への対応として，オーダーメードによる集計や，調査票情報を特定の個体が識別できないようにした匿名データの作成・提供を含んでいる），統計の公表，統計調査の対象者の秘密の保護，統計委員会の設置（統計審議会は廃止）などが，具体的に規定されている。オーダーメード集計と匿名データの提供は2009年から

開始されており，公的統計の「二次的利用」が従来では考えられなかったほど
に進展している。これは，政府統計においても後述する「二次分析」の道が開
かれたことを意味する。また，新法では，特に重要な公的統計を「基幹統計」
と位置づけ（旧法における「指定統計」に相当），統計体系の根幹をなすものと
して整備することが必要であるとしている。

（2）総務省統計局「e-Stat」の活用法

　公的統計の制度疲労が顕わになっていることを認識しつつ，同時に公的統計
の活用を探っていくことも大切だ。

　総務省統計局が各府省等と連携して整備し，独立行政法人統計センターが運
用・管理している **e-Stat**（政府統計の総合窓口）は，最強の（だが，あまり使い
勝手のよくない）政府統計ポータルサイトである。「統計データを探す」「統計
データの活用」「統計データの高度利用」「統計関連情報」「リンク集」という
5つの柱が立てられている。必要とする統計データを検索しかつ入手するには，
政府統計一覧の中から／17の統計分野から／統計を作成した府庁等から探すか，
キーワード検索すればよいのだが，上述した「シンプルなインターフェイスで
簡単に検索・閲覧」できるようになっている近年の動向とは無縁で，必要な統
計データを入手するのは簡単ではない。

　「キーワード検索」では，政府統計名がヒットしない場合は個別のデータ
セットを検索するようになっており，統計表ファイル内のすべての文字列が検
索対象となるので，欲しい統計表に到達できる。AND 検索（指定したキーワー
ドのすべてを含むページが検索できる）も OR 検索（指定したキーワードのいずれか
を含むページが検索できる）も NOT 検索（指定したキーワードを含むページが検索
対象から除外される）もできる。

　統計表ファイルは，Excel 形式，CSV 形式（カンマで区切られたテキストファ
イルであり，Excel でも Excel 以外の幅広いソフトで読み込みができる），PDF 形式
のファイルで提供され，Excel や CSV 形式のファイルであればダウンロード
したファイルをもとに整理・加工したり統計分析を施したりグラフを作成した
り等といったことができる。また，統計表ファイルの形式に加えてデータベー
ス形式で提供されているものも少なくなく，その場合はそのままブラウザ上で
データの抽出や演算（四則演算，増減率・構成比の計算処理），レイアウトの設定
や変更，表・グラフの作成や変更，印刷やダウンロード等もできる。

　統計表は，冊子体の報告書を図書館などで見つけ出して閲覧し，必要とする

コラム7　国勢調査人口と住民基本台帳人口

　国勢調査は，1920（大正9）年に第1回が実施されて以降，原則的に5年に1度ずつ国が実施する最も重要な基幹統計調査であり，社会学の分野で最も利用頻度の高い統計データである。日本国内に常住するすべての人口（したがって外国人も含まれる）を対象として，5年ごとに調査が実施される。「常住人口」というのは，当該地域に3カ月以上にわたって居住しているか，居住することになっている人を指しているので，その事実が確認されれば，当該市区町村に住民登録していなくても調査対象となる。表章（集計）の単位は，都道府県・市区町村・町丁目・国勢調査区・地域メッシュ（地域を網目状に分割した区切り；一辺が1キロメートル四方の基準地域メッシュ，500メートル四方の2分の1地域メッシュ，25メートル四方の4分の1地域メッシュ）などとなっている。

　国勢調査の調査項目の推移を整理してみると，同じ概念による統計が継続的・時系列的に取られているわけではないことがすぐにわかる。以前は，「出生地」（1920・30・40年），「初婚か否かの別」（1950年），「引揚者か否かの別」（1947・50年）などが調査されたこともあった。統計にはその時々の「社会的関心（social concern）」が直接的または間接的に反映されるので，一貫性が保証されるものでは必ずしもない。10年（大規模調査）ごとに調査されることになっていた「現住居での居住期間」や「5年前の住居の所在地」が簡易調査実施年の2015年に調査されたのも，2011年の東日本大震災関連で追加されたことによる。そのあおりを受け，毎回調査されていた「住宅の床面積（の合計）」が2015年に臨時的に除外され，2020年には廃止されてしまった。国勢調査の調査項目や概念が，どのような基準にしたがって，またどのようなプロセスを経て意志決定されるのかに疑念を感じてしまう部分は他にもある。たとえば，1950・60・70年と3回にわたって調査された「結婚年数」や「出生児数」を項目から外してしまったり，居住歴を取るのに「現住居への入居時期」「現住居での居住期間」「従前の常住地」「1年前の常住地」「5年前の住居の所在地」と概念を頻繁に変えたり，1990年に「通勤時間又は通学時間」を初めて調査したのに，それ以降に外してしまったなどといったことである。同一の概念で調査された統計データでないと，経年（時系列）変化を捉えることができないので，注意が必要である。

　他方，**住民基本台帳**に基づく人口は，かつては日本国内に居住し住民登録している日本人だけをカウントするものであったが，「住民基本台帳法の一部を改正する法律」が2012年7月に施行され，外国人住民に対して住民票が作成されるようになったことを受け，住民登録している外国人が数に含まれるようになった。ただし，常住していなくても住民登録している者は依然として含まれるので，国勢調査による人口数との齟齬を生じさせることにもなる。

　基礎自治体（市町村）レベルでこの2種類の人口を比べてみると，多くの大学生や出稼ぎ者，未登録の外国人が集まる大都市部では，住民登録をせずに一定程度以上の期間を暮らす人が多い分だけ，国勢調査人口の方が多くなり，逆に，大学生や出稼ぎ

者を送り出す側の特に地方の農漁山村地域では，実際の常住人口（国勢調査人口）よりは住民基本台帳人口の方が多くなる傾向がある。5年に1度しか調査・公表されない「国勢調査人口」と，自治体（市区町村／都道府県）によって毎月のように公表される「住民基本台帳人口」とは全く別物であって，これらをつなげて人口の推移を捉えるようなことのないように心すべきであろう。　　　　　　　　　　　　　　　　（N.G.）

━━ コラム8　統計不正問題──公的統計をめぐる深刻な問題状況 ━━

　公的統計制度が大きく改変・整備される動きが進む一方で，近年きわめて深刻な問題状況が噴出するようになっている。その最たるものは，いわゆる「統計不正問題」である。

　経済産業省の「繊維流通統計」で過去のデータを流用（＝数値を捏造）していたことが表沙汰になった2016年12月以降，データの改竄・偽装・書き換え・操作，適正な手続きを経ていない統計作成ルールの変更とその事実の隠蔽などの不正行為が相次いで発覚するようになった。特に2018年末〜2019年にかけて，賃金や労働時間といった労働条件に関する最も重要な基幹統計である厚生労働省の「毎月勤労統計調査」において誤った手法で調査が行われ，しかも不適切な調査が10年以上の長きにわたって放置されてきたことがわかり，大きな政治・社会問題に発展した。これを受けて，各府省が56の基幹統計を総点検した結果，総務省の全国消費実態統計や小売物価統計，財務省の法人企業統計，国土交通省の建設工事統計，厚生労働省の賃金構造基本統計等々の約4割もの統計で数値や集計表の記載ミス，調査員による虚偽報告，不正な調査方法等が見つかり，その多くに統計法違反の疑いがかけられる事態となった。

　政府（安倍晋三内閣）は真相の徹底解明と再発防止を何度も約束し，事態の沈静化を図った。統計委員会（総務省に設置されている「統計法に定める事項に関する調査審議」を行う専門機関）がすべての基幹統計および一般統計調査を対象として点検検証を行い，2021年6月に「公的統計の総合的品質管理を目指して」と題する「建議」を総務大臣に提出した。それによると，何らかの「問題」があるとされた統計調査は，基幹統計で24，一般統計で156を数えた。統計委員会はまた，公的統計の信頼回復には，「ガバナンスの確立と質・量の両面からの体制整備」「透明性の確保」「関係者の協働による再発防止の徹底」「公的統計の信頼回復に係る政府の責務」が「最重要な課題」となることを強調した。いずれの側面にも深刻な問題が存在していることを「公的に」認めざるを得なかった，と言ってよい。

　他方で，この点検検証では「自己申告」以上の事柄を発見することができなかった。それが証拠に，統計委員会が「利用上重大な影響は生じない」と評価した「建設工事受注動態統計調査」で，国交省の本省職員がデータを書き換えて二重計上（受注実績を2回集計し合算処理）していたことが2021年12月に朝日新聞がスクープし，GDP（国内総生産）の算出に関わる数字が長年にわたって歪められていたとして大問題に

なった。省内では「不正」を認識していたが，2019年1月に基幹統計の一斉点検を実施した際にも報告を見送ったのだという。二度と起こさないと誓ったはずのことが，また明るみに出てしまった。

　多くの省庁で意図的かつ組織的な統計不正および隠蔽が，長年放置され続け常態化していることが浮かび上がったのである。EBPM（Evidence-Based Policy Making）の重要性が認識されるようになっているのに，政策立案の根拠となる「公的統計」の信頼性が失墜している。統計調査（ひいては社会調査）に対する信頼回復とともに，調査に関わる者だけでなく広く市民の倫理を含む調査リテラシーをより一層高めていくことが，喫緊の課題となっていると言うべきである。問題の根は，太くて深い。

（N. G.）

コラム9　曲がり角に立つ国勢調査──調査不能・拒否率の急上昇と住基データの転用

　国勢調査に対する信頼性と妥当性も大きく揺らぐようになっている。総務省統計局が2020年9月23日に「大学・専修学校・各種学校関係者」宛に通知した「令和2年国勢調査の実施について（協力依頼）」に添付の「令和2年国勢調査概要」と題する資料によれば，2015年国勢調査の調査票回収状況は，インターネットによる回収36.9%，郵送による回収34.1%，調査員による回収29.0%（合計100%）であった。調査員による回収29%には「聞き取り」の13.1%が含まれており，この13.1%が「未回収率」に相当すると考えられる。統計局はこの資料の中で，「聞き取り」について「不在等の理由で調査票を回収できなかった世帯を対象に，国勢調査令に基づき，調査員が「氏名」，「男女の別」及び「世帯員の数」を近隣の者等から聞き取って調査を実施」と説明している。そして，2000年1.7%→2005年4.4%→2010年8.8%→2015年13.1%と，国勢調査の「聞き取り率」が推移したことも明示している。つまり，調査票の未回収率が急増している上に，「氏名」「男女の別」「世帯員数」に関しては自己回答よりも不正確な「聞き取り（未回答世帯の追跡調査）」によって把握するが，この3項目以外に関しては「調査不能」となっており，その割合が2015年で13.1%にもなっていることが明らかになっているのである。なお，都道府県別に見ると，「未回収率」が最も高かったのは東京都の30.7%であり，2位の沖縄県18.0%，3位の大阪府17.7%と比べ格段に高い数値になっている。

　国勢調査を筆頭とする基幹統計調査に関しては，統計法第13条で回答する「義務」を課し，第61条では回答を拒否したり虚偽の回答をした場合には「罰金に処する」と規定している。にもかかわらず，国勢調査であっても，調査票の回収率は無視できないほど下がってきており，信頼性と妥当性が損なわれる事態に陥っている。

　さらに，2020年国勢調査の際に回収率低下の対応策として，重大なルール変更が行われたことも記しておかなければならない。2015年国勢調査までは，調査に回答しなかった世帯について，調査員が周辺の住民から居住者数などを聞き取れなかった場合，

最小限の「1人」としてカウントすることが従来のルールであった。ところが，2015年国勢調査で大阪市・横浜市・広島市・川崎市・相模原市，東京都世田谷区・渋谷区・練馬区などの自治体がルール破りをしていたことが2020年になって読売新聞によってスクープされた。総務省は，この不適切集計の方法を事実上追認し，非回答世帯については住民基本台帳（住基）に登録された世帯員数を転用できるようにルール変更し，2020年10月に集計作業にあたる各自治体に通知した。

　これは，調査票を回収できず居住実態が不明な世帯の員数を従来通り「1人」とするのではなく，住基データを転用（2人なら2人，3人なら3人と）することによってそのまま穴埋めしてしまおうということである。先のコラム「国勢調査人口と住民基本台帳人口」で説明した通り，常住地主義に立脚する国勢調査人口と登録主義に立脚する住基人口には，当然のことながらズレが生じる。国勢調査が依拠してきた常住地主義が音を立てて崩れることになり，統計の信頼性が大きく毀損されることにもなる。

　以上のように，国勢調査の制度疲労は明白であり，国勢調査の統計が「実態」を正確に表さなくなりつつある。国勢調査ですら「曲がり角」に立たされており，抜本的な見直しが不可欠な状況となっている。　　　　　　　　　　　　　　　　（N.G.）

データをExcelなどの表計算ソフトを使ってPCに手入力し，点検し間違いを修正したうえで加工・分析するといった時代から，ネット上で検索しファイルをダウンロードして加工・分析するかブラウザでそのまま加工・分析するといった時代（＝インターネット上で統計データを高次に利活用できる仕組みが整った時代）に，ここ20年くらいの間で大転換した。データを入力する手間，ミスを発見して修正する手間を省くことができるだけでも，作業効率は雲泥の差だ。だが，古い時代を知らないユーザーには「優しい」とは感じられないだろうから，あれこれと注文をつけていくことも必要だ。メールによる新着情報配信サービスも行っているので，サービスを受けたい場合はユーザー（メールアドレスとパスワード）登録をしておこう。

（3）統計データを地図化する方法

　もう一つ重要な「転換」が起こっている。統計データをグラフ化するだけに留まらず，「統計データの活用」の中にある「地図上に統計データを表示（統計GIS）」を使うことで，地図に表すことができるようになっている。地図・空間データと統計データを有機的に結びつけて視覚的に表示する**地理情報システム**（Geographic Information System；GIS）の仕組みを活用して，統計地図を作成（＝統計データを地図化）することができる。

この中には，①「地図で見る統計データ（jSTAT MAP）」，②「統計データダウンロード」，③「境界データダウンロード」の３つの下位ページが用意されている。

　2023年１月現在で提供されている，統計地図を作成することができる統計調査としては，国勢調査，事業所・企業統計調査，経済センサス―基礎調査，経済センサス―活動調査，学校基本調査，人口動態調査，医療施設調査，地域保健・老人保健事業報告，医師・歯科医師・薬剤師調査，社会福祉施設等調査，介護サービス施設・事業所調査，農林業センサス，漁業センサス，メッシュ別将来人口推計，水質汚濁物質排出量総合調査，の合計15となっている。実際に提供されるのはこれらに関するすべての統計表ではなく，ごくごく基本的なものに限定されている。表章単位は，最も多い種類が用意されている国勢調査で，都道府県，市区町村，小地域（町丁・字等），３次メッシュ（１キロメートルメッシュ），４次メッシュ（500メートルメッシュ），５次メッシュ（250メートルメッシュ）となっている。つまり，都道府県別，市区町村別，丁町・字別，地域メッシュ別の地図（絶対地図と相対地図）を作成することができるという寸法だ。

　とはいえ，「iSTAT MAP」では利用できる統計が限定されるので，より本格的な統計データの地図化には，次の GIS 専用ソフトを使ってみることを薦めたい。(1)埼玉大学教育学部の人文地理学者・谷謙二氏が1992年以来開発を続け無償で提供している地理情報分析支援システム「MANDARA」（最新バージョンは2022年８月段階で10.0.1.6）。(2)国土交通省が「地理空間情報活用推進基本法」等を踏まえ無償で提供する「国土数値情報」（GIS データ）を地図化（閲覧・編集・分析・公開）するのに推奨している「QGIS」。

　「MANDARA」では Excel で作成したデータセットさえあれば地図化が可能なので（その意味で統計データを無尽蔵に使える），社会学の研究でよく使う指標を地図化して研究に有効活用する道を切り開いていこう。なお，統計データの地図化とは別に，第６章コラム37で，調査によって得られた情報を Google Map に落とす地図化の方法についても解説している。あわせて参照されたい。

⑦　過去の調査データへのアクセスと活用

　既存の統計データの加工・分析で解決しない場合は，第３に，過去に実施された社会調査を調べることが求められる。なぜなら，すでに誰かがどこかで同じような調査をやっている可能性が大いにあるから。以下に紹介する社会調査

データ・アーカイブを使って調べてみればよい。同じテーマで調査が実施されていることが判明したら，その調査データの有効活用を図ることを検討しよう。「二次分析」を行うことが可能かもしれない。「無駄な調査」を実施しないで済む可能性が高くなる。

（1）二次分析とは——実査を伴わない社会調査

　前節の（1）「主な公的統計と日本の統計制度」で触れた公的統計の「二次的利用」には，公表されている統計データを二次的に加工・分析するだけでなく，統計のもとになった調査の個票データを用いて再集計・再分析を施すことも含まれる。後者を特に**二次分析**（Secondary Analysis）と呼び，他の調査者ないし組織が実施し収集した既存調査の個票（マイクロ）データを，分析者自身の目的のために再集計・再分析することをいう。個票データといっても回収された調査票原票そのものが提供されるわけではなく，個人情報を取り除いて個々の調査票の記入内容を電子化した「匿名データ」を意味する。

　二次分析は「実査（現地調査）を伴わない社会調査」と言い得るが，欧米ではすでに数十年以上の蓄積があり，これによる研究成果の発表も非常に活発に行われている。日本では佐藤博樹・石田浩・池田謙一編『社会調査の公開データ——二次分析への招待』（東京大学出版会）が出版された2000年以降，SSJDAの拡充に歩を合わせて急速に広がるようになった。二次分析が広く行われるためには，個票データを組織的に収集・保管・提供（公開）する社会調査データ・アーカイブの構築・整備が大前提となる。日本でも，1990年代後半以降，「SORD」（札幌学院大学，1998年），「SSJ データ・アーカイブ」（東京大学，1998年），「SRDQ」（大阪大学，2004年），「RUDA」（立教大学，2011年）といった社会調査データベースないしデータ・アーカイブが相次いで誕生した。我が国が本格的な「二次分析の時代」に突入したことを物語る一方で，SORD と SRDQ は運用を終了し，状況はまだら模様を呈するようになっている。

（2）SSJ データ・アーカイブ（SSJDA）

　SSJ データ・アーカイブ（Social Science Japan Data Archive）は，東京大学社会科学研究所附属社会調査・データアーカイブ研究センターが，我が国で実施された社会調査の個票データ（個々の調査票の個人情報以外の記入内容を電子化したマイクロ・データ）と調査関連情報を収集・保管し，学術目的での二次分析のために提供することを目的に1998年に構築・公開された。我が国におけ

る個票データの利用ないし二次分析の推進は SSJDA が牽引し，また政府統計の二次的利用を促す背景にもなっている。

　利用可能なデータセットも年々増加し，「SSJDA の委託・利用統計」によれば，次のように推移している。公開データリストアクセス件数がカウントされるようになった2008年度と2021年度の数値を示す。累積公開データセット数は2009年 3 月1221→2022年 3 月2380，1 年間の利用申請数は2008年度481→2021年度1296，利用申請研究者数は1434→6514，提供データセット数は2165→19,143，発表論文数は113→370，収録調査データベース検索件数は43,613→279,082，公開データリストアクセス件数は5406→67,060，と急増しているのがわかる。

　個票データを利用できるのは，原則として大学や公的研究機関の研究者（大学院生を含む）の学術目的に限定されているが，一部のデータについては，教員の指導を受けた学部学生による研究目的の利用（卒論に限定），並びに教員の指導による教育目的（授業などで）の利用ができるようになっている。利用にあたっては，「個票データ利用申請書」の提出（「誓約事項」への同意）と許可が下りることが必要であり，また利用期限終了後には利用報告書を提出しなければならない。学生が個票データを利用することは，上記を除くと基本的にはできないが，以下のような情報に関してはインターネットを通じて一般に公開されているので，これだけでも有効に活用すべきであろう。調査番号・調査名・寄託者・利用方法・調査の概要・調査対象・データ数（サンプルサイズ・有効回収票数・回収率など）・調査時点・調査地域・標本抽出・調査方法・調査実施者・委託者（経費）・報告書（論文）・関連論文等・主要調査事項・調査データ区分・利用上の注意，調査票と単純集計結果，などが公開されている。もちろん，検索もできる。また，収録している調査の報告書は，東京大学社会科学研究所図書室で閲覧できるようにもなっている。

　SSJDA の運営を行っている社会調査・データアーカイブ研究センターでは，時系列の調査プロジェクトにも力を注いでおり，全国の若年・壮年パネル，高卒パネル，中学生親子パネルを対象とするパネル調査（同一の対象者に異なる時点で繰り返し行う調査）を実施している。また，大阪商業大学 JGSS 研究センターと共同で**日本版総合的社会調査**（Japanese General Social Surveys；JGSS）を1998〜2012年度まで実施してきた。JGSS プロジェクトは，アメリカのシカゴ大学全国世論調査センター（National Opinion Research Center；NORC）が1972年より毎年ないし隔年で継続的に実施している General Social Survey

　調査票調査は，それを実施する回数や対象によっても区分できる。一般的なのは**横断調査**（cross-sectional survey）（単発調査，アドホック調査などとも呼ぶ）と呼ばれるもので，一つの対象集団に対して，一回だけ調査を実施し，そこで得られたデータ内部を属性や質問項目によって比較・分析するというものである。これは最も基本的な調査デザインであるが，一時点だけのデータであるため，社会や個人の時間的変化や因果関係を把握することに限界がある。

　これに対して，同様の調査を定期的・計画的に繰り返し実施する調査デザインもある。従来一般的だったのは**縦断調査**（longitudinal survey）（継続調査，繰り返し調査，時系列調査などとも呼ぶ）と呼ばれるものである。これは調査のたびに対象集団の中から別の被調査者（サンプル）を選び直して，長期間にわたって定期的に調査を実施することで社会の時間的変化をも捉えることを可能とする。もちろん，同じワーディング，同じサンプリング方法を使って調査する必要があり，最初の調査設計が重要であること，標本誤差を十分考慮する必要があることは言うまでもない。

　さらに近年は，**パネル調査**（panel survey）に注目が集まっている。パネルとは，固定された調査対象のことを示す。つまり異なった時点で同一の被調査者に繰り返し同じ質問をすることで社会の時間的変化のみならず，個々人の時間的変化をも測定しようとする調査デザインである。

　この方法は，時間的変化を捉えることのほか，時間的順序関係が明確であることから，因果関係，因果の方向を正確に捉えることにも適している。さらに近年，因果効果をより精緻に推計するために固定効果モデル*などの分析手法の開発も進んでいる。

　縦断調査もパネル調査も大変な労力と予算を必要とする。また「パネルの脱落（最初の調査協力者に，その後の調査で協力していただけないなど）」の問題もある。個人での実施は難しいかもしれないが，データアーカイブが整備されつつある現在，公開されている調査データを二次分析することも一つの方法である。

　日本における代表的な縦断調査には，統計数理研究所「国民性調査」，内閣府「国民生活に関する世論調査」，SSM 調査委員会「社会階層と社会移動（Social Stratification and Social Mobility）全国調査」，日本家族社会学会「家族に関する全国調査（NFRJ）」などがある。

　パネル調査もかつては，家計経済研究所が1993年に開始した「消費生活に関するパネル調査（JPSC）」くらいだったが，近年は東京大学社会科学研究所「働き方とライフスタイルの変化に関する調査（JLPS）」，大阪大学社会経済研究所「くらしの好みと満足度についてのアンケート」，厚生労働省「21世紀出生児縦断調査」「中高年縦断調査」など充実し，従来の知見を覆す分析結果が報告されることも楽しみである。

＊固定効果モデル等の詳細については，中澤渉，2012，「なぜパネル・データを分析するのが必要なのか——パネル・データ分析の特性の紹介」『理論と方法』Vol. 27, No. 1, 23-40頁等を参照されたい。

（E.K.）

（GSS）をモデルに，「時系列分析が可能な継続的かつ総合的社会調査のデータを蓄積し，データの二次的利用を希望している幅広い分野の研究者を対象としてデータを公開すること」が目指されている。これらのパネル調査や JGSS のデータセットも SSJDA に収録されているが（JGSS は2005年データまで），JGSS プロジェクトに関しては，大阪商業大学 JGSS 研究センターが単独で継続しており，JGSS-2006以降のデータセットも2021年秋以降に同研究センターのデータダウンロードシステム（JGSSDDS）から公開されている。

（3）その他の社会調査データ・アーカイブやデータベース

内閣府大臣官房政府広報室のオンライン・データベース「**全国世論調査の現況**」（第1章コラム1参照）は，かつて内閣総理大臣官房広報室及び内閣府大臣官房政府広報室が，2006年まで毎年編集し公刊（市販）していた冊子体の『世論調査年鑑：全国世論調査の現況』を受け継いでいる。政府機関・政府関係機関や地方自治体，報道機関などが，範囲が明確に定義された母集団から抽出された／母集団のすべての（500人以上の）個人を対象に（10問以上からなる）調査票（質問紙）を用いて実施した「世論調査」や「意識調査」の各年度の「概況」をまとめて，オンライン（ウェブサイト）で公表している。ただし，「集団面接法（集団記入法ではない），インターネット調査及びあらかじめ登録しているモニターに対する調査」は，対象外となっている。

2019年度（2019年4月～2020年3月）調査分を収録する2020（令和2）年版を例に取ると，(1)「政府機関・政府関係機関」121，(2)「都道府県・同教育委員会・同選挙管理委員会等」47，(3)「市・同教育委員会・同選挙管理委員会等」815，(4)「大学等」206，(5)「新聞社・通信社・放送局」113，(6)「一般企業・団体，専門・広告業の企業・団体」66の合計1368機関を対象に照会し，回答があった（調査に関する情報が寄せられた）1906調査のうち，「原則として標本数が1000以上で回収率が50％以上」の630調査に関する以下の情報が収録されている。「調査主題」「調査年月」「調査対象〔母集団〕者」「調査対象〔標本〕数」「有効回収数（回収率）」「調査対象者抽出法」「調査方法」「調査主体名」「調査実施機関」「公表媒体 WEB（URL）」「報告書等」「調査結果の問合せ先 部署」「調査結果の問合せ先 電話」「調査結果の問合せ先 URL」「調査項目」（第2部）。以前には，総質問数，対象者の地域特性と個人特性，サンプリング台帳，調査委託の有無，同一主題による前回調査の有無と（有の場合はその）調査年月などの情報が掲載されたこともあった。さらに厳選された140の主要調査に関

しては，質問文，回答選択肢及び単純集計結果が約9メガバイトのCSV形式のファイル（42,200行ものシート）で提供されている（第3部）。電子ファイルもPDF形式が5個，CSV形式が15個用意されており，同じファイル内での検索が可能なのだが，ファイルを横断しての検索ができないのが残念だ。

　新聞社が行っている世論調査関連の情報もネットで検索し，入手できるようになっている。毎日新聞が2011年4月にスタートさせた新しい検索サービスである「**毎索**」は，1872（明治5）年の創刊号から1号の欠号もなく紙面（記事）を提供するだけでなく，世論調査のデータベース「**ヨロンサーチ**」が使えるようになっている点で注目される。毎日新聞が戦後に実施した世論調査の結果を，キーワードや日付で検索でき，紙面に掲載されていないクロス集計表も収録されている（新聞記事検索には，朝日新聞の「**クロスサーチ**」，読売新聞の「**ヨミダス**」，@nifty ビジネスの有料サービス「新聞・雑誌記事横断検索」なども有用だ）。また，各紙とも有料会員向けのサービスとして新聞に掲載された記事の紙面をそのまま閲覧することができる「記事ビューアー」を充実させているので，大学図書館などで無料で利用することもできるだろう。

　近年の新しい動向として，国際比較調査が活発化していることにも注目しておきたい。代表的なものとして，1984年に発足し，世界中の約40の機関が共通の調査票を用いて毎年調査を実施している ISSP（International Social Survey Programme）をあげることができる。日本では NHK 放送文化研究所が加盟しており，成果が積み重ねられている。

　さまざまな領域でデータアーカイブやデータベースが整備され利用に供されることで，統計／調査データの二次分析ないし二次的利用の動きは，人文・社会科学の全領域に及んでいく可能性がある。社会調査のあり方に，これまで以上に大きな影響を与えないはずがない。

8　研究の第一歩を踏み出そう

　以上，①調査研究の着想，②先行研究のフォローと課題の鮮明化，③既存の統計データの加工・分析，④過去の調査のフォローと結果の検討，という流れに沿って，社会調査を企画・設計するためのファースト・ステップとして行うべき「情報資源の発掘調査」の仕方について解説してきた。

　こうした作業を踏まえて，改めて社会調査を実施しなければならないかどうかを慎重に見極めるわけである。本章の冒頭で強調した "**「なぜその社会調査**

を行わなければならないのか」に関するアカウンタビリティ"を，もう一度肝に銘じておきたいものだ。

　最後に一言だけ付け加えておきたい。本章では，「CiNii」「NDL Search」「NDL ONLINE」「NDL-Digital」「Google Scholar」「e-Stat」「SSJDA」「全国世論調査の現況」「ヨロンサーチ」などといったポータルサイト，データベース，データアーカイブを検索して情報資源を発掘し，研究に必要なデータを入手し有効活用する方法について，具体的に説明してきた。しかし，これで済むわけではけっしてない。繰り返しになるが，ネット上で閲覧できる文献に目を通すだけでは全く足りないし（読まないよりはましだが），検索（サイバースペースにおけるデジタル情報へのアクセス）では引っかかってこない有用な情報が少なくないことも知っておくべきだ。効率性は落ちるし，時間や労力の無駄と感じてしまうかもしれないが，現実の世界において自らの身体性をベースにしたアナログ情報へのアクセスと対話も実践してほしい。社会学の研究は，サイバースペースでは完結しないし，研究の対象は現実の世界，生身の人間なのだから。

　さあ，研究の第一歩を踏み出そう。

（後藤範章）

第 3 章

社会調査の基本ルールと基本の道具

要点 「さあ社会調査！」と意気込んでも，やみくもにデータを集めるだけでは頭の中が大混乱するのが関の山。そんなことでは，ほかの人の社会調査の結果だって理解できるわけがない。スポーツにルールや道具があるように，社会調査にだってルールもあれば，必要な道具もある。

　この章では，まず社会調査というゲームを楽しむ基本ルールと基本の道具について説明しよう。ただし，道具といっても野球のグローブや剣道の竹刀のように目に見えるものではない。それは目に見えないが絶対必要な論理上の道具，思考をクリアにするための，頭の中の道具である。

➤**キーワード**：記述と説明，概念，操作的定義，変数，仮説

① 社会調査の基本ルール

（1）社会について考える

　野球のルールは難しい。ルールブックという本があるくらいだが，ルールブックを丸暗記せずとも野球を楽しむことはできる。細かいことは後回しにしても，どうすれば得点になるかさえ知っていれば，たいていのスポーツは楽しめる。

　社会調査だって，細かいルールばかりいくら知っていても，どうすれば得点になるのかを知らねば楽しめない。社会調査とは「社会的な問題意識に基づいてデータを収集し，収集したデータを使って社会について考え，その結果を公表する一連の過程」なのだから，最もポイントとなることは，ズバリ「社会について考える」ことである。いくらボールを上手に蹴ってもゴールが決まらなければサッカーの得点にならないように，いくら上手に調査をしたって，そこから「社会について考える」ことができなければ，社会調査で得点をあげたことにはならない。つまり，社会調査での得点は，「社会について考える」こと。何はともあれ，これが一番大事なことだ。

（2）データを集めて考える

　サッカーもハンドボールもゴール目がけてシュートを放つ。しかし，ゲームの内容は随分違う。腕を使ってシュートをしたら，サッカーではたちまち反則だ。

　「社会について考える」場合も同じこと。先人の思想を学んだり，じっと座って瞑想に耽るのも大切だが，それでは社会調査になりはしない。なんてったって調査というくらいだから，データを集めてこなきゃ始まらない。データの集め方はいろいろあるし，集め方にはルールがある。集め方やそのルールについては，本書の第Ⅱ部と第Ⅲ部に詳述してある。しかし忘れてもらっちゃ困るのは，あくまでも「社会について考える」ためにデータを集めるということ。社会調査の善し悪しを決めるのは，集めたデータをもとに，どれだけ「社会について考える」ことができるかなのだ。

（3）ところで「社会」って？

　スポーツにいろいろあるように，社会といったっていろいろある。「社会について考える」といっても，いきなり社会のすべてを対象にしても混乱するか，悟りの境地に至るかのどちらかだ。誤解無きようにいっておくが，社会調査の目的は，「社会とは何か」なんて宗教的思索や誇大理論を考えることではない。「社会について考える」とは，我々の目の前に展開する多様な社会現象を地道に解き明かしていくことなのだ。

　有り難いことに，「社会」とは複雑で，いろんな要素がこんがらがってできている。おじいさんも，お姉さんも，坊っちゃんもいる。威張っている人もいれば，謙虚な人もいる。天下国家が大切な時もあれば，隣家のピアノの音が人生の大問題になる時だってある。ここは一つ，「社会とは何か」を難しく考える前に，「社会」の中から，その部分部分を取り出して，一つひとつの社会事象を地道に，そして確実に解き明かしていこうじゃありませんか。スポーツの中に，サッカーや野球，あるいはゴルフだスキーだといろいろ面白そうなのがあるように，「社会」にだって「環境問題」や「福祉問題」，あるいは「恋愛から見る現代社会の諸特徴」「SNSの普及と友人関係の変容」とか，面白そうで大切な社会問題や研究テーマがいくらでもあるのだから。

② 考えるとは
——記述と説明——

（1）考えるための2つの営み

プロゴルファーだって，ホールインワンなぞそうは出せない。刻んだり，かっ飛ばしたり，砂地や池ポチャに苦しみながら，とにかくボールをグリーン上にのせることが最初の課題。グリーンにのったらのったで，パットに悩みながら小さな穴にボールを落とすという至難の課題が待っている。

社会調査でも事情は一緒。いくら頑張って「データを集めて」も，「社会について考える」ためには，まずは集めたデータをもとに，「フムフム，実は世の中こうなっておったのか」とか「オヤオヤ，世の中こんなこともあったのか」と，データの指し示す事実を記述できなければ仕方がない。そして，次には「なぜ，こんなことがあるのだろう」「どうして，こうなるのだろう」とデータの指し示す事実を説明したり解釈したりしなければならない。社会調査で要求される「社会について考える」には，第1に，データの指し示す事実を**記述**すること，そして，第2にデータの指し示す事実を**説明**すること，の2つの営みがあることをまず押さえよう。

＊ここでいう記述とは英語の description，説明とは explanation にあたり，論理学上の用語であって日常語とはちょっと違う。この場合，「説明を記述する」などという言い方はありえないからね。

（2）記述は難しい

「データがこんなに集まったのだから，データの指し示す事実を記述するなんて簡単さ」と思ったあなた。きみは，大変な苦労知らずである。記述とはダラダラ書けばよいというものではない。自分にも他の人にもわかるように，的確にポイントを整理して書かなければいけないのだ。そう思うと大変だろ。第1に，データが多くなれば多くなるだけ，それだけ整理も大変だし，ポイントを押さえることも大変になるわけだ。

第2に，データがどんな事実を示しているのか的確に押さえることも簡単ではない。一例をあげよう。1980年代の末，管理職の「過労死」が大きな問題となった時期があった。そんな頃，あるシンクタンクは「管理職」と「平社員」の健康状態の比較調査を実施した。集められたデータを「管理職」と「平社員」に分けて，それぞれの平均の健康状態を比較すると，「管理職」のほうが

良好であった。そのシンクタンクは，このデータを「この調査結果は，管理職になることが健康によいことを示している」と記述した。

「馬鹿たれ！」とはこのことである。データの示す事実は，ある時点において「管理職（集団の平均）の健康状態が，平社員（集団の平均）の健康状態よりもよい」ということだけだ。「管理職になることが健康によい」というためには，平社員が管理職になるまで何年もかけて，各時点の健康状態を測定して，そしてめでたく管理職になった時に，健康状態の改善が見られてはじめていえることなのだ。つまり，データが示していないことを，あたかもデータの示す事実のごとく記述するという過ちを犯しているのである。

ボールがグリーンにのらなければプロゴルファーだってゴルフにならないように，集めたデータが，どんな事実を物語っているのか記述できなければ社会調査になりゃしない。「考える」ための出発点にはいつも，データに基づく正確（かつ冷静）な事実の記述が求められる。難しいが，ここで失敗したらまさに池ポチャ状態なのだ。

（3）説明はもっと難しい

ボールがグリーンにのったとしても，まだまだそれだけでは終わらない。ボールをホールにいれてナンボのものだ。社会調査だって，データの示す事実を記述しただけでは終わらない。なぜ，「世の中こうなっておるのか」，どうして「世の中こんなこともあるのか」を説明しなければ，「社会について考える」ことにはならないだろう。

集めたデータが指し示す事実として，「管理職（集団の平均）の健康状態が，平社員（集団の平均）の健康状態よりもよい」と記述したら，次には，どうしてそうなるのか説明しなければならない。説明は，データを見ただけではわからない。データの指し示す事実を記述するという第1段階では，思考の材料は厳密に当該のデータだけに限定されなければならないが，データの指し示す事実を説明するためには，他の知識や想像力も必要となる。

そして大事なのは，**説明の仕方は1つとは限らない**ことだ。1つの記述された事実に対しても，複数の説明が存在する。先ほど徹底的にけなした「管理職になることが健康によい」も1つの説明としてならば立派なものだ。しかし，ちょっと冷静になって考えてみると，「健康だから管理職をしていられる」や，「健康を崩した管理職はクビになるから，調査に協力できる管理職はみんな健康なのだ」という全く正反対の説明だって立派な説明となる。そして厄介なこ

とは，どの説明が正しいかは，さらに別のデータを集めてみないことにはわからない。

（4）記述と説明は別のもの

「え～，「管理職になることが健康によい」も立派な説明の1つなら，あんなにけなさなくてもよかったのに」と思ったあなた。きみは社会調査に向いていない。絶対許されないことは，1つの説明に過ぎないものを，あたかもデータの指し示す事実のごとく記述すること，すなわち記述と説明を混同してしまうことなのだ。

これは絶対に許されない。そもそもデータが指し示してもいないことを，あたかもデータが示しているかのごとく記述するようでは，どんなにデータを集めても意味がない。また，説明の仕方は1つとは限らないし，どの説明が正しいのかも，当該のデータだけではわからない。そのため，1つの説明に過ぎないものを，あたかもデータの示す事実のごとく記述することは，他の説明の可能性をいわれもなく切り捨てることになる。それでは，データの示す事実を隠蔽して，データの背後にある現実を見誤ることになるかもしれないのだ。

これは許されないわりには，社会調査でよくある間違いの一つだ。社会調査の出発点には問題意識が必要だが，問題意識が強すぎると，データを見たとたんに気負い立ってしまって，冷静な記述をないがしろにして思いこみの説明を始めてしまう場合も多い。しかし，データが示す事実をきちんと記述できなければ，説明なぞできるわけもない。それではまるで「あいつが犯人」と決めたら，証拠もないのに無理やり自白させようとする，テレビや小説にでてくる困った刑事さんだ。**記述と説明は別のもの，記述なき説明はむなしく危険であり，記述と説明の混乱は惨めで愚かなことだと肝に銘じておこう。**

③ 問題が問題だ
——社会的な問題構成へ——

（1）問題は解くものにあらず，作るものなり

大人と子供の違いはいろいろある。「自分で問題を作れるかどうか」もその一つ。これは受験勉強と，大学や社会に出てからの本当の勉強との違いでもある。受験勉強で使う問題集なんて，誰かが問題も答えも作ってくれている。受験生は意地悪にも隠されている解答を，あの手この手で探すだけだ。しかし，大学ではまず問題を自分で作ることを要求される。いわんや社会に出たら，解

　記述と説明は難しい。それでは練習問題として下のグラフを読み解いていこう。これは国立社会保障・人口問題研究所がほぼ5年おきに実施している出生動向基本調査の中で，全国の独身男女（18〜34歳）を対象に「あなたには，交際している異性がいますか」と尋ね，「婚約者がいる」「恋人として交際している異性がいる」「友人として交際している異性がいる」「交際している異性はいない」のいずれかに回答してもらった結果である（「婚約者がいる」との回答はごく少数なので「恋人として交際している異性がいる」と併せて，「婚約者・恋人がいる」とした）。さて，新聞記者にでもなったつもりで，見出しを考えながら，このグラフを読み解いていこう。

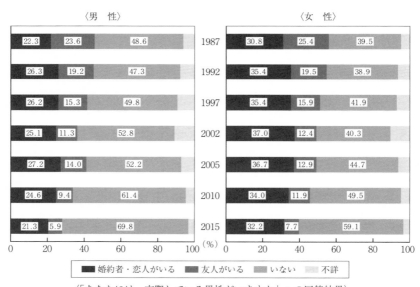

〈「あなたには，交際している異性がいますか」への回答結果〉

出所：https://www.ipss.go.jp/ps-doukou/j/doukou15/doukou15.
　　　第15回出生動向基本調査（結婚と出産に関する全国調査）報告書（2017）より作成。

　Aさん：「〈進む男性の草食化〉。何と言っても目立つのは，交際している異性がいない男性の増加よね。2015年で69.8％ってほとんど7割よ。1987年の48.6％から20％ポイント以上増加している。やっぱり男性の草食化って本当ね」なんてところで終わらないでね。女性だって39.5％から59.1％にほぼ20％ポイント増加している。結果の一部だけを見て，わかったつもりになってはいけません。

　Bくん：「〈恋愛離れ顕著に〉。なるほど，男女とも交際している異性がいない人が増えているのか。これは世にいう「恋愛離れ」に違いない」なんて断定したら，怒りますからね。「婚約者・恋人がいる」人の比率をみると，男女とも調査年次によって

増減はあるものの，1987年と2015年を比べると男性で22.3％から21.3％，女性では30.8％から32.2％とほとんど変わっていないではありませんか。恋愛している人の比率は変わらないのに安易に「恋愛離れ」なんて言ってはいけません。

　Aさんも Bくんも，不十分な記述で，すぐに説明に飛びつこうとするよくある間違いを犯している。調査結果を見るときは，じっくり腰を据えて見なければならない。もう一度よく見てみよう。注目すべきは，男性で23.6％から5.9％，女性で25.4％から7.7％へという「友人として交際している異性がいる」の激減ではないだろうか。もっとも，この説明は難しい。まずは「男女間の友情って無くなったの？」「いろんな人と遊びに行ったら，変な目でみられる？」「昔話に聞く，アッシーくんやミツグくんの消滅？」「告白文化の浸透で，友達以上恋人未満なんて曖昧な関係は許されなくなったのかも？」などなど多様な説明を思い浮かべてみよう。そして，どうしたらそれぞれの説明の真偽を問うことができるのかを考えることこそが，社会調査の王道である。記述と説明は難しい。焦りは禁物ですよ！　　　　　　　　　　　　　　（E.K.）

答付きの問題集なんて親切なものなどどこにもない。

　社会学は大人の学問であり，社会調査は大人の研究法である。親切な問題出題者がいて，解答も用意されているなんて生易しいものとは訳が違う。何を研究したいのか，何を調査したいのか，自分で決めなきゃ始まらない。なにしろ世の中困ったことに，問題なくして解答なし。解答だけで問題が存在しないなんてことはありえない。

（2）はじめに問題意識ありき

　「住民の福祉ニーズを知らねば」「わが社のイメージはどうなっているのか」などとすでに問題を抱え込んでしまった人は幸せである。「問題を作れっていわれてもわかんな〜い。受験勉強だって苦手だったのに」というお人も多かろう。しかし，心配はいらない。人生悩みは尽きないし，世の中には問題が満ち溢れている。「どうして彼氏ができないの」「どうして俺は貧乏なんだ」「若者はマナーがなっとらん」「今の政治は腐っとる」など悩みや怒りの一つくらい見つかるものだ。そして，あなたの抱える悩みや怒りを，ちょっとだけ冷静になって見つめ直してみよう。悩みや怒りをそのままにしておいてよいのか？いや，よいはずはない。何とかして解決の糸口を見つけねば。するとアラ不思議，そこにはある問題に挑戦する意識，つまり問題意識があるじゃありませんか。

（3）社会調査は万能にあらず

「社会調査の結果だと「恋愛離れ」とも言えないのね。どうしたら私にも彼氏ができるか解明しなければ」という問題意識をもったあなた。残念ながらそういう問題設定に対して社会調査がお役に立つかどうかは自信がない。

社会調査の効能は「社会はどうなっているのか」を知ることにある。量的調査（調査票調査など）では「彼氏のいない人はどのくらいいるの」「外見だけで彼女を選ぶ男の子の比率はどのくらい」といった情報や，情報を組み合わせて「彼女のいない男の子って，面食いなヤツが多いのね」なんていうことから「社会はこうなっているか」という概観図を作ってみたりする。質的調査（参与観察法や聞き取り調査など）では，「こんな恋愛もあったんだ」とか「こんな趣味の人もいるのね」とかを見たり聞いたりして，「社会ってほんとはこういうこともあるのね」と思って世界観を広げたりする。作った概観図や，広げた世界観が正しいかどうかは別問題として残るが，とにもかくにも「社会はどうなっているのか」を考えるには，社会調査はかなり効く。

しかし，である。だからといって「あなたに彼氏ができるかどうか」はわからない。だってそれはとても個人的なことだもの。あなたは唯一無二の存在。あなた個人と社会はけっしてイコールではないはず。まことに遺憾ではありますが，個人的な問題に対しては，社会調査はほとんど効かないということも覚えておいてくださいね。

（4）大人は社会を考える

「なあ～んだ，社会調査なんて私の役に立たないのね，バカバカバカ」と思った人もいるかもしれない。でもそれじゃ，自分のことしか考えないワガママなガキと一緒。もう大人なんだから，広い気持ちで社会のことも考えてみよう。

社会のことを考えるといったって，社会は遠い遠い海の向こうにあるわけではない。私がいて，あなたがいて，あの人もいて，それで社会はできている。少し発想を転換するだけで，たいていの個人的な問題は社会的な問題につながっていく。たとえば「そもそも恋愛って何？」と問題を切り替えたらどうだろう。そう思って，社会調査でできる概観図や広げた世界観を見直して，「そもそも「恋愛離れ」だの「草食系」だの，何で恋愛が話題になるのだろう」と，マスメディアにおける恋愛描写の分析を始めたり（ドキュメント分析），「お母さんに聞くと，昔は本命の彼氏のほかにもアッシー君とかミツグ君とかいたのね。

今と全く違う気がする」（聞き取り調査）って具合に，現代社会を相対化して考えたりできないだろうか。つまり，あなた自身の問題を越えて，あなたを取りまく社会のことへと考えを拡げることができるじゃありませんか。

　自分のことしか見えない人には，どんなに科学的装いをまとっても社会調査でポイントは取れません。私がいて，あなたもいるし，あの人もいる。そしてみんなで社会を作っていて，みんなが社会の中で生きている。どんなに辛くとも，この感覚（まさにチャールズ・ライト・ミルズが「社会学的想像力」〔第Ⅳ部 Introduction のコラム64参照〕と呼んだもの）をもっていることこそが大人の証。この感覚なくしては，調査のテクニックも統計学も無意味だ。**「問題なくして調査なし」「社会的な問題意識なくして，社会調査なし」**なのだ。

④ 「概念」なんか怖くない

（1）概念なくして事物なし

　問題意識ができたとしても，人間とは不便なものだ。人間同士でコミュニケーションする時も，一人ぼっちで考える時も，「はじめに言葉ありき」である。そして言葉は何らかの事物を表し，言葉にできないことを考えたり，人に伝えることはとても難しい。そして言葉が何を表しているかを真面目に考え始めたとき，**概念**（concept）という言葉が登場する。

　さて，たまには小説なぞも読んでみよう。だって，小説はまさに言葉の宝庫。次の一文は，村松友視の『泪橋』という小説の中の１節である。

　北国に育った秋子は，工藤と一緒に住むようになったころにはゴキブリというものを知らなかった。
　「東京って，台所にコガネ虫がいるのね」
　最初はそんなことを言ってものめずらしそうにゴキブリを見ていた様子だったが，そのうちたちまちゴキブリを目の仇にするようになった。ゴキブリとの格闘が，秋子にとって東京という大都会の生活の代名詞であるかのようにさえ感じられた。
　　　　＊村松友視，1983，『時代屋の女房・泪橋』角川書店，113-114頁。

　たとえ部屋中にゴキブリの大群が溢れていても，ゴキブリという概念さえ知らなければ，秋子さんの東京生活ももっと過ごしやすいものになったであろう。
　つまり，概念なくして事物なし。どんなモノノケが目の前でのたうちまわろうが，それを指し示す概念を知らねば，怖くも面白くもなんともない。高根正

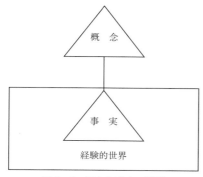

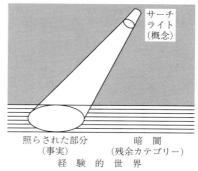

図3−1　概念と事実の関係　　　　図3−2　概念と事実と残余カテゴリー

出所：高根正昭，1979，『創造の方法学』講談社現代新書，59，60頁。

昭によると，「我々が普通「事実（fact）」と呼ぶものは，実は「概念（concept）」によって経験的世界（empirical world）から切り取られた，現実の一部にほかならない」ということになる。つまり図3−1のように，どんな事実があろうとも，概念がなくては事実として浮かび上がってくることはできない。概念とはそれほど凄いヤツである。

（2）概念を意識して使おう

　逆に考えてみよう。概念なくして事物なし。それならば，事物を知るためには，概念を知らねばならない。たとえ概念さえ知らなければ，人生をもっと幸せに生きていけるとしても，言葉に頼るしかない我々は，概念なくしては物事を理解することも，人に伝えることもできないのだから。

　さきの高根正昭は，有名な社会学者のタルコット・パーソンズ（Talcott Parsons, 1902-79）に依拠しながら，図3−2のように，概念をサーチライトにたとえている。暗黒の中ではサーチライトに照らされた部分しか見ることができない。経験的世界という暗黒の中から，概念というサーチライトに照らされた部分だけを我々は事実として認識できるのである。

　普段は概念なんて小難しい言葉を意識しないで生きる方が幸せかもしれないが，何かを調査するとき，そして何かを人に伝えようとするとき，概念を使わざるを得ないのだ。つまり，**社会調査というゲームを成り立たせているプレイは，概念を意識的に使って，事実を認識していく作業**なのである。

（3）概念の定義

　秋子さんがゴキブリという概念を知らなかったように，どんな概念でも誰でも知っていて，誰にでも伝わるというものではない。ましてやゴキブリのように実体のあるものとも限らない。たとえば，「どうして俺は貧乏なんだ」とお嘆きの諸兄，貧乏という概念も随分と難しいものだということをご存じだろうか。

　「先月，バイト代が少なかったの。今日は貧乏だからおごってね」と，いそいそとカフェに向かうお友達同士の貧乏と，バイト代はおろか奨学金まで家計に入れねばならない学生の貧乏では訳が違う。

　日々の生活の中で，仲間たちと話したり，一人でブツブツ言う時には，どんな言葉，つまり概念をどんな意味で使おうと勝手だが，概念を意識的に使って事実を認識していこうとする場合には，概念の中身はかなり明確に決めておかねばならない。そして，概念の中身を言葉で説明できなければ，ほかの人に伝えることができなくなる。

　つまり，**概念の定義**とは，概念の中身をかなり明確に，その概念以外の言葉で指し示すこと。一般的には，辞典や辞書が概念定義のかたまりである。社会調査（実は，学問すべて）では，概念の定義はとっても大事な作業だ。これを知らない者はキャッチャーに向かってバットを構えるヤツと同じくらい向こう見ずなヤツだといえよう。

（4）概念の操作的定義

　野球のボールとサッカーのボールがまったく違うように，概念の定義の仕方にも実はいくつか種類がある。「貧乏とは，貧しく，ものが乏しい状態」と定義したところで，定義として間違いではないが，それでは調査の役に立たない。調査に役立つように概念を定義すること，それを**概念の操作的定義**（operational definition），あるいは**概念の操作化**と呼ぶ。

　ここで社会調査の歴史上最も重要な人物を紹介しよう。彼の名はチャールズ・ブース，19世紀のイギリス人で近代的社会調査の基礎を作った人物の一人である。彼はロンドン貧困調査で名高いが，この調査の画期的な点の一つに，「貧民」を操作的に定義して，はじめて貧困問題を調査によって客観的に把握したことがある。

　19世紀に繁栄を極めた大英帝国の首都ロンドンでも貧困はあった。すなわち，膨大な数の貧民の存在である。ある人々はロンドンの人口の25％は貧民である

チャールズ・ブース（Booth, C. J., 1840-1916）が社会調査に残した足跡は，概念の操作的定義だけにとどまらない。貧困の操作的定義を与え，それを客観的に把握可能にした彼は，集められたデータをもとにロンドン各地区の貧困の状態を地図上に色分けすることで，貧困の空間的な分布状態をも明らかにしていった。この地図を利用する方法はシカゴ大学に受け継がれ，少年非行や精神疾患の発生率などさまざまな社会現象の空間分布についての研究につながる都市生態学の出発点となった。都市社会学の教科書に必ず載っている同心円モデルなども，その源流はブースに求めることができるのである。

〈貧困に関する統計：貧困の程度による原因〉

「極貧」原因の分析（階級 A, B）	実数	%	実数	%	
1. 浮浪者	—	—	60	4	
2. 臨時労働者	697	43			
3. 不規則的就労，低賃金	141	9	878	55	雇用上の問題
4. 少額所得	40	3			
5. 飲酒（夫ないしは夫と妻の双方）	152	9			
6. 飲酒の常習ないしは妻の浪費	79	5	231	14	習慣上の問題
7. 病気ないし身体疾患	170	10			
8. 大家族構成	124	8	441	27	境遇上の問題
9. 病気ないし大家族構成で不規則的就労を伴う	147	9			
	—	—	1,610	100	
「貧困」原因の分析（階級 C, D）	実数	%	実数	%	
1. 浮浪者	—	—			
2. 低賃金（規則的所得）	503	20			
3. 不規則的所得	1,052	43	1,668	68	雇用上の問題
4. 少額所得	113	5			
5. 飲酒（夫ないしは夫と妻の双方）	167	7			
6. 飲酒の常習ないしは妻の浪費	155	6	322	13	習慣上の問題
7. 病気ないし身体疾患	123	5			
8. 大家族構成	223	9	476	19	境遇上の問題
9. 病気ないし大家族構成で不規則的就労を伴う	130	5			
	—	—	2,466	100	

出所：Charles Booth, 1904, *Life and Labour of the People in London, First Series: Poverty, East, Central and South London*, Macmillan and Co., Limited.

また，ブース以前の社会調査らしきもの（たとえば，国家の行う人口調査など）は国や州などの大きな単位でしか行われていなかったが，逆に地域を限定した調査研究によって，さまざまな社会集団や社会制度の関連を明らかにできることを示した意義も大きい。『ミドゥルタウン』で有名なリンド夫妻の研究をはじめ，現在の社会調査

の主流をなす地域調査やコミュニティ・スタディの出発点もブースのロンドン調査にある。

　そして最も大きな業績は，調査によって収集された事実を互いに関連づけることによって，社会生活に関する仮説をはじめて検証してみせたことであろう。貧困の原因については，個人の怠惰に多くを求める説と，社会の構造に多くを求める説とがある。ブースは，「貧困の原因」を調査によって分類し，それを「貧困の状態」と関連づけることによって，貧困の多くが社会の側に責任があることを立証したのである（表参照）。

　複数の変数を組み合わせて仮説を検証するという考えは，後にラザースフェルドらによって精緻化され，現在の調査分析における主流中の主流となっている。

　＊参考文献：G・イーストホープ（川合隆男・霜野寿亮監訳），1982,『社会調査方法史』慶應通信
　　（Gary Easthope, 1974, *A History of Social Research Methods*, Longman Group Ltd.）。

（E. K.）

◇◇

と主張していた。しかし，ほんとうだろうか？　ブースは貧困問題解決の糸口を探るために，貧民を客観的に測定するための定義を行った。すなわち貧民とは「標準的な大きさの家族で週当り18シリングから21シリングというような，わずかではあるが十分規則的な収入のある人々，……彼らの収入は十分であるかもしれないが，それはかろうじて十分であるにしかすぎない」。

　なんのことはない。これだけのことだが，コロンブスの卵とはまさにこのことである。「貧乏とは，貧しく，ものが乏しい状態」といったところで，「俺は貧しい」「いや，私の方が，乏しいわよ」と各自勝手に主張するだけだが，これだけはっきり軸と基準が決められてしまえば，もはや勝手な主張は許されない。否が応でも，貧民とそうでない人たちに区分されてしまう。

　＊シリングとは英国の昔の通貨単位で，当時1ポンドは20シリング，1シリングは12ペンスだった。つまり，貧民とは一つの家族が週に1ポンド前後で生活しなければならない人々である。貨幣価値の比較は難しいが大雑把に現代日本の月収に換算すると，おおよそ16〜18万円くらいとなる。ちなみにこの金額は夫婦二人世帯の生活保護受給額とほぼ同額である。健康で文化的な生活のためには，まさに「かろうじて十分であるにしかすぎない」収入なのである。

　収入と家族の大きさで構成されるこの定義には，異論があったかもしれない。「収入よりも資産が重要では」と軸を問題にしたり，「22シリングだって貧民よ」とか基準を問題にするというふうに。これは**「構成概念妥当性」**という大事な議論であって，操作的定義にとっては研究の発展のために名誉でこそあれ，汚点ではない。

　ブースが貧困を客観的に測定するために貧民の操作的定義を行った話が登場した。調査に役に立つように概念を定義することの重要性が指摘された個所だ。ここでは重要性の側面ではなく，そのことが非常に困難な課題であるという側面を，大学生の友人数を測定する質問文作成の例をもとに明らかにしてみよう。

　あなたは「友人何人いますか？」と質問された場合，戸惑うのではないだろうか？「名前を知っていて挨拶する人は友達とも言えるし……」「最近全く会っていないけど友達と思う人もいるし……」「でもやっぱり悩み事を相談できなければ友達ではないようにも思うし……」とにかく友人を定義することが難しいことはすぐに理解できるだろう。人によって友人と考える基準が違うからである。こうした概念規定の難しい〈友人数〉を測定するために，これまでさまざまな質問文を作成してきた。以下の例はその試行錯誤の過程である。

〈主観的友人の質問文〉

　Q．あなたが面識を持っている学内の大学生を，〈知合い〉〈友人〉〈親友〉の３つに分類するとすれば，あなたが考える〈友人〉および〈親友〉はそれぞれ何人になりますか。

〈客観的友人の定義：接触（対面的・電話）の観点〉

　Q．前期期間中（４月１日～７月31日の間）に，２回以上電話をしたことがあり，かつ，１回以上一緒にでかけたことがある学内（学外）の人は何人いましたか（でかけたとは個人的に誘い合って，食事・飲食・ドライブ・買物・映画・カラオケ・スポーツ・コンサート等にいったことと考えて下さい）。

（1993年　松山大社会調査実習作成）

　〈主観的友人〉は，友人という概念にどうしても個人の主観的判断が入ることが避けられないならば，各個人の判断に任せて挙げてもらった友人数・親友数は一つの指標としてどうしても必要であるという判断から作成されたものである。これに対して〈客観的友人〉という指標は，できるだけ個人の主観的判断を排除するという観点から友人の操作的定義を試みたものである。この質問文は，友人を電話２回と対面的接触１回という基準に合致した人として定義したものである。この質問文の問題点としては，「一緒に出かけたこと」という表現があいまいであること，最近の携帯電話の普及で「電話をかける」という意味合いが時代ともに変化してしまったこと等が指摘可能である。

　次頁の友人の定義は，個人情報をどの程度知っているかという観点から友人の操作的定義をしようしたものである。調査結果から明らかになったこの質問文の問題点としては，男性より女性の方が，「まめ」であり，「よくおしゃべりもする」ので個人情報を知っている＝友人数が多くなるという結果が出てしまうという問題。関東の学生よりも関西の学生の方が友人間の会話量が多く個人情報を知っている＝友人数が多いという結果が出ているという問題であった。

> 〈客観的友人の定義：情報の共有の観点〉
>
> Q. ① あなたの住所録や手帳，および携帯電話（PHS，ポケットベルを含む）のメモリー
>   に連絡先（電話番号等）が記録されている人は何人いますか（家族・親戚は除いてく
>   ださい）。
>   ② ①であげられた人の中で，その人の現在住んでいる市町村名を覚えている（手帳等
>   を見ずに言える人）は何人いますか。＝〈知り合い〉
>   ③ ②であげられた人の中で，その人の家族構成（両親，兄弟構成）を正確に言うこと
>   ができる人は，何人いますか。＝〈友人〉
>   ④ ③であげられた人の中で，これまでに悩み事を相談したり，あるいは，されたこと
>   のある人は何人いますか。＝〈親友〉
>
> （1997年 関学・桃山大合同社会調査実習作成）

　下記の質問文は，新型コロナウイルス感染症のパンデミック後の友人関係を測定しようとしたものであるが，LINE，インスタグラム，ツイッター，メール等個人間の連絡手段の多様化で，情報の共有という観点で定義を作成することが困難と考え，対面的接触回数に限定して測定しようとしたものである。

> 〈客観的友人の定義：接触（対面的）の観点〉
>
> Q. 前期期間中（4月1日〜7月31日の間）に，2回以上一緒にでかけたことがある学内
>   （学外）の人は何人いましたか（でかけたとは個人的に誘い合って，食事・飲食・ドライ
>   ブ・買物・映画・カラオケ・スポーツ・コンサート等にいったことと考えて下さい）。
>
> （2021年 関学社会調査実習作成）

　このように〈友人の操作的定義〉は，実際に質問文にしてみると相当の難問であることが理解できるだろう。また，時代や情報機器の発達にも大きく影響を受けるものであることが理解できよう。ぜひこの難問＝〈新しい友人の定義〉に挑戦してみてください！

（S.O.）

〜〜〜〜〜〜〜〜〜〜〜〜〜〜〜〜〜〜〜〜〜〜〜〜〜〜〜〜〜〜〜〜〜〜〜〜

　つまり大切なのは，ブースが貧民をこのように定義したことによって，貧民をはじめて客観的に把握できたことである。イメージや空想を越えて，「貧困」という現実を調査によって把握し，はじめて「貧乏」という問題を社会的に考えることを可能にしたのである。ちなみに調査結果は，なんと30％が「貧民」かそれ以下であり，貧困対策が社会的な問題として，大英帝国の政治を変えていくことになったのである。

⑤　変数は変な数ではない

（1）分類という発想

「どうして俺は貧乏なんだ」とお嘆きの諸兄，あなたは本当に貧乏なのだろ

うか。貧乏を操作的に定義した場合，自分で何と思おうが，ある軸と基準に基づいて「貧乏か，そうでないか」に区分されてしまう。あるいはトランプゲームのように，「大富豪，富豪，平民，貧民，大貧民」のどれかに区分されるかもしれない。

　人間のことを区分するとは，神をも畏れぬ所業だが，現実にはさまざまな軸と基準で日常的に人間は区分されている。「男と女」と言えば性による区分であるし，「おじさん」という言葉は，年齢による区分を背景にしている。そして，ある基準に基づいて人間や物事を区分することを**分類**という。不幸なことだが，分類という発想なくして社会調査は成り立たない。分類なくしては，社会の概観図も世界観もノッペラボウの白紙となってしまうだろう。

（2）変数という概念

　ここで我々は新たに変数という言葉を知らなくてはならない。変数といっても何も変な数ではない。「変化する値をとる概念」だから**変数**（variable）というのである。たとえば，「身長」はその中に153cmも170cmも含んだ立派な変数だ。また，「男」といってもそれだけでは変数ではないが，「性別」といえば「男か女か」という分類をその中に含んだこれまた立派な変数である。つまり，その意味内容が分類可能な概念ならば，すべて変数となれるのである。

（3）変数化する概念

　さて「男とはなんぞや」といっても変数ではないが，しかし「いいオトコ」といってしまえば，その瞬間に「オトコ」も変数化する。つまり「いいオトコ」と「それ以外のオトコ」という区分が生まれて，「俺はいいオトコの方に分けてもらえるだろうか」という不安とあきらめとともに分類も可能となる。

　また「ファッション」という概念を考えてみよう。世の中にはさまざまなファッションが満ち溢れている。「趣味のいいファッション」も「シックなファッション」もあれば当然その逆もある。ちょっとした形容語句（趣味がいい・シックな）がつくだけで，ファッションも変数となる。しかし，「趣味がいい」と「シック」とはイコールではない。同じくファッションを変数化するといっても，「趣味がいいか・悪いか」と「シックか・そうでないか」では観点が異なるのだ。どんな観点から概念を変数化するか，つまりどんな軸を立てて概念の内容を区分するか，ここはまさに注意のしどころである。

　さらに言えば，何をもって「趣味がいい」と言うのだろう？　自分の趣味の

押しつけでは困ります。客観的に他の人にもわかるように決めておかねばならない。つまり分類の基準をどうするかも，大きな大きな注意のしどころなのである。

さ〜てこれで気づいたかな？　概念を変数化するとは，多くの場合，概念の操作化と同じこと。逆に概念の操作化とは，ある観点から（つまり軸を設定して）概念の内容を区分し，客観的に区分可能なような基準を作ること。そして，軸と基準を言葉で明示することが，つまりは概念の操作的定義となる。

⑥　仮説は花形

（1）問題です

概念と**変数**は理解できたかな？　まあ，焦ることはない。例をあげて考えてみよう。たとえば「女性の社会進出が未婚化の原因だ」なんて話を聞いたことあるかな。「えっ，そうなの。こんなテキスト勉強している場合じゃない」と思ったあなた。慌てない。噂を信じちゃいけないよ。

たしかに現代は未婚化の時代，男性の4人に1人，女性の5人に1人が生涯未婚とのデータもある（コラム14参照）。しかし，その原因が女性の社会進出とは本当だろうか。**疑うことが大事**。「未婚化の原因は，女性の社会進出だ」といわれて，お勉強に不安を感じているあなた，ここは一つ，誰かの言ったことに疑問をもってみよう。「女性の社会進出が，未婚化を進行させるって本当かしら？」，ほらもう，立派な社会学的問題設定です。

（2）問題を仮説へ

さあ，**概念**と**変数**を思い出そう。「未婚化」も「社会進出」も見るからに立派な概念。おまけに，どちらも程度があるわけだから，立派な変数。つまり，「女性の社会進出」と「未婚化」という2つの変数の関連を論じている。そして，どう関連するかといえば，「女性の社会進出が，未婚化を進行させる」で，ここでは「それって本当かしら？」と問いを発しているわけだ。

「本当かしら？」という問いは，とっても大事な研究の出発点。しかし，頭の中を「？」マークで埋めていても話は進まない。話を進めるためには，学問の花形である**仮説**（hypothesis）を知らねばならない。「仮説って何よ？」かもしれないが，まずは漢字の通り，仮の説だと答えておこう。つまりいったん「？」マークを取り払って，「女性の社会進出が，未婚化を進行させる！」と言

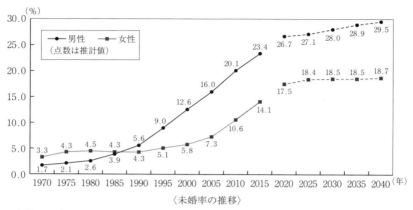

〈未婚率の推移〉

資料：1970年から2015年までは各年の国勢調査に基づく実績値（国立社会保障・人口問題研究所「人口統計資料集」），2020（平成32）年以降は推計値（「日本の世帯数の将来推計（全国推計2018年推計）」をもとに内閣府作成）であり，2015年の国勢調査をもとに推計を行ったもの。
出所：https://www8.cao.go.jp/shoushi/shoushika/whitepaper/measures/w-018/30webhonpen/html/b1_s1-1-3.htm

　上の図は未婚率の推移を表している。ここでの未婚率とは，45〜49歳および50〜54歳で，結婚したことのない人たち（未婚者）の比率の平均で示されている。1970年には男性で1.7％，女性で3.3％に過ぎなかった未婚率が，男性は1990年代から，女性は2000年代になって急上昇し，2015年では男性の23.4％，女性の14.1％が未婚となっており，その後も上昇あるいは高止まりが予想されている。　　　　　　　　　（E.K.）

～～～～～～～～～～～～～～～～～～～～～～～～～～～～～～～～～～～

い切るのだ（あくまで仮にね）。まずは，**問題は疑問文，それを肯定文にしたものが仮説だと覚えよう**（ちなみに，否定文はダメ。否定の立証は悪魔の証明と呼ばれ，立証不可能です）。

　肯定文は勝負の文体。仮説は花形。いざ勝負。でもね，勝負には敗北もつきもの。「女性の社会進出が，未婚化を止める」かもしれない。この場合は「負け」となる。おまけに「女性の社会進出と，未婚化は無関係である」となれば，いわば「引き分け」だ。

　そして，忘れてもらって困るのは，勝敗には必ず理由があること。なぜ，そのような関連があるのか（あるいは関連がみられないのか），それを考えることこそが社会調査の大事な営みとなる。

（3）独立変数と従属変数

次には，**独立変数**（independent variable：説明変数ともいう）と**従属変数**（dependent variable：被説明変数ともいう）という用語を覚えねばならない。たいていの物事には，原因があって結果がある。つまり**因果関係**。原因が独立変数で，結果が従属変数となる。「女性の社会進出が，未婚化を進行させる」の場合，「未婚化」が結果であって，その原因を「女性の社会進出」だといっているわけだから，当然，「女性の社会進出」が独立変数，「未婚化」が従属変数となる。

さて，世界中の中学生を楽しませて（悩ませて？）いる方程式の卵を使って整理しよう。

方程式の卵　　　　$Y = aX + b$
ここでの仮説　　　未婚化 = a 女性の社会進出 + b

つまり，独立変数 X が変化することによって，従属変数 Y も変化する。ここでは，X に「女性の社会進出」，Y に「未婚化」をぶち込んでいる（実際，独立変数を X，従属変数を Y と表記することも多い）。

「方程式なんて大嫌い」という方も，めげずに小さな a に注目しよう。この a こそが勝敗のカギ。だって，a がプラスであれば，女性の社会進出が進むほど未婚化も進むが，もしも a がマイナスならば女性の社会進出が進むほど未婚化は解消される。あるいは a が 0 であれば，両者は全く無関係（未婚化 = b，ちなみに b もなかなかの曲者だが，面倒なので説明はのちほど）。

次頁のポイントに，問題と仮説の使い方の要点を整理したので，そちらも参考にしてね。

（4）理論仮説を作業仮説へ

とりあえずあなたの仮説は，「女性の社会進出と未婚化は関連する（$Y = aX + b$）。そして「女性の社会進出は未婚化を促進する（a がプラス）」となる。それでは，この仮説が正しいかどうか，その真偽を問うてみよう。それこそが，社会調査きってのビッグプレー，**「仮説の検証」**である。

な〜んて，簡単に書いちゃったが，ここは頭を抱えて悩むところ。だって，「社会進出」っていったい何？　「管理職になること？　正規雇用で働くこと？　いったい何なのだ！」と叫んでもいいくらい（そもそも「進出」なんて言い方おかしいよね）。「未婚化」だって実は簡単ではない。結婚って幸せ？（夢？）。そ

問題は，問題というくらいだから疑問文の形にしなければならない。

　　「女性の社会進出が未婚化の原因だ」は単なる一つの意見。

　　「女性の社会進出が，未婚化を進行させるって本当かしら？」が問題。

仮説とは問題を肯定文で言い切ること（仮説は必ず肯定文）。

　　「女性の社会進出が，未婚化を進行させるって本当かしら？」は問題。

　　「女性の社会進出が，未婚化を進行させる」が仮説。

独立変数と従属変数に注意。

　　「女性の社会進出」が独立変数（原因）→「未婚化」が従属変数（結果）

仮説で勝負（＝仮説は方程式）

　　未婚化＝a 女性の社会進出＋b

　　（Y＝aX＋bに「未婚化」と「女性の社会進出」を代入しただけ）

勝負には勝ち負け，引き分けもあるからね。

　　「女性の社会進出と，未婚化は関連している」

　　　　　　　　　　　　　　（未婚化＝a 女性の社会進出＋b）

　　勝ち：「女性の社会進出が，未婚化を進行させる」（係数 a がプラス）

　　負け：「女性の社会進出が，未婚化を止める」（係数 a がマイナス）

　　分け：「女性の社会進出と，未婚化は無関係である」（係数 a がゼロ）

そもそも結婚って何？　同性婚を認めている国もあれば，イトコ婚厳禁の国もある。世界的にも歴史的にも，結婚も実は多様なのである。

　「社会進出」も「未婚化」も広範な社会現象を指す抽象度のかなり高い概念。抽象度の高い概念で構成された仮説を**理論仮説**と呼ぶ。それはとっても大事な仮説なのだが，そのままでは，その真偽を問いにくい。「仮説の検証」のためには，測定可能な具体的な概念で構成された**作業仮説**に変換する必要がある。たとえば，貧困の原因が社会構造の側にあることを立証したブースの場合でも，貧困の原因を「雇用上の問題」「習慣上の問題」「境遇上の問題」に分け，さらに「雇用上の問題」という概念は，「臨時労働者」「不規則就労，低賃金」「少額所得」という具体的で測定可能な概念に細分化している（コラム12参照）。つまり，「貧困の原因は社会の構造の側にある」という理論仮説を立証するためにも，具体的で測定可能な事柄に置き換える作業が必須だったのだ。

　理論仮説と作業仮説との間の往復，抽象的な概念を具体的な事柄に置き換えること，あるいは具体的な事柄を抽象的な概念に結びつけていくこと，これらの作業は，「社会について考える」力を高めるための大切なトレーニングである。

　因果の因は原因の因，因果の果は結果の果，原因と結果の関係を示す因果関係だが，世の中，何でも簡単に因果がわかるほど単純ではない。何が原因で，何が結果なのかを決められないことだって多々ある。たとえば，「成績の悪い子は授業中の私語が多い」と考えたならば，原因すなわち独立変数は「成績の良し悪し」で，結果すなわち従属変数は「私語の多さ」である。これはこれでもっともらしいが，逆に「私語の多い子は成績が悪い」と考えてももっともらしくないだろうか。つまり，独立と従属，原因と結果が入れ替わっても成り立ちそうな関係が世の中には少なくない。このような場合，どちらを従属変数にするかは，「どんな問題意識で何を研究としているか」という基準によってのみ決定される。学生の私語が頭にきていて，どんな学生が私語を多くするのか知りたければ「私語の多さ」が従属変数となるし，学生の成績向上の研究をしているのであれば「成績の良し悪し」が従属変数となる。

　さらに厄介なことには，関係はありそうなのに，因果が無い場合だって存在する。共変関係とか疑似相関とか呼ばれるものだ。「雷の多い年はお米が豊作だ。だから雷のことを稲妻と呼ぶ」なんて信じないよね。雷が多いということは米作に必要な雨がよく降っただけのこと。「男性って，性格雑だから交通事故経験が多いのよ」なんて簡単に思ってもいけない。第7章で説明されているエラボレーションもしっかり勉強しよう。

（E.K.）

（5）「仮説の検証」とクロス集計表
①「仮説の検証」の手続き──仮説を構成する3つのセンテンス

　一例を示そう（あくまで一例です）。「社会進出」って個人にとっては具体的にどういうこと？　正規雇用でバリバリ働くこと？　いろいろ考えられるとは思うが，ここでは「バリバリ働けば，収入が多い（たぶん）。だから，収入という概念で測定しよう」としておく。

　「未婚化」はどうしよう。「結婚しない，あるいはできない」とこれもいろいろ考えられるが，現代は恋愛結婚の時代，「結婚には恋人が必要。でも忙しいから，恋人作るのも面倒」なんて考えて，「未婚化」の指標を「恋人なんか欲しくない」としておく。

　つまり，　理論仮説：未婚化＝a女性の社会進出＋bを，
　　　　　　　作業仮説：恋人なんか欲しくない＝a収入＋b
に置き換えるわけだ。

　さてここで大切な注意。仮説を実戦の場で使いこなすためには，少なくとも

３つ以上のセンテンスから構成する必要のあることを覚えておこう。ここでの例でみると，第１センテンスは，方程式の基本構造である「恋人なんか欲しくないと思うかは，収入と関連している」となる。まずは独立変数と従属変数の明記が大事。絶対に忘れないでね。第２センテンスでは勝負のポイント，ａのプラスマイナスを宣言する。つまり「収入が多いほど，恋人なんか欲しくない」となる。

　第３センテンス以降には，第１，第２センテンスの理由を書く。理由もなしに方程式は存立しない。理由を考えることが大事。しかし，ここはいろいろ考えられる。「収入が多ければ，自立して生活できるから，恋人なんかいらない」のかもしれないし，「収入が多いって，きっと多忙ね。恋人にまで気が回らないよ」かもしれない。随分違う理由だが，どちらも理由になっている。

　ここで「記述」と「説明」を思い出さねばならない。第１，第２センテンスは「記述」に，そして第３センテンスは「説明」に対応する。混同はダメだと言ったよね。だからこそ，しっかりセンテンスを分けて書く練習を積まねばならないのだ。

Point

① 独立変数と従属変数を明示するセンテンス
　例：「恋人なんか欲しくないと思うかは，収入と関連している」
② 独立変数と従属変数の関連の仕方を示すセンテンス
　例：「収入が多いほど，恋人なんか欲しくないと思う」
③ 独立変数と従属変数が関連すると考える理由を述べるセンテンス
　例：「収入が多ければ，自立して生活できるから，恋人なんかいらない」あるいは「収入が多いって，きっと多忙ね。恋人にまで気が回らないよ」などなど。

---

②クロス集計表と「仮説の検証」

　ということで，仮説検証の一例を示す。次頁の表は，内閣府が2014年に実施した「結婚・家族形成に関する意識調査」の結果の一部から筆者が作成したクロス集計表である。クロス集計表とは，**２つの変数を縦横にクロス**したもの。ここではとりあえず**２つの質問項目をクロス**させたものと覚えよう。つまり，以下の２つの質問の結果を縦横にクロスさせたものである。

Q. あなたは恋人が欲しいですか。当てはまるものをお選びください。（○は一つ）
　　　1. はい　　　　　　2. いいえ
Q. 失礼ですが，あなたご自身の今年の年収の見込み額（税込み）についてお聞
　きします。当てはまるものをお選びください。（○は1つ）
　　　1. 収入はない　　　　　　　　7. 500万以上～600万円未満
　　　2. 100万円未満　　　　　　　　8. 600万以上～800万円未満
　　　3. 100万以上～200万円未満　　　9. 800万以上～1000万円未満
　　　4. 200万以上～300万円未満　　　10. 1000万以上
　　　5. 300万以上～400万円未満
　　　6. 400万以上～500万円未満
　　　　（ちなみに対象となるのは20～30代の未婚女性で，恋人のいない方々）

表3-1　年収と「恋人が欲しいか」のクロス集計表（人（％））

	恋人が欲しくない	恋人が欲しい	計
収入なし	23　(56.1)	18　(43.9)	41　(100.0)
200万円未満	66　(47.1)	74　(52.9)	140　(100.0)
200万円以上	47　(28.8)	116　(71.2)	163　(100.0)
計	136　(39.5)	208　(60.5)	344　(100.0)

出所：平成26（2014）年度「結婚・家族形成に関する意識調査」報告書（全体
版）：子ども・子育て本部（内閣府）https://www8.cao.go.jp/shoushi/shoushika/
research/h26/zentai-pdf/index.html

　まずはクロス集計表作成や読み取りに関する注意点を確認しておく。どちら
の質問を横（表側）に置こうが縦（表頭）におこうが構わないが，独立変数と
従属変数の関係はお忘れなく。今回は独立変数X「収入」を横（表側）に，従
属変数Y「恋人欲しい？」を縦（表頭）に置いている。そして忘れてならない
のは，人数ではなく比率（ここでは％）の提示と，その比率を読み取っていく
こと。さらに，独立変数の各値（各カテゴリー）ごとに計算した比率（％）こそ
が必須だということは絶対にお忘れなく。
　それでは表3-1のクロス集計表を読み取っていこう。「恋人が欲しくない」
人の比率を，「収入」ごとに見ると，「200万円以上」で28.8％，「200万円未満」
で47.1％，「収入なし」で56.1％，となります。アレ？　あれ？　収入の高い
人たちほど，「恋人が欲しくない」の比率が低くなっているではありませんか。

7 社会調査は終わらない

　アレ？　仮説と逆の結果ではないか。「なんだ，収入格差が恋愛格差を生む
のね。頑張って勉強しよう」と思ってくれたあなた。お志は有り難いが，それ
も早計に過ぎるというもの。どうしてこんな結果になったのか，なぜこんな結
果になったのか，じっくり考えながら勉強しよう。

　まずは，どうしてこんな結果になったのか，疑うことこそが大事。「恋人が
欲しいですかなんて，ダイレクトに訊かれてもね〜。私は恋人の美味しいとこ
ろだけが欲しいのよ」と思ったあなた，質問の仕方も大切だ。第4章をじっく
り勉強しよう。「344人って，いったい誰？　どうやって選んだの？　こんな人
数で大丈夫？」と思ったあなた，きみは現代社会調査100年の歴史とともにあ
る。ぜひ第5章を熟読しなさい。「クロス集計表はわかったけど，分析方法っ
てこれだけ？」と思ったあなた，きみは偉い！　第7章へGOだ。

　さらに，「記述」と「説明」は別のもの。仮にこの結果が正しいとしても，
なぜこんな結果になったのかはわからない。「収入が多いと自信がついて，恋
人を求める」のかもしれないし，「収入が少ないってどういうことかしら？
家族の介護とかでかえって忙しい」のかもしれない。いずれにしても軽々に唯
一の説明を求めてはならない。第2章を参考に先行研究を勉強したり，質的調
査（第8，第9章参照）にチャレンジして，多様な「説明」の可能性を探ってみ
よう。

　あるいは，「収入の区分はこれでいいの？　そもそも女性の社会進出を測定
しているわけ？」と思ったあなた，きみは「構成概念妥当性」を理解してくれ
た。その通り！　これは一例に過ぎない。正規雇用だとか管理職だとか，その
他にもいろいろ考えられるはずなのだ。社会調査には，本章だけでは語れない
さまざまな道具や，細かいルールも存在する。ぜひ本書全体をしっかり勉強し
よう。

　最後に，「b」について想いを巡らす。中学校ではただの切片，あんまり相
手にされないbだが，実は左辺を規定する可能性の宝庫。実をいうと日本では，
女性の社会進出なんか進んでいない（繰り返しますが，進出なんて言葉自体がおか
しいよね。活躍と言い換えたとしても何だかね）。たとえば，ILO（国際労働機関）に
よると日本の管理職に占める女性の割合は14.8%（2019年）で欧米諸国の3分
の1程度，世界的にもほとんど最下位に近い状態なのだ。それなのに，なぜに

「未婚化」は進行しているのだろうか？　個人化の進行？　格差社会？　日本の家族・結婚制度の限界？　いろいろ考えてみよう（そもそも未婚化って悪いこと，なんてことも含めてね）。

　社会調査は一度結果が出れば終わりなんてものではない。それはさらに「社会について考える」ための出発点。仮説とは，「社会について考え続ける」ための大切な羅針盤。さあ，きみも，新たな仮説を胸に，社会的現実に挑み続けよう。社会調査は終わらない。

（木下栄二）

第 **II** 部

調査票調査の方法

第 **4** 章

調査票を作ってみよう

要点 調査票を作ることなど簡単にできそうであるが，実は手間と暇をできるだけかけ，細かい点にまで気を遣わなければならない作業である。質問文や選択肢に使う言葉が一言違うだけで回答結果が全く異なってしまうかもしれない。では，何をすればよいのか。また，何をしてはいけないのか。本章では，まず量的調査の道具である調査票作成のための基礎知識として，構造化と概念の抽象度について概観する。次に質問文例を参照しながら，調査票を作る時に気をつけるべき点を説明する。質問の内容，言葉の言い回し，選択肢作成時の注意，質問文の並べ方など，調査をする者にとってどれも必須のノウハウである。

➤キーワード：構造化，概念の抽象度，理論仮説と作業仮説，測定と尺度，意識と事実，
　　　　　　　ワーディング問題，使う言葉の問題，誘導的な質問，一質問一論点，
　　　　　　　質問形式の使い分け，選択肢の相互排他性・網羅性，択一式の原則，
　　　　　　　一般的な内容から核心へ

---

① 調査の企画・設計と調査票作成プロセス

（1）調査票調査のプロセス

　第Ⅱ部はいよいよ調査票調査の実践編である。調査票調査とは，原則として，人々の意識や態度や行動などを数字に変換して「社会について考える」という，量的調査のための調査法である。量的調査は，たとえば「みんな友だちってどのくらいいるのかな」とか，「性別によって，友だちの数に違いがあるのかな」などという疑問に答えようとする時に威力を発揮する。つまり，量的調査とは，社会の概観図を作ろうとしたり，設定した仮説の真偽を検証することに大いに役に立つ。そして，調査票調査こそは，そのような量的調査のエースなのである。

　つぎに，本章の役割をはっきりさせるため，まずは調査全体の流れを押さえておこう。調査票調査は，①調査企画→②調査設計→③実査→④データ化→⑤分析・公表の5段階で実施される。第4章で扱う調査票作成と第5章のサンプ

リングはいずれも，２番目の調査設計段階の作業だ。「誰に（サンプリング）」，「何を（調査票作成）」問うかという調査全体の成否を左右する，重要事項に関わる段階である。実査段階や分析段階で，「あの質問も聞いておけばよかった」と後悔しても後の祭り。時間の許す限り，もてる能力をフルに出し切ってこの段階を乗り切りたい。

（2）そもそも調査票とは

①調査票は測定装置

　世の中の現実は，最初から数字になっているわけではない。身長や体重を算出するためにも，身長計や体重計が必要なように，人々の意識や態度や行動などを測定する装置が必要である。そして調査票こそが，そのための測定装置なのである。

　測定装置としての調査票は，構造化と標準化という特徴をもたねばならない。構造化とは，質問の文言から回答選択肢，おまけにその順番までしっかり決めておくことをいう。その場その場で臨機応変な対応が必要な質的調査のインタビューと大きく異なる。そして標準化とは，「多くの人に対して，同じことを同じように聞く」ことを意味している。ＡさんとＢさんに違う聞き方をしていたのでは，比較可能な数値を得ることはできない。

　要するに調査票とは，全国模擬試験や，大学入学共通テストの問題用紙や答案用紙と同じく，人々を分類し，数値をつけて比較する測定装置なのである。

②装置のセンサーは言葉である

　調査票という測定装置のセンサーは何か。それはずばり言葉である。最終的には数字の形で表され，統計的に処理される量的調査のエースたる調査票調査であるが，その数字のもとは，構造化され標準化されて問いかけられる言葉の束，すなわち質問文や回答選択肢ということになる。

　言葉がいい加減であれば，出てくる数字もいい加減なものとなってしまう。そんないい加減な数字をいくら分析しても時間の無駄だ。それ以上に，そんな分析からの結果を偉そうに発表していたら，それこそ世の中に害をなす。それゆえ，調査票調査で最も重要なことは，言葉をどれだけ意識して正確に使えているかということだと肝に銘じておこう。

　次節では，調査票を作成するために最低限注意すべき言葉の使い方，質問文や回答選択肢の作り方について詳述するので，しっかり勉強してほしい。調査対象者はこちらの気持ちなどわかってくれない。仲間にだけしかわかってもら

えないような言葉では調査はできない。誰に対しても，同じ意味で理解してもらえる質問文や回答選択肢でなければ，センサーとして役に立たないのだから。

もっとも言葉はほんとに難しい。たとえば「みんな友だちってどのくらいいるのかな」という素朴な疑問，これだって「友だちって，一体何だろう」と考え始めれば，とても難しい問題だと気づくだろう。人によっても違うし，状況によっても変わるかもしれない。「友だち」という言葉一つを取り上げても，さまざまな操作的定義が可能である（第3章コラム13参照）。概念にどのような操作的定義を与えるかによって，見えてくる現実も異なってくる。なかなか一筋縄ではいかないが，だからこそ面白い。概念の操作的定義という知的営みこそが調査票調査の醍醐味だと考えよう。

（3）調査票作成の基本
①問題をはっきりさせよう

「社会的な問題意識なくして，社会調査なし」なのだ。調査票作りの第一歩は，何のために，何について調査するのか，これをはっきりさせることである。そのためには，本書第2章を再読，再々読しなければならない。だがまあ，ここではとりあえず「環境問題」について調査したいのか，「若者とメディア」について調査したいのか，まずは，問題とするテーマをはっきりさせることからスタートしよう。

テーマが決まったら，それをどのように問題にするのかはっきりさせねばならない。「環境問題」というテーマだって，「環境問題解決のためには，どんな方策があるのか」という問題と，「環境問題にどのくらい関心があるのだろう」という問題では，調査の方法や質問の仕方が異なるだろう。つまり，問題意識をはっきりさせることが必要なのである。

②具体的な質問へ

たとえば，「環境問題にどのくらい関心があるのだろう」という問題意識は大変結構なものである。しかし，だからといって「あなたは環境問題に関心がありますか」とストレートに質問することには賛成できない。はっきり言って反対である。少なくとも大きな問題点が2つある。

第1は，「環境問題」ってそもそも何かということ。環境問題には，地球温暖化，オゾン層破壊，酸性雨，ダイオキシン，環境ホルモン，大気汚染，騒音，海洋汚染，ごみ問題など，範囲や当事者が多岐にわたり，さまざまなものが存在している。環境問題では焦点がぼやけてはっきりしない。

第2は，「関心がある」とは，どういうことだろうか。世の中にはひどい環境破壊があるということをニュースで知った人も「関心がある」と答えるかもしれない。また，ボランティアでリサイクル活動を行っている人も「関心がある」と答えるだろう。聞いたことがあるだけの人から熱心に活動をしている人まで「関心がある」に含まれてしまう。

　「環境問題」も「関心」も，指し示す範囲が広すぎる。つまり抽象度が高い概念なのだ。どちらも，どのように操作的に定義するのか，要するにどんな具体的な質問としていくのか，この段階こそが調査票作りのメインイベントである。

③仮説を意識しよう

　量的調査は仮説の検証にこそ強みをもっている。「環境問題への関心」といっても，関心の強い人もいれば弱い人もいるだろう。どんな人なら関心が強く，どんな人なら弱いのか，そう考えれば仮説の原型はいろいろ思い浮かぶことだろう。そこでの従属変数は，いうまでもなく「環境問題への関心の程度」である。独立変数には，「年齢」，「性別」といった属性をはじめ，「情報への接触度」といった行動や「公共心」の意識など，さまざまなことが挙げられる。仮説の構成については第3章を参考にしてほしいが，調査票調査では，たいてい1つの従属変数に対して，複数の独立変数を用意する。その方が，さまざまな分析が可能となるからでもある。

　どの変数も，どんな質問文にするのかは，操作的定義を意識して十分に吟味しなければならない。しかし強いていえば，まず大事なのは従属変数である。ほとんどの場合，従属変数こそが，調査のメインテーマとなるものだからである。そのうえで，独立変数についても，気を抜かないで作っていこう。

（4）より良い調査票を作るために

①設計段階の努力が成否を握る

　調査票調査は，一発勝負である。「あの質問も聞いておけばよかった」，「この質問は別の聞き方をしたほうがよかった」と後悔は後を絶たないものなれど，一度調査票を作って実査を始めてしまったら，めったなことでは後戻りできないものなのだ。だからこそ，調査票の設計段階こそが，調査全体の成否を握っているといっても過言ではない。努力，努力，とにかく頑張ろう。

　問題とする概念を適切に測定し，仮説の検証が可能であり，実査の段階では，調査対象者の誰からも「この質問の意味わからない」とか「回答したい選択肢が無い」とか苦情も言われない調査票を作ることを目指そう。完璧はなかなか

コラム16 「社会調査は○×クイズ」

　「仮説構成」を考えたり，「質問文の作成」をしたりする場合に，イメージするとよいのが，「社会調査は○×クイズ」だという視点である。テレビ番組の「アメリカ横断ウルトラクイズ」を知っている人はだいぶ年を取ってしまったが，「高校生クイズ」といえば現在の学生でもイメージできるはずである。その視点は，母集団となる人たち（たとえば西宮市内のマンション居住者）を，全員球場（甲子園）に集めて，その人たちがどんな質問にどう回答するかを想像してみることが，仮説構成の第一歩だという視点である。

　この視点が重要であることを，「西宮マンション調査」の調査結果を使って説明してみよう。

　「○×クイズ」だと考えることがとても有効である第1点目は，母集団のリアリティをよく考えるようになるという点である。まずマンション居住者（世帯主）を全員集めるということは，西宮市民全体を100とした場合，どのような人たちが集まっているのかを考えることから始まる。2005年国勢調査では，西宮市の全世帯の34.8%が一戸建て，62.2%が共同住宅，長屋建て2.8%，その他0.2%という結果であった。すなわち西宮市民の62.2%の人を集めたということである。ここに集まった全体を，「○×クイズ」をしながらその特徴を明確化していくことを考えてみるのである。まず司会者だったらどんな質問をするだろうか。「持ち家の人は○」と「家賃を払っている人は×」に分かれてもらった場合，どのくらいの人が移動するかを常に考えていくことが「仮説を考える第一歩」となるのである。調査結果では，「持ち家の人」は57.4%，「賃貸の人」は43.7%であった。この思考実験の重要な点は，調査分析が，架空のものではなく「母集団である西宮市マンション居住者の実態を常に意識するようになる」という点である。

　また，第2点目は，「場合分け」を常に想定するようになることである。それはたとえば「分譲マンション」であれば，「新築」か「中古」か，「賃貸マンション」であれば，「民間賃貸」「UR賃貸」「公営住宅」「社宅」なのかといった，集まっている人を網羅的に分類することができる「場合分け」を考える習慣がつくのである。調査結果では，西宮マンション居住者は，「分譲新築」40.7%，「分譲中古」16.8%，「民間賃貸」13.2%，「UR賃貸」7.4%，「公営住宅」11.9%，「社宅」10.1%というグループに分けられている。このような実際の結果を想定しながら「場合分け」する作業こそが，まさに質問文の「選択肢」を作成する方法なのである。

　第3点目は，「50%─50%になる質問文」を考えるようになることである。「○×クイズ」の司会者が，「自由の女神があるのは，ニューヨークである」というクイズを出したとしよう。おそらく球場にいるほとんどの人が○のところに移動しゲームにならないのは明らかである。「○×クイズ」のプロデューサーであれば，できるだけ○×が半々になるような質問を作成するよう指示するであろう。社会学的調査の場合，変数間のクロス集計分析によって仮説を検証することが重要な意義をもっている。その場合，50%─50%に二分されるような選択肢の設定は，どちらかの選択肢に回答が

集中してしまう質問文（たとえば賛成90％—反対10％といった）に比べると，その後のクロス分析がしやすいというメリットがある（なぜならば反対の人が10％しかいない場合，反対の人がどんな属性でどんな意識をもっているかといったクロス分析が困難になってしまうからである）（コラム19参照）。

　○×クイズの司会者となったつもりで，どのような質問をすればみんなが納得できるような特徴を見つけられるのかを思考実験することは，社会調査の成功にもつながるのである。

＊大谷信介編著，2012，『マンションの社会学——住宅地図を活用した社会調査の試み』ミネルヴァ書房。

（S. O.）

難しいが，少なくともよりよい調査票を作るために，最低限押さえておいてもらいたい作業として，以下の3点を挙げておきたい。

②自分自身と対話する

　まずは，自分の中のモヤモヤを整理することがとても大切だ。「環境問題にどのくらい関心があるのだろう」という問題意識をもったとして，ならばなぜ，そのような問題意識をもったのか自問してみる。すると，「いろいろな環境問題が最近話題になっているけれど，一般の人々はそれらの問題について，どのように感じているのだろうか。また，環境問題に対してどのような対処行動をしているのだろうか」というような疑問，あるいはまた，「環境問題への意識は高いのだけれども，行動が伴っていないのはなぜだろうか」という疑問が前提であったことに思い至るかもしれない。自分の問題意識を見つめ直すことは，問題意識の明確化へもつながっていく。

　さらに，具体的な質問項目や質問文を考えるためにも，自分自身との対話は役に立つ。環境問題に対してどのような行動をしているのか，どのような考えをもっているのかなどの疑問に対して，そこから連想されるより具体的な項目を挙げてみよう。そして，その項目からさらに連想を進めていく。芋掘りにならってこれを芋づる式連想法（コラム17参照）と名づけよう。連想された具体的事項を一言で表したものが質問項目の有力候補となっていくことだろう。

③質的調査を援用する

　我々の知っている世間など猫のひたいなみに小さいものだ。そして，広い世間には，我々の思いもつかないこともあれば，考え方だってある。自分自身との対話だけでは不十分な場合も多い。ほかの人の行動を見たり，話を聞いたりすることだって，よりよい調査票作りの役に立つ。前章で紹介したロンドン貧困調査のチャールズ・ブースだって，住民たちの生活状態を見て歩き回るとい

　自分の中のモヤモヤを整理するためにはまず，考えたことや頭に浮かんだことを言葉にしてみることである。問題意識を疑問文で書き出してみよう。その疑問文を眺めて，そこから連想されるより具体的な事柄を挙げていこう。そして，その事柄からさらに連想を進めていく。

　どこからでもよい，身近なところ，やりやすいところから始めよう。日常的な行動などは挙げやすいのではないだろうか。たとえば，環境問題がテーマなら，エアコンの温度を調節して省エネするとか，ごみの分別に努めるとかいろいろと思いつくのではないだろうか。

　これらの行動を書き出して眺めていると，新たな疑問や発想が湧いてくる。省エネの実行と年齢は関連するのだろうか，あるいはどの年齢層も同じなのだろうかといった属性との関係を思いつくかもしれない。また，ごみの分別は家族の中で誰がやっているのだろうかといった疑問もそうである。つまり，個人属性や，家庭での役割が環境に関わる行動と関連しているかもしれないのである。同居家族の構成やその中での家事担当者を質問項目として用意しよう。

　さらに，環境問題に対する人々の意識も挙げてみよう。たとえば，ごみを地域の集積所にもっていく際に近所の目を気にするかどうかは立派な意識項目である。地域によっては日常的な行動がよく見られており，ルールを守らない住民とのレッテルを貼られると，その地域社会では生活しづらいというところもあるのだ。また，ごみを減らすためにできるだけものを大事にしようとする人もいる。「もったいない意識」である。

　とにかく，思いつきをとっかかりにして，そこから派生して連想される事柄を，次から次へと列挙していくとよい。芋掘りでは，つるをたどって芋を次々掘り出していく。そのイメージから芋づる式連想法と名づけた次第である。あれこれ考えるよりは，まずやってみることをお勧めする。

（H.K.）

う習慣を身につけて，貧困に操作的定義を与えたのだ。質的調査と量的調査はけっして対立するものではなく，補完しあうものなのである。

　本来の質的調査は，かなり手間暇かかるものだが，本格的な質的調査でなくても，かなり有効な場合も多い。調査対象となりそうな人たちを対象に，聞き取り調査をしてみるだけでもいいだろう。たとえば，「あなたは環境問題にどのくらい関心がありますか」という問いだって，質的調査の，非構造化インタビューとしてなら立派なものだ。「環境問題について，こんな考え方もあったのか」とか「関心というより，危惧を感じている程度と聞いたほうがよいのかもしれない」など，きっと有益な情報を多く得ることができるはずだ。

　結婚式は人生最大のイベントの一つ。結婚式やその後の披露宴に招く親戚，友人，知人の選択はなかなか難儀なことである。もっとも社会学の側から見れば，結婚式に招待する，あるいは招待した人は，当該個人（あるいはカップル）にとって，最高級に重要な社会関係にある人たちと考えられ，社会関係研究やネットワーク研究にとって格好のイベントである。

　だが，日本中の新婚さんが招待客で悩むとは限らない。80年代前半，筆者が伊豆七島の一つ，神津島での社会関係調査に下っ端の調査員として参加した時のことである。当時のエライ先生たちが作った調査票には，集落の全世帯リストがあって，その中から「結婚式に呼ぶ世帯をすべて教えてください」という質問があった。ところが，訪問したお宅で言われたことは，「この集落ではね，結婚式には集落の全員を呼ぶからね」との回答である。その晩のミーティングで，この質問が削除されたことは言うまでもない。「そのくらい，調査票を作る前に聞いておけ」である。

　ちなみに，卒業生の結婚式で高知県に呼ばれた時も驚いた。ホテルの大宴会場に，何百人もが集まっているのである。料理もお酒も中央に山盛りのバイキング方式で，主賓である新郎の勤務先の上司も平服であった。高知県では，招待客を選別するのが大変なので，とにかくみんなに招待状を出すそうである。わざわざ礼服を着て飛行機に乗っていった私は，唖然とするばかりであった。

　所変われば品変わる。我々の常識が，どこでも通用すると思ってはならない。

（E.K.）

④先行研究から学ぶ

　我々の知識や経験なんて乏しいものだ。そして，我々の思いつくことなど，たいてい先人の誰かも考えている。第2章で強調したように，先行研究のフォローと検討，既存の統計データの加工・分析，過去の調査のフォローと検討は，社会調査にとって絶対に欠かすことのできないプロセスである。調査票調査は，「わからない」を出発点に行うべきものではない。「ここまではわかっているけど，あと少し」を出発点とするべきなのである。事前勉強もちゃんとしないで調査をするような輩は，世間の迷惑者なのである。

　特に調査票設計の段階では，似たようなテーマに対して，先人たちがどのような質問文や回答選択肢を考えたかを整理してみることは有益だろう。無からすべてを考える必要などはない。使えるものは何でも使う精神だって大切なのだ。

（木下栄二）

② 調査票の役割・質問の構成要素と種類

　調査票は社会のさまざまな側面を把握するための測定装置である。正しい把握のためには適切な方法論に則って調査票が作成されなければならない。しかし，残念ながらいまだに「調査票なんて簡単にできる」と思い込んでいる人もいるのが現実である。以下，質問の構成要素を確認した後，調査票作成時に何に気を配ればよいか検討していこう。

（1）質問の構成要素と回答形式
　調査票には質問が必須である。質問は質問文と回答からなっており，回答の方法には，選択肢から選ぶ方法（選択式）と，回答欄に記入する方法（記述式）がある。選択式には，1つだけ選ぶ択一回答（Single Answer[SA]）と2つ以上を選ぶ複数回答（Multiple Answer[MA]）がある。後述のように，本書では複数回答を択一回答の組み合わせと位置づけている（④（3））。最寄り駅のように，選択肢を用意すると膨大になりそうな時には記述式で記入してもらい，あとで整理しよう（第6章参照）。
　質問は事実を問うものと意識を問うものに大別できる。

（2）事実を問う質問
　事実を問うものとしては，①現在の状況・状態，属性，②過去の経験・動機・きっかけ，③日常の生活行動，④知識・所有・認知が挙げられる（大谷編著，2002：163-168）。
　①は性別・年齢や居住形態，②は転居のきっかけ，③は通勤・通学時の交通手段，④は自家用車の保有状況などが例示できる。なお，知識を問う質問では正解が存在する。間違った回答者に恥ずかしい思いをさせてしまうかもしれない。知識ではなく，どの程度知られているかの認知を問うようにしたい。

（3）意識を問う質問
　意識に関する質問としては，①評価，②期待・要望，③考え・意見・態度，④興味・関心，⑤意志・予定の5種類が挙げられる（大谷編著，2002：163-168）。学生だったら，学内のアンケートで授業評価（①）や卒業後の進路（⑤），関心のある業界（④）を聞かれたことがあるだろう。また住民意識調査で市政への

要望（②）や意見（③）を回答したことがあるかもしれない。

　いずれにしても，**1**で設定した仮説検証を目的に，各質問で何を問おうとしているのかを明確にしておこう。

＊大谷信介編著，2002，『これでいいのか市民意識調査』ミネルヴァ書房。

3　質問文作成時に注意すべきこと

　ここからは，質問文作成時に注意すべきことを紹介する。まずは，ワーディングの問題の回避である。本書で**ワーディング**（wording）とは，質問文や選択肢を作成する際の言葉遣いや尋ね方のことをいう。ワーディングに気を配っておかないと，対象者が勘違いしたり，質問の本来の意図と違って受け取られたりして回答に歪みが生じかねない（コラム19参照）。言葉の使い方，誘導的でないこと，1つの質問に論点は1つ，の3点に特に注意したい。

（1）言葉の使い方に注意しよう

　3種類の言葉（あいまいな言葉，難しい言葉，ステレオタイプの言葉）に気をつけて質問文をつくろう。**あいまいな言葉**とは，調査対象者によって思い浮かべる内容が異なりうる言葉のことである。たとえば次の文例をみてみよう。

質問文例1　あいまいな言葉　　**NG**

あなたは，<u>水辺</u>にでかけますか。

＊内閣府大臣官房政府広報室編，2006，『平成17年版 世論調査年鑑』国立印刷局。#100，Q8。
#は『世論調査年鑑』中の調査番号，Qは問番号。NGは no good の意。下線は引用者による。
以下同様。

　水辺があいまいな言葉である。これだと，対象者によって近所の小川からハワイのワイキキビーチまで思い浮かべる範囲や種類が異なるだろう。思い浮かべる水辺によって出かける頻度が異なるかもしれない。□□海水浴場などと具体的に明示して，訪れた経験などを尋ねるべきである。

　難しい言葉とは，調査対象者の多くが知らないと思われる言葉をいう。

> ┌─ 質問文例2　難しい言葉 ─── **NG** ──────────────
> │
> │ あなたが，県内で，<u>ユニバーサルデザイン</u>の考え方を導入することが必要だと
> │ 考えるのはどれですか。
> │ ＊内閣府大臣官房政府広報室編，2007，『平成18年版 世論調査年鑑』国立印刷局．#62，Q21。

　この文例では，交通機関や公共施設などが選択肢として提示されており，ユニバーサルデザインという言葉を知らなくても回答できてしまう。これでは，意味がわかって回答している人と，わからずに回答している人とで必要性の区別がつけられない。このような難しい言葉を使う時には，最低限の説明をつけるようにしたい。

　ステレオタイプの言葉とは「本来の意味内容のほかに，特別な価値的ニュアンスを持っている」（安田，1966：60）言葉である。言葉自体がネガティブあるいはポジティブな意味をもっており，その意味内容の方向に回答が偏りかねない。

> ┌─ 質問文例3　ステレオタイプの言葉 ─── **NGe** ──────
> │
> │ 国鉄**官僚**がただで電車に乗れる制度がありますが，あなたはこの制度に賛成ですか，反対ですか（安田，1966改）。
> │ ＊NGe は，出典でよくない例（example）として紹介されていることを示す。
> │ 　また「改」とは安田（1966）で紹介されている質問文例を，趣旨は変えずに本節筆者が言い回しを一部変更したものである。以下同様。

　そもそも国鉄（日本国有鉄道）が1987年に分割民営化して JR グループになってしまったので，この質問文は「社会調査博物館」（があったとして）にでも展示すべきものであるが，マイナスのイメージをもつ典型例として紹介する。「官僚」に否定的なニュアンスがあり，安田によれば「国鉄官僚」を「国鉄職員」と変えた質問と比べると，この制度に反対とする回答が多かった（安田，1966：61）。

　現在でも，たとえば「上級国民」への「忖度（そんたく）」，「高級官僚」の「天下（あまくだ）り」などはネガティブに評価されるであろう。ステレオタイプの言葉は，価値的ニュアンスを含まない言葉に言い換えよう。

　＊安田三郎，1966，「質問紙のワーディング実験」『社会学評論』17(2)，58-73頁。

　質問文のワーディングが調査結果に大きく影響を与えるということは，安田三郎の
ワーディング実験に代表されるように，調査方法論における常識となっている。

　ここでは，松山大学社会調査実習で実施した〈松山調査（1987）〉〈四国調査（1988）〉〈中四国調査（1989）〉の３つの調査データを使って，ワーディング実験を行ってみよう。この３つの調査では，少しずつワーディングが異なった質問文を使って，市民の日頃の人間関係（＝最も親しい人の種類）が測定された。

〈安田三郎のワーディング実験〉

	賛成	反対	計
国鉄官僚	3	22	25
国鉄職員	13	12	25

注：ステレオタイプ「国鉄官僚がただで電車に乗れる制度がありますが，あなたはこれに賛成ですか」官僚→職員を変更した場合（安田三郎，1970，『社会調査の計画と解析』東京大学出版会，38頁）。

松山調査＝日頃，家族以外であなたと最も親しい人をあげるとしたら，それは次のどの種類の人ですか

　　　　1：親戚　　　　2：友人　　　　3：職場の人　　　　4：近所の人

四国調査＝日頃，家族以外であなたが最も親しいと考える人を１人思い浮べて下さい。その人は次のどの種類の人ですか

　　　　1：親戚　　　　2：職場の人　　　　3：近所の人　　　　4：それ以外の友人

中四国調査＝日頃，同居家族以外であなたが最も親しいと考える人を１人思い浮べて下さい。その人は次のどの種類の人ですか

　　　　1：親戚　　　　2：職場の人　　　　3：近所の人　　　　4：上記以外の友人

　主なワーディングの違いは，２つある。①松山調査と四国調査では，「家族以外で」最も親しい人を挙げてもらっていたのに対して，中四国調査では「同居家族以外で」というワーディングに変更した点。②松山調査では，「友人」の選択肢の順番が２番目なのに対して，四国調査，中四国調査では「それ以外の友人」「上記以外の友人」と変更され，最後に置かれた点の，２点である。３つの調査は，共通して調査対象の中に松山市民が含まれていた。無作為抽出法によってサンプリングされた３つの調査結果は，それぞれ標本誤差を考慮することによって母集団である松山市民の実態を推定することが可能である（詳細については第５章136-139頁を参照）。

〈松山市民の「最も親しい人」の調査結果〉

	親　戚	職場の人	近所の人	友　人
松山調査（1987）	26.4%	12.6%	10.0%	50.9%
四国調査（1988）	31.6%	12.0%	17.2%	39.2%
中四国調査（1989）	45.5%	10.9%	10.0%	33.6%

まず，「家族以外で」というワーディングを「同居家族以外で」と変更した中四国調査と四国調査の比較に注目してみよう。「同居」という 2 文字を入れただけで，松山市民の調査結果は大きく異なってしまっている。四国調査の松山市民では「親戚」と答えた者の比率が31.6％であったものが，中四国調査の松山市民では45.5％へと大幅に増加しているのである。この両調査の数字は，標本誤差（信頼度＝95％すなわち±1.96σ）を考慮に入れても有意な差であった。すなわちこの数字は，「松山市民が 1 年間で親戚づきあいをよくするようになった」か，「ワーディングの変更が調査結果に影響を与えたか」のどちらかである。常識的には，前者の理由とは考えにくいのは明らかである。この数字の変化は，「家族以外で」最も親しい人というワーディングの場合，同居していない親や子供は家族とみなされその対象から外れてしまうが，「同居家族以外で」という場合には，それらが最も親しい人の対象になるということを意味していたと考えられるのである。

　また第 2 点目の，友人の選択肢の順番を変更した松山調査と四国調査を同様に比較してみよう。友人の選択肢を 2 番目に置いた松山調査において，友人と答えた松山市民の比率は50.9％であった。それに対して，選択肢を「それ以外の友人」と変更し最後に置いた四国調査ではその比率が39.2％と減少している。また近所の人の比率は，10.0％から17.2％へと増加している。これらの両調査の数字も，標本誤差を考慮に入れても有意な差（信頼度＝95％）であった。

　このことは，松山調査では「友人」という選択肢が 2 番目にあったことにより，近所にいる友人が「友人」と分類され「友人」の比率を高めたこと，また四国調査では「それ以外の友人」というワーディングと選択肢の順番を最後に置いたことによって，近所にいる友人を「近所の人」にカテゴライズできたと推定することが可能である。

　下記の四国調査の質問文は，「周囲に迎合する程度」を測定する質問文として開発した質問文であった。すなわちAに近いほど周囲に迎合する程度が高いと想定した質問文である。

〈四国調査〉
Q　あなたの日頃の行動はしいていえば次のどちらに近いですか
　A：自分の意見や考え方と異なっていても，みんなの意見に合わせるようにしている
　B：自分の意見や考え方と異なっていれば，自分の意見を主張するようにしている
　　1．Aに近い　2．ややAに近い　3．ややBに近い　4．Bに近い
〈中四国調査の修正〉
　B：自分の意見や考え方と異なっていれば，自分の意見を言うようにしている

　四国調査の結果では，Aタイプが72.2％，Bタイプが27.8％とAに偏った比率構成となってしまった（その原因は，質問文の「主張するようにしている」という表現がきつかったからである）。しかしこのように一方の選択肢に回答が集中してしまうと，その後のクロス分析（たとえば「周囲に迎合する程度が低い人はどんな属性の人なのだろうか」といった）が困難になってしまうのである。その点を考慮して，中四国調

〈松山市民の「周囲に迎合する程度」の調査結果〉

	迎合傾向（Aタイプ） （Aに近い）　（ややAに近い）	自己主張傾向（Bタイプ） （ややBに近い）　（Bに近い）
四国調査（1988）	72.2% （35.4%）　（36.8%）	27.8% （20.8%）　（7.1%）
中四国調査（1989）	58.6% （27.9%）　（30.7%）	41.4% （23.7%）　（17.7%）

査では「主張している」を「言うようにしている」とワーディング変更してみた。その結果，Aタイプが58.6%，Bタイプが41.4%とより50%―50%に近い構成に回答が分布した。

　このように，意識等を測定する質問文を作成する場合には，回答結果の分布が50%―50%に分かれるように，ワーディングを工夫していきながら質問文を作成していったほうが，より実践的分析が可能となる場合もあるのである。

　「意識を問う質問」 を作成する場合には，ワーディングを工夫しながら **「50%―50%になる質問文」** を目指すことがとても重要である（コラム16参照）。

*大谷信介編，1988，『松山市民の住民意識とネットワーク』，大谷信介編，1989，『地方中核都市におけるパーソナルネットワーク――四国4県庁所在都市の住民意識の比較研究』松山商科大学社会調査室，大谷信介編，1990，『都市化とパーソナルネットワーク――中四国5都市住民意識の比較研究』松山大学社会調査室。

（S.O）

〜〜〜〜〜〜〜〜〜〜〜〜〜〜〜〜〜〜〜〜〜〜〜〜〜〜〜〜〜〜〜

（2）質問文が誘導的でないか気をつけよう

　次に，回答を誘導してしまう可能性をみていこう。まず，**過剰な前説明**から。これは文字通り，説明が長すぎて，調査者の思い入れの方向に回答を誘導してしまう恐れのある文言が含まれている質問文である。

―（ 質問文例4　過剰な前説明 ）　**NGe**―――

　市民と市が協働してまちづくりをすすめる方法は，これまで日本ではあまり盛んではありませんでしたが，最近では国内も，一部の都市で市民のまちづくりへの参加が活発になっています。○○市は市民参加が活発な都市ですが，今後はよりいっそう，市民のみなさんに積極的なまちづくりに参加していただきたいと考えています。

　そこで，まちづくりに関する市民の関わり方や，参加の現状と今後の希望などを聞くために以下の質問にお答えください。

　まちづくりの進め方にはいろいろな考え方がありますが，現在の○○市のまちづくりの進め方について，あなたはどうお考えですか。（大谷編著，2002：84-85）

*大谷信介編著，2002，『これでいいのか市民意識調査』ミネルヴァ書房。

第1段落で，調査者の思惑が提示され，市民参加型まちづくりに肯定的な回答が誘導されかねない。この質問の趣旨は第3段落の「まちづくりの進め方」に対する対象者の考えである。この2行だけで十分ことが足りるであろう。また，**威光暗示効果**とは，前説明の部分を著名人や有力な団体の意見として提示し，彼らの影響力が回答を誘導してしまうことをいう。

（質問文例5　威光暗示効果）　NGe

チャンネル登録者数100万人を超える YouTuber の○○さんは，パン食が健康によいと言っていますが，あなたは，パン食が健康によいと思いますか，それとも健康によいとは思いませんか。

＊原純輔・海野道郎，2004，『社会調査演習　第2版』東京大学出版会，146頁の例を参考に本節筆者が作成。

下線部分が不要である。さすがにこのようなあからさまな例は論外であるが，「（世間では）……のようなことが言われていますが，」と過剰な前説明との中間形態も散見される。もちろん，威光暗示もやってはいけない。

そもそも，文章が長すぎると読む気が失せるだろう。説明が過剰になりすぎていないか事前にチェックし，本当に聞きたいことは何かを明確にしよう。

次に，**黙従傾向**（yes-tendency）とは，「一般に，「あなたは……ですか」という質問に対して「はい」と回答する傾向」（安田・原，1982：138）のことをいう。たとえば賛否を問うときに「……について賛成ですか」とすると賛成の方向へ「はい」と答え，「……について反対ですか」とすると反対の方向へ「はい」と答える傾向があるということだ。選択肢で方向づけされると，それ以外の可能性まで回答者が考えて答えてくれるとは限らない。よく，「……について賛成ですか，それとも反対ですか」とあるのは，黙従傾向を意識したものである。

実際，安田三郎は「マスコミの力によって世論を一定の方向に向けることができるという意見があります」と「マスコミがどうあやつっても世論を左右することはできないという意見があります」のどちらにも賛成した人がいたと報告している（安田，1966：71。下線は本節筆者による）。黙従傾向を避けるには，次のように両論併記して，どちらにより近いかしっかり考えて答えてもらおう。

＊安田三郎・原純輔，1982，『社会調査ハンドブック第3版』有斐閣。

　安田三郎，1966，「質問紙のワーディング実験」『社会学評論』17(2)，58-73頁。

質問文例6 両論併記

　マスコミと世論の関係については次のような2つの意見があります。あなたはどちらの意見により近いですか。あなたのお考えに最も近いものを1つ選んで番号に○をつけてください。

　A　マスコミの力によって世論を一定の方向に向けることができる。
　B　マスコミがどうあやつっても世論を左右することはできない。

　　1．Aに近い，2．どちらかといえばAに近い，
　　3．どちらかといえばBに近い，4．Bに近い

　キャリーオーバー効果も避けよう。キャリーオーバーとは，ある質問への回答が後の質問への回答に影響を与えることをいう。1つではなく，複数の質問文が連動して誘導的になってしまうのである。次の一連の質問群に目を通してみよう。

質問文例7 キャリーオーバー効果　**NG**

7-1　ペルシャ湾にイラクがばらまいた機雷が1000個近く放置しているのを知っているか。　　　　　　　　　　「知っている（79％）・知らない（21％）」

7-2　ドイツが掃海艇を派遣したのを知っているか。
　　　　　　　　　　　　　　　　　　「知っている（53％）・知らない（47％）」

7-3　日本はカネだけで人的貢献をしなかったという反日感情が高まっているのを知っているか。
　　　　　　　　　　　　　　　　　　「知っている（98％）・知らない（ 2 ％）」

7-4　日本の掃海艇派遣は，
　　　「当然だ（26％）・やむを得ない（37％）・反対だ（29％）・わからない（ 8 ％）」
　＊『朝日新聞』1991年5月9日付朝刊（東京版）。質問番号は本節筆者による。

　ことの発端は1990年夏のイラク軍による隣国クウェートへの軍事侵攻と占領である。これに対してアメリカを中心とした多国籍軍が1991年初頭までにイラク軍を追い出しクウェートを「解放」した（湾岸戦争）。この戦争に日本の自衛隊は参加しなかった。しかし，人的貢献（7-3）の一環として自衛隊も何らかの形で参加すべきだ，いや参加すべきでないと，国内で大きな議論の末，海上自衛隊の掃海艇派遣が閣議決定されたのは1991年4月24日である。

次の質問文は統計数理研究所が1953年以来5年ごとに実施してきた「日本人の国民性調査」で使われてきたものである。

> ある会社につぎのような2人の課長がいます。もしあなたが使われるとしたら，どちらの課長に使われる方がよいと思いますか，どちらか一つあげてください。

> 1．規則をまげてまで，無理な仕事をさせることはありませんが，仕事以外のことでは人のめんどうを見ません。
> 2．時には規則をまげて，無理な仕事をさせることもありますが，仕事のこと以外でも人のめんどうをよく見ます。

この選択肢では，2013年の調査まで一貫してほぼ8割の対象者が選択肢2を選んでいる。2018年の第14回調査では74％と8割を切ったが，面倒見のよい上司が好まれているといえよう。

さて，岡本（1985）は，質問文は同じにして，選択肢の文章を次のように入れ替えた実験を行った。

> 1．仕事以外のことでは人のめんどうを見ませんが，規則をまげてまで，無理な仕事をさせることはありません。
> 2．仕事のこと以外でも人のめんどうをよく見ますが，時には規則をまげて，無理な仕事をさせることもあります。

結果は，面倒見のよくない課長（選択肢1）が48％，面倒見のよい課長（選択肢2）が47％と「両課長の支持は肩を並べた」（岡本，1985：34）となった。

さらに，本家本元の国民性調査でも，2003年全国調査では上記オリジナルの質問文とともに，岡本と同じ質問文による質問も実施し，選択肢1が42％，選択肢2が50％との結果となった（統計数理研究所，2004：72）。ちなみに，オリジナルの質問文では，選択肢1が18％，選択肢2が77％選ばれている。

これらの結果から考えられることは，回答者は文章の後半（最後に読んだ部分，聞いた部分）に反応して回答する傾向があるということだ。後ろに反応するというこの傾向は，日本語に特徴的なものである。

その他の回答傾向としては，選択肢を最後まで読まないで回答したり（最初の選択肢が選ばれやすい），わからなくてもいい加減に回答してしまう対象者もいないわけではない。読んでもらえる質問文や選択肢，対象者が理解できる内容の調査票作成を心がけてほしい。

なお，近年では終身雇用制度の崩壊や非正規雇用の増加など，就業構造が大きく変わり，上司との関係性が変容してきている可能性がある。また「規則をまげて無理な仕事をさせる」ことはパワーハラスメントになりかねない。法令遵守が喧伝される昨今，時代に合わない選択肢となっているのではないだろうか。

＊岡本宏，1985，「1 継続調査の意味と方法」岡本宏・中西尚道・西平重喜・原田勝弘・柳井道夫編
　著『ケース・データにみる社会・世論調査』芦書房，27-35頁。
　国民性調査（いずれも2022年11月29日最終閲覧）
　　2013年調査までの集計結果（https://www.ism.ac.jp/kokuminsei/table/index.htm）
　　2018年調査の集計結果（https://www.ism.ac.jp/survey/KSResults/Tables/Section5.html）
＊統計数理研究所，2004，『国民性の研究　第11次全国調査』統計数理研究所。

（H. K.）

◇◇

　記事によれば，この調査はある財団法人によって閣議決定の約1カ月前に実施されている。7-4の前に，機雷放置の事実（7-1），日本と同じ第2次世界大戦での敗戦国の派遣実績（7-2），反日感情の高まり（7-3）という情報を与えられてしまうので，7-4で日本の掃海艇派遣に理解を示す「当然だ」「やむを得ない」との回答を誘導する結果となっている。キャリーオーバー効果をもたらしうる典型的な質問といえよう。

　キャリーオーバー効果は，影響を与えそうな質問の順番を変えることで避けられる。この例では7-4を7-1〜7-3の前に置くべきであろう。順番が変えられない時には，間に別の質問群を入れて，キャリーオーバーになりそうな質問を離すとよいだろう。

（3）1つの質問文中に論点は1つだけ

ダブルバーレル質問とは，1つの質問に2つの論点が含まれているものをいう。

> ＿＿＿（ 質問文例8　ダブルバーレル質問 ）　**NGe**＿＿＿
>
> 　あなたは，女性がお酒を飲んだり，タバコをすったりすることをどう思いますか。（安田・原，1982改）

　この例では，飲酒と喫煙の是非が同時に問われている。飲酒はよいが喫煙は不可など，一方だけが肯定的な場合，この質問には答えられないだろう。飲酒と喫煙のそれぞれについて意見を問うようにしよう。

　ダブルバーレル質問には「英語でいえば because ……のような複文を構成する接続詞で結ばれた文」（盛山，2004：84）のタイプもある。

> ＿＿＿（ 質問文例9　ダブルバーレル質問 ）　**NGe**＿＿＿
>
> 　あなたは，女性の喫煙は，品がないのでやめるべきだと思いますか，それともそうは思いませんか。（盛山ら，1992改）

第4章　調査票を作ってみよう　　95

品の問題ではなく「健康に悪いから」やめるべきと考えている人はやはり答えにくい。論点を分け，喫煙の是非とその理由を別々に聞くようにしよう。

＊安田三郎・原純輔，1982，『社会調査ハンドブック第３版』有斐閣。
　盛山和夫，2004，『社会調査法入門』有斐閣。
　盛山和夫・近藤博之・岩永雅也，1992，『社会調査法』放送大学教育振興会。

④　選択肢の作成時に気をつけること

ここからは，選択肢作成時の注意点をみていこう。

（1）選択肢作成の原則——相互排他的で網羅的であること

選択式では，相互排他的で網羅的な選択肢を用意する，が大原則である。**相互排他的**な選択肢とは，選択肢間に重複がないということだ。そんなことは当たり前だと思うかもしれないが，文例10のように，微妙に重複してしまっていることもよくある。

質問文例 10　相互排他的ではない選択肢）　NGe

あなたが買い物をする場所についておたずねします。あなたは，日用品（日用雑貨，食料品など）を購入するにあたり，ふだん市内のどこで買い物をしていますか。次の中からおもな場所を１つ選んで〇を付けてください。

1．近鉄藤井寺駅周辺　2．近鉄土師ノ里駅周辺　3．近鉄道明寺駅周辺
4．大型ショッピングセンター　5．スーパーマーケット　6．個人商店
7．コンビニエンス・ストア　8．その他市外

（大谷編著，2002：185-186改）

この例では，エリアの選択肢（1.〜3.と8.）と店舗形態の選択肢（4.〜7.）が含まれていて相互排他的ではない。たとえば，藤井寺駅周辺のスーパー利用者は，1.と5.のどちらに〇をつけるか迷うだろう。改善するには，エリアと店舗形態を分け，エリアごとによく利用する店舗名を記述式で具体的に回答してもらうとよいだろう。

次に，**網羅的**とは，回答が予想されるすべての選択肢を用意することである。たとえば，訪れたことがある都道府県として47の自治体すべてを用意するということである。これだけみると簡単そうだが，あらゆる可能性を吟味しておか

ないと思わぬ見落としをしかねない。

質問文例11　網羅的ではない選択肢　**NGe**

あなたは，現在お住まいの場所に住み続けることについてどう思われますか。

　　1．ずっと住み続けたい
　　2．できれば住み続けたい
　　3．市内の別の校区へ移りたい
　　4．できれば市外に移りたい
　　5．すぐにでも市外に移りたい
　　6．わからない

（大谷編著，2002：186改）

この例は一見すると問題がないように思える。しかし，「3.市内の別の校区」ではなく「同じ校区の現住地とは違う場所に移りたい」と考えている人は回答できない。この選択肢は網羅的ではなかったのである。

また，この例では，選択肢1と5は時間軸，2と4は可能性を示す言葉が使われている。さらに3から5の選択肢は移住希望場所が問われて，複数の次元が複雑に交錯してしまっている。定住意志・可能性の認知・時間軸・移動希望者の転居先の地域，のいずれを把握したいのか明確にして，一次元ずつ質問を構成するとよいだろう。

＊大谷信介編著，2002，『これでいいのか市民意識調査』ミネルヴァ書房。

（2）選択肢が多すぎると調査対象者の負担が大きい

一度に提示する選択肢は多すぎないことが望ましい。上述の47都道府県のように自明なものは例外として，通常は10個程度までがよいだろう。しかし，行政による政策提示型の質問などで，多すぎる選択肢の例が散見される。

質問文例12　多すぎる選択肢　**NG**

これからの○○政全体について考えた場合，ここにあげてあることのどれに力を入れてほしいと思いますか。特に○○に力を入れて取り組んでもらいたいものを5つまで選んでください。

　1．行財政　　2．都市外交の推進　　3．治安対策　　4．交通安全対策

5．防災対策　　6．中小企業対策　　7．職業能力開発，雇用対策

　　8．観光振興対策　　9．消費生活対策　　10．男女平等参画の推進

　11．地域活動の推進　12．青少年健全育成の推進　13．環境対策

　14．高齢者対策　15．障害者(児)対策　16．少子化・虐待防止などの子供対策

　17．医療・衛生対策　18．まちづくりの推進　19．公園・緑地・水辺の整備

　20．水道・下水道の整備・維持　21．道路交通網の整備

　22．○○営交通の整備　23．土地・住宅対策　24．学校教育の充実

　25．生涯学習，社会教育の振興　26．文化・芸術の振興

　27．スポーツ・レクリエーションの振興　28．多文化共生社会の推進

　29．その他　　　　　　　　（全国世論調査の現況 R2，#35 Q13。○○は自治体名）

　　調査票設計時に各部局から集めた複数の政策を「平等に」すべて提示している
のではないだろうか。選択肢が多すぎると後の方の選択肢まで目を通すのが
面倒となり，いい加減な回答となってしまいかねない。いずれにしても回答者
に負担をかけることになる。

　　全施策ではなく，具体的な重点政策に絞って質問した方が役立つと思われる。

＊「全国世論調査の現況」サイト

　　https://survey.gov-online.go.jp/genkyou/index.html（2022年3月29日最終閲覧）

（3）選んでもらう選択肢は1つが原則

　　選択肢の選び方の大原則は**択一式**と心得ておこう。質問文例12の政策では，
（政策数を減らしたうえで）最も重要だと思うものを1つだけ選んでもらえばよ
いだろう。しかし，サークル活動の参加曜日など，1つに選びきれない場合も
ある。そんな時は，**該当するものすべて**を選んでもらおう。86頁の定義では複
数回答（M.A.）となるが，これも個々の曜日への回答を，参加か不参加かを択
一式で選ぶ形式といえる。

　　やってはいけないことは「3つ選んで」や「5つまで選んで」などの個数制
限である。これらは制限連記式とも呼ばれている。一見便利そうで方々の調査
票でよく見るが，本書の執筆グループは絶対にお勧めしない。回答者に必要以
上の負担をかけることになりかねないし，また，分析も面倒なためである（コ
ラム21参照）。制限連記式はやめて，択一式をうまく活用しよう。

M.A.形式質問は，県庁や市役所が実施する住民意識調査では数多く使われている。下表は，2016年に実施した「県民意識調査実態調査」と2002年の「大阪府44市町村市民意識調査実態調査」のデータを使い，全質問を質問形式別に整理したものである。

＊実態調査の詳細については，関西学院大学社会学部大谷研究室，2018，『47都道府県庁が実施する社会調査の実態把握──「県民意識調査」の実施状況と問題点』，大谷信介編著，2002，『これでいいのか市民意識調査──大阪府44市町村の実態が語る課題と展望』ミネルヴァ書房を参照されたい。

〈「県民意識調査」と「市民意識調査」の全質問文の質問形式の構成〉

	全質問 (評価対象数)	S.A. 質問		M.A. 質問	記入式質問
		一般形式	縦列形式		
県民意識調査	1541 （100）	825 (53.5%)	96 （6.2%）	614 (39.8%)	6 （0.4%）
市民意識調査	1206 （100）	555 (45.8%)	138 (11.4%)	487 (40.4%)	26 （2.2%）

注：S.A.（Single Answer）質問は，選択肢から1つだけ回答させる質問，M.A.（Multiple Answer）は，複数個回答させる質問。縦列形式質問とは，同じ選択肢で，表の形で5項目以上質問が続いている質問と定義した。

M.A.形式内訳	2つ・2つまで	3つ・3つまで	4つ・4つ以上まで	すべて	優先順位	M.A.総数
県民意識調査	105 (17.1%)	211 (34.4%)	18 (2.9%)	280 (45.6%)		614 (100)
市民意識調査	145 (29.8%)	200 (41.1%)	25 (5.1%)	105 (21.6%)	12 (2.5%)	487 (100)

　この表にも示されるように，県庁や市役所が実施する調査では，M.A.形式質問が全体の約4割を占め，非常に多いことが理解できる。しかし，自治体調査で多用されているM.A.形式質問は，仮説検証を旨とする社会調査では多くの問題を抱えた質問形式と考えられる。その点が理解しやすいように，次の質問に対する回答分析を事例として考察してみよう。

> Q　学生食堂のメニューの中であなたが好きなものは何ですか。
> ①M.A.形式：3つまで選んで○をつけてください。
> ②S.A.形式：1つだけ選んで○をつけてください。
> 1．ハンバーク定食　　2．とんかつ定食　　3．親子丼　　4．カツ丼
> 5．カレーライス　　6．うどん　　7．ラーメン

　この質問について，20人の学生の回答結果が以下の場合，どのように集計されるのであろうか。M.A.形式質問の集計では，○がついている選択肢がすべて集計される

〈学生20人の回答結果〉

		1（番好き）	2	3
1	男	ラーメン	とんかつ定食	カレーライス
2	男	ハンバーグ定食	カレーライス	
3	男	親子丼	うどん	カレーライス
4	男	ラーメン	カツ丼	とんかつ定食
5	男	親子丼	カツ丼	カレーライス
6	男	ラーメン	ハンバーグ定食	
7	男	親子丼	カレーライス	
8	男	カレーライス	ラーメン	カツ丼
9	男	ラーメン	カツ丼	カレーライス
10	女	親子丼	うどん	カレーライス
11	女	うどん		
12	女	うどん	とんかつ定食	カレーライス
13	女	うどん	カレーライス	
14	女	親子丼	カレーライス	カツ丼
15	女	うどん	ハンバーグ定食	カレーライス
16	女	ハンバーグ定食		
17	女	親子丼	カレーライス	
18	女	親子丼	ハンバーグ定食	カレーライス
19	女	うどん	ラーメン	
20	女	親子丼	うどん	カレーライス

ため，合計が100％を超えることになる。そして最も好きな項目ではあまり多くなかったカレーライスが最も多いという結果となっている。また集計では，多く答えた人（３つ答えた）人の意見が，少なく答えた人（１つ答えた）人の意見より尊重される結果となるのである。これに対して，S.A.形式質問では，質問回答時に回答者が選びにくい（１つに絞るのが大変）という側面はあるが，個人の意見は平等に反映されることになる。また集計結果で特徴な点は，それぞれの項目の優劣がS.A.形式のほうが顕著であり，M.A.形式の集計のほうが平準化される傾向があるという点であろう。この点は，あまり部課局や政策ごとに優劣をつけられたくない市役所の意向には，適合的なのだろう。

〈M.A.形式，S.A.形式別の集計結果〉

	M.A.形式		S.A.形式	
	回答数	割合（％）	回答数	割合（％）
1 ハンバーグ定食	5	25.0	2	10.0
2 とんかつ定食	3	15.0	0	0.0
3 親子丼	8	40.0	8	40.0
4 カツ丼	5	25.0	0	0.0
5 カレーライス	15	75.0	1	5.0
6 うどん	8	40.0	5	25.0
7 ラーメン	6	30.0	4	20.0
（回答者数20人）	50	250.0	20	100.0

〈クロス集計をしてみると（例：男女別で人気メニューの違いを調べた場合）〉

[M.A.形式]

	ハンバーグ定食	とんかつ定食	親子丼	カツ丼	カレーライス	うどん	ラーメン
男（9人）	2 (22.2%)	2 (22.2%)	3 (33.3%)	4 (44.4%)	7 (77.8%)	1 (11.1%)	5 (55.6%)
女（11人）	3 (27.3%)	1 (9.1%)	5 (45.5%)	1 (9.1%)	8 (72.7%)	7 (63.6%)	1 (9.1%)

	ハンバーグ定食	とんかつ定食	親子丼	カツ丼	カレーライス	うどん	ラーメン	合計
男（9人）	1 (11.1%)	0 (0.0%)	3 (33.3%)	0 (0.0%)	1 (11.1%)	0 (0.0%)	4 (44.4%)	9 (100.0%)
女（11人）	1 (9.1%)	0 (0.0%)	5 (45.5%)	0 (0.0%)	0 (0.0%)	5 (45.5%)	0 (0.0%)	11 (100.0%)

　M.A. 形式質問の最大の欠点は，クロス集計が何を意味しているかが理解しにくいという点であろう。これは，男性と女性で3つ答えたか2つ答えたか1つだったのかに影響された分布となっている。それに対して，S.A. 形式質問のクロス集計では，男女別の最も好きなメニューの特徴を明確に考察することが可能となっている。仮説構成をしっかりと練った社会調査では，できる限り M.A. 形式質問を避け，クロス集計を想定した質問文構成を考えることが重要である。　　　　　　　　　　　　（S.O.）

コラム22　中間選択肢と縦列形式質問に注意しよう

　いろいろな調査票をみてみると「どちらともいえない」といった選択肢を含めているものも散見される。評定の程度の真ん中にあるので中間選択肢と呼ばれる。意識を問う質問では肯定－否定や賛否の程度を測定したいはずだ。中間選択肢を選んだ回答者は，肯定でも否定でもないということになるが，その真意は知りようがない。本章冒頭で示したように，調査票は社会について考えるための測定装置である。意識の程度を問いたいのであれば，中間選択肢は使わない方がよいだろう。

　また，同じ選択肢，たとえば「そう思う，どちらかといえばそう思う，どちらともいえない，どちらかといえばそうは思わない，そうは思わない」が多数の質問項目にわたり何度も提示されることがある。これを縦列形式質問と呼ぼう。学生なら授業評価アンケートなどでおなじみだろう。ウェブ調査でもよく使われている。中間選択肢の有無にかかわらず縦列形式が延々と続くと真面目に答えるのが面倒となり，最初の選択肢だけを選んでしまうといったいい加減な回答が増えかねない。「尺度の後半の項目になるほど中間選択が増加する」と指摘するものもある（増田ほか，2017：126）。

　社会について考えるための道具を精緻化するという本章のテーマに即して，中間選択肢は使わず，縦列形式質問の適度な使用を十分考慮して調査票を作成しよう。

＊増田真也・坂上貴之・北岡和代，2017，「多くの項目に回答することによる中間選択の増加」『行動計量学』第44巻第2号，117-128頁。

（H.K.）

⑤ 質問の形式にも気を配ろう

次に，質問文作成で使えるノウハウをみてみよう。

（1）一般的質問と個人的質問の使い分け

一般的質問（インパーソナル質問）とは，論点に関する回答者の一般的な考えを問うものである（文例13a）。また，**個人的質問（パーソナル質問）**とは，回答者自身の個人的な考えや態度を問う質問である（文例13b）。

質問文例 13　一般的質問と個人的質問　　**OR**

(a)　あなたは，選択的夫婦別姓を法律で定めることについてどう思いますか。

(b)　あなたは，結婚相手から夫婦別姓を求められたら，同意しますか，同意しませんか。

＊OR は本節筆者が独自［originally］に作成したものである。以下同様。

特に，社会で大きな争点となっている問題について質問する際に，どちらの形式で聞くか，あるいは，両方聞くか調査目的に応じて検討しよう。

（2）普段の行いの把握と特定期間の行いの把握の使い分け

人々の生活の様子を把握する際，**普段の行い（ユージュアル・ステイタス）**を聞くのか**特定期間の行い（アクチュアル・ステイタス）**を聞くのか意識して質問文を作りたい。たとえば，学生への調査では次のような質問ができるだろう。

質問文例 14-1　普段の行い（ユージュアル・ステイタス）　　**OR**

あなたは普段，1週間に何日，アルバイトをしていますか。
　1．週（　　日）　　2．アルバイトはしていない

質問文例 14-2　特定期間の行い（アクチュアル・ステイタス）　　**OR**

あなたは今年の10月1日～10月7日の間に何日，アルバイトをしましたか。
　1．（　　日）　　2．アルバイトはしなかった

前者はまさに，日常的な生活実態を把握するのに適している。普段の労働実態の他，余暇の過ごし方（市立図書館の利用頻度など）といった，日常の一コマを浮き彫りにするのにも活用できる。しかし，普段と言われても困る人もいる。その点後者は，特定の期間に焦点が当たっており，この期間限定での人々の活動状況がわかる。授業期間中と休暇期間中のアルバイト実態を比較するのにも使えるのではないだろうか。

（3）フィルター質問とサブクエスチョンの活用

　回答者を複数のグループに分けて，それぞれ別々の内容を質問したい時には，フィルター質問とサブクエスチョンを活用できる。**フィルター質問**とは対象者をグループに分けるための質問で，**サブクエスチョン**は，それぞれのグループ（あるいは一部のグループ）に対して行う質問のことをいう。

質問文例15　フィルター質問とサブクエスチョン

問1：ご健在のお子さん（養子・継子を含む）は何人いますか。亡くなられたお子さんは除いて下さい。

　　　　健在の子どもはいない　➡〔問2へお進み下さい〕
　　　　[　　　]人　　　　　　➡〔下のSQ1へお進み下さい〕

〔ご健在のお子さんがいる方に伺います。問1で1人と回答した方は，そのお子さんについてお答えください。〕

SQ1　一番下のお子さんの性別と年齢をお答えください。
　　　[1．男　2．女]　　満[　　]歳
SQ2　一番下のお子さんとは現在，同居していますか。次の選択肢から当てはまるもの1つに○を付けてください。
　　　[1．同居している　2．別居している　3．その他（具体的に　　　　）]

＊西野理子・稲葉昭英・嶋﨑尚子編，2006，『第2回家族についての全国調査（NFRJ03）第2次報告書，No.1，夫婦，世帯，ライフコース』日本家族社会学会，全国家族調査委員会。

　問1がフィルター質問で子どもがいる対象者だけを選び，以下のサブクエスチョン（SQ1～SQ2）で末子の性別と年齢，同居の有無を尋ねている。一方，「健在の子どもはいない」回答者はSQ1～SQ2には**非該当**（第6章）となり答える必要はない。

コラム23　夫婦別姓に関わる質問文の複雑さ

　実際の調査でも夫婦別姓について質問されているが，どうにもわかりにくい事例がみられる。内閣府が実施した「家族の法制に関する世論調査」から夫婦別姓に関する質問をみてみよう。

[2017年]

　Q10〔回答票16〕現在は，夫婦は必ず同じ名字（姓）を名乗らなければならないことになっていますが，「現行制度と同じように夫婦が同じ名字（姓）を名乗ることのほか，夫婦が希望する場合には，同じ名字（姓）ではなく，それぞれの婚姻前の名字（姓）を名乗ることができるように法律を改めた方がよい。」という意見があります。このような意見について，あなたはどのように思いますか。次の中から１つだけお答えください。

　（ア）婚姻をする以上，夫婦は必ず同じ名字（姓）を名乗るべきであり，現在の法律を改める必要はない

　（イ）夫婦が婚姻前の名字（姓）を名乗ることを希望している場合には，夫婦がそれぞれの婚姻前の名字（姓）を名乗ることができるように法律を改めてもかまわない

　（ウ）夫婦が婚姻前の名字（姓）を名乗ることを希望していても，夫婦は必ず同じ名字（姓）を名乗るべきだが，婚姻によって名字（姓）を改めた人が婚姻前の名字（姓）を通称としてどこでも使えるように法律を改めることについては，かまわない

　質問文も選択肢も長く，一読では趣旨がとりにくいだろう。また，末尾に着目すると（ア）は必要性を問うているのに対して，（イ）と（ウ）は容認の程度となっており，同じ軸で測定しているとは言いがたい。しかし，このような質問でも数値は出せる。結果は（ア）現行制度支持29.3%，（イ）「選択的夫婦別姓制度」支持42.5%，（ウ）「通称」使用を容認24.4%で，「選択的夫婦別姓制度」が最も多く回答された（n＝2952）。

　2021年度の調査では，質問の仕方が大きく変更された。まず【資料１】が提示され，質問に回答するようになっている。

[2021年]

〈ここからは全員の方が【資料１】を読んでから下の問12以降をお答えください〉

【資料１】
〈夫婦の名字・姓に関する参考資料〉

現在の制度である夫婦同姓制度	選択的夫婦別姓制度	旧姓の通称使用についての法制度
夫婦は必ず同じ名字・姓を名乗らなければならない制度	夫婦は，同じ名字・姓を名乗るか，それぞれ婚姻前の名字・姓を名乗るかを選択できるようにする制度	婚姻で名字・姓を変えた人は，旧姓を通称として，幅広く使うことができるようにする法制度

104　第Ⅱ部　調査票調査の方法

〈問12の選択肢について〉

	現在の制度である 夫婦同姓制度を維持	選択的夫婦別姓制度の導入
旧姓の通称使用に についての法制度を 設ける必要はない	**選択肢 1** 現在の制度である夫婦同姓制度を 維持した方がよい	**選択肢 3** 選択的夫婦別姓制度を導入し た方がよい
旧姓の通称使用に についての法制度を 設ける必要がある	**選択肢 2** 現在の制度である夫婦同姓制度を 維持した上で，旧姓の通称使用につ いての法制度を設けた方がよい	

問12．資料1に記載のある現在の制度である夫婦同姓制度を維持すること，選択的夫婦別
　　姓制度を導入すること及び旧姓の通称使用についての法制度を設けることについて，あ
　　なたはどのように思いますか。（○は1つ）
　　　1．現在の制度である夫婦同姓制度を維持した方がよい
　　　2．現在の制度である夫婦同姓制度を維持した上で，旧姓の通称使用についての法制
　　　　度を設けた方がよい
　　　3．選択的夫婦別姓制度を導入した方がよい

　質問文も選択肢も2017年よりはすっきりした。結果は，1．が27.0％，2．が42.2％，
3．が28.9％となり，今度は「通称制度」の制度化が最も多く選ばれた（n＝2884）。
　民法750条は「夫婦は，婚姻の際に定めるところに従い，夫又は妻の氏を称する」
と規程している。これを維持するのが「選択肢1」である。「選択肢2」は750条を維
持しつつ，新たな法制度を設けて「通称使用」を認めるものである。民法に条文を付
加するのか，新たな法律を制定するのかはこの質問や選択肢からはわからない。750
条そのものを変更する案が「選択肢3」である。しかし，「参考資料」も下の表も，
「法制度」という言葉は通称使用だけに使われており，「通称使用に関する法制度化」
が強調されてしまっているきらいがある。一方，選択肢3の「制度」が法制度を意味
するかどうか曖昧で，どの（法）制度をどのように変更するかが判然としない。
　本来，この質問は，現行の夫婦同姓制度（民法750条）を維持するかどうかの賛否
を問い，賛成の場合に，現状維持か通称制度を新たに設けるかの賛否を問う二段構え
にする必要がある（103頁のフィルター質問とサブクエスチョン参照）。反対の場合に
は，選択的かどうかは別として，夫婦が従来の姓を名乗ることを容認する態度表明と
みなすことができるだろう。
　質問文も選択肢も，わかりやすく作成することが大事であることを改めて強調して
おきたい。
　＊2017年調査：https://survey.gov-online.go.jp/h29/29-kazoku/3_chosahyo.html
　　2021年調査：https://survey.gov-online.go.jp/r03/r03-kazoku/3_chosahyo.html
　　（いずれも2022年8月23日最終閲覧）

（H. K.）

フィルターで分ける際，回答者が自分はサブクエスチョンに回答するかどうかの判断をしやすくする必要がある。分岐に矢印を使ったり，指示は別のフォントを使ったりなどして，迷わないように工夫しよう。

個人属性や子供の有無の他，所属学部やサークル参加の有無など分ける基準はさまざまに考えられる。フィルター質問やサブクエスチョンをうまく使ってさらなる情報を集め，非該当者には負担軽減を図ろう。ただし，フィルターで分けた結果，サブクエスチョンの該当者が全体の1割しかいなくなってしまうのでは意味がないしもったいない。誰が答えるのかを念頭において，多くの人が答えられる質問を設定するように心がけよう。

⑥ 調査票全体へもこだわりをもちたい

（1）回答をしやすくするための工夫
調査票の構成全体でも回答しやすさの工夫ができる。図4-1は実際に使われた調査票をもとに例示したものである。問番号は薄いブルーで質問文と選択肢は黒で表記されている。フォントは角が取れた丸ゴシックを使い，やさしい印象を醸し出している。問2は該当するものすべてを選ぶ形式なので「すべてに○」を含めて下線を付している。また，質問間は薄いブルーの罫線で区切って見やすくする工夫がなされている。

問1　あなたは全体として，現在の生活にどの程度満足していますか。

　　　1．満足している　　　　　　3．やや不満である
　　　2．まあ満足している　　　　4．不満である

問2　あなたはネットショッピングを利用したことがありますか。ネットショッピングで<u>購入したことがあるものすべてに○をつけてください。</u>

　　　　　1．食料品　　　　　　　7．保　険（医療・自動車など）
　　　　　2．健康食品　　　　　　8．旅　行（運賃・ホテル・パック旅行など）
　　　　　3．外出着などの衣料品　9．チケット（コンサート・スポーツ観戦など）
　　　　　4．家　電　　　　　　　10.その他（具体的に記入　　　　　　　　）
　　　　　5．化粧品
　　　　　6．書　籍　　　　　　　11.購入したことはない ※
　　※「11.購入したことはない」に○を付けた方は問3にお進みください。

図4-1　調査票のレイアウト例

出所：大谷，2021をもとに本節筆者が作成。

これらは回答しやすさへの工夫の一例である。さらに，社会が多様化した今日，さまざまな人々が調査の対象になり得る。文字フォントだけではなく，文字をより大きくすることや，必ずしも日本語が第一言語ではない回答者がいることも想定し，優しい表現を使ったり，ルビを振ったりすることも考える必要が，今後ますます多くなるだろう。

＊大谷信介，2021，『調査困難状況における社会調査の運営に関する研究──「川崎・神戸・福岡市民生活実態調査」の取り組み』関西学院大学大谷研究室。優しい表現の例としては埼玉県の『外国人にやさしい日本語表現の手引』が挙げられる。https://www.pref.saitama.lg.jp/documents/5978/379176.pdf（2021年 7 月11日最終閲覧）

（2）調査票全体の構成の工夫

方法論に即して質問文や選択肢を完成させた。回答しやすさの工夫もチェックした。あとはこれらを適切な順番に配置して調査票を完成させよう。まず冒頭に，調査の名称，調査主体と連絡先を必ず記そう。調査票の回収方法や調査期間も明記する。また，回答時の注意事項や回答にかかる時間の目安を記すとよいだろう。

質問の並べ方としては，比較的答えやすい一般的な内容や形式から始めて回答に慣れてもらうとよい。その後，調査のテーマに関わる主要な質問が続き，最後に，年齢・学歴などの個人属性や収入といった個人情報に関わることを配置する。かつては冒頭で個人情報を質問したのでフェースシート項目と呼ばれている。最近では調査票の末尾に置くことが多い。

質問が終わったら，調査協力への御礼と，各ページの書き漏らしのチェックを依頼する文言を入れるとよい。せっかく調査に協力してもらうのだから，最後に今一度，念を入れておこう。そして，最後のページに自由回答欄を設けるとよいだろう。調査への意見などを書いてもらうと，今後の調査への重要なヒントとなるはずである。

（3）分析のためにコード表も作成してしまおう

調査票ができたら実査の前にコード表を作成しておこう。コードとは回答結果を数値化したものである。たとえば前頁の問 1 は択一式なので，選択肢番号をコードとする。また問 2 では，「 1 . 食料品」から「11. 購入したことはない」までの11項目それぞれで選ばれたかどうかのコードを用意することになる。11項目の一つひとつが変数として区別されるので，1 つの質問（問 2 ）に変数は

11個必要である。そのため質問数より用意する変数は多くなることが通例である。その他に，回答がなかった「無回答」や「非該当」のコードも設定する。これらのコードを一票分が一行のデータとしてエクセルなどに入力するのであるが，ここでは事前のコード表作成の必要性を述べるに留め，詳細は第6章でしっかり学ぶこととしよう。

（小松　洋）

第 5 章

サンプリングという発想

要点 いくら完璧な調査票が完成したからといって，それだけで正確な社会調査ができるわけではない。「その調査票を誰に答えてもらったらいいのか」という調査対象者選定の問題が残っている。それはサンプリング（＝標本抽出）の問題と呼ばれ，社会調査方法論の中でも重要テーマとなっている。本章では，（必ずしも万能の方法ではないが）調査票調査を正確に理解するために必要不可欠な「無作為抽出法・標本調査（母集団推定）の考え方」をマスターする。また，実際にサンプリングを実施していく方法やノウハウについても紹介していきたい。

➤キーワード：サンプリング（標本抽出），母集団，無作為抽出，等間隔抽出法，
　　　　　　　確率比例抽出法，層化抽出法，サンプリング台帳，標本誤差，正規分布

① サンプリングという考え方

（1）全数調査と標本調査

多数の事例について客観的に計量・分析していく量的調査は，全部のサンプルを調査する**全数調査**（悉皆調査）と一部のサンプルを取り出して全体を推定しようとする**標本調査**に大別される。全数調査か標本調査かの選択は，調査問題・調査対象となる母集団の特徴・調査にかけられる人的・金銭的資源によって基本的に決まってくる。大学生を対象とした調査であっても，「ある大学の学園祭に対する在学生の意識」を調査する場合と，「大学生一般の携帯電話所有状況」を調査する場合とでは調査対象となる母集団が異なってくる。前者の場合は「学園祭を実施する大学に在籍する大学生全員」が母集団となるが，後者の場合は特定大学というよりは，より一般的な「日本全国の大学生」を母集団として想定しているといえる。前者のケースでは，小さい大学であれば努力を惜しまなければ理論的には全数調査も可能ではある。しかし後者の場合，全数調査はほとんど不可能に近い（もちろん国勢調査のように人的・金銭的資源・および国家事業という大義名分〔統計法の裏づけ〕を最大限利用できれば，全数調査も可能なのかもしれないが……）。標本調査はこのような場合には，きわめて有効な

手法となってくる。社会学研究では，特定集団の実態を明らかにすることより，社会一般の傾向についての知見やデータを検討する場合が多いので，標本調査の考え方は特に重要である。

　標本調査の方法は，最近開発された特別な手法というよりは，古くからある日常的にもよく使われるごく一般的な手法と位置づけられる。それは，料理の味見の方法を考えれば理解しやすい。鍋中のスープの塩加減を調べようとする時のことを考えてみよう。まずやることは，鍋のスープを「よくかき混ぜた」後，スプーンですくって味見をするのが普通だろう。この味見の方法は，「少量の標本（スプーン一杯）を取り出して母集団（鍋中のスープ全体）の様子（塩加減等）を推定（味見）する」というまさに標本調査の典型といえるのである。

（2）「よくかき混ぜること」の意味

　ここで注目されるのは，人は味見をする時，「なぜよくかき混ぜるのか」という事実である。このことについては，洋食から和食に話を転換すると理解が早い。「スープ」を「みそ汁」に変えてみよう。お椀に盛られたみそ汁は，少し時間がたつと，具が下に沈み上の透明なだし汁と分離してしまう。「よくかき混ぜる」という行為は，できるだけこうした分離（偏り）をなくすために「混ぜる」のである。別の例を出してみよう。今度はお風呂の湯加減調べの事例である。沸かしたばかりのお風呂の場合，上は熱湯で下は水ということがよくある（最近は風呂釜で直接水からお湯を沸かすことが少なくなっているが，想像することは可能であろう）。この時に，上部の熱湯部分を取って温度を測定した場合と，下部の水の部分を測定した場合とでは，測定結果が大きく異なることは容易に想像がつくことである。ここで知りたい温度は，お風呂を「よくかき混ぜ」たあとの平均温度であり，上部の熱湯に「偏った」温度でも，下部の水に「偏った」温度でもないのである。この話は，標本調査の考え方とサンプリングの重要性を考える上では，きわめて示唆に富む話である。すなわち，標本の取り方によって（上部の熱湯も下部の水も，どちらもお風呂全体の一部分のサンプルではあるが，そのどちらかの部分だけを取り出して湯加減を調べた場合），調査結果（サンプルのお湯の温度）と母集団の状況（お風呂全体の湯加減）が，大きく異なって（間違って）くることがあるという事実を示唆しているのである。

　しかし，社会はお風呂や味噌汁のようには「よくかき混ぜる」ことはできないので，実際の調査では次のような方法がとられることになる。お風呂のたとえでいうならば，風呂を混ぜることはせず，上部の熱湯部分からも，下部の水

の部分からも，また中間のぬるま湯部分からも，偏りなくサンプルを抽出し平均温度を測定することによって，「よくかき混ぜた」後のお風呂の湯加減を推定しようという方法なのである。この「よくかき混ぜる」に相当する方法が実際の社会調査では「無作為抽出法」というサンプリングの方法と考えればよいのである。

　もう少し実際の社会調査事例に近い話をもとに，標本調査の基本用語を整理しておこう。たとえば大阪府民の意識を調査しようとする場合，880万府民を全数調査するのは大変である。そこで，あまり多くない人〈標本（sample）〉に意見を聞いて，大阪府民〈母集団（population）〉の意識を推定しようとするのが標本調査である。その標本を，どこから（サンプリング台帳），どのように偏りなく（サンプリング方法），どれくらいの量（標本数の決め方）を選んだらいいのかといった問題が，〈標本抽出（sampling）〉をめぐる問題といえるのである。

② サンプリングの歴史
──アメリカ大統領選挙と世論調査──

（1）ギャラップの大勝利（1936年大統領選挙）

　サンプリング＝標本抽出の方法が，調査結果に大きな影響を与えてしまうという事実が世間一般に広く知られるようになったのは，1936年のアメリカ大統領選挙の世論調査を契機としてであった。この時，それまで選挙予測の領域で草分け的存在として信頼を勝ち得てきたリテラリー・ダイジェスト社が，新参のギャラップ世論調査社に負けてしまうという衝撃的な事件が起こった。雑誌社であるリテラリー・ダイジェスト社は，1916年の大統領選挙以降，読者を対象とした葉書による世論調査を選挙ごとに繰り返してきた。1920年には1100万人の電話加入者を対象として，1924年には電話加入者に自動車所有者を加えた1680万人を対象として，1928年には1800万人にと葉書調査の数を増やしてきた。そして1932年の選挙では，F・ルーズベルトが得票した57.4％という結果を，わずか0.9％の誤差で予測し，「魔術のような正確さ」といわれるまでになっていた。

　1936年の大統領選挙は，民主党で現職のF・ルーズベルトとカンザス州知事ラドン候補（共和党）の事実上の一騎打ちであった。創業46年を迎え創業者の息子が社長をつとめていたリテラリー・ダイジェスト社は，これまでと同様の葉書調査を行った。具体的には，1000万枚の葉書を発送し，返送された237万

6523人のデータをもとに，ラドン候補の勝利を予測したのである。これに対してギャラップ社は，わずか3000標本の調査結果を基にF・ルーズベルト候補の勝利を予測したのである。

1936年アメリカ大統領選挙の選挙予測と選挙結果（％）

	F・ルーズベルト VS （民主）	A・M・ラドン （共和＝カンサス州知事）
リテラリー・ダイジェスト	43.0	57.0
ギャラップ	54.0	46.0
選挙結果	60.2	39.8

＊岡田至雄，1974，『社会調査論』ミネルヴァ書房，28頁。

　一般民衆はこれまでの実績と分析標本数の多さから，リテラリー・ダイジェスト社が予測したとおりラドン候補が勝つものと思いこんでいたので，標本数の少ない「ギャラップ社の大勝利」は，きわめて衝撃的であったのだ。この事件は，標本の大きさが重要なのではなく，いかに偏り（bias）のない標本を抽出するかということが重要であることを強く示唆した。それでは，なぜ3000標本のギャラップ社が，200万を超える標本を分析したリテラリー・ダイジェスト社より正確な予測をすることができたのだろうか？

　リテラリー・ダイジェスト社が葉書を郵送した対象は，自動車登録者リスト・電話加入記載者・雑誌購読者リスト等をもとに決められていた。当時の時代背景を考えると，それらの人々は経済的に余裕のある人々であり，またそうした階層には共和党支持者が多かったのである。すなわちリテラリー・ダイジェスト社は，高階層に偏った標本に調査票を郵送し，それを分析することによって共和党の得票数を過大に予測してしまったのである。これに対してギャラップ社は，3000人足らずではあるが，階層に偏りが少なくなるように標本抽出を工夫したのである。それは，**割当法**（quota sampling）という方法であり，母集団の人口構成をもとに選択の基準（枠）を設定し，その調査区において「男性・20歳代・事務労働者」を何人，「女性・40歳代・主婦」を何人と割り当てていく方法であった。この割当法を採用したことによって，ギャラップ社は少ない標本で選挙予測を的中させたのであった。この事件を契機として，リテラリー・ダイジェスト社は翌年倒産，ギャラップ社はアメリカの世論調査業界の中心的存在となっていったのである。

（2）ギャラップの大失敗（1948年大統領選挙）

その後，割当法を駆使して大統領選挙予測を的中させてきたギャラップ社が失敗をおかしたのは1948年の大統領選挙の時であった。

1948年アメリカ大統領選挙の選挙予測と選挙結果（％）

	トルーマン	デューイ	サーモンド	ウォーレス	他4人
ギャラップ	44.5	49.5	2.0	4.0	—
クロスレー	44.8	49.9	1.6	3.3	0.4
ローパー	37.1	52.2	5.2	4.3	1.2
選挙結果	49.5	45.1	2.4	2.4	0.6

＊岡本宏ほか編著，1985，『ケース・データにみる 社会・世論調査』芦書房，13頁。

この時の選挙は，1944年の選挙で再選されたF・ルーズベルトが45年に死去し，副大統領トルーマンが大統領に就任した後を受けての選挙であった。共和党の候補はニューヨーク州知事のデューイ候補で，そのほかに6人の候補者が立候補し激しい選挙戦が繰り広げられた。

ギャラップ社はシカゴ・トリビューン紙にデューイの勝利を1面に大見出しで報道し，他の調査会社もほとんどがデューイ候補の勝利を予想していた。そのためトルーマン勝利という選挙結果は，世論調査機関に大混乱をもたらすとともに大きな社会問題ともなり，直ちに失敗の原因が研究された。その結果一番重要な原因として解明されたのは，割当法の限界であった。割当法は，客観的な抽出への配慮はなされているが，基準枠の中で誰を対象者に選ぶかは，調査員の自由であり，基本的に個人的判断に任されていたのである。そのため調査員は近くにいる人やつかまえやすい人等を調査対象として選んでしまい，結果として調査員の属性に近い比較的高学歴・高収入の人に偏った標本構成となってしまったのである。このことは，誰を調査対象として選定するかも含めて，無作為に決定しなければならないという**ランダム・サンプリング（無作為抽出法）**の重要性を明確にした事件となったのだ。

＊アメリカ大統領選挙とギャラップ社世論調査に関しては，George Gallup, 1976, *The Sophisticated Poll Watcher's Guide*. N.J.: Princeton Opinion Press（二木宏二訳，1976，『ギャラップの世論調査入門』みき書房，58-61頁），岡田至雄，1969，『社会調査の方法』ミネルヴァ書房および岡本宏ほか，1985，『ケース・データにみる 社会・世論調査』芦書房，を参照した。最近，ギャラップの3000人の選挙予測調査は実施されておらず，ダイジェストの選挙予測の失敗を予測するための調査と混同されたものであったという見解が発表されている（鈴木督久，2021，『世論調査の真実』日経新聞出版部，183-194頁）。

アメリカ大統領選挙と世論調査
は切っても切れない関係にある。
右表は2000年以降の大統領選挙の
結果（獲得「選挙人」数と一般投
票の得票率）を整理したものであ
る。2000年以降の大統領選挙では，
アメリカ史上類を見ない大接戦と
言われた選挙が２つ存在した。一
つは，2000年の「ブッシュ 対 ゴ
ア」の戦いであり，もう一つは
2016年の「トランプ 対 クリント

2000年	ブッシュ（共和）	vs.	ゴ ア（民主）
	271（47.9%）	vs.	266（48.4%）
2004年	ブッシュ（共和）	vs.	ケリー（民主）
	286（50.7%）	vs.	251（48.3%）
2008年	オバマ（民主）	vs.	マケイン（共和）
	365（52.9%）	vs.	173（45.7%）
2012年	オバマ（民主）	vs.	ロムニー（共和）
	332（51.1%）	vs.	206（47.2%）
2016年	トランプ（共和）	vs.	クリントン（民主）
	304（45.9%）	vs.	227（48.0%）
2020年	バイデン（民主）	vs.	トランプ（共和）
	306（51.3%）	vs.	232（46.9%）

ン」の戦いである。この２つの選挙は，いずれも一般投票の得票率では敗北した候補
が，選挙人投票＊で勝利し大統領となった事例であった。この２つの選挙の結果は，
2001年の同時多発テロ以降の世界の激動期において，アメリカだけでなく世界の情勢
にも多大な影響を与えた大統領選挙だったと位置づけられる。また僅差の選挙結果は，
その予測のために実施された世論調査に対して多くの議論が提起された。ここでは，
2000年と2016年の大統領選挙に注目し，世論調査に関する議論を整理してみよう。

＊アメリカには，有権者の代表のような存在である「選挙人」が各州の人口に応じて割り振られてい
　て，州の勝者がその州の選挙人を獲得（総取り）する。選挙人は全米で538人であり過半数の270人
　以上を獲得したら，最終的な勝者つまり次期大統領となる。

①2000年大統領選挙（ブッシュ vs. ゴア）と世論調査

日本における大統領選挙予測に関するメディア報道：

　「史上まれに見る大接戦になっている米大統領選は投票日前日の六日，民主党の
アル・ゴア候補（副大統領）と共和党のジョージ・ブッシュ候補（テキサス州知
事）が共に，情勢の流動的な中西部などを駆け巡り，一年以上にわたった激しい選
挙戦を終了する。直前の世論調査では，ここ数日間ブッシュ氏が維持していた若干
のリードに対しゴア氏が一部で巻き返しており，接戦に拍車がかかっている。ロイ
ター通信とゾグビー社が六日夕（日本時間七日午前）発表した共同世論調査の支持
率では，ゴア氏48％対ブッシュ氏46％でゴア氏がリードしている。逆に，ギャラッ
プ社と USA ツデー紙の調査では，ブッシュ氏47％に対しゴア氏は45％でブッシュ
氏が優位に立っているほか，ABC，CBS テレビなどもブッシュ氏が若干有利とし
ているが，予断を許さない情勢だ。最後の行方を左右する州として，フロリダ，ペ
ンシルベニア，ミシガン各州などの動向が注目される」（『読売新聞』2000年11月07
日付東京夕刊）

　上記の新聞報道に示されるように，接戦であるという情勢についてはおおむね日本

のメディアでも正確に報道されていた。その後2000年大統領選挙の世論調査の精度については、いろいろな角度から検証されていったが、注目される興味深い知見は、「インターネット調査への着目」という点であった。

　「この大接戦の様相をインターネット調査で正確に予測したのが、ハリスインタラクティブである。ギャラップなどほかの著名な調査機関が実施した電話調査による予測結果より正確だったことが、一大事件として記憶されている」「それは、ランダム・サンプリングによる「サンプルの代表性」の代わりに、インターネット利用者（パネル登録者）に調査した回答から「電話調査による回答」を推計するやり方である。つまり、インターネットと電話の並行調査を多数実施し、同じ質問項目の回答傾向の差異からインターネット調査の個票を、インターネットで調べたものだと判断できる度合い（傾向スコア）を算出して、その逆数加算を（逆に、電話で調べたとみなせるデータに）することで電話調査の結果に変換するというアイデアである。事前に多くの実験をして選定する質問項目のパターンを複数見出すことで、目的に合わせた最適な傾向スコアを適用できるし、安定した補正になる。標本のデザインを重視した調査（プロバビリティ・サンプリング）から、偏りのある標本から期待値を推計するモデル重視の調査（ノンプロバビリティ・サンプリング）へと大きく転換させたのが、ハリスインタラクティブのジョージ・テハニアンである」

　この出来事を受けて、日本でも市場調査の領域でインターネット調査への取り組みが加速していくことになった。

　＊松田映二、2015、「インターネット調査の新しい可能性――調査史にみる教訓と情報の共有」『政策と調査』第9号、5-18頁。

②2016年大統領選挙（トランプ vs. クリントン）と世論調査

　2016年大統領選挙に関する世論調査の分析を行った全米世論調査協会の調査報告によると、全米の支持率調査では、ヒラリー・クリントン氏が1.3％ポイント過大評価され、誤差の合計は2.2％ポイントだったとのことだ。これは、1936年以降の大統領選では最も小さな誤差であった。一方、州別の調査では、ヒラリー・クリントン氏が3.0％ポイント過大評価され、誤差の合計は5.1％ポイントだったとのことだ。全米の支持率調査は好成績だったが、各州の調査で誤差が大きかったことが、2016年の特徴だったようだ。全米調査は、州別調査を集計したものではないので、誤差が打ち消しあって、精度が良く見えるようになったということではない。全米調査は、大手のメディアが実施するが、州別調査は各州のメディアが行っており、調査費用の多寡やスキルが精度に影響している可能性はあろう。州別調査では、費用が安く済む自動音声による電話調査が多用された。2016年の調査誤差の主な原因は、有権者の投票パターンが変化したためであるという。特に白人・低学歴層が共和党トランプ氏支持に傾き、白人投票率も上がったことの影響が大きかった。アメリカの世論調査では、低学歴層からの回答が十分に得られないという問題が以前からあり、投票パターンの変化を織り込めなかったようだ。またその報告書では、トランプ氏支持の真意を世論調査で明

らかにしない層が支持率調査を誤らせるという，いわゆる「隠れトランプ支持者仮説」については，証拠がないと報告されていた。

　2016年大統領選挙の世論調査が外れた要因としては，「民主党の支持基盤の州で，選挙戦最終盤まで投票先を決めていなかった有権者がトランプ氏支持に向かっていた流れを把握できていなかったこと」「低学歴層の支持傾向が変化していたこと」「民主党支持傾向が強い黒人の投票率低下を読みきれていなかった可能性があること」などが指摘されていた。

　＊政木みき・大滝昭彦，2017，「米大統領選挙で世論調査は"外れた"のか──アメリカ世論調査協会の報告から」『放送研究と調査』9月号，2-11頁。

（S. O.）

③　サンプリングの実際

（1）サンプリングの諸技法

　ランダム・サンプリングの諸技法は，以下の相反する2つの目的を勘案して考え出されてきたと考えることが可能である。それは，①作業の軽減（サンプリング作業や実査作業をやりやすくするため）という目的と，②精度を高めるという目的の2つである。数学的に最も精度が高いと言われているサンプリング方法は，単純無作為抽出法である。しかしその方法は，精度が最も高い反面，作業量も最も多い方法である。サンプリングの諸技法は，こうした相反する2つの目的のどちらかを犠牲に（または重視）することによって，もう一つの側面を重視（または犠牲に）しようとして考え出されてきたと言えるのである。すなわち，「何らかの形で精度を犠牲にして，作業を楽にさせようとした方法」，「ある程度作業は増えるが，精度を高めようとした方法」としてサンプリングの諸技法が存在しているといえるのである。ここでは，そのような観点からランダム・サンプリングの諸技法を整理していってみよう。

①単純無作為抽出法

　母集団に1番から順に番号をつけたとして，標本の数だけ乱数表を引くとか，サイコロを振るなどしてその都度抽出する方法。宝くじの1等を決める作業を標本の数だけ繰り返す方法と考えれば理解しやすい。この方法は全くの無作為抽出であり，精度が最も高い抽出法といえる。しかし，作業の面からみると次の2点で問題がある。第1点目は，サンプリング作業がきわめて大変であるということである。例えば市役所で選挙人名簿を使って500サンプルを抽出しよ

うとする場合，500回乱数表を引いたり，サイコロを振ったりする作業が必要であり，その作業には多大な時間がかかってしまうのである。第2点目は，調査作業が大変になるという問題である。たとえば日本国民を母集団とした意識調査をしようとしていた場合，単純無作為抽出で標本を決定した場合，完全にランダムであるため，調査対象者はきわめて広範囲に分散すること（最初のサンプルが北海道網走市，次のサンプルが東北の仙台市，次が東京都……最後は沖縄那覇市といった具合）になってしまう。このサンプルを使って面接調査を実施しようとした場合，交通費だけでも莫大な金額が必要となることは容易に想像がつくであろう。またそれ以外にもサンプリング台帳の調達が容易でない（それぞれの市役所に出向いて，選挙人名簿や住民基本台帳を閲覧しなければならない）という問題も同時に登場してきてしまうのである。

②等間隔抽出法（系統抽出法）

　単純無作為抽出法の第1点目の問題（サンプリング作業がきわめて大変であるという問題）に対応しようとした技法として，等間隔抽出法（系統抽出法）があげられる。母集団に1番から順に番号をつけるのは単純無作為抽出法と同じであるが，標本の数だけ乱数表を引くのは大変なので，スタート番号だけを乱数表で決め，残りの標本は等間隔に選んでいくという方法である。宝くじでいうならビリを決めるやり方（または，お年玉つき年賀はがきの抽選方法）と考えればよいであろう。すなわち下1桁の何番が「当たりくじ」という決め方である。その場合は，10枚に1枚は当たりくじということであり，抽出間隔10の等間隔抽出法と位置づけられるのである。

　一般に抽出間隔は，母集団の数と標本数から計算される。人口45万の西宮市民を対象として，500標本を抽出しようとする場合，450,000/500=900で抽出間隔は900ということになる。住民基本台帳を使って西宮市民に1番から45万番までの番号を仮につけ，900以下の数を乱数表により決定し（たとえば52とすると），その番号に900を足していく。すなわち住民基本台帳の52番目の人，952番目の人，1852，2752……，といった具合にサンプルを抽出していくのである。この方法によって確実に抽出作業は簡単になるが反面，精度は当然落ちてくる。特にサンプリング台帳に規則性がある場合は標本に偏りがでてくる危険性もあることに注意しよう。たとえば，住民基本台帳を使って標本抽出をする場合，台帳が世帯ごとにページが設けられている（1ページに，世帯主・妻・子供という配列で記入されている）場合がある。この場合，ページ数をベースに標本抽出すると，1人世帯が選ばれる確率が高くなってしまうという問題が起こってしま

うことがあるのである。こうした点は常に頭の中に入れて抽出方法を考えなければならないといえよう。

③多段抽出法（副次抽出法）・確率比例抽出法

多段抽出法は，単純無作為抽出法の第2の問題（調査作業が大変になるという問題）を克服しようとして考案された方法である。全国調査など広い地域を対象とする標本調査で，単純無作為抽出法を採用した場合，抽出された標本はばらばらで広範囲にわたり，調査員の移動のコストはきわめて大きなものになってしまう。こうした場合，まず第1段目に市町村などのより狭い調査区域を抽出し，第2段目にその市町村の中から個人を抽出するという2段抽出法を採用すれば，1人の調査員は，ある市町村のみを回ればよいことになる。このように抽出を複数（2段＝市町村・3段＝たとえば投票区）段階繰り返して，標本抽出しようとするのが多段抽出法なのである。

多段抽出法は，別名「副次抽出法」とも呼ばれてきた方法であるが，これまでの社会調査のテキストでは，極めてあいまいな説明がなされてきた。

安田三郎・原純輔は，副次抽出法を以下のように説明している（『社会調査ハンドブック』214頁）。

　「副次抽出法は，各第1次抽出単位の抽出される確率および抽出された第1次抽出単位に割り当てられる標本数によって，三つに分類される。第1は，第1次抽出単位の抽出確率はその大きさ（個体数）に関係無く等確率とし，標本数を第1次抽出単位の大きさに比例して割当てる方法である。第2は，第1次抽出単位の抽出確率は等確率で，抽出された第1次抽出単位からその大きさにかかわりなく同数の標本を抽出する方法である。」「第3の方法は確率比例抽出法とよばれ，第1段階では，第1次抽出単位はその大きさに比例した確率でランダムに抽出され，第2段階では，抽出された第1次抽出単位にその大きさに関係なく同数の標本が割当てられる方法である」

この説明の第1と第2の方法は，厳密に言うと無作為抽出法と位置づけることは不可能である。それらはどちらも，第1次抽出単位（たとえば市町村）を選ぶ際に，抽出単位の規模（市町村の人口規模）にかかわらず等確率で市町村を抽出する方法である。大阪府で10市町村を抽出する事例で説明するなら，1段目で市町村の大きさ（大阪市260万，堺市80万，和泉市17万，東大阪市52万……）に関係なく，等確率で43市町村の中から10市町村が選ばれるのである。この場合260万の大阪市が選ばれる確率も，17万の和泉市が選ばれる確率もどちらも

10/43の確率で同じである。これはどう考えても大阪市民が選ばれる確率は和泉市民より低くなってしまうのは明白であり，「すべての個体が標本に選ばれる確率が等しくなる」という無作為抽出法の原則が保証されていないと言えるのである。この事実については，これまでの社会調査法のテキストでは全く不問にされてきたのが実状であった。副次抽出法で無作為抽出法といえるのは〈確率比例抽出法〉以外に存在しないのである。〈確率比例抽出法〉の方法を先の大阪府の事例でくわしく解説してみよう。

　まず，大阪府民に便宜的に1番から880万の番号をつける，次に880万より小さい数を乱数表により10個選ぶ。その番号が含まれる市町村が調査地点となる（大阪市は人口が多いため複数地点が選ばれることになる）。そしてその市町村（調査地点）からそれぞれ100標本ずつ個人を選定すればよいのである。こうすれば第1段目の抽出過程では，人口の多い市町村が選ばれる確率が高いが，第2次抽出の過程では，人口の多い市町村ほど，100人の対象に個人が選ばれる確率は低いので，最終的には当たる確率はどの市町村に住んでいても等しくなるのである。もう少し具体的に述べてみよう。たとえば「人口270万の大阪市に住むAさん」と「人口18万の和泉市に住むBさん」が確率比例抽出法で標本に選ばれる確率を計算してみよう。

　第1段目で大阪市が選ばれる確率は，270万／880万×10で，和泉市が選ばれる確率18万／880万×10よりも多くなっている。しかし大阪市が対象となった場合にその中からAさんが100人に選ばれる確率は，100／270万×10と和泉市の100／18万×10という数字よりきわめて少なくなっている。全体的には，両者が標本に選ばれる確率は，どちらも1000／880万であり同じなのである。

大阪市のAさんが当たる確率

$$\underset{\text{大阪市が選ばれる確率}}{\underline{270万／880万×10}} \times \underset{\text{その上でAさんが選ばれる確率}}{\underline{100／270万×10}} = 1000／880万$$

和泉市のBさんが当たる確率

$$\underset{\text{和泉市が選ばれる確率}}{\underline{18万／880万×10}} \times \underset{\text{その上でBさんが選ばれる確率}}{\underline{100／18万×10}} = 1000／880万$$

　この確率比例抽出法は，第1段階で市町村（各投票区）の有権者数に比例した確率（当たる率）で市町村（割当て地点）を抽出し，第2段階ではその市町村から有権者数に関係なく系統抽出法で個人を抽出する方法である。この方法の最大のメリットは，調査作業がきわめて効率的に行えるという点である。たと

　「国民生活に関する世論調査」は，内閣府が「現在の生活や今後の生活についての意識，家族・家庭についての意識など，国民の生活に関する意識や要望を種々の観点でとらえ，広く行政一般の基礎資料とする」目的で，1957年より原則毎年実施している全国調査である。「社会や国に対する国民の基本的意識の動向を調査し，広く行政一般のための基礎資料とする」目的で1968年以降原則毎年実施されている「社会意識に関する世論調査」とともに，内閣府世論調査を代表する，全国民1万人を対象として毎年個別面接法によって実施されている継続調査である（継続調査については，第2章コラム10を参照されたい）。2020年6月実施予定の（国民生活）調査は，新型コロナウイルス感染症のため中止となり，2021年9月実施の（国民生活）調査と2021年12月実施の（社会意識）調査からは，「調査員と調査対象の方との接触を回避するため」という理由から，標本数3000の郵送調査法に切り替えられている。ここでは，2020年1月に1万人を対象として個別面接法で実施された「社会意識に関する世論調査」のサンプリング方法を事例として，日本国民の意識を測定するために行われた層化多段抽出法の具体例を紹介してみよう。

> 母集団：全国の市区町村に居住する満18歳以上の日本国籍を有する者
> 標本数：10,000人　地点数：333市区町村　350地点
> 抽出方法：層化2段無作為抽出法　　住民基本台帳

〈層化サンプリングの具体的手順〉
　①全国の市区町村を，都道府県を単位として11地区に分類
　　　北海道地区：（1道）　　東北地区：（6県）　　関東地区：（1都6県）　　北陸地区：（4県）
　　　東山地区：山梨県，長野県，岐阜県（3県）　　東海地区：静岡県，愛知県，三重県（3県）
　　　近畿地区：（2府4県）　　中国地区：（5県）　　四国地区：（4県）
　　　北九州地区：福岡県，佐賀県，長崎県，大分県（4県）
　　　南九州地区：熊本県，宮崎県，鹿児島県，沖縄県（4県）
　②各地区においては，さらに都市規模によって2区分しそれぞれを第1次層（65層）とする
　　　大都市：東京都区部，札幌市，仙台市，さいたま市，千葉市，横浜市，川崎市，
　　　　　　　相模原市，新潟市，静岡市，浜松市，名古屋市，京都市，大阪市，堺市，
　　　　　　　神戸市，岡山市，広島市，北九州市，福岡市，熊本市
　　　人口20万人以上の市・人口10万人以上の市・人口10万人未満の市・町村
　③各地区・都市規模の層別に，さらに2015年国勢調査時の調査区特性分類表を使って層化する。調査区の分類基準は，1．準work帯を含む地区・給与住宅地区，2．住宅地区（第2次産業就業者），3．住宅地区（第3次産業就業者），4．商工業地区，5．漁業地区，6．農林業地区，7．その他の地区の7区分と就業者比等を使って24分類された調査区大分類によって層化する。詳細については，「平成

27年国勢調査　調査区関係資料利用の手引き」を参照。

④標本数の配分および調査地点数の決定：

地区・都市規模別各層における推定母集団の大きさ（2018年1月1日現在の18歳以上人口）により10,000の標本数を比例配分し，各調査地点の標本数が20-33になるように調査地点を決定（層化表）。

〈層化表〉

地区＼都市規模	大都市	人口20万人以上の市	人口10万人以上の市	人口10万人未満の市	町　村	計
北 海 道	158(6)	49(2)	70(3)	76(3)	78(3)	431(17)
東　　　北	84(3)	184(6)	84(3)	234(8)	130(5)	716(25)
関　　　東	1,371(47)	787(26)	617(21)	465(15)	152(5)	3,392(114)
北　　　陸	64(2)	111(4)	46(2)	165(6)	33(1)	419(15)
東　　　山	―	81(3)	68(3)	174(6)	68(3)	391(15)
東　　　海	295(10)	209(7)	230(8)	209(7)	67(2)	1,010(35)
近　　　畿	505(17)	481(16)	222(8)	320(11)	92(3)	1,620(55)
中　　　国	147(5)	129(5)	142(5)	118(4)	46(2)	582(21)
四　　　国	―	121(4)	40(2)	98(4)	49(2)	308(12)
北 九 州	194(7)	133(5)	66(2)	198(7)	75(3)	666(24)
南 九 州	57(2)	103(4)	78(3)	146(5)	81(3)	465(17)
計	2,875(99)	2,388(82)	1,663(60)	2,203(76)	871(33)	10,000(350)

注：表中の数値は標本数を示し，（　）は地点数を示す。

(S. O.)

～～～～～～～～～～～～～～～～～～～～～～～～～～～～～～～～～～～～

えばゼミや調査実習等の受講学生が何人いるかを考慮して，調査作業を学生ごとに均等に分配できるというメリットもある。上記の大阪府民調査の例でいうと，10人の学生がそれぞれ担当する市町村で100サンプルずつ個人を訪問するといったように割り当てる（＝学生の負担を均等にする）ことが可能となるのである。このことは，調査員を使う面接や留置調査ではきわめて大きなメリットとなる。しかし同時に，1段ごとにサンプリングによる誤差が入るため，単純無作為抽出法よりも誤差が大きくなることが避けられないというデメリットがあることも忘れてはならない点である。

④層化抽出法・層化多段抽出法

これまでのサンプリング手法は主として，精度を犠牲にして調査や作業のやりやすさを追求した手法であったが，層化抽出法はそれとは逆に精度を高める目的から考えだされた手法である。たとえば，ある大学で学部ごとに学生のア

ルバイトの実態がどのように異なっているかを知るための調査を実施しようとした場合を考えてみよう。調査設計段階で，「学生アルバイトの実態は，男女間で，また理系と文系の学生間で，その実態が顕著に異なるのでは」という仮説を考えていたとしよう。そうした場合，大学生を単純無作為抽出法で標本抽出するよりは，あらかじめわかっている各学部の学生数や男女比率に基づいて層化し，各層ごとに母集団の構成比率と同じだけの標本を抽出した方が，標本と母集団の学部男女比率は正確に一致し，それだけ精度は高くなるのである。すなわち，層化抽出法は母集団についての予備知識を有効に利用して，サンプリング精度を高めようとする手法なのである。この方法は，通常多段抽出法と組み合わせて，全国調査をする場合によく使用される。コラム25の「内閣府世論調査」や新聞社などが全国で実施する調査のほとんどはこの層化多段抽出法が使われている。

（2）サンプリング台帳について

サンプリングには，母集団の成員をもれなく重複なく記載した名簿が必要となる。それは一般にサンプリング台帳と呼ばれているが，記録されている内容が，実際の成員を忠実に反映している新しい名簿であることが望まれる。具体的には，住民基本台帳・選挙人名簿・官公庁の職員録・企業の社員録・町内会長名簿・学生名簿・同窓会名簿等の名簿がよく使われている。ここでは学術調査で一般的によく使われる住民基本台帳と選挙人名簿をよりくわしく解説しよう。

①サンプリング台帳としてよく利用される公的名簿

〈住民基本台帳〉

市役所の市民課等で取り扱っている住民票の原簿である。最近では，住民基本台帳ネットワークとして電子化されている。市の委託調査の場合には，市民課がコンピュータによってランダム・サンプリングをできるプログラムを用意していることが多く，住基台帳を使用する場合が多い。住基台帳には，基本的に世帯ごとに子供から老人まで全世帯員のデータが記載されている。そのため世帯単位のサンプリングや世帯主を対象とした調査，選挙権を持たない17歳以下の住民を対象に含む調査の場合には適している。また外国人データも含まれている場合もある。住民基本台帳の閲覧は，基本的に有料で閲覧できる（市場調査ではよくこの有料の閲覧システムが利用されている）。学術調査の場合には料金が免除される場合もあるが，とてもハードルが高いのが実態である。住基台帳

のファイリングの仕方は役所ごとに異なっている。世帯毎に連続してまとめられている場合もあれば，1世帯1ページに整理されている場合もある。後者の場合のサンプリングでは，一連番号が想定できないため（1ページに記載される世帯員数が異なるため），結果的にページ数をベースに系統抽出をせざるを得なくなる。その場合には，1人世帯が数多く抽出されてしまうといった問題が出てくるので注意が必要である。

〈選挙人名簿抄本〉

その点，基本的に18歳以上の男女を一連番号として想定できる選挙人名簿抄本の方が，サンプリング作業は簡単である。市民意識調査の場合に乳幼児や小学生の意見を聞くことは少ないので，それらが排除されている（有権者だけが記載されている）選挙人名簿は，母集団の意味からも重宝するといえる。選挙人名簿は，衆参議員・都府県議員・市町村議員・府県知事・市町村長等の選挙の時に，選挙管理委員会が作成する有権者名簿である。選挙の時に郵送されてくるはがきの原簿となっているものである。選挙人名簿に書かれている情報は，基本的に氏名・性別・生年月日・住所の4項目である。選挙権がない者は除外されているので，たとえば転入後3カ月に満たない市民等は含まれないという点は確認しておかなければならない。選挙人名簿は，自治体の選挙管理委員会に保管されている名簿である。学術調査の場合には，基本的に申請書と調査概要を記入した書類を提出することによって閲覧が可能となる。

②住民基本台帳法等の改正経緯と公的名簿閲覧制度の課題

住民基本台帳は，前身の住民登録法（1951年制定）以来，それを引き継いだ住民基本台帳法（1967年制定）においても，「住民票の記載事項には，個人の秘密に属するような事項は含まれていない」と考えられていたために，原則として何人もその写しを閲覧できるとされてきた（同法11条）。その後プライバシー意識の高まりを受けて，1985年の同法改正によって，閲覧目的によっては市町村長が閲覧請求を拒むことができるようになり，閲覧の対象も氏名・生年月日・性別・年齢の4項目に制限されるようになっていた。その後，民間業者による営業活動の一環としてのダイレクトメールの送付リスト作成のための大量閲覧が問題視されるようになり，閲覧制度を悪用して母子家庭を狙った犯罪が2005年3月に起こったこと，さらに2005年4月に施行された個人情報保護法も大きな要因となって，学術目的であっても住民基本台帳，選挙人名簿の閲覧を拒否する自治体が出始めていたのである。

2005年5月から10月にかけての総務省の検討会は，こうした背景のもとで住

民基本台帳等閲覧制度の見直しが検討されたのである（総務省「住民基本台帳閲覧制度等のあり方に関する検討会」2005年）。このことは，社会調査を実施する我々にとっては，大きな危機でありヤマ場でもあったのである。日本社会学会や社会調査士資格認定機構（現 社会調査協会）をはじめとする関連学会では，総務省に対して要望書やパブリックコメントを提出し反対した。

　総務省最終報告書とそれに基づく2006年11月に改正された住民基本台帳法および公職選挙法では，「原則公開」とされていた住民基本台帳および選挙人名簿抄本の閲覧を「原則非公開」と大きく方針転換が図られた。しかし，学術調査で不可欠なサンプリング台帳作成のための閲覧については，公益性が高いものとして引き続き認められることになった。住民基本台帳法（第11条の2の第1項）で，学術的な社会調査の「公益性」が評価されたことは特筆すべきであろう。選挙人名簿の閲覧は，「統計調査，世論調査，学術研究その他の調査研究で公益性が高いと認められるもののうち**政治または選挙に関するものを実施するために閲覧することが必要である旨の申出があった場合**」に限られることになった（**公職選挙法第28条の3**）。実際の運用に関しては，基本的に各市町村の判断に任せられることとなったため，現在の公的名簿の閲覧に関する運用は，各市町村で全く多様であるのが実態である。選挙人名簿については，「調査票に選挙に関する質問文があること」で閲覧が許される自治体が多いのが実情のようである。また，国政選挙や地方選挙が行われる場合，公示日から選挙終了後5日間は選挙人名簿の閲覧ができないという規定があるので，サンプリング日程に影響があることも注意が必要である。

　住民基本台帳については，必要とされる申請書類もまちまちで，学術調査の内容に関しても審査される場合もあり，煩雑な申請が要求されることが多くなっている。ほとんどの自治体で共通していることは，1サンプル抽出にあたって300円程度の閲覧料を課している点である。科研費のような国から支給されている研究費で，閲覧のためだけに2000サンプルの場合，約60万円という大金を市町村に支払わなければならない点は大きな問題といえるだろう。限られた研究費の中では，閲覧料は，サンプル数を増やす経費や調査対象者への謝礼の質向上の経費等にあてた方が，研究にとっても国民にとっても有益なことである。この点に関しては，学術会議等の提言でも何度も指摘してきたことであるが，なかなか変わらないのが実態である。

＊日本学術会議社会学研究連絡委員会，2005，『学術調査と個人情報保護——住民基本台帳閲覧問題を中心に』，日本世論調査協会，2006，「『住民基本台帳の閲覧制度等のあり方に

関する検討会報告書」について」，長谷川公一，2008，「調査倫理と住民基本台帳閲覧問題」『社会と調査』創刊号，社会調査士資格認定機構，23-28頁，学術会議社会学委員会社会統計調査アーカイヴ分科会，2017，『提言：社会調査をめぐる環境変化と問題解決に向けて』。

（2）実際の抽出作業——「愛媛・長崎県民生活実態調査」のサンプリング

　ここでは，2017年に住民基本台帳と選挙人名簿を使ってサンプリングを実施した「愛媛・長崎県民生活実態調査」の事例を紹介することによって，実際のサンプリング作業がどのように実施されるのかを概説してみよう。

「愛媛・長崎県民生活実態調査」調査概要

　2016-22年度 科学研究費補助金［基盤研究（A）］「政策形成に貢献し調査困難状況に対応可能な社会調査方法の研究」（研究代表者：大谷信介）

調査対象地：愛媛県・長崎県
調査対象者：18〜80歳の住民
サンプル数：各県2000　　　計4000
抽 出 方 法：［愛媛］選挙人名簿による層化無作為抽出法
　　　　　　　［長崎］住民基本台帳による確率比例抽出法
調 査 方 法：郵送法による質問紙調査
調 査 期 間：2017年7月〜9月
回　　収　　数：［愛媛］回収数1248　　　有効回収数1210　　　有効回収率60.5%
　　　　　　　［長崎］回収数1240　　　有効回収数1226　　　有効回収率61.3%

---

①サンプリング設計を考える

　県庁が実施する県民意識調査との比較可能性を考慮し，サンプリング台帳は県庁がおこなう調査と同じ台帳を使用することとした。愛媛県庁では，毎年の県民意識調査の際に選挙人名簿を，長崎県では，通常の県民意識調査の際に住民基本台帳を使って実施していた。「県民生活実態調査」のサンプリング設計は次頁のとおりである。

　高齢者が標本として抽出されると，「調査不能」「調査拒否」のケースが増加する可能性があることを考慮し，「県民生活実態調査」では，81歳以上の高齢者を調査対象から外し，母集団を2017年6月1日時点で県内居住の18-80歳（1936年6月2日-1999年6月1日生まれ）の男女とした。

②閲覧申請とサンプリング日程調整

［愛媛県の申請手続き］：選挙人名簿の閲覧申請は，20市町に「閲覧申出書」を

愛媛県のサンプリング設計

　各市町の2017年6月1日時点の選挙人名簿登録者数（1,182,930人）をもとに，計画標本数2000を各市町の有権者数人口比に基づいて比例配分させ，計画抽出標本を確定した。これは，各市町の人口で層化した層化抽出法と同じである。比例配分しているため，各市町の有権者数を計画抽出標本数で割った抽出間隔はすべて同じ591になる。これは，原理的には愛媛県の有権者全体から抽出間隔591の等間隔抽出を行ったことと同じになる。各市町内では，投票区別の有権者の累積人口を求め，抽出間隔591以内の乱数を発生させ，該当者をスタート番号とし，以降は抽出間隔591で該当標本を求めた。（以下省略）

長崎県のサンプリング設計

　長崎県の場合，愛媛県のような正確な有権者数がわからず，またいくつかの市町については地区別の有権者数もわからなかったため，愛媛県とは異なったサンプリングの方法をとった。まず2016年10月1日時点の長崎県市町別推計人口を用いて，すべての市町の18-80歳の人口を求めた（総数1,014,481人）。計画抽出標本2000を各市町の人口比に基づいて比例配分させ，各市町からの計画抽出標本を確定した。長崎県のいくつかの市町では，市町側からの要望で，自治体内の当該の総人口からコンピュータにて単純無作為法によって必要な標本数分の対象者を抽出するという方法（作業はすべて自治体側の担当者が担当）をとった。それ以外の地域では，自治体側から抽出地点を限定してほしいという要望があったため，確率比例抽出法による抽出を基本とした。確率比例抽出法を適用した場合，市町内の地区人口に比例する形で地区の抽出を行い，抽出された地区から同数の標本を抽出することが普通である。具体的にはまず各市町の計画抽出標本数を1地点あたりの抽出標本数（5を基本とするが，人口規模の小さな自治体ではそれ以下の場合もある）で割って抽出地区数を求めた。次に，各市町内の地区別人口数（年齢別人口がわかる場合には18-80歳の地区別人口数）の累積人口を求め，抽出地区数で割り，地区の抽出間隔を求めた。この後，抽出間隔内の乱数を発生させ，以下等間隔抽出（抽出間隔は地区の抽出間隔）によって，該当する番号が含まれる地区を抽出地区とした。なお，同一地区の人口規模が大きく，同一地点内に該当する番号が複数含まれる場合には，複数の地点が抽出されたものとした（2地点分なら，抽出標本数を2倍して抽出する）。抽出された地区からは，同数（複数地点分の地区はその倍数分）の標本を抽出するが，抽出間隔は地区の人口を抽出標本数で割って求め，抽出間隔内の乱数をスタート番号として地区内の該当者を対象者として抽出した。

提出。担当部局はすべて選挙管理委員会。松山市では「個人閲覧事項取扱者に関する申出書」と「研究概要書」も提出した。

[長崎県の申請手続き]：住民基本台帳の閲覧申請は，選挙人名簿申請よりかなり多量な書類提出を求められる。最も多くの必要書類を要求された長崎市の場合，閲覧申出書・依頼書・誓約書・研究費交付決定書・登記事項証明・個人情報保護規定・研究概要書・調査資料（調査票・お願い文）・「去年度研究実績書」・閲覧者の学生証と運転免許証の写し（顔写真要），以上の書類を法人印（学部公印）で提出が要求された。概して人口規模の大きい市町ほど必要書類が多い傾向があった。担当部局は，長崎市は市民課・その他の市町村では，市民窓口課・市民福祉課・総合窓口課・市民サービス課等名称はいろいろであった。

[各市町の担当課との電話調整]：担当課の予定・抽出数と閲覧者人数・閲覧者の日程・移動の合理性を総合判断して標本抽出スケジュールを確定した。

　③抽出作業事前準備とインストラクション

[サンプリング作業表の作成]：各投票区・各町丁別のサンプリング設計書・名簿掲載人数・抽出数・具体的な抽出標本番号・スタート番号等をまとめたもの。

[サンプリングマニュアルの作成]：閲覧者に向けて，挨拶の仕方・抽出・転記作業の手順を記入，持ち物・本部との連絡方法，注意事項も詳細に記入したマニュアルを作成した。

[サンプリング原簿（転記用紙）の作成と印刷]：抽出した調査対象者の情報を転記する用紙の印刷。この転記用紙は，その後，調査対象者名簿（サンプリング原簿）として利用可能なように工夫した。

[サンプリング作業記録表の作成と印刷]：各市町で，いつ・誰が・どのように抽出作業を実施したか・作業開始～終了時間・閲覧媒体の状況や料金・市役所からの指示・連絡事項，サンプリング作業・市役所についての感想等を記入する報告用紙を作成した。

[インストラクションの実施]：閲覧担当者を集めて，サンプリング関連資料（抽出数計算資料・マニュアル・転記用紙等）を配布し，詳細な説明を実施した。

　④実際のサンプリング作業

　〈愛媛県の選挙人名簿〉

　選挙人名簿は，選挙管理委員会ごとに，閲覧媒体・名簿並び順・1頁当りの記載人数が微妙に異なるため，それに応じて抽出作業を進めていく。

[閲覧媒体]＝冊子体名簿　18自治体，パソコン（PDF）＝松山市・宇和島市

[名簿並び順]　投票区＞行政区＞名前（世帯）＝15自治体が一般的だが，松山市＝住所

コラム26　住宅地図を使ったサンプリングの可能性

　公的名簿が利用しづらくなってきたことは，社会調査を実施するうえでは深刻な問題である。ここでは2005-08年科学研究費基盤研究（A）「危機的調査環境下における新たな社会調査手法の開発」（研究代表者：大谷信介）の研究成果をもとに，住宅地図を使ったサンプリング方法の可能性について考えてみよう。

①ゼンリン住宅地図はどのように作成されているか

- 表札・看板等の公開情報を集めて住宅地図が作成されている（公開情報を取得して住宅地図を作成することは法的に問題なし）
- 情報収集のために，全国約80の拠点，1200人の調査員を配置し調査を実施
- 公開情報がない建物には，住人に対して聞き取り調査を実施
- 人が住んでいることが確認できない場合は「空家」として処理
- 住民から調査拒否，掲載拒否の申し出があれば掲載しない
- 住宅地図は市区町村単位でほぼ毎年出版。日本全土の99％をカバー
- 住宅地図上の名称のない建物＝①公開情報が入手できなかった場合，②調査拒否・掲載拒否，③倉庫，駐車場・駐輪場など住宅ではない建物
- 地図上に記入される名前＝原則として世帯主。世帯主と判断ができない場合（表札が複数出ている等）はすべて名前を掲載
- 一戸建ては地図面に，共同住宅は巻末の別記情報に名前が記入されている

②住宅地図のサンプリング台帳としての利用可能性：高松市事例調査

（A）住宅地図でどの程度世帯を把握できるのか

〈住宅地図から把握できる建物（部屋）数と国勢調査世帯数の比較〉

	一戸建て	共同住宅	合　計
住宅地図	87,662（67.0％）	43,083（33.0％）	130,745（100）
国勢調査	80,231（62.4％）	48,358（37.6％）	128,589（100）

＊2005年国勢調査の数字は「長屋建て」は一戸建ての数字に組み入れた。住宅地図の一戸建ては「住宅地図に書いてある名前の数」，共同住宅は，巻末別記情報の「人の名前の書いてある部屋の数」を集計した。

　2005年7月に製品化された高松市電子地図と2005年国勢調査データを比較してみると，一戸建てでは住宅地図の方が7431世帯多く，共同住宅では国勢調査の方が5275世帯多くなっている。仮説的原因としては，一戸建てに関しては，電子地図では，「地図上の名前のある建物数」ではなく，「地図上に書かれている名前の数」がデータベースとして集計されているためであり，共同住宅では，管理人による拒否，オートロック等で調査不可能なマンションが数多く存在すること等が原因として考えられる。

〈住宅地図上の名前表記〉

	姓・名が記載	姓のみ	その他	合　計
一戸建て	71,154 (81.2%)	16,494 (18.8%)	14 (0.02%)	87,662 (100)
共同住宅	10,687 (24.8%)	32,357 (75.1%)	39 (0.1%)	43,083 (100)
全　体	81,841 (62.6%)	48,851 (37.4%)	53 (0.04%)	130,745 (100)

注：「その他」は，個人の名前か事業所名か判別できないケース。姓名表記では，ほとんど（97％）が漢字表記で，カタカナ（2.6％），ひらがな（0.3％），アルファベット（0.1％）表示はきわめて少なかった。

住宅地図には，一戸建ての81.2％，共同住宅の24.8％に姓名が記入されていた。注目されるのは姓までならほとんど100％に近く把握できるという点であり，すべての住所も確認できることを考えると，何らかの工夫をすれば十分サンプリング原簿として使用可能といえるだろう。

（B）選挙人名簿抽出標本の住宅地図での照合分析
高松市で実際にサンプリングした標本を，住宅地図によって照合分析した。

高松市サンプリング概要

場　所：高松市選挙管理委員会（高松市市役所内）
実施日：2005年9月20日・21日
母集団：高松市全域の選挙人名簿に記載されている有権者　269,170名
サンプル数：500　　抽出方法：系統抽出
閲覧転記項目：住所，名前，性別，生年月日
　＊2005年9月11日に総選挙が実施された直後の名簿であり比較的精度の高い名簿であった。

〈選挙人名簿抽出サンプルと住宅地図との照合結果〉

	住所・姓とも一致	住所一致・姓不一致	住所不一致	合　計
一戸建て	289 (79.8%)	31 (8.6%)	42 (11.6%)	362 (100)
共同住宅	69 (50.0%)	36 (26.1%)	33 (23.9%)	138 (100)
全サンプル	358 (71.6%)	67 (13.4%)	75 (15.0%)	500 (100)

＊名前の一致は，姓のみが一致している場合は一致とした。住所不一致：住所自体が確認できなかった標本＝75標本（15.0％）。「番地なし」：住宅地図上で番地がまったく書かれていないケース＝46標本。「番地違い」：サンプルの住所と住宅地図表記が異なった標本＝29標本。「住所一致・姓不一致」：住所は一致したが名前が一致しなかった標本＝67標本（13.4％）。「空白」：サンプルの住所がある建物（部屋）に記入なしの標本＝38標本。「異なった表記」：建物に表記されている名前が異なっていた標本＝29標本。「住所・姓とも一致」：住宅地図で確認がとれた標本＝358（71.6％）。

確実に住所と姓が一致し確認が取れたサンプルは，500標本中358（71.6％）であり，一戸建てで約8割共同住宅5割という結果であった。この照合作業では，住宅地図上に番地が書かれていない場合や，たとえば1—2が1—3となっているといった微細な違いも厳密に不一致として扱った結果である。その点を考慮すると住宅地図は，工夫すればサンプリング台帳として使えると評価することができるだろう。

③住宅地図を使ったサンプリング調査の実験的試み──西宮マンション調査

　ここでは，2008年にマンション居住者を対象として西宮市で実施した調査を紹介してみよう。

　（A）住宅地図別記情報からマンションデータベースの作成

　西宮市住宅地図の別記情報に記載されている情報（マンション名・住所・階数・総戸数・入居世帯数）と地図面の住所情報をすべて入力することによって「西宮マンションデータベース」を作成した。その結果公的データでは全く把握することができなかった，「西宮市には，7178棟のマンションが存在する」という事実を把握することが可能となった。また西宮市には，3階建てのマンションが全体の36.8％と最も多く，最も高いマンションは31階建てのマンションであるといった状況が把握できるようになったのである。

　（B）国勢調査世帯比率を使った〈割当法〉によるサンプリング

　住宅地図別記情報をサンプリング台帳として，「国勢調査共同住宅世帯比率」を使った〈割当法〉によって，サンプリング作業を実施した。国勢調査では，共同住宅を階数別（1・2階，3〜5，6〜10，11〜14，15階以上）および居住形態別（持家，民営の借家，公営・公社，給与住宅）に集計している。それぞれ世帯数比率をもとに，マンションデータベースと別記情報を使って，調査対象マンションと対象者をサンプリングした。

　（C）住宅地図を使ったサンプリング調査の問題点

　住宅地図をサンプリング台帳として使用し，標本調査を実施することは可能ではあったが，以下のような問題点も存在した。①調査対象者が「世帯主」に限定される問題点：住宅地図では，名前の記載は基本的に「世帯主」が対象とされる。そのため住宅地図を「調査名簿」として利用する場合，「世帯主以外の住民が把握できない」という問題を抱えている。今回は対象を「世帯主」に限定して調査を実施した。回収分析標本に男性の比率が高いのは，「世帯主」を対象とした結果である。②「分譲」─「賃貸」を判別できない問題：別記情報だけでは「分譲」─「賃貸」を判別できない。今回は西宮市役所から借用したデータ（これもすべての分譲を把握していない）で確認できたものを「分譲」，それ以外を「賃貸」としたが，「賃貸」の中に多くの「分譲」が含まれてしまい，結果として「分譲」を多く調査してしまうという結果となった。③国勢調査を使った割当法の問題点：2008年実施の西宮調査では，2005年の国勢調査共同住宅世帯数比率を「割当法」のベースとして使用した。2006年実施だとしたら2000年の国勢調査を使用することになる。

　＊住宅地図を使ったサンプリング実践および西宮マンション調査の詳細については，以下の文献を参照されたい。大谷信介編著，2012，『マンションの社会学──西宮マンション調査による実態把握』ミネルヴァ書房。大谷信介，2010，「住宅地図を使ったサンプリングの可能性：高松市住宅地図分析」『松山大学論集』21巻4号，195-208頁。大谷信介編著，2009，『危機的調査環境下における新たな社会調査手法の開発』2005〜2008年科学研究費［基盤研究（A）］研究成果報告書。関西学院大学社会学部大谷研究室，2009-10，『西宮アパート・マンション調査報告書──新たな社会調査手法への挑戦』『西宮マンション居住に関する社会学的研究──西宮アパート・マンション調査報告書（2）』。

（S. O.）

＞名前（世帯），今治市＝投票区＞行政区＞住所，四国中央市＝投票区＞住所，上島町
＝投票区＞行政区＞住所，松前町＝投票区＞名前（世帯）

[1頁当たりの記載人数]＝25人（松山市を含む11自治体），20人（8自治体），40
人（四国中央市）

〈長崎県の住民基本台帳〉

　閲覧方式は，自治体側が抽出を実施する場合と閲覧者が実施する場合に2分
されるが，それぞれの方式に準じてサンプリング作業を進める。

[閲覧料]：350円（壱岐市），300円（長崎市を含む19自治体），200円（佐々町）

[閲覧方式のタイプ]：

自治体が抽出を実施する＝10自治体

　　自治体独自の抽出システムがある＝7自治体（雲仙市・西海市・松浦市・小値賀町・川棚
　　町・東彼杵町・新上五島町），抽出方法を指示したファイルを送付する＝2自治体（平戸
　　市・五島市），市がExcelで等間隔抽出した名簿から抽出する＝1自治体（対馬市）

閲覧者が抽出作業を実施する＝11自治体

[閲覧媒体／名簿並び順／1頁当り記載人数]：

台帳＝3自治体（佐世保市／住所／16人，諫早市／住所／120，大村市／住所／20）

資料＝6自治体（島原市／住所／38，波佐見町／住所／38，長与町／住所／64，佐々町：
　　宛名〔個人〕番号／16，時津町／宛名〔個人〕番号／16，南島原市／自治会＞世帯番号／60）

パソコン＝2自治体（長崎市〔PDF〕／住所／100，壱岐市 PC〔Excel〕／住所／－）

　＊サンプリング作業の詳細・資料については，大谷信介編，2018，『愛媛・長崎県民生活実
　　態調査報告書──平成28-32年度科研費基盤研究（A）研究成果中間報告書』関西学院大
　　学社会学部大谷研究室を参照されたい。

④　サンプリングの原理
──なぜ「無作為」抽出することが最も科学的で優れた方法なのか？──

（1）無作為抽出法の考え方

①無作為抽出法とは

　無作為抽出法とは，けっして〈でたらめに〉標本を抽出することを意味する
のではなく，「**母集団に含まれるすべての個体について，それが標本に選ばれ
る確率が等しくなるように設計されたサンプリング**」のことを指している。わ
かりやすく言えば，宝くじで1等を決めるやり方と考えればよいだろう。すな
わち，自分が買った1枚の宝くじが，他の人が買った1枚の宝くじより，1等

に当たる確率がもし低かったとしたら，誰も馬鹿らしくて宝くじを買わなくなってしまうだろう（もちろん，ある駅前の売場は，1等がでやすいといった迷信まがいの流言はよく聞かれることであるが……）。少なくとも宝くじシステムは，「すべての個体（宝くじ）について，それが標本に選ばれる（1等に当たる）確率が等しくなることが保証された」ランダム・サンプリングの一種といえるのである。それでは，この無作為抽出法がどうして「最も優れた科学的方法」と言われているのだろうか。

　結論を先取りして述べると「**無作為抽出された標本分布は，理論的に正規分布をとるという特徴があり，その正規分布の構造に関する統計学的知見を応用して，抽出の際の誤差が理論的にある幅をもって確定できる**」という点が「最も優れた科学的方法」といわれる由縁であり，無作為抽出法の数学的根拠となっている点なのである。このことをできるだけわかりやすい実験例をもとに説明していくことにしよう。

②標本分布（正規分布）の特徴

> 碁石の実験：白い碁石50個と黒い碁石50個，計100個の碁石が一つの箱に入っています。この箱の中からよくかき混ぜて10個の石を選んで，その中に白い碁石がいくつ含まれているか調べます。その実験を1000回繰り返しておこなった結果を表にあらわしなさい。
>
> 〈碁石の実験・1000回の結果〉
>
> | 白の数 | 0 | 1 | 2 | 3 | 4 | 5 | 6 | 7 | 8 | 9 | 10 |
> |---|---|---|---|---|---|---|---|---|---|---|---|
> | 実　験 | 0 | 11 | 38 | 114 | 211 | 251 | 202 | 123 | 41 | 8 | 1 |
> | 理　論 | 1 | 10 | 44 | 117 | 205 | 246 | 205 | 117 | 44 | 10 | 1 |
>
> ＊森田優三，1981，『新統計読本』日本評論社，156頁。

　上記の表の実験値は，実際にこの実験を1000回繰り返した時の白石の数を表にしたものである。すなわち，実験1回目は「白6個黒4個」，2回目は「白5黒5」，3回目は「白7黒3」……999回目は「白5黒5」，1000回目は「白4黒6」と1000回分繰り返し行った結果を，白5個だった場合が251回，白6個だった場合が202回と整理していった表である。箱の中から碁石を取り出す時，白が出るか黒が出るかということは，全く偶然の結果である。しかし箱の中には白と黒が等分に入っているのだから，「白5個黒5個」の場合が最も多いのではという予想もできる。実際の実験結果でも，母集団の構成（白黒半々という比率）を正確に表している結果が1000回中251回と最も多く，全体の約4

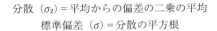

分散 (σ_2) ＝平均からの偏差の二乗の平均

標準偏差 (σ) ＝分散の平方根

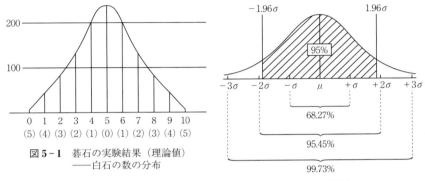

図 5 - 1 　碁石の実験結果（理論値）
　　　　──白石の数の分布

図 5 - 2 　正規分布

分の１を占めている。逆に母集団の構成と大きく異なる，全部白だった回数は
1000回中たった１回であり，全部黒だったことは一度もなかったという実験結
果が示されている。

　この実験結果で特に注目されるのは，母集団の構成と１つ違いまでのケース
（すなわち「白５個」＝251回と「白４個」＝211回，「白６個」＝202回）を合計すると，
664回となり全体のおよそ2/3にあたるという事実である。このことは，１個違
いの誤差まで許容するならば，1000回中664回はその結果になるということを
意味している。この実験を1000回ではなく無限回繰り返していくと，理論値に
示されているような結果になっていくというのが標本分布の特徴なのである。
すなわち，標本調査の最大のポイントは，標本分布が**正規分布**をとるという事
実であり，この正規分布の数学的特徴を利用して標本誤差を計算できる点なの
である。

　図 5 - 1 は，碁石の実験の理論値をグラフに表したものである。横軸には基
本的に白碁石の数（括弧内は，平均値〔＝白５個〕から何個食い違っているか），縦
軸にはその場合のケース数がとってある。この左右対称の釣り鐘状の形をとる
グラフは，一般に正規曲線（ガウス曲線）といわれている。この正規分布の構
造や性質については，数学的に十分解明がなされている。

　正規分布では，平均値を挟んでプラスマイナス標準偏差（±σ）の範囲の中
に，全体の68.27％のケースが入るという特徴がある。標準偏差の２倍（±2σ）

　新型コロナウイルス感染症のパンデミックによって，ギリシャ文字をよく耳にするようになった。δ（デルタ）株，o（オミクロン）株はその代表的なものである。ふだんあまりなじみのないギリシャ文字が統計学や社会調査では，よく登場してくる。ここでは社会調査でよく登場するギリシャ文字の読み方と，どんなことで使われるかをごく簡単に整理しておこう。

Σ　（シグマ・大文字）〈総和〉

σ　（シグマ・小文字）〈標準偏差〉・σ^2　〈分散〉

χ　（カイ）・χ^2（カイ二乗）検定・分布

α　（アルファ）有意水準・〈母集団特性値の推定を誤る確率％＝危険率〉
　　　$100-\alpha$＝信頼度％・　　K(α)＝K(5)＝信頼度95％の場合

ε　（イプシロン）〈区間推定で標本特性値につけるプラスマイナスの幅〉
　　　標本数の決め方の公式（140頁参照）で，標本比率につける誤差の幅％

μ　（ミュー）〈母平均〉

κ　（カッパー）カッパー係数　　　　　　　　　　　　　　　　　　　　　（S. O.）

　日本国内における測定機械による視聴率調査は，1986年からニールセン社と87年からビデオリサーチ社の2社で測定が開始された。2000年3月にニールセン社が日本における視聴率調査から撤退した以降は，ビデオリサーチ社が業務を独占している。視聴率調査の初期は，調査世帯に機械を設置し世帯視聴率のみが測定されていた（オンラインメーターシステム調査）。1997年から関東地区（関西は2000年）で，ピープルメーター（PM）調査が開始された。PMは，世帯内の個人各々のボタンがあり，視聴の開始時と終了時にそれを押すことによって，個人視聴率も測定できる機械である。2016年10月からは関東地区（関西は2018年）で，タイムシフト調査が開始されることになる。これまでの視聴率は，放送番組をリアルタイム（生）で見ている人の割合だけを示してきたが，タイムシフト調査では，ビデオやブルーレイ等で録画して視聴する実態も測定可能となる方式である。統計の取り方は，音声フィンガープリント方式による機械式調査で，対象期間中の放送番組について，その放送日から数えて7日間以内に再生して視聴したものを統計としてまとめたものである。すなわち，本社のコンピュータに保存された7日分の全番組の音声データと送付データと照合することによって，録画視聴率も測定しようとしているのである（このシステムでは，1.3倍速で再生視聴している場合はカウントされないことになる）。
　調査世帯数（機械設置数）については，関東地区は，1996年までは300世帯，2016

年までは600世帯，2020年3月までは900世帯だった調査世帯が，2020年4月より2700世帯と調査世帯を激増させている。『社会調査へのアプローチ』初版本（1999年）の時は，関東地区1400万テレビ所有世帯を600調査世帯，視聴率30％を事例として，標本誤差の説明を展開していた。1996年以前の300の調査世帯と比較すると，2020年の2700世帯という数字は9倍である。標本誤差の観点から考えると，視聴率の精度が上がったことは確かな事実である。しかし，社会調査論の視点からは別の問題も指摘しておく必要があるだろう。それは調査世帯の選定の問題である。ビデオリサーチ社は，視聴実態を正確に調査するためにすべてのエリアで「3年間ですべての世帯が入れ替わる」ようにローテーションしていると謳っている。1カ月あたりのローテーション世帯数は，関東2700標本の場合75世帯，関西1200標本の場合33-34世帯，名古屋600標本で16-17世帯，北部九州札幌400標本で11-12世帯，その他200標本で5-6世帯となっている。この実態は，関東の場合毎月75世帯を新たに標本抽出し，その世帯と交渉し承諾を受けたうえで，測定機械を設定し使い方を説明するという作業をしなければいけないということである。この点については，頭に入れておく必要があるだろう。

　視聴率調査は，明らかに転機を迎えていると思われる。象徴的な現象は「現在の学生たちは，テレビを見なくなっている」という事実である。YouTube・Amazon Prime Video・Netflix・TVer 等メディア環境も激変している。こうした中でビデオリサーチ社でも，Twitter のデータを AI 活用によって分析し「視聴質」を測定する試みを進めている（VR FORUM 2021）。これらも「視聴質」を SNS の評価を利用して量的に測定しようとする試みである。テレビ視聴者の本当に欲していることは，番組の質（ドラマであれば，脚本の質，演出の質，役者の質等）を正確に測定してくれることであり，テレビ番組がそれによって向上してくれることではないだろうか。これまでの「視聴率」が広告の視点からのみ議論されてきたのが現実だが，いろいろな観点から「テレビ視聴」の問題点を再検討していく時代になったといえるだろう。

　＊参考資料：株式会社ビデオリサーチ コーポレートコミュニケーション部，2021，『TV RATING GUIDE BOOK ［視聴率ハンドブック］』8月。

（S. O.）

の範囲をとると95.45％，標準偏差の3倍（±3σ）をとれば99.73％が含まれるという性質がある。全体の95％になる数字を計算すると，標準偏差の1.96倍（±1.96σ）という数字になる（図5-2参照）。この95％という数字が意味することは，釣り鐘状の度数分布を示す正規分布において，平均から±1.96倍の標準偏差（±1.96σ）の値上の直線によって区切られた面積は全体の面積の95％になるということを意味している。すなわち，誤差を標準偏差の±1.96倍まで許容すれば，100回調査したとして95回は当たる（5回は外れる）という確率（確からしさ）であること（信頼度95％，または危険率5％）を意味しているのである。

（2）標本誤差について——視聴率20.0％という数字の意味

①日本における視聴率調査

「昨日あのテレビドラマ見た？」

「見たよ。あのドラマは，視聴率が20％を超えているんだってねぇ」

「やっぱりね。だって面白いもんねぇー。それじゃ，日本人が1億2000万人だとすると2400万人以上の人が見ているのかなあ？」

　この類の会話は，日常的によく聞かれる会話であり，視聴率という数字は一般にとてもなじみのある数字になっている。しかし，視聴率がどのように調査され，その数字がどんな意味をもっているのかということ（＝「標本調査の基本」）については，ほとんど理解されていないのが現状である。事実，この会話の後段部分（「日本人が1億2000万人だとすると2400万人以上の人が見ているのかなあ」）は，間違った視聴率の解釈である（調査単位は人ではない）。視聴率調査は，少ない標本を分析することによって，母集団であるテレビ視聴世帯の視聴動向を推定しようとする，まさに「標本調査」の典型であり，「最も身近な標本調査」と言うことが可能である。ここでは「標本調査の基本」を，ビデオリサーチ社の視聴率の事例をもとに，できるだけわかりやすく解説してみることにしたい。

　ビデオリサーチ社では，ピープルメーター（PM）システムを用いて，全国32地区の世帯と個人のリアルタイム，タイムシフト視聴率を調査している。一般に視聴率といわれる場合は，PMシステムによる世帯視聴率をさす場合が多い。現在，関東2700世帯・関西1200世帯・名古屋600世帯・北部九州と札幌400世帯・他地区（17地区）200世帯＊で視聴率調査が実施されている。すなわち関東地区1都6県のテレビ所有世帯（およそ2000万世帯＊＊）の視聴率を調査するために＊＊＊，無作為に抽出された2700世帯に視聴率測定機を設置しているということである。この関東地区で測定される視聴率の事例をもとに，視聴率の数字の意味について考えてみよう。

＊　仙台・広島・静岡・長野・福島・新潟・岡山/香川・熊本・鹿児島・長崎・金沢・山形・岩手・鳥取/島根・愛媛・富山・山口・秋田・青森・大分・沖縄・高知・宮崎・山梨・福井・佐賀・徳島。

＊＊　各地区の推定テレビ所有世帯は，ビデオリサーチ社への聞き取り調査によれば，関東地区＝19,692世帯・関西地区＝7,639世帯・名古屋地区＝4,107世帯・北部九州地区＝2,339世帯・札幌地区＝1,237世帯（2020年3月30日作成資料）であった。以下の説明では，関東2000万・関西760万世帯として計算した。

＊＊＊　測定対象放送　2020年4月からBS放送局別視聴率の提供を開始（2020年4月までは民放7局・NHK2局を対象）。

②視聴率20％という数字が意味すること

　さきに，視聴率調査は「最も身近な標本調査」と指摘した。これはどういう意味なのだろうか。視聴率調査は，関東2000万のテレビ所有世帯（母集団）でどの程度その番組が見られていたかという数字を，2700世帯（標本）に機械を設置して推定しようとする標本調査なのである。機械を設置する2700世帯は，基本的に2000万世帯（母集団）の中から，ビデオリサーチ社が無作為抽出法によって標本となる世帯を決定している。一般に言われている視聴率20％という数字は，調査対象の2700世帯中540世帯が「その番組を見ていた」という数字である。標本を調査して，母集団推定を行う場合，必ず**標本誤差**を考慮する必要がある。母集団から標本が抽出される確率が一定である無作為抽出法の場合，標本誤差の確率論的算定が可能である。

標本誤差の計算式

　比率の公式：母集団の比率を推定しようとする場合の公式

$$\sqrt{\frac{p(1-p)}{n}}$$

　　（有限母集団の場合の公式）　$\sqrt{1-\left(\dfrac{n}{N}\right)} \times \sqrt{\dfrac{p(1-p)}{n}}$

　＊$\sqrt{1-\left(\dfrac{n}{N}\right)}$＝有限母集団乗数＝常に1より小さい数

　＊p＝標本調査結果の比率　　＊n＝標本数　　＊N＝母集団の数

　平均の公式：母集団の平均値を推定しようとする場合の公式

$$\sigma/\sqrt{n}$$

　　（有限母集団の場合の公式）　$\sqrt{\{1-(n/N)\}} \times \sigma/\sqrt{n}$

　＊σ＝標本調査結果の平均

　視聴率はテレビ所有世帯（母集団）の視聴比率を推定する場合であり，比率の公式に該当する。pは標本調査によって得られた比率であり，視聴率調査で20％であった場合0.2となる。nは標本調査の標本数であり，ビデオリサーチ社の場合は2700標本ということになる。Nは母集団の数であり，この場合は関東地区のテレビ所有世帯であり2000万世帯となる。

　　〈2700標本で視聴率20％の場合〉：$n=2700$　$N=20000000$　$p=0.2$

$$\sqrt{\frac{0.2 \times (1-0.2)}{2700}} = \sqrt{0.00005926} = 0.0077 \cdots$$

$$\sqrt{1-\left(\dfrac{2700}{20000000}\right)}=\sqrt{0.999865}=0.9999\cdots$$

$$\sqrt{1-\left(\dfrac{2700}{20000000}\right)}\times\sqrt{\dfrac{0.2\times(1-0.2)}{2700}}=0.0077=0.77\%$$

　これらの数字を公式に当てはめてみると，0.77という数字が得られる。この数字は，前節でふれた正規分布の標準偏差の値＝δに相当するのである。そして正規分布の構造の特徴を応用して標本誤差の意味を考えると，

> 視聴率20％という数字は，
> 　　20±**0.77％**＝19.2〜20.8％といえば，**68.27％**まで確かである
> 　　　　0.77％×1.96＝1.5％（標本誤差）
> 　　20±1.5％＝18.5〜21.5％といえば，95％で確かであるという意味

　統計学的には通常，危険率5％以下で話を進めるのが普通である。その意味からすると，2700世帯で測定されたビデオリサーチ社の**視聴率20％という数字は，関東地区テレビ所有世帯の18.5〜21.5％の世帯でテレビが見られていたという事実**を示している。その精度は危険率5％水準，すなわち100回調査したとして95回は当たる（5回は外れる）という確率（確からしさ）なのである。

∞∞∞（ コラム29　標本誤差の数式でわかる視聴率調査の実態 ）∞∞∞

①「関東の視聴率（関東テレビ所有2000万世帯で2700標本の調査）と，関西の視聴率（関西760万世帯で1200標本の調査）では，どのくらい精度に差があるのか？」

> 〈関西760万世帯1200標本で視聴率20％の場合〉：$n=1200$　$N=7600000$　$p=0.2$
> $$\sqrt{1-\left(\dfrac{1200}{7600000}\right)}\times\sqrt{\dfrac{0.2\times(1-0.2)}{1200}}=0.0115=1.15\%$$
> 　　　1.15×1.96＝2.3％　　20±2.3％＝17.7〜22.3％

　上記の計算式は，関西地区の標本誤差を計算したものである。関西地区の視聴率20％という数字は，「17.7〜22.3％」の誤差の幅（±2.3％）であれば，100回調査して95回は当たっているという数字である。これは，関東地区の数字「18.5〜21.5％（±1.5％）」と比較すると，関西は関東より精度が低いという結果である。関東と関西とで母集団となるテレビ所有世帯も2000万と760万と異なっているが，精度の差は母集団の数に影響を受けるというよりは，あくまで調査標本（設置台数）によって決

まっている。このことは次節の「標本数の決め方」で説明する。

②「900標本を2700標本に増やすと精度はどうなるか？」

ビデオリサーチ社では，関東地区において2020年4月に900世帯から2700世帯に調査世帯を3倍に増やした。設置数の増加により精度はどれだけ上がったのだろうか。標本数を3倍にすれば標本誤差は3分の1になるのだろうか。

$$\langle 関東地区900標本で視聴率20\%の場合\rangle : n=900 \quad N=20000000 \quad p=0.2$$

$$\sqrt{1-\left(\frac{900}{20000000}\right)} \times \sqrt{\frac{0.2 \times (1-0.2)}{900}} = 0.0133 = 1.33\%$$

$$1.33 \times 1.96 = 2.6\% \qquad 20 \pm 2.6\% = 17.4 \sim 22.6\%$$

900標本で視聴率20％の標本誤差を計算すると，±2.6％であった。2700標本の数字が±1.5％であったので，標本数を3倍にしても，標本誤差が3分の1である0.87％にはなっていないことが理解できるであろう。標本誤差の幅を少なくする（精度を上げる）ことは難しく，より多くの標本（設置台数）が必要となるのである。下表は，標本数を増やしていってどの程度標本誤差が減少していくかの結果を視聴率20％のケースで計算したものである。

〈調査標本の大きさ（設置台数）と標本誤差の関連（視聴率20％の場合）〉	
200世帯で視聴率20％の場合（17地区）	誤差$(1.96\delta) = \pm 5.5\%$
300世帯で視聴率20％の場合（関東［1996以前］）	誤差$(1.96\delta) = \pm 4.5\%$
400世帯で視聴率20％の場合（北部九州・札幌）	誤差$(1.96\delta) = \pm 3.9\%$
600世帯で視聴率20％の場合（名古屋）	誤差$(1.96\delta) = \pm 3.2\%$
900世帯で視聴率20％の場合（関東［2020まで］）	誤差$(1.96\delta) = \pm 2.6\%$
1200世帯で視聴率20％の場合（関西）	誤差$(1.96\delta) = \pm 2.3\%$
2700世帯で視聴率20％の場合（関東）	誤差$(1.96\delta) = \pm 1.5\%$
2万7千世帯で視聴率20％の場合	誤差$(1.96\delta) = \pm 0.48\%$
27万世帯で視聴率20％の場合	誤差$(1.96\delta) = \pm 0.15\%$

この表で注目される点は，視聴率計測機の設置台数を増やしていけば，標本誤差はゆるやかにではあるが減少していく。2021年に関東地区で900世帯から2700世帯へと大幅に増加させた際には，莫大な設置コストがかかったと想定される。しかしそれだけのコストをかけたとしてもやはり±1.5％程度の標本誤差が残存していることに留意する必要があるだろう。テレビ局のスタッフたちは，コンマ1％単位の違いで，視聴率競争を繰り広げている。統計学的には，誤差の範囲の場合である場合も数多く存在しているのが現実である。とりあえずは，視聴率には常に標本誤差が存在していることを頭に入れて数字を見ていく習慣を視聴者がつけていくことが重要であろう。

（S.O.）

⑤ 標本数の決め方

（1）必要標本数の計算式

標本調査の場合，どれだけの標本数を調査したらよいのか（しなければいけないのか）という点は常に悩む問題である。まず統計学的観点からどれくらいの標本数を必要とするのかという問題を考えてみよう。社会調査の場合は，量的データを使って平均値を出すというよりは，カテゴリーデータについて度数や比率を明らかにすることの方が多いので，母比率を推定する場合を取り上げて，標本数を決める計算方法について触れてみよう。

標本数（n）の決定方法：母比率推定の場合

$$n \geq \cfrac{N}{\left(\cfrac{\varepsilon}{K(\alpha)}\right)^2 \cfrac{N-1}{P(1-P)} + 1}$$

α＝母集団特性値の推定を誤る確率（危険率）＝通常5％＝その場合 $K(\alpha)$＝1.96
ε＝標本比率につけるプラスマイナスの幅
N＝母集団の大きさ　　　n＝必要とされる標本数　　　P＝母比率

例題：人口が10万人の都市で，住民投票条例に賛成な市民の比率を信頼度95％で誤差の幅を±5％で推定したい。①この時何人の市民に調査したらよいのか？②また人口が100万人の都市の場合は？　③また誤差の幅を±2.5％と精度を高めた場合は？

この例題から理解できることを整理してみよう。人口10万の都市と人口100万の都市を対象とした調査の比較では，必要サンプルは，前者が383サンプルに対して後者は384サンプルであり，ほとんど標本数に差は存在していない。この数字は，母集団が10倍になっていることを考えると，全く意外な数字と思うだろう。それに対して精度を高めようとする（標本誤差の幅を5％から2.5％へと1/2にしようとする）場合は，標本数を2倍にしてもだめで，標本数は約4倍必要となってしまうという特徴がある。人口規模が大きいから，必要サンプルを多くとるという考えは，全く当たらないと考えるべきである。

解答：この場合母比率（賛成市民の比率）が何％であるかわからないので，母比率を50％とおけば，P（1−P）の値が50×50＝2500と最大になるので過少サンプルになることが無く安全である（ちなみに30％の場合は，30×70＝2100，40％場合は40×60＝2400という数字である）。

①10万都市・誤差の幅±5％の場合＝必要サンプル数　383サンプル

公式に　$\varepsilon = 5$　$N = 100000$　$K(\alpha) = 1.96$　$P = 50$を代入すると

$$n = \frac{100000}{\left(\dfrac{5}{1.96}\right)^2 \times \dfrac{99999}{50 \times 50} + 1} = 383$$

②100万都市・誤差の幅±5％の場合＝必要サンプル数　384サンプル

$$n = \frac{1000000}{\left(\dfrac{5}{1.96}\right)^2 \times \dfrac{999999}{50 \times 50} + 1} = 384 \text{サンプル}$$

③10万都市・誤差の幅±2.5％の場合＝必要サンプル数　1515サンプル

$$n = \frac{100000}{\left(\dfrac{2,5}{1.96}\right)^2 \times \dfrac{99999}{50 \times 50} + 1} = 1515 \text{サンプル}$$

（2）標本数決定に影響を与える他の要因

統計学的観点からの標本数の決定方法は，母集団の規模や誤差の幅をどの程度にするかという基準によって数字を決定するものであった。しかし実際の調査では，その点以外にも考慮しなければならない要因が存在している。

①回収率

統計学的観点からの標本数は，基本的に回収率が100％を前提とした数字である。しかし実際の調査では標本数のすべてが回収できるわけではなく，調査方法によって回収率はまちまちである（第6章参照）。すなわち予想される回収率に応じて，標本数を確保しておく必要があるのである。ここでは人口10万都市で回収率60％を想定した標本数のケースを考えてみよう。標本誤差±5％を想定する場合では，638標本（383〔統計学的標本数〕／0.6〔回収率〕），標本誤差±2.5％を想定する場合は，2525標本（1515／0.6）が必要標本数となる。

②標本誤差

標本誤差±5％ということは，たとえば10万都市で，638標本で回収率60％の郵送調査で内閣支持率が50％という数字が出た場合，「母集団の10万市民の内閣支持率は，45〜55％であるといえば100回調査して95回は確かである」と

いう結果である。標本誤差±2.5％場合は，2525標本の郵送調査で，47.5～52.5％といえば危険率5％で確かであるという数字である。すなわち，母集団推定をどの程度の標本誤差で測定したいのかによって，必要標本数は異なってくるということである。逆に言えば，「638標本で，市民の内閣支持率が45～55％であるという事実を危険率5％で推定できる」ということ自体すごいことであり，「標本調査の醍醐味」とも考えられるのである。

県庁や市役所が実施する「住民意識調査」では，住民の意識や行動の実態を測定することが多い。その場合は，医学領域の血液検査等の標本調査の誤差の幅とは異なり，ある程度許容範囲を広く設定することが可能である。調査主旨に応じて，最低限標本誤差±10％以内で，標本誤差を設定し標本数を決定すればよいともいえるのである。

ここで例に出した「内閣支持率」という質問文は，比較的住民の意識を測定することが容易な質問である。しかし，実際に市役所等で作成されている質問文の多くは，標本誤差の問題以前に測定自体ができないような質問文が多く作られているのが現実である。一般的な住民意識調査では，標本数を多くして精度を高めることを考えるよりも，調査票の質問文の質をワーディングも含めて高めていくことの方がはるかに重要である。

③金銭的・人的制約の考慮点

これまでは，統計学的観点からの標本数の決定方法を考察してきたが，実際の調査では，限られた予算・人員で実施しなければならないのが常である。コスト（金銭的・人的）要因は，切実な問題として標本数決定に最も根本的な影響を与えてしまうのが現実である。いろいろなケースを事例として，標本数決定にあたってどんなシミュレーションを実施しなければならないのかを考えてみよう。

〈調査予算30万円で郵送調査を実施する場合〉

郵送代30万円で，調査可能なサンプル数のマキシマム≦1558サンプル

往路の郵便代〈定型外140円×サンプル数(x)〉＋復路郵便代〈（定型90円＋料金受取人払い手数料15円）×サンプル数(x)×回収率予測0.5〉＝予算

$$300,000 = 140 \times x + (90 + 15) \times x \times 0.5 = 140x + 52.5x = 192.5x$$

$$x = 300,000/192.5 = 1558.4$$

＊回収率50％・料金受け取り人払い利用・調査票12頁未満・薄い紙利用の場合。
＊督促状を郵送する場合には，その予算分サンプル数は減少する。

調査予算（郵送代に使えるお金）が30万円で，郵送調査を実施しなければならない場合には，上記のような計算式を設定してみて，諸般の事情を考慮して標

本数を決定することになる。

　また面接調査の場合には，人的要員（調査員が何名いるか）という問題がサンプル数に大きな影響を与えるのである。

〈調査員30名で面接調査を実施する場合〉

３日の面接調査で，訪問可能な最大サンプル＝450標本

　たとえば30名受講生がいる社会調査実習で，市民の意識調査を個別訪問面接聴取法で実施しようとする場合。２人１組で（無作為抽出調査の場合学生１人では危険である）１日10軒，調査期間３日間と想定すると，30/2×10×3で計450の調査対象者を訪問することが最大可能数と考えられる。その場合市内の投票区から15地点を選定し，確率比例抽出法で各地点30サンプルずつ標本抽出し調査を実施するという調査設計が想定可能である。

---

④分析を想定した標本数の考慮点

　コスト要因（金銭的・人的制約）以外にも，標本数決定にあたって考慮すべき要因としては，「分析」に関わる問題がある。社会調査では，仮説を十分検討して質問文を作成することが重要であることは第３章でくわしく説明した。そうした変数間の分析では，クロス集計分析が中心となる。標本数決定にあたっては，クロス集計を想定して，各セルの数字があまり少なくなりすぎないように配慮することが重要である。特に仮説検証に関わる重要な質問の選択肢が多い場合や，行政区ごとの比較分析が重要な調査で行政区の数が多い場合では，クロス集計のセルの数が多くなることが想定される。そのような場合は，おのずと標本数を多くする必要が出てくるのである。

　以上，標本数の決定には，基本的に標本誤差の問題が根底にはあるが，予想回収率，金銭的・人員的制約，分析の必要性等さまざまな要因を考慮して総合的に決定されるということを理解しておこう。

（大谷信介）

第 **6** 章

調査票調査の方法とデータ化作業

要点 この章の前半では，調査票調査の種類と特徴を整理し，時代とともに調査設
計段階でどのような基準から調査方法が検討されてきたかを考察する。また
後半では，収集した調査票をデータとして分析するまでの，エディティング・コー
ディング・データ入力・データ・クリーニング等の作業過程での注意点を整理する。

➤**キーワード**：面接調査，留置調査，郵送調査，集合調査，インターネット調査，回収率，
エディティング，コーディング，データ・クリーニング

① 調査票調査の方法に関する「位置づけ」の変遷

調査票調査の調査方法については，これまで社会調査論のテキストや研究書
でもさまざまな観点から議論が展開されてきたが，その位置づけについては，
時代とともに大きく変化してきた。大まかな位置づけの変遷を，時代区分して
みると，〈面接調査が高く評価された時代〉━━〈電話調査に RDD 法が登場し
た時代〉━━〈郵送調査が再評価されてきた時代〉━━〈インターネット調査の可
能性を多角的議論する時代〉と整理できるだろう。ここでは，本書の旧版にお
いて「調査票調査の方法」がどのように書き換えられてきたかを整理すること
によって，「位置づけ」の変遷を整理してみたい。具体的には，初版（1999年11
月刊行の『社会調査へのアプローチ』6 章 1 節），第 2 版（2005年 2 月刊行の第 2 版 6
章 1 節），新アプローチ（2013年 4 月刊行の『新・社会調査へのアプローチ』6 章 1
節），の 3 冊の記述を整理検討しながら，最新版（2023年刊行本書）を加筆して
いきたい。

② 面接調査が高く評価された時代
—— 〈初版（1999）の記述〉 ——

初版では，それまでの研究書でよく議論されてきた，調査票を誰が記入する
かによる分類（自記式―他記式）と「面接法」「留置法」「郵送法」「電話法」「集

合法」の5つの代表的調査方法について，その特徴や長所・短所について，以下の基準をもとに整理検討していた。

〈調査方法のメリット・デメリットを考える基準〉

A：回答内容の信頼性＝被調査者本人が調査票を記入したか（身代わり回答していないか），回答が周囲の人物の示唆を受けていないかという回答の信頼性の基準

B：回答の量的質的制約＝どの程度（量および深さ）の質問項目を調査することができるかという基準

C：調査員の影響＝被調査者に対して調査員があたえる影響に関する基準。調査員の存在が回答に悪影響を与えてしまう側面と，調査員がいることによって，質問内容を説明できたり回答をチェックできたりするという好影響の2側面がある

D：回収率の基準

E：コスト（人的・金銭的・時間的）の基準

（1）自記式と他記式

　自記式―他記式の区別は，基本的に調査票を記入するのが誰かによる分類であり，被調査者が自ら記入するのが**自記式**（または自計式），調査員など他者が記入するのが**他記式**（または他計式）と言われている。この違いにより調査票の形式自体も変化してくる。他記式の調査票では，提示するカードを用意したり，聞いてわかりやすい質問文を作ったり等の工夫が必要となる。それに対して自記式の調査票（自記式の調査票を特に questionnaire と位置づける場合もある）は，被調査者が自ら質問文を読み回答を記入するため，見てわかりやすい質問文が工夫される必要がある。他記式の調査票を用いる方法には，①面接調査，②電話調査が，自記式の調査票を用いる方法には，③留置調査，④郵送調査，⑤集合調査があげられる。それぞれの調査方法は，それぞれにメリット・デメリットがあり，一概にどの方法がよいとは言いがたい。

（2）各調査方法の特徴とメリット・デメリット
①面接調査法
　面接調査法は，調査員が被調査者を個別に訪問し，対面しながら質問を投げかけて回答を引き出し，その内容を調査員が調査票に記入していく方法である。被調査者と1対1で直接的なやり取りをすることになるので，本人が回答して

いるか，周囲の人物に影響を受けていないかが確認でき，被調査者が不確かな場合は聞き直すことも可能であり，回答内容の信頼性という観点からは精度の高いデータを得ることが可能である。また調査票では，量的にも質的にも高度な質問を調査することが可能である。しかし反面，調査対象者が第三者（赤の他人）である調査員と対面でのやり取りを重ねる方法であるが故に，調査員の質に左右されやすく，プライバシーに関わる質問や微妙な問題に対してはスムーズに回答を引き出せなかったり，不正確な回答をされてしまったりする危険性もある。さらに，訪問と面接のために時間と労力がかかるため，調査費用（交通費や調査員の手当，被調査者への謝礼）等コストがかさむ方法でもある。

②留置（配票）調査法

留置調査法は，調査票を対象者のところに留め置くことからその名がつけられている。すなわち，調査員が調査対象者に調査票を直接手渡すなどして配布した上で，一定期間（おおむね1週間程度）の間に記入してもらったものを，調査員が後日再度訪問して回収する方法である。この方法は配票調査とも呼ばれ，国勢調査はこの方法によって実施されている。対象者の都合に合わせてゆっくりと記入してもらえるので，事実関係を確認しなければ即答できないような質問（家計支出に関する質問等）やある一定期間の行動（たとえばテレビ視聴行動等）を逐次記録してもらう調査等には適している。また，対象者1人当たりにかける時間が短くてすむ分だけ，面接調査に比べると費用がかからなくてすむ。しかしこの方法の最大の欠点は，調査対象者自身が回答・記入したことの保証がないことであり，他の自記式調査と同様，身代わり回答の危険性がつきまとう点である。回収時に調査員が調査票を点検したり確認することができるので，身代わり回答について確認したり，誤記入や記入漏れをチェックする等の工夫も必要である。調査票の配票または回収のどちらかを郵送で行う方法（郵送調査法の併用）が使われる場合もある。

③郵送調査法

郵送調査法は，調査への協力依頼と調査票の配布および回収を郵便によって行う方法である。対象者の居住地が遠隔地や広範囲に及んでいても安い費用（郵送代のみ）と少ない労力で大量に調査できる点が最大のメリットである。自記式調査票を使用するため，調査員の影響は受けないが，回収時にチェックできないので，配票調査法以上に質問文の読み違いや記入ミス・記入漏れ（1ページ丸々飛ばしてしまう記入漏れもよくある）が起こりやすくなる。また，回答を本人が書いたのか，周囲の人の影響を受けなかったのかが確認できないとい

う問題がつきまとう。あまり込み入った質問は適さないが，質問量はある程度の分量が調査可能である。質問文量が多すぎると回収率が悪くなってしまう危険性があることに注意が必要である。催促状を出すというような努力をしないと，20〜30％程度のきわめて低い回収率に留まってしまうこともあるので工夫が必要となる。

④電話調査法

電話調査法は，対象者に電話でインタビューする方法である。訪問する必要がないので，時間や労力，費用をあまりかけずに，広い範囲で大量に，何よりも短期間で簡単に調査できるのが最大の利点である。選挙時の投票行動調査のように，即時性が求められるような調査には適していると言える。しかし，電話故に質問数が極端に限定されるし，込み入った複雑な質問もできない。電話を持っている人（またはその世帯員），電話番号を公開している人（またはその世帯員）でないと調査対象にすることができない。面接調査と同様に調査員の影響を受けることにも注意が必要である。調査対象者の生活時間に合わせて電話すると比較的回収率が高いとも言われているが，拒否される件数が膨大であることも同時に指摘可能である。

⑤集合調査法

集合調査法は，対象者に一カ所に集まってもらい，その場で調査票を配布し，記入してもらってから回収する方法である。学校の児童・生徒・学生や企業の従業員などを対象とした調査には適しており，それ以外では実際上難しい。調査員の説明が一度に行われるため，調査員の影響が均一化される。しかし，会場の雰囲気や集団的な効果が回答にバイアスを及ぼしやすいという欠点がある。質問量は対象集団の協力の程度にも関係するが，ある程度の量的質的質問は可能である。おおむね本人が回答したと判断でき，会場が落ち着いていれば回答の真実性もある程度期待できる。時間も費用も労力もかからない低コストの調査方法である。回収率は出席者全員から回収できるので高い。しかし構成員全員が出席すれば問題がないが，出席率が低いと，まじめな人（学生），積極的な人等に回答層が偏ってしまう危険性があるので注意が必要である。

（3）面接調査が最も望ましい方法か？

これまでの調査論のテキストでは，上記のようなメリット・デメリットの比較から，面接調査が最もすぐれた，最も精度の高い，最も一般的に行われる望ましい調査方法であるという位置づけがなされることが多かった。たとえば，

コラム30　日本における RDD 法の導入と「ポスト RDD」問題

　最近の内閣支持率調査や選挙情勢調査では，すべての新聞社（NHK を含む）において，**RDD（Random Digit Dialing）法**という電話調査が使用されている。最近では「マスコミの電話調査といえば RDD 法」といったように，一般化した方法となっている。RDD 法は，どのような変遷をたどって導入され，現在どのような問題を抱えているのだろうか？

　2000年以前のマスコミ電話調査では，選挙人名簿から無作為に対象者を選んで電話番号の判明した人に調査する**名簿方式**が主流であった。この名簿方式では，電話帳で電話番号を調べるため，電話帳へ電話番号を掲載している人の割合（掲載率）が，調査の精度を大きく左右していた。それに対して，RDD 法は，コンピュータで電話番号をランダムに発生させて世帯番号にかかった場合のみ調査する方法であり，電話番号非掲載者にもアプローチ可能な方法である。

　アメリカで電話調査の主流となっていた RDD 法を，日本でいち早く選挙情勢調査に導入したのは，朝日新聞社であった。導入のきっかけとなったのは，名簿方式で実施した1998年参議院選挙予測での失敗であった。そのときの民主党の躍進を，名簿方式では予測できなかったのである。

〈朝日新聞社：1998年参院選での議席推計と結果〉

	推　計	結　果
自 民 党	59±6	44
民 主 党	19±4	27

出所：松田映二「調査手法転換時の対応と判断」。

　選挙予測に失敗した原因については多角的に考察されたが，最も大きな原因として問題とされたのは，「電話番号非掲載者にアプローチできない」という名簿方式の限界であった。その点を検証するために朝日新聞社では，2000年の総選挙時に，300選挙区を全国の縮図となるように，150選挙区ずつ 2 つのグループに分け，一方を名簿方式，他方を RDD 法で調査を実施した。

〈朝日新聞社：2000年総選挙における名簿方式と RDD 法の推計比較表〉

		都 市 部			中 間 部			田 舎 部		
		推計	結果	差	推計	結果	差	推計	結果	差
自民党	名　簿	13.2	9	4.2	31.3	25	6.3	54.4	54	0.4
	RDD	11.1	10	1.1	25.6	23	2.6	56.3	56	0.3
民主党	名　簿	6.7	13	6.3	11.1	20	8.9	7.8	10	2.2
	RDD	9.8	11	1.2	16.5	20	3.5	9.5	6	3.5

出所：松田映二「良質な調査結果を得るために」。

前頁の表には，電話番号非掲載者が多い都市部において名簿方式では，実際より自民党候補者を多く，民主党候補を少なく予測する結果になっていたのに対して，RDD法では，そのゆがみが明らかに少なかった。その傾向は都市部ばかりでなく，地方都市を含めた中間部でさえも同様な傾向だったのである（田舎部でRDD法の方が若干誤差が多かったのは，電話による調査を嫌う高齢層の回収が悪くなる傾向があったためと分析されていた）。これらの結果は，電話番号非掲載者に民主党支持層が多かったという事実，およびその帰趨が選挙結果に大きな影響力をもっていたという事実（すなわち，電話番号非掲載者の帰趨を把握できない名簿方式の限界）が明らかにされたのである。

　選挙予測の紙面は，これまでのように名簿方式をもとに記事が書かれたため，結果として民主党の躍進を読みきれない紙面を発表してしまった（2000年6月20日紙面参照）。しかし，この事実が明らかにされたことにより，その後多くの新聞社や放送局においても，選挙情勢調査に限らずほとんどの世論調査でRDD法が採用されるようになっていった。またRDD法が急速に普及した大きな原因は，名簿方式に比べ圧倒的にコストがかからないという点であることも忘れてはならない。

　それでは，内閣支持率をはじめとする世論調査の主流となったRDD法に，問題点はないのだろうか？　RDD法が最も問題であるのは，「母集団を確定することができない」という点にある。すなわち厳密な意味での「回収率」や「標本誤差」は算出することはできず，統計学的根拠のない社会調査という根源的批判も存在している。また，将来的に安定した方法でない点も深刻な問題と指摘できるだろう。携帯電話やIP電話といった地域特定コードをもたない電話（すなわち，選挙区という地域調査が不可能なのである）の普及は，固定電話をベースに組み立てられているRDD法にとって精度を下げる大きな問題である。また，ナンバーディスプレイ等の電話番号表示サービスなどで，見知らぬ番号からの電話には出ない人が増加しているという事態も，基本的に非通知通話を前提としているRDD法にとっては調査精度を下げる深刻な問題となっているのである。

　現在世論調査の主流のように見えるRDD法も，こうした「電話をめぐる環境」によって大きく左右されているのである。現在では，2000年当時のRDD法に比べ着実に精度が下がっていると考えられるのである。しかし，速報性とコストの側面でとても都合のよいRDD法にとって代わる新たな方法が全く見つけ出されていないことも深刻な問題である。「ポストRDD」が現在の大きな課題といえるだろう。

　＊松田映二，2001，「良質な調査結果を得るために（RDD法を採用した経緯）」『新情報』Vol. 85，松田映二，2002，「朝日新聞社のRDD調査について」『行動計量学』第29巻第1号，松田映二，2003，「調査手法転換時の対応と判断——2000年総選挙と2001年参院選挙の事例」『オペレーションズ・リサーチ』第48巻1号を参照。

（S. O.）

放送大学の社会調査法の教材では，「面接調査は個票の回答の信頼性の高さからいっても，標本を確実に把握できる点でも，また回収率の高さから見ても他の調査方法より優れているため，十分な資金が保証されている場合には最も望ましい調査方法であると言える」と位置づけている＊。

　そんな中で初版では，「質的調査は別として，量的調査で「面接調査が一番望ましい方法」という位置づけは再検討していく必要があるといえるだろう。最近では，郵送調査の回収率が必ずしも低くないという理由から郵送調査を再評価する見解も提起されてきている。今後は，「面接調査が最も望ましい方法」だというステレオタイプ的な思いこみを是正し，面接調査以外の郵送調査や集合調査等の方法を再評価するとともに，それらの方法を工夫して新たな調査形態を開拓していくことも重要なのではないだろうか」と問題提起していた。

　＊岩永雅也，1992，「調査の実施」盛山和夫他『社会調査法』放送大学教育振興会，61頁。

③　電話調査に RDD 法が登場した時代
——〈第 2 版（2005）の記述〉——

　『社会調査へのアプローチ』第 2 版（2005）で特徴的な点は，「電話法」の記述の中に，現在マスコミ世論調査で主流となっている「RDD 法」が登場したことである。朝日新聞が2000年の総選挙のときに，従来の「名簿法式」と「RDD 法」を実験的に併用した結果について，「コラム：選挙情勢調査と RDD 法」で紹介している。また「調査方法」の最後の部分で，「インターネット調査」への記述がはじめて登場した。第 2 版の記述では，「マーケティングの領域で多用されてきている事実」と「インターネット調査の動向・可能性について，常に意識しておく必要性」が指摘されていた。

　RDD 法については，2000年の朝日新聞の導入した第 2 版のコラムを，その後の動向を「ポスト RDD 問題」として若干修正した新アプローチ（2013）のコラムを引用して前頁のコラム30とし，最近の動向である「携帯電話を併用した RDD 法」の動向については，⑤の最新版（2023）の節にまとめた。

④　郵送調査が再評価されてきた時代
——〈新アプローチ（2013）の記述〉——

　調査方法に関する記述が大きく変化してきたのは，『新・社会調査へのアプローチ』（2013）からである。その背景にあったのは，面接調査の回収率が劇

的に低下してきたことである。特に注目されたのが，「2005年ショック」と呼ぶべき出来事であった（コラム31参照）。そして，これまで「回収率の低さ」がデメリットとして指摘されてきた「郵送調査法」が再評価されるようになってきたのである（コラム32参照）。また新アプローチ（2013）では，調査方法の最後の項目として，〈インターネット調査の普及とその問題点〉という項が新設されていた。ここでは，新設された項と面接法とインターネット調査の比較（コラム33参照）とアメリカにおけるコンピュータ支援による調査方式（表6-1）として新アプローチ（2013）の記述をまとめた。

〈インターネット調査の普及とその問題点〉

　近年，調査過程へのコンピュータの導入が積極的に展開されてきている。特にアメリカでは顕著であり，新たな調査手法が開発され実施されるようになっている。

　日本においても，市場調査（マーケティング）の領域では，インターネット調査（ウェブ調査）が急速に普及している。その理由は，圧倒的にコストがかからない点である。インターネット調査は，調査会社が募集するモニターに対して行う「クローズド型調査」と，イベント来場者，新聞・雑誌購読者，店舗来店客などを対象に調査依頼をする「オープン型調査」に大まかに分けられる。モニターは，基本的に募集に対して自発的に応じた人々であり，調査会社は大量のモニターを募集し，顧客のターゲット層をモニター基本属性のなかから抽出して調査を実施している。また，モニターに対して携帯電話を利用した調査に協力する会員（モバイルモニター）を登録させている調査会社も存在している。

　インターネット調査の最大の問題点は，調査対象がコンピュータでインターネットを使える人に限定される点である（明らかに高齢者は排除されてしまう）。また，調査謝礼の獲得だけを目的にした「調査プロ」がモニターに含まれてしまうといった「モニター管理の困難さ」を指摘することも可能である。

　内閣府が実施したインターネット調査と面接調査の比較研究（コラム33）にも示されたように，現時点でインターネット調査が世論調査に代替可能な調査となることは考えられないが，「以下のような場合には可能性を有している」と考えることはできるだろう。

　①たとえば「20代男性の生活時間や休日の行動」の実態調査や「あるランクの車種（たとえば「クラウン」）の購買層」の嗜好調査といった「特定の層」に着目した実態調査の場合。

　2005年という年は，社会調査の世界ではとても衝撃的な出来事が起こった年であった。「2005年ショック」と呼ぶべき出来事として，次の3点が象徴的である。
　　①　日本を代表する継続的面接調査であるSSM調査の回収率が50％を切った（44％）こと。
　　②　個人情報保護法が4月1日より全面施行されたこと。
　　③　わが国の代表的な調査機関による世論調査のデータ捏造問題が発覚したこと。
　調査関係者にとって最も衝撃的だった出来事は，「SSM調査（面接）の回収率が44％だった」ことであった。昔から数多くテキストで，面接調査が他に比べ「最も高い回収率が期待できる」方法であると位置づけられてきたからである（本書の初版本でも，そのように記述していた）。しかし様相は一変してしまっているのである。下表は日本を代表する継続調査（面接）の回収率の推移をまとめたものである。1950年代には80％を超えていた回収率は年々漸減していき，2003年の統計数理研究所の「日本人の国民性調査」で初めて6割を切り，2005年のSSM調査では44.1％という数字が報告されたのである。2005年以降の回収率では，2008年「国民性調査」で52％，2008年のNHK調査58％・朝日新聞調査61％・内閣府調査62％とある程度は持ち直してきてはいるが，基本的に漸減傾向であることは否めない。

〈日本の主要な継続調査の回収率の変遷（％）〉

年	58 (55)	63	68 (65)	73	78 (75)	83	88 (85)	93	98 (95)	03	08 (05)
日本人の国民性調査 （統数研）	83	79	75	76	76	73	74	61	69	64	56	52
国民生活に関する世論調査（内閣府）	90	80	80	83	82	81	81	77	73	72	70	62
日本人の意識調査（NHK）	—				78	79	75	71	71	68	62	58
定期国民意識調査（朝日新聞社）						84	82	78	75	74	64	61
社会階層と社会移動全国調査（SSM）	—	(82)	—	(72)	—	(68)	—	(61)	—	(67)	—	(44)

　注：回収率は，報告書等で公表されている数字の小数点を四捨五入したもの。
　出所：『社会と調査』第5号，2010年，11頁より筆者作成。

　こうした回収率の低下は，基本的に，②の個人情報保護法施行と密接に関連している。この法律は，2003年5月23日に成立し，2005年4月1日全面施行されたものであり，個人情報の保護という目的自体は重要ではあったが，国民に過度なプライバシー保護意識を醸成した側面も否めない。「学校でクラス名簿がなくなり緊急時に不安を抱えていること」「行政が公的名簿を学術調査に対しても制限するようになったこと」

等は，そうした側面と軌を一にしている。いずれにしても「世論のデータは知りたいが，自分のデータは出したくない」という全く矛盾した行動を，多くの国民が気づかずにとるようになってきているのである。

また，③の「データ捏造メーキング事件」も，社会調査に対する信頼を失墜させ回収率低下に拍車をかけた出来事であった。特に衝撃的だったのは，日本銀行から委託を受けた社団法人新情報センターが実施した「第23回生活意識に関するアンケート調査」において，調査員が調査対象以外から回答を集めるなどデータを捏造していた事実が発覚したことである。すべての標本データを悉皆再調査した日銀によれば，(1)調査員が調査対象先を訪問せず知人に回答させた，(2)回答を回収しやすい調査対象で補充した，(3)日銀の再調査で本人確認ができなかった等，不適切なケースが全体の回答人数（2,997人）の3分の1にあたる987人分あったことが報告されている。新情報センターは，これまで中央調査社とともに日本を代表する2大調査会社として，数多くの委託調査を受注してきた会社である。朝日新聞（2005年9月5日）によれば，新情報センターが内閣府から委託を受けた「地域再生に関する特別世論調査」と「食育に関する特別世論調査」においても不適切なデータ収集があったことが報道されている。こうした調査会社の不正問題は，言語道断な問題であることはいうまでもないが，回収率をある程度前提とした委託方法にも問題があったということを調査関係者は重く受け止めるべきであろう（コラム36参照）。

2005年は国勢調査が実施された年でもあり，「オートロックマンションでの調査不能の実態」や「調査員が記入済み調査票を紛失した」ことなどが大きく報道されるなど，まさに「2005年ショック」を象徴する1年であった。

(S.O.)

コラム32　面接回収率の低下と郵送調査の再評価

2010年3月には，日本を代表する継続調査の担当者が一堂に会し「回収率を考える」座談会が開催された。この座談会では，各担当者たちが「回収率の漸減傾向という問題をどのように考え」「どのような課題が存在するか」といった問題についてさまざまな観点から議論が展開された。この座談会の内容は，社会調査協会の機関誌である『社会と調査』第5号に特集として掲載されている。次の表は，直近の継続調査（第2章コラム10参照）の実施過程で「どのような工夫が実施された」のかを整理したものである。

これらは，回収率が低下している現状の中で，「どのように面接調査を実施していけばいいのか」という問題の最先端の実践的工夫と言えるだろう。座談会ではその他にも，調査拒否の実態，欠票分析のあり方，調査会社の委託実態，謝礼の実態等さまざまな側面で本格的な議論が展開されているので一読する価値があるであろう。

面接調査の回収率低下という現実は，最近では郵送調査を再評価する動向を生み出

〈各継続調査における調査実施過程でのさまざまな工夫〉

調査名と実施主体	調査票調査モードの工夫	コミュニケーション・ツールの工夫	謝礼の形態	実査管理の工夫
日本人の国民性調査（統計数理研究所）	総数12頁，所要時間15分程度に分量を制限	訪問時にカラー・パンフレットを持参させるQ&Aのリーフレットを挨拶状に挿入	ボールペンから図書カードに変更（¥500）	調査員訪問管理記録
国民生活に関する世論調査（内閣府）	項目総数をフェイスシート項目込みで30問程度に制限調査名・調査項目を刺激的にならないように配慮し，「内閣府」という調査主体名称を明示	調査の解説を掲載したHP作成挨拶状にリーフレットを挿入。挨拶状には世論調査の結果を報道した新聞記事を掲載	2005年以降，ボールペンから図書カードに変更	調査期間の延長調査員訪問管理記録
日本人の意識調査実施主体（NHK）	細かい工夫をさまざまに行なっている	依頼状を圧着ハガキにするQ&Aのリーフレットを挨拶状に挿入	図書カード（¥1,000）	調査員訪問管理記録調査員マニュアルにおいて訪問ノウハウを詳細に指示
定期国民意識調査（朝日新聞社）	質問数をA4版4頁・50問以下に制限質問マトリックスの配列を工夫	料金別納の特別印朱印のあるお願い状作成，調査員証明書の携行	以前はボールペン後渡し，現在はボールペンを先送し，有効回答者に図書カード（¥1,000）を後送（郵送法の場合）	各地点の訪問数を9件程度に抑制学生調査員を用いる
社会階層と社会移動全国調査（SSM）	面接票と留置き票を併用職歴を尋ねる面接票には，回答補助の別表（ライフヒストリー・カレンダー）を用意	過去の調査の結果のリーフレット，調査実施を報道した新聞記事コピーを訪問時に持参	図書カード	インストラクションの徹底調査員訪問管理記録

出所：『社会と調査』第5号，2010年，19頁。

している。これまで郵送調査の最大のデメリットとして強調されてきたのは，回収率が低いという点であった。しかし1978年アメリカで，ディルマン（Dillman, 1978）が郵送調査で回収率を上げるためのTDM（Total Design Method）という定式化した方法を提唱した。それは，調査票の作成の仕方やレイアウト，挨拶状や投函日の時期といった調査作業の細部にわたる工夫がいろいろな観点から提起されたものであっ

た。こうした郵送調査の工夫については，小島秀夫（1993）や林英夫（2004）の紹介や実践によって日本においても注目されるようになっていった。特に「2005年ショック」以降は，この傾向は顕著であり，2010年の『行動計量学』では，郵送調査を再評価する特集が掲載されるに至っている。こうした動きは新聞社の世論調査でも導入されるようになっている。2011年の行動計量学会では，朝日新聞社が2009年3月に実施した郵送調査で79％の回収率を獲得したこと，その後の2011年に実施された郵送調査でも，高い回収率（中日新聞社77％，北海道新聞社67％，読売新聞社68％）が達成されたことが報告されている。そうした中で，面接調査に対する郵送調査の有効性が強調される動向が存在しているのである。ただ，ここで注目しなければならないのは，謝礼に対する考え方についてである。高い回収率の背景に，謝礼の高額化という側面があることも否めない事実である。確かに新聞社等にとって面接調査に比較すれば，高額な謝礼を使った郵送調査の方がはるかに安価であり，そのことによって高い回収率が得られるのであればとてもいいことなのである。ただこの傾向に拍車がかかることが将来的な調査環境（特に予算の限られる学術調査）を悪化させてしまうという側面については，真剣に考えなければならない問題といえるだろう。今後は，「正確な「社会調査」に基づく政策立案が今後の民主主義社会においてきわめて重要である」という世論形成や学校教育への「社会調査教育の導入」等別な観点からの努力も積極的に展開していくことが必要といえるだろう。

＊小野寺典子・片山朗・佐藤嘉倫・前田忠彦・松田映二・大谷信介・吉川徹・篠木幹子，2010，「特集 回収率を考える」『社会と調査』第5号，4-68頁。
Dillman, D.A., 1978, *Mail and Telephone Surveys: The Total Design Method*, New York: John Willy & Sons.
T・W・マンジョーニ（林英夫監訳），1999，『郵送調査法の実際』同友館。
小島秀夫，1993，「TDMによる郵送調査の実践」『茨城大学教育学部紀要』42，185-194頁。
林英夫，2004，『郵送調査法』関西大学出版会。
林英夫，2010，「郵送調査の再評価と今後の課題」『行動計量学』37(2)，127-145頁。
松田映二，2008，「郵送調査の効用と可能性」『行動計量学』35(1)，17-45頁。

（S.O.）

◇◇◇

　②「ある調査者の1週間後，1カ月後，1年後の意見や生活行動の変化を把握する」といった「時系列的な変化」に着目した調査の場合。

　これらの目的においては，現状でもインターネット調査が1つの有力な調査手法となりうることは確かな事実である。今後のインターネットのさらなる普及を鑑みるならば，インターネット調査が社会調査の新たな方法を開拓する可能性があるという視点から，常に注目しておく必要があるだろう。

コラム33　内閣府の面接法とインターネット調査の比較

　内閣府は2009年に面接調査法で実施した「国民生活に関する世論調査」と同じ内容のインターネット調査を実験的に実施し，両調査方法の比較分析を行った。結果は，ネット調査と面接調査の結果で差異の生じている設問が多かったことが報告されている。その理由として，①ネット調査の対象者が事前に登録されたモニターから抽出されていること，②ネット調査の対象者が必然的にネット利用者に限定されていること，③ネット調査の回答には時間的制限がなくまた自記式であること，が大きく影響していると分析している。そして，「現時点で世論調査がネット調査に置き換えられる可能性はない」と結論づけている。この報告書は，事業仕分けで経費削減だけが強調される状況の中で，内閣府が継続的に実施してきた面接調査がなお重要であることを指摘した注目すべき報告書であった。

＊内閣府大臣官房政府広報室，2009，『平成21年度調査研究　世論調査におけるインターネット調査の活用可能性——国民生活に関する意識について』。

(S. O.)

表6-1　アメリカにおけるコンピュータ支援による調査方式

(1)　コンピュータ支援個人面接方式＝CAPI（Computer-Assisted Personal Interviewing）
　コンピュータの画面に質問文を表示し，調査員がその質問を読み上げ回答者の回答を入力する方法であり，質問紙調査票をノートパソコンに置き換えたものである。

(2)　コンピュータ支援自記式調査方式＝CASI（Computer-Assisted Self-Interviewing）
　回答者がコンピュータを操作し，回答者自らが回答を入力する方法。画面上に表示された質問文が読み上げられるのを聞いて回答する場合を ACASI（audio-CASI）という。

(3)　コンピュータ支援電話調査方式＝CATI（Computer-Assisted Telephone Interviewing）
　CAPI の電話調査版である。電話調査を複数（数台から数百台まで）規模のクライアント/サーバ型コンピュータでの管理運用を行うシステム。調査票設計，集計仕様設計，RDD（Random Digit Dialing）による自動発信，インタビュー質的管理等の機能をサーバ上で管理する。近年では電話調査システムのスタンダードとして世界各国で利用されている。

(4)　音声自動応答装置＝IVR（Interactive Voice Response）
　電話方式の ACASI。電話を通じてコンピュータが回答者に対して録音済みの質問文を再生し，これに対して回答者は電話機のキーパッド上の番号を用いて回答する。あるいは回答を声で伝える。

(5)　ウェブ調査（Web Surveys）
　コンピュータがオンライン上で質問文を管理する調査。日本ではインターネット調査という場合が多い。

出所：R. M. Groves, F. J. Fowler Jr., M. P. Couper, J.M. Lepkowski, E. Singer and R. Tourangeau, 2004, *Survey Methodology*, John Wiley & Sons（大隅昇監訳『調査法ハンドブック』朝倉書店，2011年，148-149頁）．

⑤　インターネット調査の可能性を多角的に議論する時代
―〈最新版（2023）の記述〉―

　スマートフォンやインターネットの普及は，インターネット調査の位置づけを大きく変化させてきている。2021年版総務省情報通信白書によれば，2020年のインターネット利用率（個人）は，83.4％であり，13〜59歳の各年齢階層で9割を超えており，60歳代82.7％，70歳代59.6％，80歳以上25.6％と高齢者へも普及してきている。これはスマートフォンの普及率（個人）が，69.3％と年々増加してきたことも影響している。こうした動向を踏まえ，国勢調査でも2015年以降，紙媒体の調査票に加えてウェブ調査が併用されるようになっている。インターネット回答世帯の全世帯に占める回答率は，2015年36.9％，2020年39.5％となっている。

　本節では，「携帯電話の普及を受けて報道機関でどのような調査が模索されてきているか」と「インターネット調査に対してどんな議論が展開されてきているのか」という点についてまとめてみたい。

（1）携帯電話を併用したRDD法の模索と選挙情勢調査の動向

　最近は，固定電話をもたず携帯電話しかもたない人が多くなってきている。そうした動向に対応するため携帯RDD法の実用化が模索されてきた。その端緒となったのが，2014年に日本世論調査協会研究会*が実施した携帯電話RDD実験調査であった。

＊この研究会は朝日新聞社，NHK，共同通信社，日経リサーチ，毎日新聞，読売新聞社の6社が参加した。日本世論調査協会研究委員会，2015，「携帯電話RDD実験調査に関する見解」『よろん』116，38-41頁。

　この実験調査の一番の功績は，「ランダムに作った携帯番号に架電しても一定数の調査協力が得られる」と判明したことである。すでに欧米，韓国など海外では実用化されていたが，日本では携帯電話への架電が交通事故を誘発して社会問題になることを懸念して社名を名乗って実験調査を実施できずにいたのである。またこの実験調査では，固定電話で捕捉困難な20〜30代の若年層の回収率が高いことが判明し実用化に弾みをつけた。これを機に各報道機関や調査会社は，別々に実験調査を実施し実用化を進めていった。

　NHKでは2015年3月に実験調査を実施し，2016年12月より，全国世論調査

表6-2 衆院選（2021）の各社の情勢調査（日程・手法）

	調査日	調査協力	方　法	対象デバイス
読売新聞	19，20日	日本経済新聞	電話調査（調査員と自動音声）	固定電話と携帯電話
日本経済新聞	19，20日	読売新聞	電話調査（調査員と自動音声）	固定電話と携帯電話
毎日新聞	19，20日	共同通信	電話調査（自動音声）とSMSからのネット調査	固定電話と携帯電話
共同通信	19，20日	加盟社	電話調査（自動音声）とSMSからのネット調査	固定電話と携帯電話
朝日新聞	23，24日		電話調査（調査員）とネット調査	固定電話と携帯電話，PC など
共同通信	23〜26日		電話調査（調査員）	固定電話
産経新聞	23，24日	FNN	電話調査（自動音声）	固定電話
読売新聞	26〜28日	日本経済新聞	電話調査（調査員と自動音声）	固定電話と携帯電話
日本経済新聞	26〜28日	読売新聞	電話調査（調査員と自動音声）	固定電話と携帯電話

出所：大栗正彦，2022，「報道各社選挙予測のパフォーマンス比較——激変した衆院選情勢調査」『政策と調査』22，6頁。

の一部について固定電話に加え携帯電話にも電話をかけて調査を実施している。2016年4月に読売新聞社，5月に日経新聞社，7月に朝日新聞社が定例世論調査として併用式 RDD 調査を発表し日本の報道機関でも本格的な携帯 RDD 調査が開始されていった。NHK の方式については，放送文化研究所のホームページの世論調査の項目に Q&A 方式で記載されている*。

*槙純子，2017，「シングルフレームによる固定電話・携帯電話併用式 RDD 調査」『社会と調査』18，62-73頁。小野寺典子・塚本恭子，2015，「携帯電話調査の実現可能性をさぐる——2015年3月携帯電話実験調査から」『放送研究と調査』9月号，76-82頁，埼玉大学社会調査研究センター，2016，「RDD 調査の現状と今後——携帯電話番号を対象にする場合の課題」『政策と調査』11，5-38頁。

　しかし携帯 RDD 方式も大きな問題を抱えている。その最大の問題点は，携帯番号が固定電話の市外局番のような地域コードをもっていない点である。そのため選挙情勢調査のような，地域住民を対象とした調査が困難であるということである。この点については，報道機関でもいろいろな試行錯誤を繰り返しているのが実態である。

　2021年10月31日に実施された第49回衆議院選挙後に開催された第11回世論・選挙調査研究大会（12月10日埼玉大学社会調査研究センター主催）では，大会テーマ「2021総選挙：情勢調査の岐路——選挙予測の戦国時代」に象徴されるように，各報道機関がさまざまな試行錯誤を繰り返している実態が報告された。表6-2の報告資料では，情勢調査が，従来のオペレーター方式の固定 RDD から調査手法が一変し，スマホへのアプローチで各社が工夫している実態が垣間見えるだろう。

特に注目されるのは，情勢調査にネット調査が導入されてきた点であろう。朝日新聞は，調査会社がもつパネル（登録モニター）を使ったネット調査・電話調査併用方式を導入した。その方式採用理由として「調査費用の削減」が挙げられていたのが注目される点である。毎日新聞は，固定オートコール調査と携帯 SMS 調査を組み合わせたノン・スポークン（Non-spoken）調査を実施している。毎日新聞は，2021年10月21日朝刊の紙面で，この調査の概要を以下のように読者に説明している。

> 毎日新聞は19，20日の2日間，有権者を対象に共同通信と協力して調査を実施した。コンピューターで無作為に数字を組み合わせた携帯電話と固定電話の番号に自動音声応答（オートコール）で電話する RDS 法で対象者を抽出。携帯電話の場合は，調査を承諾した人にショートメッセージサービス（SMS）で回答画面へのリンク情報を送付。固定電話の場合は，自動音声の質問にプッシュ番号で回答してもらった。1選挙区当たりの回収目標サンプル数を500件以上に設定。全国で携帯7万6525件，固定9万7499件，計17万4024件の有効回答を得た。データの分析は JNN と行った。

　情勢調査にネット調査が導入され始めたことは，まさに「情勢調査の岐路」であり，その妥当性・有効性については，まだまだ未知数ではあるが，国民が報道機関のこうした動向に常に注目しておくことはとても重要である。

＊江口達也（朝日新聞社世論調査部），2022，「21年衆院選情勢調査の設計について──なぜネット調査を導入したのか」，佐藤航（毎日新聞社世論調査室），2022，「ノン・スポークン（Non-spoken）調査による情勢調査」，いずれも『政策と調査』22，29-34頁，35-39頁。

（2）インターネット調査の普及とその可能性をめぐる議論
①拡大する「モニターウェブ調査」とその留意点
　企業の市場調査（マーケティング）領域で急速に普及してきたインターネット調査（モニターウェブ調査）は，最近では行政の世論調査や学術研究でも用いられることが多くなってきている。**モニターウェブ調査**［アクセスパネル（オンラインパネル）調査］とは「調査会社がウェブサイトなどでウェブアンケートに回答してくれる人を募集して「登録モニター」として保有し，それに対して調査依頼を配信し実施する調査である。日本の有名なアクセスパネルとしては，マクロミル・楽天インサイト・infoQ（GMO リサーチ）・リサーチパネル・キューモニター（インテージ）・Opinion World・サイバーパネル（日本リサーチ

センター）などがあり，多くの会社が「アンケートモニターでお小遣い稼ぎをしよう！」といったうたい文句でモニター募集をしている。例示した以外にも数多くの会社がインターネット調査に参入しているが，かなり出来の悪いものから，ある程度学術的なものなど，種類や質はさまざまである。

　モニターウェブ調査の最大の利点は，迅速さと費用の安さである。条件によるが，数日あれば欲しい数の回答が集まり，面接調査や郵送調査と比べ格段に低価格なのが通例である。また，モニターウェブ調査の最大の欠点は，「市民全体の縮図」といった代表性を確保できない点である。

　2020年，日本学術会議ウェブ調査の課題に関する検討分科会は，無作為標本による従来型社会調査とウェブ調査のそれぞれの利点と問題点を比較検討し，ウェブ調査の問題点を踏まえつつ，その利点を生かして学術的調査に有効に活用するための提言を行っている。

　従来型の社会調査の優れた点は，母集団の代表性を担保して，誤差推計ができることにある。しかし回収率が50％程度では，仮に目標母集団が明確であっても，実際に回収された50％の有効回答により反映される母集団は，計画されたそれとは異なってしまう可能性がある。回収率50％の対象者の構成に偏りがなければ問題ないが，ほとんどの社会調査では若年層，男性，都市居住者の割合が少なく，その歪みが出てくるのが実際のところだ。

　ウェブ調査では多くの場合，対象者は公募方式で選ばれたモニターであり，無作為抽出標本とは異なり母集団が不明なため，代表性が担保されない。ウェブ調査ではインターネット機器をもたない層やモニターに登録していない層が正しく反映されないためサンプルにどうしても歪みが避けられない。しかし，低廉な調査コスト，データ作成の迅速性などのメリットから，近年いろいろな領域で急速に普及が進んでいる。

　　＊『提言：Web調査の有効な学術的活用を目指して』日本学術会議社会学委員会 Web 調査の課題に関する検討分科会，2020年7月10日。

　現時点でモニターウェブ調査を，世論調査や学術調査で活用しようとする場合には，次のような点に留意する必要があるだろう。
　〈「登録モニター」に関する知識を十分理解すること〉
　世論調査や社会調査の学術的な原則は，無作為標本による母集団推定が大前提である。しかし「登録モニター」は，非確率標本であり，「市民全体の傾向」を調査することはできないことを理解する必要がある。性別・年齢・地域等の

住民登録情報に合わせてウエイトづけすれば「市民の縮図」になると考える人がいるが，ウエイトづけされた属性以外のさまざまな意見や行動までが「市民の縮図」になることはないとしっかりと認識する必要がある。「登録モニター」に登録しているのは，若い人やインターネットなどに慣れ親しんでいる人，高学歴の人，貧困でない人，ネットポイントで小遣い稼ぎをすることに興味をもつ人などが多く登録していると考えられる。また，実際の調査では回答が集まるスピードが速く，1日や半日で予定回答数が集まり，調査終了となる場合が多い。そのことは，回答者が常にアンケート依頼の配信に迅速に反応でき，回答する気がある人々が多いことも想定されるのである。ただ，そうした登録者層は，一般の社会調査や世論調査では，なかなか回答してくれない層（たとえば若年単身層）を多く含んでいる可能性もあるのである。その意味では，若年層の意識や行動に関する調査企画や市民の代表的な意見ではないが革新的な意見や少数派の意見や独創的意見等を集める調査企画等では，モニターウェブ調査が有効となるともいえるだろう。

〈小規模自治体では，モニターウェブ調査が使えない〉

地方自治体の市民意識調査等でモニターウェブ調査を利用する場合，どの程度「登録モニター」に市民が含まれているのかを確認する必要がある。特に小規模自治体の場合，調査会社の保有する「登録モニター」の中に十分な数の市民が含まれていないことがある。会社によっては，必要に応じて連携他社の登録モニターを使う場合もあるが，状況が改善しない場合もある。数が集まったとしても，性別や年齢層に著しく偏りが存在してしまう場合も存在するのである。

調査会社は，自社の「登録モニター」に関する情報を公開しないという傾向が強く存在している。この点については，学術会議の提言でも「ウェブ調査を実施している調査会社は個人情報保護に留意しつつ登録モニターに関する情報をウェブ調査利用者に公開すべきである」と問題提起している点である。

②ウェブ世論調査の模索──Push to Web・ミックスモードの可能性

「モニターパネル」を使わず，無作為抽出した対象者に郵便や電話で依頼をしてウェブで回答してもらう手法が，欧米では Push to Web として研究が重ねられている。日本では，2016・17年に NHK 放送文化研究所が，住民基本台帳から無作為抽出で選んだ調査相手に対し，郵送で調査への協力を求めウェブで回答してもらう「ウェブ世論調査」を実験的に実施した。この方法で検討されるのは，回答方法をウェブに限定するか，郵送や電話での回答も受け付ける

かの選択である。2016年実験調査では，「ウェブ先行」で郵送調査を併用する
ミックスモードで実施された。具体的には，調査相手に「回答のお願い」の手
紙を送り，ウェブ画面へのログイン手順（ログインに必要な URL・QR コード，
ID・パスワード）や回答入力方法等を案内し，ウェブ回答を依頼する。1 回目
の督促時に調査用紙も同封し返送による回答も受けつけるという方法であった。
また実験調査では，ウェブ式と比較するための郵送調査も並行して実施された。
　「ウェブ世論調査」の回収率は43.5%（ウェブ回答20.2%・郵送回答23.3%）で
あり，比較用郵送調査の63.4%を大きく下回る結果であった。「ウェブ先行」
にもかかわらずウェブ回答が伸び悩んだ原因は，「謝礼品の後渡し」「ウェブ回
答の締め切り日が遅すぎた」「調査用紙送付のタイミングが遅すぎた」ことが
影響したと考えられた。2017年実験調査ではそれらの点を改善して実施し，
「ウェブ世論調査」の回収率は54.5%（ウェブ回答46.5%・郵送回答8.0%）で，
比較郵送調査59.1%という結果となった*。

> ＊NHK 世論調査部ミックスモード研究プロジェクト，2018，「住民基本台帳からの無作為
> 　抽出による WEB 世論調査の検証①・②」『放送研究と調査』6 月号，24-47頁，9 月号，
> 　48-79頁。

　NHK は，この 2 回の実験調査の主な検証結果として次の点を指摘している。
(1)適切な調査設計と調査材料を作成すれば「ウェブ世論調査」は可能である。
(2)ウェブ回答を導入する最大のねらいであった若年層の有効（回収）率の向上
については現時点では効果が見られなかった。(3)ウェブ世論調査と比較郵送調
査の回答差について，全447の選択肢の比率の差を見ると，約 9 割が 4 ポイン
ト以内に収まっており全体的にみれば方式による回答差はほぼないと言える。
(4)マトリックス形式の質問では，ウェブ回答は比較用郵送に比べて，両端選択
肢が選ばれにくく，中間選択肢が選ばれやすい傾向がみられたが，他の質問形
式では大きな差は見られなかった。
　こうした NHK の実験的調査は，安易に安価な「モニターウェブ調査」が多
用されている現状では，高く評価されるべきものである。特に国民の意向や実
態を正確に測定し政策形成を目指す調査では，公的名簿の無作為抽出標本を
使った調査手法は必要だと考えられるからである。
　インターネット環境をもたない国民が少なからず存在する現時点では，ウェ
ブ回答に限定することはできずミックスモードを選択せざるを得ないのが現実
である。ミックスモードでは，郵送調査のほかにウェブ回答用の調査経費がプ

　川崎市は，市役所内のアンケート調査の質的向上を図るため，一般社団法人社会調査協会に協力を求め，「川崎市アンケート調査支援モデル事業」を2019年より開始し，証拠に基づく政策立案（EBPM＝Evidence-Based Policy Making）の先駆的試みを実践している。このモデル事業については『社会と調査』28号の小特集にまとめられている＊。ここでは社会調査論の観点から注目される「かわさき市民アンケート」を取り上げて，ウェブ調査の活用とその課題について検討してみたい。

　「かわさき市民アンケート」は，川崎市の根幹となるアンケート調査で，第1回をインターネット調査（1500サンプル），第2回を郵送調査（3000サンプル）と，異なる調査方法（調査モード）で毎年実施している。インターネット調査は，モニターウェブ調査といわれる方法で，調査会社が保有しているモニターパネル（調査協力者の集団）を使ってアンケート調査を実施する方法で，比較的に安価であるため多くの地方自治体でも利用されるようになってきている方法である。しかしそれは，調査会社のモニターに応じた人を対象とした調査であり，川崎市民を代表する調査結果と言えるのかという問題を抱えている。一方郵送調査は，住民基本台帳から無作為抽出した川崎市民を対象とした調査であり，回収率がよければ市民の意向を測定できる調査とはなるが，コストと調査作業がとてもかかる調査方法である。両調査方法は，どちらもメリット，デメリットを抱えており，学術研究の領域でもいまだ評価が確定しておらず，両調査を比較検証する研究を蓄積していかなければならないという段階にある。このような中で，毎年2つの調査方法をほぼ同時期に実施している「かわさき市民アンケート」は，学術的にも注目される調査といえるだろう。

　この点も踏まえ，これまでの調査支援アドバイスは，特に次の2点を重視して実施してきた。

①インターネット調査でしかできない質問上の工夫を積極的に活用するという点。

- 「川崎市歌」と「川崎市民の歌」を実際の歌を聞いたうえで，認知度等を問う質問
- 直近の市政だよりの紙面（画像）を提示したうえで，その紙面評価をしてもらう質問
- 川崎市ホームページに掲載の公共施設マネジメントに関するパンフレット（マンガ）を読んでもらったうえで，今後の公共施設のあり方を問う質問

　これらの工夫は，紙媒体の調査票ではできない質問であり，市民にも答えやすい質問文の実験的試みでもあった。

②郵送調査とインターネット調査で，同じワーディングの質問文を設け回答傾向の分析を目指すという点。

　モニターウェブ調査では，調査会社ごとに回答者の特徴が異なったり，モニター管理の状況が異なったりすることがあり，調査結果がどの程度川崎市民の実態を測定できるかについては，いまだ十分な研究が進んでいないのが実情である。人口150万の川崎市であれば，性別，年齢，行政区によってモニターの割り当てをすることは可能ではあるので，属性だけに着目すると川崎市民を代表しているように見えるが，実態

はまだ解明されていない。毎年共通質問を第1回と第2回で実施し，回答傾向の分析を蓄積していくことによって，ウェブモニター調査と郵送調査のサンプル特性や調査会社が異なる場合のモニターパネルの傾向を理解することが可能になる。

これまで「かわさき市民アンケート」では，インターネット調査と郵送調査で大きく異なる結果が発見されている。下表は，同じワーディングによるインターネット調査（2018年）と郵送調査（2014年）の「政治への関心」についての調査結果である。2014年の郵送調査で「関心がある」と答えた川崎市民は83.5%であったものが，2018年のインターネット調査では，59.7%と急減している。川崎市民が4年で大きく変わったとは考えにくいので，どちらかの結果が実態を反映していない可能性も考えられる。またインターネット調査が「政治関心」を低く示す傾向があるとも考えられる結果である。

〈Qあなたは，ふだん国や地方の政治にどの程度関心がありますか（1つだけ)〉

	非常に関心がある	多少は関心がある	ほとんど関心がない	全く関心がない	外国籍である（NA)
インターネット調査（2018）n = 1500	11.4%	48.3%	26.3%	12.9%	1.1%
郵送調査（2014）n = 1219	26.5%	57.0%	12.4%	2.7%	(1.4%)

2022年のインターネット調査では，国政選挙と地方選挙に分けて「政治への関心」を質問している。

〈Qあなたは，ふだん国や地方の政治にどの程度関心がありますか（1つだけ)〉

	関心がある	多少は関心がある	あまり関心がない	関心はない	外国籍である（NA)
国政選挙（衆・参議院選挙）	33.9%	32.3%	18.2%	15.1%	0.4%
地方選挙（市長・市議選等）	27.9%	32.3%	23.0%	16.3%	0.4%

2022年のインターネット調査結果と2018年のインターネット調査の結果と比較してみると，2022年の結果は2018年の結果より，「政治への関心」が明らかに高いという数字を示していた。このことは，「インターネット調査では，政治関心は低く出る傾向がある」というよりは，「モニターウェブ調査では，使用するパネルによって，回答結果が異なっていること」を示していると考える方が妥当である。

また2022年のインターネット調査では，過去の選挙の投票行動に関する質問も実施されていた。次頁の図にも示されるように，過去の参院選，市長選，衆院選，市議会選挙での「投票した」人の比率は，いずれも選管発表の実際の投票率より大きく上回る結果が示されていた。この事実は，「ウェブ調査の回答結果が，信頼できない（「市民の縮図」になっていない）可能性がある」という視点も含めて，今後さらなる検証が必要である。このように，同一年に2つの異なる調査方法による「かわさき市民アンケート調査」を毎年実施している川崎市は，社会調査論の懸案となっている課題（「モニターウェブ調査が，どの程度市民意識調査として利用可能なのか」「調査モー

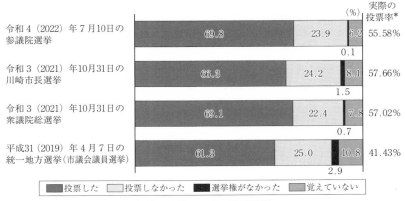

〈近年の選挙における投票行動〉

注：＊「実際の投票率」は川崎市選挙管理委員会による公表データ。

ドによる調査結果の違いの解明」）についての最新の知見を問題提起できる存在として期待できるだろう。

＊大谷信介ほか，2022，「小特集：社会調査協会における自治体調査支援事業の展開——川崎市アンケート調査支援モデル事業を中心として」『社会と調査』28，52-69頁。

（S. O.）

ラスされコストがかかる方法であり，またウェブ回答と郵送回答の集計方法をどうするかといった課題もある方法ではあるが，多くの実験的調査を繰り返し，より安価で汎用性のある方法が開発されていくべきだろう。

　今後，紙の調査票をウェブ回答に切り替える方向性は劇的に進行していくことは間違いない事実である。最近では，Google フォーム，Microsoft Forms，SurveyMonkey などの無料で提供されている調査票作成支援システムの普及により，簡単にインターネット調査ができる環境が増加している＊。そのこと自体はよいことではあるが，ウェブ調査が簡単にできるという誤った幻想には注意が必要である。

＊無料で提供されている，株式会社マクロミルが提供する Questant，SurveyMonkey，リアルタイム評価支援システム REAS（独立行政法人メディア教育開発センター）や有料ではあるが国際的な学術研究でも広く使用されている Qualtrics といった高性能のシステムもある。

（大谷信介）

6 実査中の整理からデータ・クリーニングまで
──分析に使えるデータの作成方法──

　ここからは，冊子体による調査票調査を念頭におき，実査中から実査後にすべき作業とその注意点をみていきたい。詳しくは後述するが，**実査**とは，調査票の配付・面接実施から回収までの一連の作業をいう。また，**データ化**とは，調査票上の回答結果を，一つひとつ正確にコンピュータ上のデータに移行する作業のことである。データ化の作業は手間暇がかかり，神経を使うが，正しいデータを用いた分析のためには避けては通れないとても重要な営みである。概要は以下の通りである。

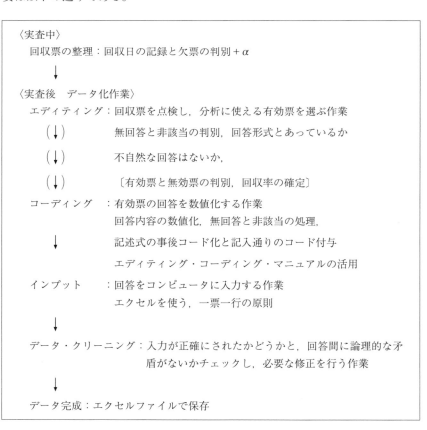

〈実査中〉
　　回収票の整理：回収日の記録と欠票の判別＋α
　　　　　　　↓

〈実査後　データ化作業〉
　　エディティング：回収票を点検し，分析に使える有効票を選ぶ作業
　　（↓）　　　　　無回答と非該当の判別，回答形式とあっているか
　　（↓）　　　　　不自然な回答はないか，
　　（↓）　　　　　〔有効票と無効票の判別，回収率の確定〕
　　コーディング　：有効票の回答を数値化する作業
　　　　　　　　　　回答内容の数値化，無回答と非該当の処理，
　　　　↓　　　　　記述式の事後コード化と記入通りのコード付与
　　　　　　　　　　エディティング・コーディング・マニュアルの活用
　　インプット　　：回答をコンピュータに入力する作業
　　　　　　　　　　エクセルを使う，一票一行の原則
　　　　↓
　　データ・クリーニング：入力が正確にされたかどうかと，回答間に論理的な矛
　　　　　　　　　　　　　盾がないかチェックし，必要な修正を行う作業
　　　　↓
　　データ完成：エクセルファイルで保存

（1）回収票の整理——欠票の判別と回収日の整理＋α

　実査とは，調査票の配付から回収までの一連の作業のことをいう。調査本部を設置して対応しよう。実査の方法にかかわらず毎日すべきことは，欠票の判別と回収日の記録である。**欠票**とは回答が一切得られなかった調査票で，調査拒否，回収はされたが記入が全くない白票，住所不明での返送などが該当する。個々の欠票の理由を記録しておこう（（4）参照）。欠票は分析の対象としないので，通常の回収票とは分けて保管する。そして，すべての回収票の表紙に回収日を記録しておこう。回収状況の時系列把握ができ，督促状送付の時期決定など貴重なデータとして活かすことができる。

　欠票判別と日付の記録の他に，対象者リストと照合して誰からの回収・欠票かをチェックしたり，投票区などの抽出単位ごとに分類し保管したりするなども必要に応じて行うとよいだろう。

　郵送調査ではこれらの作業を適宜行えばよいが，面接法や留置法の場合には調査員の管理など他の作業もこなす必要がある（コラム35参照）。

　なお，対象者リストや回収票には個人情報が含まれている。個人情報を扱う権限のあるメンバーを事前に決めておき，部外者がアクセスできないようにしよう（第1章コラム4「社会調査協会倫理規程」第5条および第9条参照）。また，一連の作業で調査票に記入する際には，対象者の回答と区別するために，赤字の筆記具を使おう。作業担当者は後述のマニュアルに従って責任をもって作業した証として調査票の表紙に氏名を記入しておこう。

（2）エディティング（**editing**，点検）

①有効票と無効票の判別——分析に使えない無効票はここで取り除こう

　エディティングとは，欠票を除く回収票を1票ずつ丁寧に点検し，有効票と無効票を判別する作業である。**有効票**は分析に使える調査票，**無効票**は分析から除外する調査票を指す。後者は，質問にあまり回答されていなかったり，いい加減な回答が多く，協力意志が低いと判断される調査票である。エディティングを実査期間中に行うこともある。

　有効票かどうかの判断基準として，全体の半分以上の回答や，調査テーマに関する部分が記入されていればよいとする考え方もある（小野寺ほか，2010）。これらも含め，基準としては次のようなものが挙げられる。エディティング・コーディング・マニュアル（後述）に明記して作業を進めよう。

　実査期間中は会議室などのスペースを確保して，調査本部を運営する。実査方法ごとに次のような作業が必要となるだろう。

〈郵送調査法〉
　開封，回収日の記入，整理（地区別など），ナンバリング，対象者リストとの照合，欠票の判別，ファイリングなどを適宜行う。
〈面接調査法・留置調査法〉
　朝　：ミーティング，調査員点呼，調査員送り出し
　日中：対象者からの問い合わせや調査員との連絡など対応
　適宜：回収票受け取り，回収日の記入，整理（地区別など），ナンバリング，対象者リストとの照合，エディティング（本文参照），欠票の判別，調査員への聞き取り（訪問票の確認，回収状況や訪問予約の状況等）。
　夜　：調査員の帰還確認，回収状況の整理，ミーティングで今後の方針等の検討と共有

　調査本部で作業するメンバー間で，朝と夜にスタッフミーティングを開き，情報共有を図るとよいだろう。訪問票によって，各調査員がいつ誰を訪問し，どのような対応をしたのかを把握しておこう。さらに，トラブルへの対応から，飲み物などの「頂きもの」の種類まで，現場の様子を記録・共有し，今後の調査への糧にしよう。また，調査員の健康管理にも留意する。疲れて帰ってくる彼らを慰労するための休憩室（なければ休憩スペース）もできるだけ確保したい。

　運用の実際は，たとえば，大谷編著（2012：138-143）などを参照されたい。

　＊大谷信介編著，2012，『マンションの社会学——住宅地図を活用した社会調査の試み』ミネルヴァ書房。

（H.K.）

　○無回答が多い（全体の50％以上などと数値の基準を決めておく）
　○別人回答の可能性がきわめて高い（サンプリング時に作成した対象者リストと，実際の回答とで性別や年齢が一致しない等）
　○調査テーマに関する回答がほとんどない
　○回答に不自然さが感じられる（最初の選択肢だけにしか○がついていない等）

＊小野寺典子・片山朗・佐藤嘉倫・前田忠彦・松田映二・吉川徹・篠木幹子・大谷信介，2010，「座談会「回収率を考える」」『社会と調査』5，26-65頁。

②エディティングではどこに注目するか？
　エディティングの際，次の点に着目して作業を行おう。

面接法や留置法では訪問票を用意し，調査員に訪問記録を作成してもらおう。

```
調査員データ：氏名と連絡先，対象地域・対象者リスト
〈訪問記録〉
  いつ              ：訪問日時
  どの対象者を訪問し  ：対象者番号
  どうだったか        ：面接実施（面接法），調査票配付／回収（留置法）
                    予約取りつけ状況〔予約日時〕
                    回収できなかった理由〔拒否，不在，長期不在（入院・旅行な
                    ど），転居，など〕，
                    接触者〔本人，同居者，近所の人など〕
  トラブル           ：トラブルとその対処の内容
  その他            ：
```

　訪問記録は実査時の進捗状況管理に活用できるのはもちろん，記録そのものが重要なデータとなる。たとえば，大谷信介はマンション住民への調査から，日曜日や午後5時以降には対象者に接触できる可能性が高いことや，「オートロックの有無は調査には影響を与えない」ことなどを指摘している。また，対象者本人よりもマンションの管理人による拒否の方が多いこともわかった（大谷編著，2012：138-152）。さらに，実査を外部委託する際にも，訪問記録の作成を入札や契約の条件に入れておくと，60％以上は回収しなければといった回収率ありきの運営でメーキング（本章170頁参照）してしまうといった事態への抑止効果が期待できる。訪問記録をデータの一つとして，適切な調査実施のために有効活用しよう。

　＊大谷信介編著，2012，『マンションの社会学——住宅地図を活用した社会調査の試み』ミネルヴァ書
　　房。

(H.K.)

～～～～～～～～～～～～～～～～～～～～～～～～～～～～～～～～～～～～

```
①  回答されているか……………空白は無回答か非該当か？
②  回答形式と合っているか…………選び方は正しいか？
                          誤記入，あり得ない回答はないか？
③  不自然な回答がないか…………極端すぎる回答や別人回答がないか？
```

〈ポイント1：回答されているか——「無回答」か「非該当」かの判別〉

　本来記入があるべき回答欄が空白となっていたら，次の2通りの可能性が考えられる。

1つ目は「**無回答**」である。無回答とは，回答者が「答えない（No Answer；N.A.）」，「わからない（Don't Know；D.K.）」として回答しなかったか，回答のし忘れの場合である。どの理由かは判別できないので一括して「無回答」とする。

　2つ目は「**非該当**」，すなわち回答しなくてもよい質問に，指示通り回答しなかった場合である。たとえば就業者だけ対象の質問に無職の人が回答しない場合などで，これは調査者の想定通りの「空白」である。無回答と非該当は意味が異なるので，コーディング（次節参照）時には別のコードを割り当てよう。

〈ポイント2：回答形式と合っているか——選び方は正しいか，誤記入などはないか〉

　択一式質問で複数の選択肢が選ばれているなど，回答形式と合わないこともある。選択肢を一つだけ調査者側で選ぶわけにもいかず「無回答」とせざるをえない。

　誤記入の例としては，睡眠時間が（67）時間のように通常ではあり得ない回答が挙げられる。6〜7の意味か，どちらかを消し忘れたかは実査後には判別できず，これも無回答とせざるを得ない。また，駅名など具体例の記入時にも誤記入は起こりうる。明らかに誤りとわかる場合に限って訂正しよう。勝手な憶測での書き換えは当然ながら厳禁だ。

〈ポイント3：不自然な回答がないか〉

　エディティングを進めていくと，最初の選択肢だけしか○がついていないなど，他の回答者と回答パターンが異なるような調査票に出会うこともある。その際には，真剣に考えた末の回答なのか，いい加減な回答なのかの判断が必要となる。

　回答欄の性別や年齢がサンプリング時に作成した対象者リストと合致しないこともある。社会調査の基本は対象者本人が回答することである。いい加減な回答や対象者リストと合致しないものは無効票と判定しよう。

　また本章153頁でも実例を紹介したが，メーキングにも注意が必要である。**メーキング**とは，調査員による回答のねつ造のことで，対象者に会わずに記入したり，回答結果を書き換えたりする行為をいう。いうまでもなく，間違ってもあってはならないことである。信頼できる調査員を採用したり，訪問記録（コラム36参照）を細かくつけさせたりして，不正行為を防ごう。

（3）コーディング（**coding，数値化**）——無回答など含めすべての回答を
　　数値にしよう

コーディングとは，回答をすべて数値に置き換える作業のことをいう。
コード表は調査票完成時点ですでにできているはずである（第4章）。

①コーディングの実際1——択一式は選択肢番号を回答コード（数値）とする

択一式は単純に，選択肢番号を回答コードとすればよい。下の問1ではコードは2である。

問1　あなたは全体として，現在の生活にどの程度満足していますか。
　　　1．満足している　　　　　　　3．やや不満である
　　　②．まあ満足している　　　　　4．不満である

---

②コーディングの実際2——該当するものすべて選択の問は○あり＝1，○なし＝0

第4章で述べたように各項目それぞれを択一式と考え「○がついている項目」は1，「○がついていない項目」は0をコードとする。

問2　あなたはネットショッピングを利用したことがありますか。ネットショッ
　　　ピングで購入したことがあるものすべてに○をつけてください。

　　　①．食料品　　　　　　　　　7．保険（医療・自動車など）
　　　2．健康食品　　　　　　　　⑧．旅行（運賃・ホテル・パック旅行など）
　　　3．外出着などの衣料品　　　9．チケット（コンサート・スポーツ観戦など）
　　　④．家電　　　　　　　　　　10．その他（具体的に記入　　　　　　　）
　　　⑤．化粧品　　　　　　　　　11．購入したことはない
　　　6．書籍

　　問2では11個の項目それぞれを変数としてコードが付けられる。上のように
1，4，5，8に○が付いていた場合（例1）のコードは次の通りである。

項目	1食	2健	3外	4家	5化	6書	7保	8旅	9チ	10他	11無
例1	1	0	0	1	1	0	0	1	0	0	0

---

③コーディングの実際3——無回答と非該当には別のコードを付与する

「無回答」と「非該当」は意味が異なるので別のコードを当てる。「無回答＝

　国勢調査では，通勤に関しては「従業地又は通学地」として，通勤先の市区町村について調査が行われている。この回答形式では，愛媛県松山市（人口50万）のような地方中核都市では，多くの市民が，勤務先を松山市と回答することが多い。実際2020年国勢調査では，松山市在住の就業者・通学者を100とすると，84.2％の人が市内で通勤・通学し，県内他市町村は8.9％，県外に出ている人は1.1％という数字であった。

　市町村を回答してもらう方法より，詳細な勤務先情報を把握する方法として，「関西ニュータウン調査（2005）」「西宮マンション調査（2008）」「川崎・神戸・福岡市民生活実態調査（2019）」では，勤務先を把握する選択肢として「駅情報」を使うという工夫を行った。以下は，西宮マンション居住者の勤務先を問うた質問文である。

> Q．あなたの勤務先（もしくは通学先）の最寄り駅はどちらですか。
> 　　鉄道会社名（　　　　　　）（　　　　　　）線（　　　　　　）駅

　コーディングにあたっては，近畿圏内約1800すべての駅とその所在市区町村を網羅したコードブックを作成している。

> 例：JR 相生駅　＝　コード番号 01470077
> 　　０１　　　　　４７０　　　　　０７７
> 　　鉄道会社　　　　駅　名　　　所在市区町村
> 　　　JR　　　　　　相生駅　　　　相生市
> ＊相生駅のように，複数の路線（山陽本線と赤穂線）が重複している駅には，その路線の数だけ駅コードを用意した（同一路線の駅は順に連番でコード化したので，路線別のアフターコーディングも可能となっている）

　以下の表は，マンション調査（西宮市）と市民生活実態調査（神戸市）の，勤務先として回答された最寄り駅名を比較したものである。

〈西宮マンション居住者と神戸市民の通勤先の最寄駅（上位５位）〉

	路　　線	通勤先駅	市区町村
西宮マンション居住者	JR（25.4％） 阪神電車（25.2％） 阪急電鉄（22.4％） 大阪市営地下鉄（21.1％） その他（5.8％）	大阪・梅田（5.4％） 阪神西宮（4.7％） 淀屋橋（4.7％） 阪神甲子園（3.9％） 本町（3.7％）	兵庫県西宮市（27.9％） 大阪市中央区（14.6％） 大阪市北区（9.7％） 兵庫県尼崎市（8.6％） 神戸市中央区（5.8％）
神戸市民	JR（43.5％） 神戸市営地下鉄（19.6％） 阪神電車（10.3％） 神戸電鉄（6.4％） 阪急電鉄（5.9％）	三宮・三ノ宮・神戸三宮（11.1％） 西神中央（4.3％） 兵庫（3.6％） 元町・みなと元町（3.4％） 垂水（3.0％）	神戸市中央区（22.3％） 神戸市兵庫区（9.1％） 神戸市灘区（7.5％） 神戸市須磨区（6.6％） 神戸市東灘区（6.4％） 神戸市西区（6.4％）

注：仕事をしており職場が自宅外の回答者が分析対象である。西宮市（466），神戸市（442）。

この表により，西宮市民が大阪への通勤が多いのに対して，神戸市民は，大阪への通勤をあまりしておらず，神戸市内の通勤が多いという事実が明らかにされた。

　こうした「最寄り駅」情報による勤務先の把握は，神戸市・川崎市では有効な方法であったが，福岡市の場合は，バス通勤が多い事情もあり，「最寄りのバス停」を聞いた質問も，ある程度の有効性が認められている。

　地方都市を対象とした「愛媛・長崎県民生活実態調査（2017）」では，鉄道が発達していない事情もあり，「駅情報」を問う方法自体が有効でないと判断し，「郵便番号」を活用する方法を模索した。以下はその質問文である。

　Q．職場はどちらにありますか。1．を選択された方は，①都道府県名・市町村名，②郵便番号をご記入ください。
　　　1．　①（　　　　　）都道府県　（　　　　　）市町村
　　　　　②（〒　　　—　　　　　）
　　　2．　職場は自宅である

　郵便番号で通勤先を問うた県民生活実態調査では，愛媛県での郵便番号の回答率は75.7％，長崎県では73.3％であった。この数字は「最寄り駅」を質問した，「西宮マンション調査（2009）」の回答率83.9％という結果，「川崎・神戸・福岡市民生活実態調査（2019）」の川崎市82.3％，神戸市75.4％，福岡市59.5％の通勤先の回答率と比較しても，ある程度有効な質問方法と位置づけられる。

　下図は，松山市民の勤務先の郵便番号を，一人ひとり Google Map に落とすことによって松山市民の勤務先情報を地図化したものである。

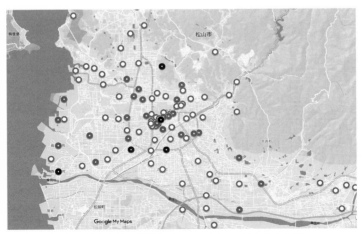

図1　松山市民の通勤先（Google Map の松山市中心部）
＊黒丸（5〜6人），濃い灰色（4人），灰色（2〜3人），白丸（1人）の勤務先が表示されている。

松山市の1サンプルを例として利用する（回答者Aとする）。この回答者Aは松山市の〒791-8016を通勤先として回答していたため，Google Mapで検索すると，図2のように郵便番号の区域がかたどられる。そしてGoogle Mapの機能の一つであるMy Mapsで同様に検索すると，図3のようにピンが立てられる。注意すべきこととして，郵便番号で検索した際にどのようにピンの場所が決定されるかは記述がないため定かではないという点がある。しかし，おそらく図のようにその区域の真ん中に立つように設定されているものと思われる。他の区域で検証した際も同様であった。

図2　回答者Aの職場の郵便番号の範囲　　図3　回答者Aの郵便番号をピン立てした図

　国勢調査のように市区町村で職場を尋ねた場合，住んでいる地域と市区町村が同じであれば位置関係が把握できない。一方で，郵便番号で尋ねると，おおよその位置関係が把握できる。面積が広い郵便番号の地域になるほど，実際の回答者の職場との距離は大きくなる可能性が高く，この部分は課題と言える。とはいえ，市区町村で尋ねるより範囲が限定されるという事実を考えると，今後有力な質問方法といえるだろう。

　＊関西学院大学大谷研究室，2022，『人々の生活実態を明らかにする分析方法の開発――生活圏と政府　統計の問題点に着目して』関西学院大学大谷研究室。

（S. O.）

コラム38　家族構成の質問の活用法

　2019年に実施した「川崎・神戸・福岡市民生活実態調査」では，同居家族を次のように測定した。

一緒にお住まいになっているかたはどなたですか。【すべてに○】
　［1．配偶者　2．子ども　3．子どもの配偶者　4．あなた（または配偶者）の父親
　5．あなた（または配偶者）の母親　6．孫　7．あなた（または配偶者）のきょうだい　8．あなた（または配偶者）の祖父・祖母　9．その他の親族（　　　）
　10．その他（　　　　　）］

　本章171頁の（3）で指摘したように，通常このタイプの問は「配偶者」から「そ

の他」まで10個の択一式回答とみなし，一つひとつに○がついていたら1，なければ0のコードを割り当てる。それにくわえて，次のような工夫で世帯構成の把握や分類に活用できる。まず，各選択肢に○がついていたら次のようにコードを割り当てる。○がついていなければ0（ゼロ）となる。

（本人）	1
1．配偶者	10
2．子ども	100
3．子どもの配偶者	1000
4．あなた（または配偶者）の父親	10000
5．あなた（または配偶者）の母親	100000
6．孫	1000000
7．あなた（または配偶者）のきょうだい	10000000
8．あなた（または配偶者）の祖父・祖母	100000000
9．その他の親族	1000000000
10．その他	10000000000

次に，本人から「10. その他」まで全部足し合わせる。たとえば，配偶者と子どもと同居していたら，1（本人）＋10（配偶者）＋100（子ども）＝111となる。アニメの主人公であるサザエさん本人からみると，1（サザエさん）＋10（マスオさん）＋100（タラちゃん）＋10000（波平さん）＋100000（フネさん）＋10000000（カツオくんとワカメちゃん）＝10110111となろう。

関西学院大学大谷研究室では，実際の調査結果にこの手続きを適用し「61パターンの世帯員の組み合わせ」を見出している。そして，61パターンを次の6種類に分類した。①夫婦のみ世帯，②夫婦と子どものみ世帯，③ひとり親と子どものみ世帯，④複数世代世帯，⑤その他の世帯，⑥単身世帯（関西学院大学大谷研究室，2021：24-26）。磯野家は④，クレヨンしんちゃんの野原家は②に分類されるであろう。

この集計分類方法では，詳細な分類をもとに，事後的にいろいろな分析や分類が可能となる。たとえば，サザエさんの視点からは両親（波平さんやフネさん）の子どもとしての立ち位置と，マスオさんとの夫婦関係を同時に示すことができる。フネさん視点では，子どもであるサザエさん夫婦と孫であるタラちゃんとの同居とみなすことができ，本人がどの位置（世代）にいるかを加味した分析が可能であろう。コードの工夫次第でこのような分類や分析もできるのである。調査を実施する際にはいろいろと挑戦してみよう。

＊関西学院大学大谷研究室，2021，『人々の暮らしを正確に測定する社会調査の構築』関西学院大学大谷研究室．
＊「川崎・神戸・福岡市民生活実態調査」については次の文献を参照のこと。
大谷信介，2021，『調査困難状況における社会調査の運営に関する研究──「川崎・神戸・福岡市民生活実態調査」の取り組み』2016年度〜2020年度科学研究費補助金［基盤研究（A）「政策形成に貢献し調査困難状況に対応可能な社会調査方法の研究（研究課題番号：16H02046）」研究成果中間報告書（3）。

（H.K.）

9」，「非該当＝8」といったように通常のコードとは異なるものを割り当てよう。上記の問1は「無回答」に9を割り当てた。通常のコードが10個以上あるときは「無回答」は99，「非該当」は88とすればよいだろう。あとは通常コードの桁数に合わせて対応してほしい。問2が無回答のときは，11個の項目それぞれに9を当てる（例2）。

項目	1食	2健	3外	4家	5化	6書	7保	8旅	9チ	10他	11無
例2	9	9	9	9	9	9	9	9	9	9	9

上記のように，コードをあらかじめ決めておくものを**プレコード**（プリコード），次例のように，調査後にコードを当てる方法を**アフターコード**という。

④**コーディングの実際4──少し工夫が必要なコード化**

〈A：記述式や「その他」のアフターコード化〉

記述式では，すべての回答を抜き出してエクセルなどで整理しよう。コード化には，郵便番号のような既存のものがあればそれを活用するとよいだろう。

さらに「その他」で具体的に記入してもらう場合も，必要に応じて新たなコードを作ることがある。たとえば，前住地として日本の都道府県を選択してもらう質問で，「その他」に外国名が記入された場合などは，新たにその国のコードを作るといった具合である。

「対象者を分類して分析する」を念頭に，その回答をどのような基準で分類して分析したいかを明確にした上でコードを作ろう。

〈B：複数の単位が混在するときは記入の通りにコード化する〉

所要時間などの質問では，2時間30分といったように複数の単位が混在しうる。このような場合は「記入の通りにコード化する」を原則としよう。そのままをコードにするのでミスが起こりにくいのである。

問3　あなたの平日の平均的なテレビ視聴時間はどのくらいですか。

　　①（2時間30分）　　　　　2．まったく見ない

この例では，「時間」を2，「分」を30として別々にコード化する。「まったく見ない」なら0「時間」0「分」となろう。分換算など，単位の統一は分析時に統計ソフト上で行う方が簡単である。次の，時刻を記入してもらう場合でも同様に対応できる。

　出勤と帰宅それぞれで，たとえば午前＝1，午後＝2，時と分の枠は記入通りの数値をコードとするとよいだろう。この例では，出勤（1，7，15），帰宅（2，8，30）である。

　⑤エディティング・コーディング・マニュアルの作成——作業内容と基準の統一

　エディティングとコーディングの方法を記したマニュアルを事前に用意しておこう。マニュアルには用語解説やエディティング・コーディングの原則を記す。用語解説で，データの種類（カテゴリカルデータとスケールデータ），無回答と非該当の意味などを説明しておこう。無効票の判断基準を明記し，個々の質問について，質問項目名と各選択肢に割り当てるコード，無回答・非該当の処理の仕方を提示する。

（4）回収率の計算と欠票および無効票の整理

　全回収票のエディティングが終了した時点で**回収率**＝（有効票数÷計画標本数*）×100を計算する。日々の記録を集約し欠票と無効票の内訳もまとめよう。回答拒否，調査時不在，長期不在，転居，高齢，病気，死亡（まれにある），訪ね当たらず（該当住所に対象者が住んでいなかった，別人が住んでいた，家がなかった），白票だった，無回答が多い，対象者以外の回答，非常識な回答など，その調査票が欠票や無効票となった理由が重要なデータとなる。

　＊計画標本数＝有効票＋無効票＋欠票

（5）データの入力方法とデータ・クリーニングの徹底

　データ入力とは，コード化された回答結果をコンピュータ上のファイルに正確に移行する作業のことである。多くの統計分析ソフトで読み込み可能なエクセル形式（.xlsx）でデータを作成するとよいだろう。

　①エクセルによる入力——一票一行の原則とマニュアルによる作業の統一

　1行目に変数名を入力し，2行目から回答コードを入力する。注意点は一票分を一行に入力することと，変数名もコードも半角を使うことくらいである

次の例でエディティングとコーディングを実施してみよう。

問1　あなたは全体として，現在の生活にどの程度満足していますか。

1．満足している　　　　　　　3．やや不満である

②．まあ満足している　　　　　4．不満である

問2　あなたはネットショッピングを利用したことがありますか。ネットショッ
　　　ピングで購入したことがあるものすべてに○をつけてください。

1．食料品　　　　　　　　　　7．保険（医療・自動車など）

2．健康食品　　　　　　　　　8．旅行（運賃・ホテル・パック旅行など）

3．外出着などの衣料品　　9．チケット（コンサート・スポーツ観戦など）

4．家電　　　　　　　　　　　10．その他（具体的に記入　　　　　　　）

5．化粧品

6．書籍　　　　　　　⑪．購入したことはない　※

※「11．購入したことはない」に○を付けた方は問3にお進みください。

問2（1）ネットショッピングで購入した回数が最も多いのはどれですか。
　　　　　当てはまるものを一つ選んで番号に○を付けてください。

1．食料品　　　　　　　　　　7．保険（医療・自動車など）

2．健康食品　　　　　　　　　8．旅行（運賃・ホテル・パック旅行など）

3．外出着などの衣料品　　9．チケット（コンサート・スポーツ観戦など）

4．家電　　　　　　　　　　　10．その他（具体的に記入　　　　　　　）

5．化粧品

6．書籍

問3　あなたの平日の平均的なテレビ視聴時間はどのくらいですか。

①．（2時間30分）　　　　　2．まったく見ない

問4　平均的な・最も多い出勤時刻（家を出る時刻）と，帰宅時刻（家に着く時
　　　刻）はいつですか。職場がご自宅の方は，仕事の開始時刻と終了時刻をお答
　　　えください。

　　　　出勤　午前・午後（7時15分）　帰宅　午前・午後（20時00分）

【解答と解説】

［問1］

　択一式に合致した通常の回答である。コードは選択肢番号の2とする。

［問 2］

　該当するものすべてを選ぶ形式で，11 だけに○があるので通常の回答である。各項目のうち「11 購入したことはない（下記の11無）」にコード 1 を，他の項目は 0 を当てる。

項目	1食	2健	3外	4家	5化	6書	7保	8旅	9チ	10他	11無
コード	0	0	0	0	0	0	0	0	0	0	1

［問 2(1)］

　空白になっているが，問 2 がネットショッピング未利用者なので通常の回答で「非該当」のコード88を当てよう。

［問 3］

　視聴時間が記入されているので通常の回答である。時間の枠に 2，分の枠に30のコードを当てればよい。

［問 4］

　午前 = 1，午後 = 2，時分は記入された数値をコードとする。出勤時刻は，午前と午後の区別が 1，時が 7，分が15となる。帰宅時刻は「回答形式が合わない」事例である。記入のままの原則に従い，午前と午後の区別は無回答の 9，時が20，分を 0 としよう。

（変数の意味は下記の解説参照）。調査票上の回答がエクセルファイル上へ正確に移行されるよう，細心の注意を払いたい。図 6 - 1 は，上述の問 1 から問 4 を想定したエクセルへの入力例である（データは架空）。

　エディティング・コーディング時に使ったマニュアルを使うか，それを元にして入力用のマニュアルを作り，データを入力していこう。コンピュータ上へのファイルのこまめな保存やバックアップファイルの作成も忘れないように。

　②データ・クリーニングを徹底しよう──誤入力と論理的な矛盾の修正

　データ・クリーニングとは，誤入力の有無および回答間に論理的な矛盾はないかのチェックを行い，誤りや矛盾を修正する作業のことである。ミスや矛盾を排除するデータ・クリーニングは，分析に使うデータの質を上げるきわめて重要な作業であることを強く認識してほしい。

　誤入力とは，2 を 3 とするなど単純な入力ミスと規定外のコードの入力をいう。規定外とは，通常コードが 1 〜 4，無回答が 9 の質問で，7 などそれ以外のコードを入力してしまった等である。ついうっかりの入力ミスはどうしても避けがたいが，誤って入力されたデータが残っていたら分析の意味がない。

	A	B	C	D	E	F	G	H	I	J	K	L	M	N	O	P	Q	R	S	T	U	V
1	ID	Q1	Q2_01	Q2_02	Q2_03	Q2_04	Q2_05	Q2_06	Q2_07	Q2_08	Q2_09	Q2_10	Q2_11	Q2(1)	Q3_h	Q3_m	Q4_D	Q4_Dh	Q4_Dm	Q4_A	Q4_Ah	Q4_Am
2	101	3	0	1	1	1	0	0	1	0	0	1	0	2	2	30	1	7	0	2	8	20
3	102	2	0	1	1	1	0	1	0	1	1	1	0	3	1	0	1	8	0	2	6	30
4	103	1	0		1	1	1	0	0	1	0	1	0	7	0	30	1	6	15	2	6	15
5	104	4	0	0		0	1	0	1	0	0		0	5	3	30	1	7	20	2	7	0
6	105	1	0	0	1	1	0	1	0	0				9	99	99	2	4	30	2	11	30
7	201	9	0	0	0	0	0	0	0	0			1	88	2		1	6	50	2	10	40
8	202	4	0	1	0	1	0	0						1		50	1	7	0	2	4	0
9	203	2	0	1	1	0	1	0	0								1	7	0	2	8	0
10	204		0	1	0	0	0	1	1	0				8	0	20	9	9	99	9	99	99
11	205	3	9	9	9	9	9	9	9	9	9	9		99	4	0	1	7	25	2	6	35

図6-1　エクセルへの入力例

注：各変数の意味は以下の通り。

ID　：対象者番号。百の位が地域番号で下二桁が連続番号を表す。

Q1：問1を表す。択一式なので必要な枠（エクセルの列）はB列一つだけでよい。この問は通常コードが選択肢番号の1～4で無回答は9である。

Q2：11個の項目それぞれに枠が必要である（C列～M列）。
例では“_”による枝番を付した11列の枠を用意した。Q2_01が「1．食料品」への回答である。○があれば1、なければ0とし、無回答は9。

Q2(1)：択一式で非該当あり。通常コードは選択肢番号の1～11、無回答は99、非該当は88である。

Q3_h：通勤時間の「時」。記入の数値をそのままコードとする。無回答は99。

Q3_m：通勤時間の「分」。記入の数値をそのままコードとする。無回答は99。

Q4_D：出勤時刻の午前と午後の区別。午前1、午後2、無回答は9。

Q4_Dh：出勤時刻の「時」。記入の数値をそのままコードとする。無回答は99。

Q4_Dm：出勤時刻の「分」。記入の数値をそのままコードとする。無回答は99。

Q4_A：帰宅時刻の午前と午後の区別。午前1、午後2、無回答は9。

Q4_Ah：帰宅時刻の「時」。記入の数値をそのままコードとする。無回答は99。

Q4_Am：帰宅時刻の「分」。記入の数値をそのままコードとする。無回答は99。

　誤入力のチェックと修正には，原票読み上げ担当とパソコン画面チェック・修正の二人一組で作業を実施するとよいだろう。また，すべての問（変数）の度数分布表（第7章183-184頁参照）を作成し，規定外の入力が残っていないかの確認と修正も怠りなく実施しよう。

　次に，**論理的矛盾**についてチェックする（**ロジカルチェック**）。論理的矛盾とは，回答間で整合性がつかないものである。メインの質問とサブクエスチョンとの間の矛盾や，非該当であるはずの人が，サブクエスチョンに回答しているなど，次のような例が挙げられる。矛盾が予想される質問項目間でクロス集計表（第7章184-185頁参照）を作成し，チェックしよう。

[婚姻状況と配偶者に関する質問との関係]

　結婚していないにも関わらず，配偶者やその家族に関する質問に回答して

　論理矛盾への対応例を2つ紹介しよう。いずれも，松川尚子氏提供の資料に基づいている。一つは，子どもとの同別居の設問で「同居している」と回答があった一方で，同居者の内訳の設問で「子ども」を含めていないものがあった。調査票を確認したところ，同居していることは間違いないので，同居者に「子ども」を含めるよう変更した。その結果，同居者の人数も一人増えることとなった。

　もう一つは，配偶者とは「死別」したが，家計は「配偶者の年金」で支えられているとの回答があった。調査票を確認したところ，配偶者は亡くなっているものの，遺族年金をもらっている可能性があるので，これは，回答のまま変更しなかった。

　ミスは，エディティングからクリーニングの各段階で発生しうる。松川による次の指摘は重要である。

　「調査票原票に目を通す際は，誤入力があった質問項目だけでなく，調査票を1頁目からすべて確認するようにした。誤入力があった調査票は，回答がいい加減だったり，他にもエディティングのミスがあったりする可能性が考えられるからである。また，1カ所を修正すると他の項目にも修正が必要になるケースもあるからである」（松川，2021：30）。

　いずれにしても，もとの調査票に当たって，当該回答者がどのような人かを考えて，整合性のある回答にすることが重要である。

（H. K.）

いたり，同居家族に配偶者を含めている，など。

［親に関する質問］

　親が他界しているにもかかわらず，（健在の親についての質問である）居住地や交際頻度に関する質問に回答している。

［子に関する質問］

　子どもがいないにもかかわらず，子どもの性別・年齢などの質問に回答している。子どもが一人であるにもかかわらず，2人目以降の質問に回答している，など。

［職業に関する質問］

　無職にもかかわらず，通勤に関する質問（職場の位置，通勤時間・手段など）に回答している。

［年収に関する質問］

　世帯年収より個人年収の方が多い。

〜〜〜〜〜 **コラム40 データ入力とチェック方法あれこれ** 〜〜〜〜〜

　データの入力とクリーニングの方法には，本文で言及した「エクセルへの入力を一組で行い，読み合わせでチェックする方法」の他に，次の方法がある。

①エクセルへの入力を別々に行い，エクセル上で差分をチェック・修正する方法
　これは，同じデータを2人が別々に入力し，エクセル上で両者のシート間の差をとって修正する方法である。差をとって0ではないセルが誤入力である。元の調査票と照らし合わせて修正しよう。

②業者に入力とチェックを外注する方法
　文字通り，外注する方法である。費用はかかるが，昨今では比較的安価に，もちろん正確に実施してくれる業者もあるようだ。予算が許せば，外注の可能性も検討しよう。

　　　　　　　　　　　　　　　　　　　　　　　　　　　　　　　　(H.K.)

◇◇

［年齢に関する質問］
　　年齢より居住年数の方が長い。

　　　　　　　　　　　　　　　（［年収］［年齢］以外は，松川，2021に基づく）

＊松川尚子，2021，「郵送調査法の実査過程とその運用における工夫」大谷信介『調査困難状況における社会調査の運営に関する研究——「川崎・神戸・福岡市民生活実態調査」の取り組み』2016年度〜2020年度科学研究費補助金［基盤研究（A）］「政策形成に貢献し調査困難状況に対応可能な社会調査方法の研究（研究課題番号：16H02046）」研究成果中間報告書（3），6-30頁。

　論理的矛盾がみられた場合，他の質問への回答も参照し，矛盾を解消する方向で回答結果を修正する（コラム39参照）。

　統一したマニュアルによる作業を徹底し，時間を十分にかけて万全を期したい。これでついに使えるデータの完成である。

　　　　　　　　　　　　　　　　　　　　　　　　　　　　　　　（小松　洋）

第 **7** 章

調査結果を集計・分析しよう

要点 本章では量的データの基礎的な分析手法を解説する。まず，カテゴリカルデータを対象に，単純集計とクロス集計，カイ二乗検定を取り上げる。次にスケールデータでは，中心やばらつきを表す基礎統計量，比率の差の検定，相関と回帰や重回帰分析の考え方を説明する。最後に，報告書のまとめ方を解説する。

➤**キーワード**：カテゴリカルデータとスケールデータ，単純集計とクロス集計，カイ二乗検定，基礎統計量，比率の差の検定，相関と回帰，重回帰分析，報告書のまとめ方

　本章では量的データの集計・分析方法を解説する。量的データのうち，**カテゴリカルデータ**とは，所属学部や好きな食べ物のように，物事を分類するためのデータである。一方，**スケールデータ**とは，試験の点数やアルバイト収入といった，平均値などの統計量を計算できるデータである。まずは，カテゴリカルデータのまとめ方からみていこう。

1　カテゴリカルデータのまとめ方

（1）単純集計で分布の傾向をみる

　分析の第一歩は，単純集計である。**単純集計**とは，個々の問いについて，度数分布表を作成し，それぞれの回答分布の傾向を把握することをいう。表7-1と表7-2に**度数分布表**の例を示した。

　度数とは，男性の354，女性の348，無回答の4，交通事故経験ありの269，なしの433といった各カテゴリーの人数のことである。分布とは，各度数の出方をいい，度数の分布を示した表なので，度数分布表という。ただし，必ず**相対度数**（ここでは％）をつけることを忘れてはならない。そうすることで，男女はほぼ半々，事故経験者は4割弱いることが一目でわかるだろう。

　単に数えるだけの単純集計は加工度が最も低い基礎的なデータであるが，そこから引き出せるものはかなり多いはずだ。まずは虚心坦懐に分布を眺めて，

表7-1 回答者の性別		
	人　数	（％）
男　　性	354	50.1
女　　性	348	49.3
無 回 答	4	0.6
合　計	706	100.0

表7-2 交通事故の経験		
	人　数	（％）
あ　　り	269	38.1
な　　し	433	61.3
無 回 答	4	0.6
合　計	706	100.0

出所：H・ザイゼル（佐藤郁哉訳），2005，『数字で語る——社会統計学入門』新曜社，をもとに，サンプル数を20分の1にして，本章筆者が作成。

度数分布表と「対話」することに時間をかけよう。

　実際の調査では，無回答や非該当も存在する（第6章）。まずはそれらも含めた度数分布表を作ろう。最終的な分析には使わないかもしれないが，無回答や非該当の分布も大切な調査結果である。

（2）クロス集計表で変数間の関連をみる

　2つ以上の質問項目間の関係を示すことができるのが**クロス集計表**（クロス表，分割表）である。クロス表の例を次の仮説（第3章）に沿ってみてみよう。

【仮説】

　母集団（運転免許登録者の集団）では，
　①性別と交通事故の経験は関連する。
　②男性の方が女性よりも事故を起こしやすい。
　③男性の方が女性よりも性格が雑だから。

表7-3 性別と事故経験の関係（％）

性　別	事故経験		計
	あ　り	な　し	
男　性	44.1 (156)	55.9 (198)	100.0 (354)
女　性	32.5 (113)	67.5 (235)	100.0 (348)
全　体 （人数）	38.3 (269)	61.7 (433)	100.0 (702)

出所：H・ザイゼル（佐藤郁哉訳），2005，『数字で語る——社会統計学入門』新曜社，をもとに，サンプル数を20分の1にして，本章筆者が作成。

　「性別」が独立変数，「事故経験」が従属変数である。表7-3は，男女別に事故経験の様子を示しており，男性は44.1％が，女性は32.5％が「事故経験あり」と回答したことがわかる。これをみると男性の事故経験率の方が高いので，仮説①と②の予想に合致している。しかし，この段階で「仮説が検証された*!!*」と結論してはいけない。ここでは，クロス表に

よって，男女に分けて事故経験率を示すことができることを理解しよう。

　ただし，これは約700人だけを調査対象とした標本調査である。仮説検証の決着は，次節のカイ二乗検定でつけるまで待ってほしい。

　単純集計と異なり，すべての質問間でのクロス表作成は無駄かつ無意味である。仮説に基づいて，必要な変数の組み合わせだけでクロス表を作成しよう。

② クロス集計表の分析技法
――カイ二乗検定とエラボレーション――

（1）カイ二乗検定で関連の有無と程度をはっきりさせる

①カイ二乗検定とは

カイ二乗検定とは，クロス表の2変数間に関連があるかどうかを検討するための統計的検定手法である。前節で，クロス集計により仮説①と②が正しそうな結果が得られた。ここで，推測統計を用いて，母集団（すべての自動車免許保有者）でも性別と事故経験に関連があるといえるか検証しよう。

②カイ二乗検定の実践

　カイ二乗検定は次の手順で行う。

〈①帰無仮説と対立仮説を設定する〉

　統計的検定では最初に2つの仮説を設定する。この事例では以下のようになる。〔　　〕は表記を一般化したものである。

> H_0：性別と事故経験は関連しない。

〔「独立変数」と「従属変数」は関連しない。〕

> H_1：性別と事故経験は関連する。

〔「独立変数」と「従属変数」は関連する。〕

　H_0 を**帰無仮説**（null hypothesis），H_1 を**対立仮説**（alternative hypothesis）といい，いずれも母集団での状態を示している。帰無仮説は関連を否定し，対立仮説は肯定するという相互背反の関係にある。

〈②帰無仮説が正しいとの前提で期待度数を求める〉

　統計的検定のお約束として「帰無仮説が正しい」という前提をおく。この例では性別と事故経験は関連しない（つまり，無相関）のだから，男女とも事故経験率は38.3％になるはずである。「事故経験なし」はもちろん61.7％となる。このときに予想される各セル（クロス集計表の数値が入る一つひとつの枠のこと）

の人数を**期待度数**という。たとえば，男性で事故経験ありの期待度数は，354人の38.3%（354×0.383）で135.6人となる。同様に計算して表7-4を得た。また，実際に調査で得られた人数（表7-3）を**実現度数**という。

表7-4　性別の期待度数（人）

	1. あ り	2. な し	計
1. 男　性	135.6	218.4	354
2. 女　性	133.3	214.7	348
有無の%	38.3	61.7	100.0

　実現度数を N_{ij}，期待度数を F_{ij} と表記する。ij とは，マンションの部屋番号のようなものである。たとえば，F_{11} なら「1. 男性」で「1.（事故経験）あり」のセルを指している。つまり，期待度数というマンションの1階1号室である。

　また，$N_{1}.$ は男性（$i=1$）で j の区別は問わない，すなわち男性の人数（354）を表し，N は全体の回答者数（702）のことである。

$$F_{11} = N_{1}. \times (N_{\cdot 1} / N) = 354 \times (269 \div 702) = 135.6 \text{ となる。}$$

　期待度数の定義式を一般化すると，

$$F_{ij} = N_{i}. \times N_{\cdot j} / N \text{ となる。}$$

〈③期待度数と実現度数からカイ二乗値を求める〉

　次に**カイ二乗値**を計算する。二変数間の関連が低ければ実現度数と期待度数は近い値となり，高ければ期待度数からは離れた値となると考えられる。それでは，性別×事故経験有無のそれぞれのセルで実現度数と期待度数の差をとり，合算すれば，クロス表全体の乖離の程度を表せるだろう。ただし，単純に合計するとゼロになるので（表7-5 差の列），それぞれの値を二乗する。これが，カイ「二乗」たるゆえんである。男性で事故経験ありの場合，$(N_{11} - F_{11})^2 = 20.4^2 = 416.2$ となる。表7-5の右から2列目に差の二乗を示した。

　各セルで差の二乗が求められたので，あとは全部足せばクロス表全体の乖離の程度を示すことができる。ただし，乖離の程度が同じ416.2のセルでも，期待度数が135.6のセルと218.4のセルでは相対的な大きさが異なるのではないだろうか。そこで，二乗した値をそれぞれの期待度数で割ることによって調整する（表7-5 ÷期待度数の列）。クロス表全体の乖離の大きさは，これらを合算

した10.0で示される。この値こそがカイ二乗値（χ^2値）である。

表7-5 カイ二乗値（χ^2値）の計算過程

性別 (i)	事故経験 (j)	実現度数 N_{ij}	期待度数 F_{ij}	差 $(N_{ij}-F_{ij})$	差の二乗 $(N_{ij}-F_{ij})^2$	÷期待度数 $(N_{ij}-F_{ij})^2/F_{ij}$
1. 男性	1. あり	156	135.6	20.4	416.2	3.1
1. 男性	2. なし	198	218.4	−20.4	416.2	1.9
2. 女性	1. あり	113	133.3	−20.3	412.1	3.1
2. 女性	2. なし	235	214.7	20.3	412.1	1.9
					χ^2 値 =	10.0

カイ二乗値の定義式は次のように表すことができる。

（式）　$\chi^2 = \sum_{1}^{i} \sum_{1}^{j} (N_{ij}-F_{ij})^2/F_{ij}$

＊これは「適合度による χ^2 値」あるいは「ピアソンの χ^2 値」と呼ばれるものの定義式である。最近のコンピュータでは，このほかに，対数変換を用いた「尤度比による χ^2 値」がよく用いられている。

〈④危険率を設定し，クロス表の大きさに合った自由度の棄却値を求めて結論を得る〉

次に求めたカイ二乗値（10.0）と**棄却値**との比較を行う。棄却値とは，カイ二乗値がそれを超えれば「帰無仮説が正しい」との前提を破棄する基準の値のことである。カイ二乗分布表を用いて，適切な棄却値を求めよう。

まず，自由度を確認する。**自由度**は（表側の変数のカテゴリー数−1）×（表頭の変数のカテゴリー数−1）として計算できる。この例の自由度は，$(2-1) \times (2-1) = 1$ である。次に危険率を設定する。**危険率**とは「帰無仮説が正しい」のに「帰無仮説は間違っている」と判断を誤ってしまう確率のことである（コラム43参照）。カイ二乗分布表の α が危険率を表す。社会調査ではサンプル数の大きさにもよるが5％とすることが多い（コラム44参照）。その際には「.05」の列を参照しよう。表から，危険率5％で自由度＝1のときの棄却値は3.841とわかる。カイ二乗値＝10.0＞3.841なので帰無仮説を棄却し「性別と事故経験は関連がある」と結論づけよう。これで，危険率5％で184頁の仮説①と仮説②が検証されたことになる。

なお，求めたカイ二乗値が棄却値を下回る場合，帰無仮説を採用（または採択）すると表現するとよいだろう。

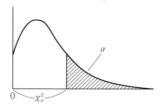

カイ二乗分布（χ_2分布）

自由度 df	α			
	.20	.10	.05	.01
1	1.642	2.706	3.841	6.635
2	3.219	4.605	5.991	9.210
3	4.642	6.251	7.815	11.341
4	5.989	7.779	9.488	13.277
5	7.289	9.236	11.070	15.086
6	8.558	10.645	12.592	16.812
7	9.803	12.017	14.067	18.475
8	11.030	13.362	15.507	20.090
9	12.242	14.684	16.919	21.666
10	13.422	15.987	18.307	23.209
11	14.631	17.275	19.675	24.725
12	15.812	18.549	21.026	26.217
13	16.985	19.812	22.362	27.688
14	18.151	21.064	23.685	29.141
15	19.311	22.307	24.996	30.578
16	20.465	23.542	26.296	32.000
17	21.615	24.769	27.587	33.409
18	22.760	25.989	28.869	34.805
19	23.900	27.204	30.144	36.191
20	25.038	28.412	31.410	37.566
21	26.171	29.615	32.671	38.932
22	27.301	30.813	33.924	40.289
23	28.429	32.007	35.172	41.638
24	29.553	33.196	36.415	42.980
25	30.675	34.382	37.652	44.314
26	31.795	35.563	38.885	45.642
27	32.912	36.741	40.113	46.963
28	34.027	37.916	41.337	48.278
29	35.139	39.087	42.557	49.588
30	36.250	40.256	43.773	50.892

出所：原・海野, 2004：166頁より転用。

コラム41　カイ二乗分布表の見方と結果の記し方

　少し補足しておこう。表上部のグラフ横軸は求めたカイ二乗値を表し，縦軸は頻度を表す。このグラフでは見づらいが，原点（χ^2 値＝0）での頻度はゼロである。

　さて，横軸とグラフで囲まれる部分の面積を100としよう。網掛けの部分は，カイ二乗値がある値（χ_0^2）を超えた部分の面積を示している。そして，3.841であるがこれは，自由度1のクロス表でカイ二乗値が3.841を超える部分の面積が全体の5％を占めるということが統計学的にわかっているということだ。このクロス表でカイ二乗値が3.841を超えることは100回の調査で5回までしか起こらないと考えられ，帰無仮説が正しいとの前提には合わなくなってしまったのである。

　カイ二乗検定の結果として，表の下にカイ二乗値と危険率（p）を記すとよいだろう。ここでは危険率が5％未満であることを意味している。また，危険率は有意水準（significance level ／ level of significance）とも呼ばれる。帰無仮説が採用された場合には，$p<0.05$ の代わりに，n.s.（not significant の略）と記すことが一般的である。

（H. K.）

表7-3　性別と事故経験の関係（％）

	あ　り	な　し	％の基数
男　性	44.1	55.9	354
女　性	32.5	67.5	348
全　体	38.3	61.7	702

$\chi^2 = 10.0$,　$p<0.05$

コラム42　自由度とは

　クロス集計表の自由度とは，周辺度数が決まっているとき自由に値を決める余地のあるセル数のことである。これは，クロス表のセル数と関連している。本文で示した2×2クロス表の例では，どれか一つのセルの値が，たとえば，女性で事故経験あり100人と決まれば，残りのセルの値は自動的に決まってしまうだろう（斜体字の女性事故なし248，男性では事故経験あり169，事故経験なし185）。つまり，自由度1ということだ。

（H. K.）

表7-3'　性別と事故経験の関係（人）

	あ　り	な　し	計
男　性	*169*	*185*	354
女　性	100	*248*	348
全　体	269	433	702

~~~ コラム43　危険率の意味と二種類の過誤 ~~~

　危険率とは「帰無仮説が正しい」のに「帰無仮説は間違っている」と判断を誤ってしまう確率のことと記した。もう少し詳しく説明しよう。たいていの調査は何らかの母集団を設定してのサンプリング調査である。この事例では700人程度の対象人数であるが，母集団である免許保有者は何千万人もいるだろう。この何千万人の中でも本当に，仮説①「性別と事故経験は関連する」が成立するのだろうか。実はこの約700人のサンプリングが特殊であって，母集団では仮説①は成立していないかもしれない。この悪夢の起こる確率こそが危険率なのである。まあ，逆に考えれば，悪夢の確率は５％もないといえる。たいていは大丈夫だろう。

　なお，この悪夢，つまり，母集団では関連がないのに検定結果として関連があるとしてしまう過ちのことを「第一種の過誤」という。もう一つの悪夢である，母集団では関連があるのに検定結果として関連がないとしてしまう過ちのことは「第二種の過誤」と呼ばれている。　　　　　　　　　　　　　　　　　　　　　　（H.K.）

~~~ コラム44　サンプル数と危険率の関係 ~~~

　期待度数とカイ二乗値の定義式からは，標本数が大きくなれば，カイ二乗値は大きくなることがわかる。同じ分布で，仮に N_{ij} が10倍になると F_{ij} も10倍となり，両者の差を二乗した（100倍の）値を $10 \times F_{ij}$ で割るので，カイ二乗値も10倍となるのである。つまり，同じ分布では，標本数が大きくなるとカイ二乗値は大きい値となり，危険率（α）は下がることになる。闇雲に危険率５％とするのではなく，標本数に応じた適切な値を設定するようにしたい。　　　　　　　　　　　　　　（H.K.）

③カイ二乗検定の注意事項

　最後に，カイ二乗検定の注意事項を一つ。カイ二乗値の計算過程において期待度数で割るので，期待度数が１未満のセルがある場合にはこの検定は適当ではない。５未満の場合を目安とする考え方もある（神林・三輪，2011：215）。対策としてはカテゴリーの統合などが考えられる。このような制限があるものの，カイ二乗検定はクロス表の基礎分析手法である。うまく活用しよう。

＊神林博史・三輪哲，2011，『生きた実例で理解する──社会調査のための統計学』技術評論社。

コラム45　相関関数で関連の程度を表そう

　カイ二乗検定では 2 変数間の関連の有無を示すことができる。変数間の関連の程度がどれくらいかを示すには相関係数を求めるとよい。例えば，2 × 2 のクロス表では四分点相関係数（γ）が考案されている。

　γ は次の計算で求められる。表 7 - 3 を例にとると，分子は中の数値（人数）を斜めに掛けて差を取ったもの。分母は，周辺度数を掛け合わせたものの平方根である。

$$\gamma = \frac{156 \times 235 - 198 \times 113}{\sqrt{269 \times 433 \times 354 \times 348}}$$
$$= 0.119$$

　γ の値は，関連が全くない時に 0 （ゼロ），最も強い関連状態（完全関連という）の時に極限値 +1 または -1 となる。$\gamma = 0.119$ という数値は関連が全くないわけではない，といった程度の強さを意味している。

　完全関連とは次のように 2 × 2 クロス表の 4 セルのうち斜めにゼロが入る状態をいう。この例では性別によって事故経験の有無が文字通り完全に説明されている。

〈完全関連状態の表 7 - 3 〉

表 7 - 3'　性別と事故経験の関係（人）

	あ　り	な　し	計
男　性	354	0	354
女　性	0	348	348
全　体	354	348	702

$\gamma = 1.00$

表 7 - 3'　性別と事故経験の関係（人）

	あ　り	な　し	%の基数
男　性	0	354	354
女　性	348	0	348
全　体	348	354	702

$\gamma = -1.00$

表 7 - 3'　性別と事故経験の関係（人）

性　別	事故経験		計
	あ　り	な　し	
男　性	106 (29.9)	248 (70.1)	100.0 (354)
女　性	104 (29.9)	244 (70.1)	100.0 (348)
全　体 (%)	210 (29.9)	492 (70.1)	702 (100.0)

　また，男女で「経験あり」の比率が等しいとき（無関連）には $\gamma = 0.000$ となる。この例では分子の値は72となるが，分母の値が相対的に大きいので $\gamma \fallingdotseq 0.000$ とみなせる。

　2 × 2 より大きなクロス表も含めて相関係数は，さまざまなものが考案されているが，用途や適用範囲が限られている場合もある。詳細は，ボーンシュテット＆ノーキ（1990），原・海野（2004）などを参照してほしい。

＊G・W・ボーンシュテット，D・ノーキ（海野道郎・中村隆監訳），1990，『社会統計学──社会調査のためのデータ分析入門』ハーベスト社。
　原純輔・海野道郎，2004，『社会調査法演習（第 2 版）』東京大学出版会。

（H.K.）

（2）エラボレーションの考え方

エラボレーションとは，クロス表の二変数間の関連を，第三変数を用いてクロス表を分解することで説明しようとする技法のことである。カイ二乗検定で，性別と交通事故の経験は関連することがわかった。しかし仮説③男性の方が性格が雑だから，が正しいかどうかわからない。ほかにもさまざまな説明の可能性がある。たとえば，男女では走行距離が異なっているかもしれない。ここではザイゼル（2005）に従って，第三変数として「年間走行距離」を導入して考えてみよう。走行距離が同じ男女間でも同様の傾向がみられるだろうか。

表7-6からは次の3点が読み取れる。①走行距離にかかわらず，性別と事故経験の関連が消えている，②「距離長」では男性の人数が女性より2倍以上と多く，「距離短」ではその逆の傾向がみられる，③走行距離が長い方が事故経験率が高い（52％と25％）。つまり，この例では，男性の方が走行距離が長いという社会的事実と，走行距離が長いほど事故を起こしやすいという確率論が組み合わさり，一見すると男性の方が女性よりも事故を起こしやすいという結

表7-6 性別と事故経験の関係（%）

	走行距離長			走行距離短		
	経験あり	経験なし	%の基数	経験あり	経験なし	%の基数
男　性	52.0	48.0	250	25.0	75.0	104
女　性	52.1	47.9	96	25.0	75.0	252
全　体	52.0	48.0	346	25.0	75.0	356

注：年間走行距離が10,000マイル（約16,000キロメートル）で長短を分けている。
出所：ザイゼル（2005）をもとに，サンプル数を20分の1にして，本章筆者が作成。

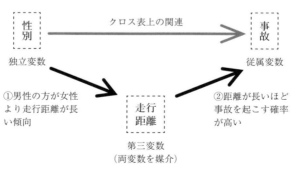

図7-1 性別・走行距離・事故経験との関係

出所：H・ザイゼル（佐藤郁哉訳），2005，『数字で語る——社会統計学入門』新曜社。
　　　原純輔・海野道郎，2004，『社会調査法演習（第2版）』東京大学出版会。

果が生じていたのである。図7-1の下半分を手で覆ってみれば納得がいくだろう。

本項ではエラボレーションの紹介にとどめた。実際の手続きや必要な知識についての詳細は，原・海野（2004）などを参照されたい。

③ 基礎統計量の活用
──分布の中心とばらつきの程度を測ろう──

（1）基礎統計量で社会をシンプルに表現したい

ここからはスケールデータを整理する方法をみていこう。**基礎統計量**（基本統計量，要約統計量）とは，中心やばらつきといった，データの分布の特徴を端的に示す指標のことである。次のデータを使って，中心の指標3つ（算術平均・中央値・最頻値）とばらつきの指標（分散・標準偏差）2つを身につけよう。

[試験の成績（点）]
- 1組：0, 20, 40, 50, 60, 80, 100
- 2組：40, 45, 50, 50, 50, 55, 60
- 3組：10, 10, 10, 10, 10, 10, 100

（2）分布の中心を表す3つの基礎統計量

①算術平均（arithmetic mean，相加平均）

算術平均とは，値を合計してデータ数で割ったものである。1組と2組の算術平均は350点÷7＝50.0（点），3組は160÷7＝22.9点となる。

②中央値（median，中位数）

中央値とは，データを大きさの順に並べた真ん中の値のことである。この例では4番目の点数なので1組と2組が50点，3組は10点となる。データ数が偶数の時には，真ん中の2つの値を足して2で割って求める。1組が20点から100点までの6人のクラスだとしたら，3位と4位の成績を足して2で割った55.0点が中央値である。

ところで3組であるが，100点の生徒だけ他の得点から大きく離れている。このような他と極端に乖離している値のことを「**はずれ値**（outlier(s)，**外れ値**）」という。はずれ値がある場合や，正規分布のような左右対称とは見なせない分布の場合には，中心の指標として算術平均は適切ではない（コラム46参照）。このような時のために中央値が考案されているのである。

③最頻値（mode，モード）

最頻値とは，出現回数が最も多い値のことをいう。2組では3人と最も多い50点，3組は6人いる10点が最頻値である。ファッションのモードと同じで，みんなが同じデザインの服を着ている，つまりよく流行っているという状況をイメージできるだろう。なお，1組は同じ値が1つずつなのですべての値が最頻値となる。

（3）分布のばらつきを表す2つの基礎統計量——分散と標準偏差

①分散（variance）の考え方と求め方

1組と2組の算術平均は同じ50.0点である。しかし，得点のばらつきの程度は異なりそうである。そこで，**分散**によって両組のばらつきの違いを示してみよう。

分散は次の手順で求める。

〈①偏差を求める〉

偏差とは，個々のデータと算術平均との差をいう。個々の偏差が大きいほどばらつきの程度は大きいと考えてよいだろう。これが分散の基本的考え方で，1組の偏差は次のようになる。

表7-7　1組の素点と偏差（点）

番号	1	2	3	4	5	6	7	計	平均
素 点	0	20	40	50	60	80	100	350	50.0
偏 差	−50	−30	−10	0	10	30	50		

〈②偏差平方を求める〉

偏差には正の値も負の値もある。クラス全体のばらつきとして偏差を合計してもゼロとなり具合が悪い。そこで偏差の値を二乗する。これを，**偏差平方**という。

〈③偏差平方和を求める〉

偏差平方を合計してクラス全体のばらつきの程度を求めよう。偏差平方の総和なので**偏差平方和**という。

コラム46 偏りのある分布での算術平均・中央値・最頻値

下記の図は，日本の世帯所得の分布を示したものである（2019年度）。

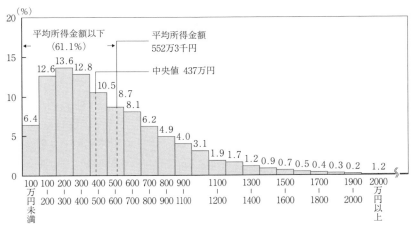

〈厚生労働省「国民生活基礎調査の概況」（平成31〔2019〕年調査）〉

出所：https://www.mhlw.go.jp/toukei/saikin/hw/k-tyosa/k-tyosa19/dl/03.pdf（2022年8月20日最終閲覧）

　算術平均は552万3000円で一月あたり約46万円となる。結構，所得あるのでは！と，単純には喜べない。中央値は約115万円下がった437万円である。所得の高い層が算術平均を押し上げているといえるだろう。また，最頻値は中央値よりさらに下がった200万円台である。このように歪みのある分布では，算術平均だけでは現実を見誤るおそれがあることがわかるだろう。　　　　　　　　　　　　　　　　　（H.K.）

表7-8　1組の偏差（点）と偏差平方和（点^2）

番号	1	2	3	4	5	6	7	偏差平方和
素　点	0	20	40	50	60	80	100	
偏　差	−50	−30	−10	0	10	30	50	
偏差平方	2500	900	100	0	100	900	2500	7000

〈④偏差平方和をデータ数で割る〉

　7人分の偏差平方和と大学入学共通テストの50万人分の偏差平方和では，後者の方が圧倒的に大きいことが予想され，単純には比較ができない。そこで，偏差平方和をデータ数で割る。これが**分散**である。

　偏差「平方」に基づくため，分散の単位は元の単位の二乗となる。1組の分

散は$7000 \div 7 = 1000.0$（点^2），同様に2組は$250 \div 7 = 35.7$（点^2）となる。予想通り，1組の方が2組よりもばらつきの程度が大きいことがわかった。

表7-9　2組の偏差（点）と偏差平方和（点^2）

番号	1	2	3	4	5	6	7	
素　点	40	45	50	50	50	55	60	偏差平方和
偏　差	−10	−5	0	0	0	5	10	
偏差平方	100	25	0	0	0	25	100	250

ちなみに，3組の偏差平方和は6942.9，分散は991.8（点^2）となる。各自，確認するとよいだろう。

なお，無作為抽出（第5章）によって得られたデータで母集団の分散を推定する場合には，偏差平方和を（データ数−1）で割る必要がある。これを不偏分散というが，詳細は統計学の教科書（ボーンシュテット，ノーキ，1990：132-133など）を参照されたい。

＊G・W・ボーンシュテット，D・ノーキ（海野道郎・中村隆監訳），1990，『社会統計学
　　──社会調査のためのデータ分析入門』ハーベスト社。

②標準偏差（standard deviation）とは

標準偏差とは分散の平方根をとったものである。そのため単位が元データの単位と同一となる。各組の標準偏差は以下の通り。

1組：　$\sqrt{1000.0} = 31.6$（点）
2組：　$\sqrt{35.7}\ \ = 6.0$（点）
3組：　$\sqrt{991.8} = 31.5$（点）

（4）標準偏差をもとにしたばらつきの指標──標準得点と偏差値

①標準得点（standard score，Z-score，Z得点・Z値）

標準得点とは，偏差を標準偏差で割ったものである。これは，算術平均が0，標準偏差が1の正規分布に従うことが統計学的にわかっている。もとのデータがどのようなものであろうと，標準得点化することで同一の基準で比較することができ，便利である。

②偏差値（deviation value，T-score）

偏差値とは，標準得点を10倍して50を足したものである。したがって，これは平均50，標準偏差10の正規分布に従うことになる。標準得点1.96の場合，偏

　本文で言及したもの以外のばらつきの指標としては変動係数と範囲が挙げられる。
変動係数（coefficient of variance, coefficient of variation, CV, 変異係数）とは，標準偏差を算術平均で割ったものである。標準偏差が31.6点だとして，算術平均50.0点の場合（CV＝0.632）と500.0点の場合（CV＝0.063）では，後者の方がばらつきは小さいといえよう。変動係数は，算術平均が大きく異なるデータ間でばらつきを比較したいときに活用しよう。

　範囲とは，最大値と最小値との差のことをいう。たとえば，2組の範囲は60点－40点＝20（点）と求められる。同じ20点の範囲でも「100点と80点」や「30点と10点」では成績の意味が違ってくるかもしれない。こんな指標もある，くらいの理解でよいだろう。
　　　　　　　　　　　　　　　　　　　　　　　　　　　　　　　　　　（H.K.）

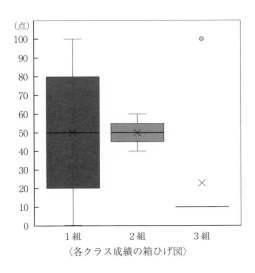

〈各クラス成績の箱ひげ図〉

　図は箱ひげ図で各クラスの中心とばらつきを表したものである。箱の中の横線は中央値，×は算術平均を示している。また，上下に伸びている「ひげ」は最大値と最小値である。箱の下側は下位25%（第1四分位数）の値を，上側は上位25%（第3四分位数）の値を意味している。これを見れば一目瞭然で，算術平均と中央値は同じでも，1組の方が2組よりもばらつきが大きいとわかる。なお，3組の100点にある丸ははずれ値を表している（1組と2組ははずれ値はない）。はずれ値を除いた上下の四分位範囲が中央値と一致するため，箱ではなく1本の線として表されている。

　マイクロソフトの Office2016（2023年6月現在 Microsoft365）からエクセルでも箱ひげ図をつくることができるようになった。3組のような極端な分布の集団は別として，箱ひげ図を中心とばらつきの視覚化に活用してみてはどうだろうか。　　（H.K.）

差値は69.6となり，正規分布の性質から上位2.5％に位置することになる（第5章参照）。偏差値は教育現場でよく使われてきたようだが，上記の性質をもった統計量の一つに過ぎない。標準化された値として，教育以外でもさまざまな場面で活用してほしい。

　参考までに，1組の標準得点と偏差値を表7-10に示した。

表7-10　1組の偏差（点）・標準得点・偏差値

番号	1	2	3	4	5	6	7
素　　点	0	20	40	50	60	80	100
偏　　差	-50	-30	-10	0	10	30	50
標準得点	-1.58	-0.95	-0.32	0.00	0.32	0.95	1.58
偏差値	34.2	40.5	46.8	50.0	53.2	59.5	65.8

やってみよう

○　次のデータについて，算術平均と中央値と最頻値，分散・標準偏差・45点と63点の生徒について標準得点・偏差値を求めてみよう。分散を計算する際には，偏差平方和をデータ数で割ること。標準得点は小数点第二位まで，それ以外は第一位まで求めて計算しよう。

○　社会調査論Aの成績（受講者は50人，単位は「点」である）
9,15,18,25,26,29,31,31,33,35,36,39,40,40,41,44,45,46,48,49,50,51,53,54,54,54,54,54,55,56,58,59,61,62,63,63,65,66,68,71,75,76,78,78,79,84,85,88,95,98

（解答は章末）

---

④　比率の差の検定の実践

　比率の差の検定とは，母集団では2つのグループ間（2群間）で回答率に違いがあるかどうか判定するための統計的検定の手法である。対象とするデータは無作為抽出を前提としている。おなじみの性別と交通事故経験の例で，比率の差の検定手順をみてみよう。この例で2群とは，男性の運転免許登録者全員（男性群）と女性の運転免許登録者全員（女性群）の集合のことをいう。男女のサンプルの事故経験率の差（d）は「経験あり」の男女差として表7-3から $d=0.441-0.325=0.116$ と計算できる。

〈①帰無仮説と対立仮説を設定する〉

　H_0：事故経験率に男女の差はない。

$\boxed{\text{H}_1 : \text{事故経験率に男女の差がある。}}$

帰無仮説は差の存在を否定し，対立仮説は肯定するという相互背反の関係で表記するのは，カイ二乗検定と同様である。また，ここでは，両側検定を想定している（コラム49参照）。

〈②帰無仮説が正しいとの前提で，2群間の比率の差の算術平均と標準偏差を求める〉

比率の差の検定でも帰無仮説が正しいとの前提で話を進めていく。この調査を何度も繰り返し実施して，比率の差(d)を求めることを想像してほしい。dの値は，ある時は0.025，またある時は，0.202，はたまたある時は-0.183となろう。さらに繰り返し調査を行ったとしたら，このときdの値は，

算術平均0，標準偏差 (s_d)

$$s_d = \sqrt{\frac{P_1 \times (1-P_1)}{n_1} + \frac{P_2 \times (1-P_2)}{n_2}}$$

の正規分布に従う，ということが統計学的にわかっている。ここで，n_1：男性のサンプル数，n_2：女性のサンプル数，P_1：男性群の事故経験率，P_2：女性群の事故経験率をあらわしている。ただし，母集団の比率（母比率）P_1とP_2はそもそも未知のため，全体の事故経験率（$p=0.383$）で代替する。すると，この事例での標準偏差は，

$$
\begin{aligned}
s_d &= \sqrt{\frac{P_1 \times (1-P_1)}{n_1} + \frac{P_2 \times (1-P_2)}{n_2}} \\
&= \sqrt{p \times (1-p) \times \left(\frac{1}{n_1} + \frac{1}{n_2}\right)} \\
&= \sqrt{0.383 \times (1-0.383) \times \left(\frac{1}{354} + \frac{1}{348}\right)} \\
&= \sqrt{0.00134} \\
&= 0.0366
\end{aligned}
$$

と求められる。以上をまとめると「帰無仮説が正しいとき，事故経験率の差(d)は，算術平均0，標準偏差0.0366の正規分布に従う」となる。

〈③棄却値を求めて結論を得る〉

危険率5％で両側検定のとき，棄却値は，算術平均±1.96×標準偏差で求め

　本文で対立仮説を「事故経験率に男女の差がある」と表現した。これは，男女どちらの事故経験率が高いか事前には判断できないためである。このように，大小関係を前提としないで行う場合を**両側検定**という。一方，先行研究などから事故経験率は「男性の方が高い」あるいは「女性の方が高い」と予想できる場合もある。このように，あらかじめ差異を前提として対立仮説を立てる場合を**片側検定**という。正規分布表には両側検定用と片側検定用があり，同じ危険率でも棄却値が異なるので注意しよう。なお，社会調査ではあらかじめ大小関係が判断できないことが多いので，通常は両側検定で実施するとよいだろう。　　　　　　　　　　　　　　　　　　（H.K.）

られる（図7-2参照）。この例では，$0 \pm 1.96 \times 0.0366 = \pm 0.0717$ となる。

　実際の事故経験率の差 $0.116 > 0.0717$ なので，帰無仮説を棄却しよう。したがって，危険率5％で男女の事故経験率には差があり，男性の方が女性よりも事故経験率が高いと結論できる。

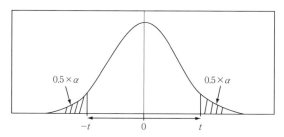

$\alpha = 1\%$　$t = 2.58$　　$\alpha = 5\%$　$t = 1.96$　　$\alpha = 10\%$　$t = 1.64$

図7-2　標準正規分布図（両側検定）

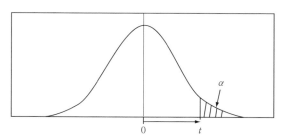

$\alpha = 1\%$　$t = 2.33$　　$\alpha = 5\%$　$t = 1.64$　　$\alpha = 10\%$　$t = 1.28$

図7-3　標準正規分布図（片側検定）

　比率の差の検定と同様の考え方で，2群間の平均値の差の検定も可能である。次の例で両校の成績に差があるか，危険率5％で検証してみよう。受験者は無作為に選ばれたとする。

	算術平均	標準偏差	人数
A校	69.4（点）	14.4（点）	100（人）
B校	61.3（点）	14.5（点）	100（人）

検定手順は次の通り。

〈①帰無仮説と対立仮説を設定する〉

H_0：A校とB校とで成績に差はない。

H_1：A校とB校とで成績に差がある。

〈②帰無仮説が正しいとの前提で，平均値の差(d)の算術平均と標準偏差を求める〉

　帰無仮説が正しいとき，dは算術平均0，標準偏差 $\sqrt{\dfrac{\sigma_1^2}{n_1}+\dfrac{\sigma_2^2}{n_2}}$ の正規分布に従うことがわかっている。n_1はA校，n_2はB校のサンプル数，σ_1はA校，σ_2はB校の母集団における成績の標準偏差である。しかし，母集団の標準偏差（σ）は未知なので，各校の標本標準偏差で代用して計算する。その結果，$\sqrt{\dfrac{14.4^2}{100}+\dfrac{14.5^2}{100}}=2.0$ と求められる。

〈③棄却値を求めて結論を得る〉

　棄却値は，$0\pm1.96\times2.0=\pm3.92$ である。$d=69.4-61.3=8.1$ と棄却値を上回っているので帰無仮説を棄却する。したがって，危険率5％で両校の成績に差があり，A校の方がB校よりも成績がよいといえる。

　検定の過程で，無作為抽出による標本分布の性質が正規分布に従うという話をした。このもとになっているのが**中心極限定理**である。

　「x が平均 μ，標準偏差 σ のある分布に従うとき，大きさ n の無作為標本に基づく標本平均 $\bar{x}$ は，n が無限に大きくなるとき，平均 μ，標準偏差 $\dfrac{\sigma}{\sqrt{n}}$ の正規分布に近づく」

（ホーエル，1981：130）

　「n が無限に大きくなるとき」がわかりにくいが，要は，n が母集団の大きさ N に近づけば近づくほどという意味ととらえよう。また，ホーエルによれば「ほぼ25より大きいならば，x の母集団分布のいかんにかかわらず，$\bar{x}$ の分布は常に正規分布に近いことがわかった（同：130）」とある。無作為抽出による標本分布は正規分布に近似すると覚えておこう。

平均値の差の検定は2群間の差にしか使えない。3群以上の平均値の差を検証するには一元配置の分散分析を適用しよう。これは，「すべての群のデータ（たとえば3つのクラスの試験の成績）は同じ算術平均と分散の正規分布に従う」という帰無仮説のもと，「群間変動」と「郡内変動」から推定される母集団の分散をもとに検証するものである。分散の推定方法がポイントとなるが，計算過程がやや煩雑なのでここでは名前の紹介だけにとどめ，詳細は，統計学の教科書（中原，2022）などを参照してほしい。

＊P・G・ホーエル（浅井晃・村上正康訳），1981，『原書第4版　初等統計学』培風館。
中原治，2022，『基礎から学ぶ統計学』羊土社。

（H. K.）

---

⑤　さらに深い分析のために
──相関と回帰，重回帰分析──

　ここからはスケールデータ間の関係を分析するためのテクニックを概説する。

（1）相関と回帰の考え方
①模試成績と本試験の関連を直線で表したい

　次のデータをもとに，二変数の関係について考えてみよう。模試成績が独立変数で本試験成績が従属変数である。模試で42点とった生徒は本試験で47点だったというように，模試の得点と本試験の成績を同じ順番で並べている。

12月模試（点）：42, 48, 55, 58, 59, 65, 68, 68, 72, 74, 75, 83, 85, 88, 96
　　［平均：69.1，S.D.：14.6］
本　試　験（点）：47, 42, 49, 53, 54, 70, 62, 71, 76, 69, 76, 82, 81, 92, 94
　　［平均：67.9，S.D.：15.7］

＊S.D. は標準偏差（Standard Deviation）を表す。

　両者の関連をみるために，散布図を作った。
　模試の成績がよければ本試験の成績もよいという正の相関関係が読み取れるだろう。このように二変数間に相関関係が見られる時に，相関の傾向を1本の直線（回帰直線）で表そうという発想で行うのが線形回帰分析＊である。図7-4の直線は，各点と直線との距離が最も小さくなるように，最小二乗法という手法で求めたものであり，$y = 1.03x - 3.27$［式7-1］と表される（コラム52参照）。傾きを表す1.03を偏回帰係数という。この例では傾きはほぼ1なので，

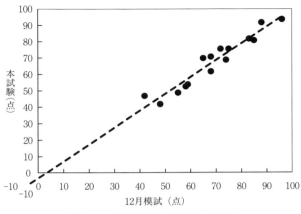

図 **7 - 4** 模擬試験と本試験との関係

本試験では模試成績から3.3点程度低い得点を取れていたといえる。

*n次関数や指数関数などの曲線式を当てはめる場合は曲線回帰分析という。本章では直線
回帰のみに限定して説明する。「線形」は省略して回帰分析と表記する。また，独立変数
が1つの場合，単回帰分析という。

②回帰直線の当てはまりのよさを数値化しよう──残差・残差平方和・決定係数

決定係数 (R^2) によって，実際のデータへの回帰直線の当てはまりのよさを
示すことができる。決定係数は次の発想と手順で求める。

理論値とは，回帰式で求められる本試験の得点のことである。また，実際の
値を**実現値**という。実現値と理論値との差が**残差**である。残差が小さいほど回
帰直線の当てはまりがよいといえよう。模試成績68点の生徒の理論値は，1.03
×68－3.27=66.77点（四捨五入して66.8点）となる。68点は2人おり，本試験で
62点だった生徒の残差は62－66.8＝－4.8（点），71点の生徒のそれは＋4.2点
となる。

残差はすべて足すと0になるので二乗して全部足そう。この値を残差平方和
（Se と表記）といい，この例では Se＝271.2 となる（各自で確認しよう）。

決定係数は次の式で求められる。

$$R^2 = 1 - \frac{Se}{Sy} \quad [式 7 - 2] \quad (Se は残差平方和，Sy は本試験成績 (y) の偏差平方和)$$

決定係数は0から＋1までの値をとり，1に近いほど当てはまりの程度がよ

コラム51　積和・共分散と積率相関係数

模試と本試験の例では，それぞれで偏差（素点と算術平均の差）が求められる。両者の偏差の積を求めて合計したものを**積和**，積和をデータ数で割ったものを**共分散**という（無作為抽出の場合はデータ数−1で割る）。

2つのスケールデータ間の関連の指標として，ピアソンの積率相関係数（γ）が考案されている。

$$\gamma = \frac{xy \text{の共分散}}{x \text{の標準偏差} \times y \text{の標準偏差}}$$

模試の例では，15人の積和が3318.2，共分散は221.2と計算できるので，

$$\gamma = \frac{221.2}{14.6 \times 15.7} = 0.965 \text{ となる。} \gamma \text{は相関が最も高い時に} \pm 1.000 \text{となり，データが回}$$

帰直線上に並ぶ。また，無相関のときには0.000となる。この例では，正の相関がかなり高いといえよう。

(H. K.)

コラム52　回帰直線の求め方

最小二乗法による回帰直線 $y = ax + b$ の傾き（a）と切片（b）は次のように計算される。

傾き a は変数 x と変数 y の積和（Sxy）と変数 x の偏差平方和（Sx）の比として求められる[*]。また，切片 b は2変数の算術平均（$\bar{x}$, $\bar{y}$）と傾き a から計算できる。

$$a = \frac{S_{xy}}{S_x}, \quad b = \bar{y} - a\bar{x}$$

[*] 計算方法は菅民郎，2016，『例題とExcel演習で学ぶ多変量解析——回帰分析・判別分析・コンジョイント分析編』オーム社に依拠している。a の分子を積和÷（人数−1），分母を偏差平方和÷（人数−1）である分散として説明することもあるが，（人数−1）は通分されるので，計算結果に違いはない。

模試の例では，模試成績が x，本試験成績が y となり，一部計算過程は省略するが，$Sxy = 3318.2$, $Sx = 3217.0$, $\bar{x} = 69.1$, $\bar{y} = 67.9$ と求められる。

したがって，傾き $a = 3318.2 \div 3217.0 = 1.03$,

切片 $b = 67.9 - 1.03 \times 69.1 = -3.27$ となる。

なお，エクセルの散布図で「近似曲線の書式設定」で「グラフに数式を表示する（E）」にチェックマークを付けると，回帰式は $y = 1.0315x - 3.3727$ と表示される。四捨五入の関係で上記と切片が若干異なるが，本試験は模試成績から3点程度下がると考えれば，実用上，大きな影響はないといえよう。

(H. K.)

　式 7 - 3 の偏回帰係数および切片は次のように求められる。計算方法は単回帰と同じく菅（2016）に依拠している。

　まずは次の式について，実際の数値を当てはめて解いてみよう。

$$S_{x1} \times a_1 + S_{x1x2} \times a_2 = S_{yx1} \quad [式\,c-1]$$
$$S_{x2x1} \times a_1 + S_{x2} \times a_2 = S_{yx2} \quad [式\,c-2]$$

　各記号の意味と値は次の通り。

S_{x1}：4 月模試の偏差平方和（2021.4）

S_{x2}：12月模試の偏差平方和（3217.0）

S_{x1x2}：4 月と12月の模試の積和（684.7）

S_{x2x1}：12月と 4 月の模試の積和（S_{x1x2} に同じ。684.7）

S_{yx1}：本試験と 4 月模試の積和（560.7）

S_{yx2}：本試験と12月模試の積和（3318.2）

　これらの数値で，下記式 c - 3 と c - 4 の連立方程式を解くと，

$$2021.4 \times a_1 + 684.7 \times a_2 = 560.7 \quad [式\,c-3]$$
$$684.7 \times a_1 + 3217.0 \times a_2 = 3318.2 \quad [式\,c-4]$$

$a_1 = -0.08$，$a_2 = 1.05$ と求められる。

　また b は，各変数の算術平均（$\bar{x}_1, \bar{x}_2, \bar{y}$）を用いて，

$b = \bar{y} - a_1 \bar{x}_1 - a_2 \bar{x}_2$

$\quad = 67.9 - (-0.08) \times 62.3 - 1.05 \times 69.1$

$\quad = 0.33$ と計算できる。

　したがって，回帰式は　$y = -0.08 x_1 + 1.05 x_2 + 0.33$ となる。

＊菅民郎，2016，『例題と Excel 演習で学ぶ多変量解析——回帰分析・判別分析・コンジョイント分析編』オーム社。

(H.K.)

いといえる。この例では，$Se = 271.2$，$Sy = 3693.8$ なので，$R^2 = 0.927$ となり，当てはまりの程度はかなり高いといえるだろう。

（2）重回帰分析の考え方——いつ受けた模試が本試験と関係があるか

　独立変数が複数ある回帰分析を**重回帰分析**という。複数の独立変数のうち，どれがどの程度従属変数に影響を与えているかを検討することができる。

　実際の調査では独立変数が異なる単位で測定されていることもある。このような場合には，標準偏回帰係数を求めよう。それぞれの偏回帰係数が標準得点化されるので，どの独立変数の影響度が大きいかを測る指標として活用できる。

　個々の偏回帰係数の値が 0 かどうかを判断することもできる。たとえばエクセルの重回帰分析では，t 値（正規分布に形状が似た t 分布に基づく値）と有意確率の P 値から，0 かどうかの判断ができる。また，重回帰分析の実施にあたっては，独立変数間に高い相関関係がないこと（多重共線性の問題）や，独立変数の個数とサンプル数が近い場合には，自由度調整済みの決定係数を指標とすべきなど，気を配らなければならない点がある。

　より詳しい説明は，統計学の概説書（ボーンシュテット，ノーキ，1990，金井ほか，2012など）を参照されたい。

　＊G・W・ボーンシュテット，D・ノーキ（海野道郎・中村隆監訳），1990，『社会統計学──社会調査のためのデータ分析入門』ハーベスト社。
　金井雅之・小林盾・渡邉大輔，2012，『社会調査の応用──量的調査編：社会調査士 E・G 科目対応』弘文堂。

（H. K.）

～～～～～～～～～～～～～～～～～～～～～～～～～～～～～～～～～～～～～

　前項の12月模試に加え，その前に実施した 4 月模試の結果も示した。

4 月模試（点）：65, 50, 77, 60, 71, 46, 52, 55, 68, 56, 54, 77, 61, 54, 89
　　　　　　［平均：62.3，S.D.：11.6］

12月模試（点）：42, 48, 55, 58, 59, 65, 68, 68, 72, 74, 75, 83, 85, 88, 96
　　　　　　［平均：69.1，S.D.：14.6］

本　試　験（点）：47, 42, 49, 53, 54, 70, 62, 71, 76, 69, 76, 82, 81, 92, 94
　　　　　　［平均：67.9，S.D.：15.7］

　独立変数が複数でも発想は同じである。従属変数の分布に最も近くなるような式を求めればよいのである。この例では，独立変数が 2 つなので平面の方程式 $y = a_1 x_1 + a_2 x_2 + b$ の a_1, a_2, b を求めることになる。x_1 が 4 月模試，x_2 が12月模試，y が本試験の成績である。平面の方程式は高校で学んだ数学の教科書や参考書でおさらいしておこう。

　偏回帰係数（a_1, a_2）と切片（b）は求め方が確立されている（コラム53参照）。この例では，$y = -0.08 x_1 + 1.05 x_2 + 0.33$［式 7 - 3］となる。$a_1$ がほぼゼロに近く，切片も0.33と小さい。また，a_2 はほぼ 1 なので，本試験の成績には 4 月模試の成績はほとんど関係せず，12月の模試成績と同じくらいの得点を本試験

『新社会学辞典』によれば，**多変量解析**とは「変量が３個以上ある場合の統計的分析手法を一括し」たものである。したがって，本章で説明したエラボレーションや重回帰分析は多変量解析といえる。

多変量解析の目的は多様であり，安田と原は，予測・判別・分類・共通因子の発見など10以上を挙げている（安田・原，1982：23）。また，社会調査データの分析で用いる多変量解析の手法として，重回帰分析，分散分析，パス解析，ログリニア分析，ロジスティック回帰分析，因子分析，数量化理論，マルチレベル分析などが挙げられている（社会調査協会の「Ｅ多変量解析の方法に関する科目」）。

重回帰分析では，独立変数も従属変数も実際に測定されている（外的基準のある）データを分析に用いる。一方，因子分析や主成分分析のように，測定されたデータから新たな変数を「産み出す」という，外的基準がない多変量解析手法もある。また，重回帰分析では，独立変数も従属変数もスケールデータであることが必要である。多変量解析にはこのように，使える変数の種類や条件に制約が見られる場合も多い。

幸い，現在ではさまざまな解説書が出ているので，自分にあったものを選んで，エクセルなどでデータ解析をしながら必要に応じて身につけていくといいだろう。

＊分散分析は一元配置で２変量の関係を見る場合にも使われる。たとえば，川崎，神戸，福岡それぞれの平均通勤時間の違いなど，独立変数のカテゴリーが３つ以上ある場合などである。
＊森岡清美・塩原勉・本間康平編集代表，1993，『新社会学辞典』有斐閣。
　安田三郎・原純輔，1982，『社会調査ハンドブック第３版』有斐閣。
　一般社団法人社会調査協会「社会調査士認定規則」https://jasr.or.jp/for_students/what_sr/（2022年8月22日最終閲覧）

(H. K.)

で得られていたことがわかる。

重回帰分析でも単回帰と同様の手順で，残差平方和と決定係数を求められる。$Se=259.9$，$Sy=3693.8$ となるので，$R^2=1-(259.9\div3693.8)=0.930$ となり，この重回帰式もデータへの当てはまりの程度はかなり高いといえよう。

⑥ 結果の公表
——報告書には何を盛り込めばよいか？——

報告書は調査の企画と実施，知見と結論，資料の３つに分けて構成するとよいだろう。

（1）調査の企画と実施について記した部分
どのような調査が実施されたかわかる情報を記す。たとえば次のような章構

成となろう。

1. 調査の企画と実施
  1.1. 調査の目的
  ・調査の名称と調査主体の明記
  ・調査の目的や問題意識：この調査で明らかにしたいことを明記する。
  ・先行研究の整理：先行研究を整理し到達点を確認する。
  ・研究課題や仮説の提示：先行研究をもとにリサーチクエスチョンや仮説
   を提示。
  1.2. 実査の概要
  ・母集団あるいは対象集団：対象の範囲と調査時の規模（人数など）を明
   記する。
  ・対象者選定の方法：対象者リスト，抽出手法，抽出者数などを記す。
  ・実査の方法：調査票の配付回収方法や，ウェブ調査の方法を記す。
  ・実査の時期：開始と終了の年月日を記す。ウェブ調査では時刻もあると
   よい。
  ・回収状況について：実査期間中の日ごとの回収状況，回収率，無効票の
   内訳など。

（2）知見と結論，今後の課題を記した部分

　ここが報告書の核となる。単純集計やクロス集計による基礎的な分析中心の論文から，多変量解析を駆使した論文まで，複数の論文（章）で構成されることになろう。最終章で，この研究での知見を整理し，仮説検証結果やリサーチクエスチョンへの回答を結論としてまとめる。次に，この調査では解明できなかったことや，分析の過程で新たに提示された仮説などを「今後の課題」として指摘する。これは，研究活動のお約束事項として，自分や他の研究者に用意する置き土産である。

（3）資料編

　報告書の最後には，記録資料として以下のようなものを掲載するとよいだろう。

　単純集計結果，冊子の調査票そのものやウェブ調査の画面イメージ，調査依頼状や礼状兼再依頼（督促）状，調査員の訪問状況を記録する訪問記録，各種

マニュアル（実査時の調査員用やデータ化作業用など），サンプリングの方法と時系列の回収状況，プロジェクト開始から結果の公表までの調査日誌，調査チームの構成と役割分担など。

　また，研究助成を受けた場合には，助成元（日本学術振興会科学研究費補助金，○○財団××研究補助金など），助成金額などを具体的に言及すること。科学研究費補助金のように表記の仕方が決められている場合はそれに従おう。さらに，調査期間中に学会報告を行ったり学術論文が学術誌に掲載されたりしたら，その旨を記しておこう。

　なお，論文の書き方には研究分野ごとに決まりがある。たとえば，社会学なら日本社会学会の『社会学評論スタイルガイド』（https://jss-sociology.org/bulletin/guide/　2023年6月4日最終閲覧）に準拠するとよいだろう。

（4）結果の発表方法と次のステップに向けて

　報告書の原稿がすべてできたら，印刷製本して完成となる。関係者やお世話になった人々に寄贈しよう。昨今ではPDF化してインターネット上で公開することもできる。適宜，クラウド上に置いてURLを周知すればよいだろう。これでようやく結果を「公表」できたことになる。

　報告書の発表は研究の到達点の一つであるが，最終目的地とは限らない。報告書の知見を次の研究や政策立案に活かすこともできよう。

　せっかく長い時間と労力をかけて実施した調査である。世界でただ一つのデータを報告書発行だけで寝かせてしまうのはもったいない。調査に協力してくれた方々に報いるためにも，この調査で得たデータと経験を次の一歩に活かしてほしい。

[198頁「やってみよう」の解答例]
　　　算術平均　　2687÷50＝53.7（点），
　　　中央値　　　25番目と26番目を足して2で割る。54.0（点）
　　　最頻値　　　5個ある54（点）

- 分散　　：416.0（点^2）　　（偏差平方和は20798.2）
- 標準偏差：20.4（点）
- 45点（17番）：標準得点は−0.43，偏差値は45.7
- 63点（35番）：標準得点は0.46，偏差値は54.6

（小松　洋）

第Ⅲ部

質的調査の方法

第 **8** 章

質的調査の基本

要点 社会調査の本質は「社会について考える」こと。数字なんか使わなくても社会調査はできる。質的調査は，概観図だけではわからない具体的な事柄や，日常生活の背後にある社会の仕組みを解き明かして，われわれの世界観を深め広げることに役立つ。なかなか厄介な調査法ではあるが，量的調査とは異なる観点から社会の姿を考えることを可能にする。この章では，まずは質的調査の概要と働きを述べたうえで，社会調査としての質的調査とは何か，そして質的調査の留意点について考えてみよう。

➤キーワード：質的データの素材・原料・材料，質的調査の働き，社会調査としての質的調査

① 質的調査とは

（1）数字に頼らない社会調査

社会調査の本質は「社会について考える」こと。どんなに綺麗なグラフが作れても，重回帰分析が使えても，「社会について考える」ことができなければ，社会調査にはなりません。ありがたいことに，社会事象の大半は，数字になんかなっていない。僕の涙やあなたの笑顔まで，数字にされたらたまらない。第Ⅲ部では，数字なんかに頼らない社会調査，すなわち質的調査が登場する。

量的調査は，数字によって社会の概観図を作ったり，仮説を検証したりすることに威力を発揮する。それに対して質的調査は，概観図だけではわからない具体的な事柄や，日常生活の背後にある社会の仕組みを解き明かして，われわれの世界観を深め広げることに役立つ。

また，量的調査が，主に調査票という測定道具を用いるのに対して，質的調査には，特に決まった測定道具は存在しない。むしろ，われわれ自身の五感とセンスこそが最も大切なものとなる。数字なんか使わなくても社会調査はできる。いやむしろ，社会が多様化・複雑化しているといわれる現在，質的調査の重要性は増している。まずは，調査票調査とかなりおもむきを異にする，質的

調査のデータ素材と方法を紹介しよう。

（2）質的調査のデータ素材
①データ素材は多様で豊富

　質的調査にとってのデータ素材は多様で豊富，そして多くは日常的な事柄ですらある。街行く人々の姿，お喋りや仕草，人々が語ってくれたこと，さらには雑誌の見出しやブログへの書き込みだって，大切なデータ素材である。

　質的データの素材は，大別すると調査者自身がその五感で感じ取った事柄と，すでに調査者以外の誰かによって，文字（活字や手書き）・絵・映像・音声などの形で記録された事柄とに分けられる。旧版にならって，前者を質的データの原料，後者をすでにある程度の加工がなされているという意味で質的データの材料と呼び，いくつか例を示しておこう。

②質的データの原料

　質的データの原料とは，調査者自身が五感で感じ取った事柄である。五感によって感知できるものならば，たいていのものが質的データの素材となる。

　視覚：人々の行動，街の景観など
　聴覚：人々の語り，日常会話，雑踏や鳥のさえずりなどの物音
　嗅覚：屋内や街にただよう匂いなど
　味覚：地域独特の料理や味つけなど
　触覚：対象者宅の畳の座り心地など

　見知らぬ土地へ旅にでよう。異なった社会のあり方は，人々の仕草や街の景観，あるいは匂いにすらも表れていることを感じ取れるだろう。逆に考えれば，われわれの当たり前の日常にも，社会のあり方は反映しているのだ。たいていのものが原料となる。われわれの周りは，質的データの原料で満ちあふれているのである。

③質的データの材料

　質的データの材料とは，調査者以外の誰かによって，文字（活字や手書き）・絵・映像・音声などの形で記録されたものである。これらはドキュメント（記録）とも呼ばれ，多種多様で膨大なドキュメントが世界中に存在している。

　質的データの材料は，個人的記録と公的記録に分けることができる。以下，それぞれの例をいくつか紹介しよう。

個人的記録：自伝，伝記，手紙，日記，写真，借用書，家計簿，個人が開設しているホームページ掲示板への発言記録など

　公　的　記　録：新聞，雑誌，社会的機関の資料，国・自治体の議会会議録，裁判所の記録，行政などの公的機関が開設しているホームページ掲示板への発言記録など

　個人的記録である写真や借用書，家計簿などは，人々の生活ぶりを知るための手がかりとなる。また日記や手紙などには，個人のさまざまな心情が織り込まれていることだろう。個人的記録は，人々の生活ぶりや心情などを読み取っていくための材料となり得るのである。

　一方，公的記録には，人々の生活に影響を与える事柄などが潜んでいる。たとえば，国会や地方議会などの会議録には，発言者や発言内容など，会議が進行する様子が記録されている。そこからは，1つの政策案に対して，どのような人々の利害関係が絡み，どのようないきさつで政策が決定されていったのかを読み取ることもできる。

　ところで，個人的記録と公的記録には，両方の側面をもつものもある。召集令状，スポーツ大会での賞状など，公的機関が作成したものを個人が保管しているものもあれば，逆に，新聞・雑誌への投書など，個人が作成し公的記録として掲載されているものもある。

　また，現在は映像や電子メディアへの注目が高まってきている（第12章参照）。さらには，インターネットが生み出す新しいリアルや，ネットいじめ問題を対象とした調査研究も行われている。

＊たとえば，岡島裕史，2021，『インターネットというリアル』ミネルヴァ書房。原清治編著，2021，『ネットいじめの現在——子どもたちの地場でなにが起きているのか』ミネルヴァ書房など。

（3）多様な方法の総称としての質的調査
①質的調査の多様性と日常性
　データ素材が多様で豊富であるように，質的調査は方法だって多様である。なにしろ，人間の五感やセンスは，多くの情報を取り入れて，さまざまな形で処理（時には空想だって）するわけだもの。社会調査協会でも，「質的データの収集や分析方法」として「聞き取り調査，参与観察法，ドキュメント分析，フィールドワーク，インタビュー，ライフヒストリー分析，会話分析の他，新

聞記事などのテキストに関する質的データの分析法（内容分析等）など」と列挙している。質的調査とは，ある意味，量的調査と区別するために使われている，多様な方法の総称に過ぎないといってもよいだろう。

　もう一つ注意しておくべき点は，多くの質的調査がもつ日常性である。普段の生活にだって，五感とセンスは大切だ。質的調査には，調査票作成や配布・回収のような特別の作業は通常存在しない。何かを見たり，何かを聞いたり，何かを読んだり（あるいは嗅いだり，触ったり）といった日常的な営みが，質的調査の大部分を構成している。ただし，この日常性は曲者である。日常がそのまま社会調査になるわけがない。調査票づくりや，数字との格闘はなくとも，実は質的調査のほうが，訓練と忍耐と努力を必要とするとても難しい調査法だと覚悟しておいてもらいたい。

　②代表的な方法としての聞き取り調査，参与観察法，ドキュメント分析

　質的調査の方法は多様だが，代表的なものとして，やはり聞き取り調査，参与観察法，ドキュメント分析の3つは欠かせない。嗅覚やシックス・センスに劣る人間にとって，情報収集の基本は「聞いたり」「見たり」「読んだり」という営みとなろう。これら3つの方法は，それらに対応した基本の方法である。概要を示しておこう。

〈聞き取り調査〉

　聞き取り調査とは，他者の話をしっかり聞いて，質的データの原料を収集する方法である。人々の語ってくれたこと，それは「社会について考える」ための第一級のデータ素材である。これはインタビュー調査とも呼ばれ，社会調査のさまざまな場面で，最も多用される方法といってもよい。

〈参与観察法〉

　参与観察法は，調査対象とする集団・組織・地域社会に入り込み，かなり長期にわたって，人々と活動や生活をともにしながら，質的データの素材を収集する技法である。要するに，実際に「現場」に入るところに，この方法の真髄がある。

〈ドキュメント分析〉

　ドキュメントとは記録のことである。つまり，何らかの記録された素材を分析し，人々の生活ぶりや生活に影響を与える事柄といった社会的事実を読み取り，社会について考える方法が，ドキュメント分析である。

　以上が代表的な質的調査である。ただし，参与観察の中でも聞き取り調査は多用されるし，ドキュメント分析と聞き取り調査が組み合わされることもある。

実際の研究においては，多様な方法を組み合わせて用いられることが多いことも覚えておこう。

② 質的調査の働き

(1) 質的調査は人気者

それでは質的調査はどのような研究で多く用いられるのだろう。代表的な研究分野として，生活史研究，歴史的な資料（史料）を分析の材料とする歴史社会学的な研究，エスノメソドロジーにおける会話分析（談話分析），あるいは社会構築主義に基づく言説生成研究などがよく指摘される。確かにこれらは，質的調査が中心となっている研究分野である。しかし，昨今，質的調査の人気は急上昇中。多くのテキストも出版され，さまざまな研究分野で大活躍中なのだ。

一例として，家族社会学の分野を見てみよう。下の図は，日本の家族社会学における代表的な専門誌である『家族社会学研究』（創刊号〜第31号(2)）と『家族研究年報』（第15号〜第44号）に，1990年以降に掲載された投稿論文208本を，主な研究法は何かという観点から分類したものである。5年おきにみると，1990〜94年には3本（9.4%）に過ぎなかった質的研究による論文は，5本（15.2%），16本（35.6%），15本（39.5%），12本（35.3%），13本（50.0%）と，特

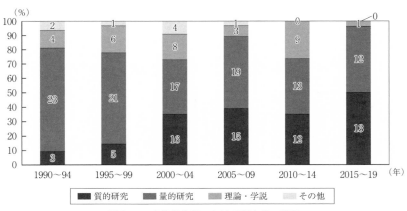

図8-1　家族社会学における研究法の推移

注：(1)　「量的研究」には調査票調査によって得られたデータの量的分析を中心とするもの（2次データの分析等も含む）。「質的研究」は，聞き取り調査，参与観察法，ドキュメント分析等を用いているものを指す。「理論・学説」は，研究史や分析のための枠組みについて論じているものである。「その他」には，海外の事例紹介等を含めた。
(2)　帯の長さは比率を，帯の中の数字は論文数を示している。

に2000年以降増加し，量的研究による論文と拮抗するまでになっていることが
わかるだろう。

（2）質的調査の研究スタイル

　もっとも，質的調査だって万能ではない。質的調査は，「みんなは？」「どの
くらい？」という問いや，仮説の検証にはそぐわない。そのかわり，「本当
は？」「具体的には？」とか，「なぜ？」「どうして？」という問いに対して強
みを発揮する。家族社会学を例に，質的調査が強みを発揮する研究スタイルを
簡単に紹介しておこう。

　第1は，個々人に注目するスタイルである。量的調査は集団を対象とするが，
質的調査では，ごく少数の人間，あるいはたった一人の人間から，「社会につ
いて考える」こともできる。児童虐待経験のある一人の母親の「語り」から，
育児という行為の意味世界について考えたり（和泉，2001），あるいは，専業農
家の女性への聞き取り調査によって，量的調査では把握できない，当事者個々
人の視点による女性にとっての農業労働の意味づけを描いてみせたりもできる
のだ（渡辺，2002）。ヒトがあっての社会である。個人の経験から社会について
考えることも社会調査の大切な仕事なのだ。

　＊和泉広恵，2001，「虐待の物語と体験の狭間——ナラティヴ・セラピーにおける物語化の
　　再検討」『家族社会学研究』第12巻第2号，211-222頁。渡辺めぐみ，2002，「家族農業経
　　営における女性の語りにみる労働とジェンダー」『家族社会学研究』第14巻第1号，21-32
　　頁。

　第2は，多くの人々にとって，あまりなじみのない人々や人生について理解
しようとするスタイルである。なじみがないのは，外国や異境の社会だけでは
ない。我々の生きている社会のただ中にも，いわゆるマイノリティである人々
がいる。重度の全身性障害者の方々への聞き取り調査から，家族の意味を問い
直した研究（土屋，1999）や，非異性愛者への聞き取り調査から，彼ら彼女ら
と定位家族（親きょうだい）との関係を検討した研究（三部，2009）などは，量
的調査では把握しがたい人々を対象とする，まさに質的調査の強みを生かした
研究といえよう。

　＊土屋葉，1999，「全身性障害者の語る「家族」——「主観的家族論」の視点から」『家族社
　　会学研究』第11号，59-70頁。三部倫子，2009，「「同性愛（者）を排除する定位家族」再
　　考——非異性愛者へのインタビュー調査から」『家族研究年報』No. 34，73-90頁。

第3に，社会事象のメカニズムやプロセスを追求しようとする研究スタイルの存在が指摘できる。近年増加している遠距離介護という社会事象に対し，「なぜ遠距離介護を行うのか？」という問いに基づいて，遠距離介護経験者に聞き取り調査を実施した研究（中川，2008）なども，量的調査の概観図だけではわからない具体的なメカニズムやプロセスを追求した研究である。

＊中川敦，2008，「「愛の労働」としての「遠距離介護」——母親が要介護状態にある老親夫婦への通いの事例から」『家族研究年報』No. 33，75-87頁。

　そして，第4に，ドキュメント分析を通して，社会問題がどのように構成されるのか，あるいは我々の常識がいつからどのように生まれてきたのかを探ろうという研究がある。「不妊問題」の社会的構成を，厚生白書や自治体の報告書，さらに雑誌の特集記事等から考察（諸田，2000）したり，新聞の人生相談を時系列に分析することによって，親の離婚と子供との関係の意味づけの変化を探った研究（野田，2008）などが，このような研究スタイルといえるだろう。

＊諸田裕子，2000，「「不妊問題」の社会的構成——「少子化問題」における「不妊問題」言説を手がかりに」『家族社会学研究』第12巻第1号，69-80頁。野田潤，2008，「「子どものため」という語りから見た家族の個人化の検討——離婚相談の分析を通じて（1914〜2007）」『家族社会学研究』第20巻第2号，48-59頁。

　次章では，聞き取り調査，参与観察法，ドキュメント分析それぞれについて，古典的な先行研究例も紹介する。そちらもよく勉強して，質的調査の実際と面白さも感じてもらえれば幸いである。

（3）量的調査とも仲良しだ

　質的調査と量的調査は，異なった魅力，違う強みをもっている。それでは，両者は別個で，相容れないものなのであろうか。全くそんなことはない。両者は相補的な関係，まさに「割れ鍋に綴じ蓋」の関係なのだ。なんらかの社会集団や社会事象を総体として研究するためには，量的，質的双方の多様なデータが必要なことはいうまでもないだろう。現在では，このように多様なデータを証拠として社会について考える方法を，トライアンギュレーション（三角測量）と呼び，多くの研究分野で推奨されている。

　難しく考えなくてもよいのだ。調査票調査の前段階でも，質的調査は重要な役割を果たす。第3章で紹介したチャールズ・ブースだって，貧民の量的把握の前には，貧困の適切な操作的概念を得るために，自ら貧しい人々と暮らしを

ともにした。第4章のコラム18で触れたように，結婚式の意味づけだって日本中が同じというわけではない。量的調査は，事前の質的調査あってこそ，意味あるものとなるのである。

　さらに，量的調査で社会の概観図が作れても，その具体的な姿を知るためには質的調査が必要である。あるいは，質的調査で生み出されてきた仮説を検証するためには，量的調査が必要となる場合だってあるだろう。各種調査法のもつ強みを意識して，それらを組み合わせて用いることこそ大切なのだ。

　社会調査は，方法によって定義されるものではない。「社会について考える」ために，量的，質的双方の多様な方法を駆使することは当たり前のことである。ただし，どんな調査法を用いようと，それがしっかりとした社会調査になっていなければならないのは当然のこと。次節では，質的調査がいかにしてしっかりとした社会調査となるのか考えてみよう。

③　社会調査としての質的調査

（1）問題意識ありき
①問題意識を明確に
　質的調査では，多くの場合，データ素材も方法も日常的なものである。しかし，質的調査が日常的なものかというと，けっしてそんなことはない。社会調査の定義を思い出そう。社会調査とは，「社会的な問題意識に基づいてデータを収集し，収集したデータを使って社会について考え，その結果を公表する一連の過程」である。質的調査を社会調査たらしめるためには，第1に「社会的な問題意識」が必要なのだ。

　第2章で述べたように，先行研究や既存調査・データのレビューの大切さは，質的調査でも変わらない。調査実施以前に，問題意識を明確化させる努力を惜しんでいては，日常のノイズに右往左往するだけとなる。また，調査対象に関する知識が少なければ，大恥をかいたり，怒鳴られることもある。

　社会調査たる質的調査のためには，なんといっても問題意識が明確でなければならない。調査票調査でも同様であるが，「なんとかなるさ」で始められては，世の害悪となる。質的調査だからこそ，先行研究や既存理論に対する批判的な検討が重要であると肝に銘じてほしいものである。

②質的調査の問題意識
　社会的な問題意識なくして，社会調査なし。ただし，質的調査だって，どん

な問題にも応えてくれるというものではない。「環境問題に関心がある人はどのくらいいるのだろう？」などという問いには答えられない。調査票調査をはじめとする量的調査とは異なる強みを意識することが大切である。

　たしかに質的調査は，数字で概観図を作ったり，比較したりすることは得意ではない。しかし，質的調査には，事象について奥深く知ることができるという強みがある。たとえば，「環境問題に関心がある」ということが実際はどんなことなのか，聞き取り調査で探り出すことができる。あるいは，「環境問題」なるものが，どのように構成されてきたのかを探るためには，ドキュメント分析が役に立つ。企業や官庁の節電行動を具体的に知るためには，参与観察法がお勧めである。

　質的調査は，「みんなは？」とか，「どのくらい？」とかの問いにはそぐわない。そのかわり，「本当は？」「具体的には？」とか，「なぜ？」「どうして？」という問いに対して強みを発揮する。そして大事なことをもう一つ。さまざまなデータ素材と直接関わり，調査対象者の言動と直接接する質的調査は，調査者自身の思い込みに気づかせ，調査そのものが新たな問題意識へと導いてくれる場合も多い。まさに，我々の世界観を深め拡げてくれること，そして「社会について考える」力を高めてくれることにこそ，質的調査の魅力があるのである。

③問いを育てる

　質的調査が，調査票調査と異なる点の一つに，データ収集段階のプロセスの違いがある。調査票調査は，多くの場合，後戻りのきかない一発勝負だが，質的調査は，かなり長い時間（時には，何年間にも及ぶこともある）をかけて，データ素材の収集，データ化，分析を繰り返すものである。また，構造化された調査票とは異なり，初期には思いもしなかった調査対象者の言動と接することによって，自らの思い込みに気づくことも多い。

　これらのことは，調査者に対して，最初の問題意識の修正を迫る場合も少なくない。それは，時として，調査者に態勢の全面的な立て直しを要求するものであるかもしれない。質的調査では，調査途中で途方に暮れることもしばしば起こり得ることなのだ。しかし，それはよりよき質的調査のためのステップだとポジティブに考えよう。佐藤郁哉の名作『フィールドワークの技法』の副題の通り，「問いを育てる，仮説をきたえる」ことも，何らかの「答え」を出すことと同様に，質的調査の大切な価値なのだから。

　回答の選択肢があらかじめ設定されている調査票調査とは異なり，調査対象者の自由な「語り」を重視する聞き取り調査では，調査者が思いもしなかった「語り」と出会うことが多い。

　1979年から82年にかけて，沖縄へのUターンを経験している人々31人に対して聞き取り調査を行った谷富夫は，印象的なエピソードを紹介している。対象者の一人，1972年夏の全国高校野球甲子園大会に沖縄代表として出場していた元高校球児は，当時の出来事を振り返る。8月15日に行われた1回戦，試合終盤の同点に追いつくチャンスに，彼は打席に立っていた。フルカウントの場面でサイレンが鳴り出し，1分間の黙禱のために試合は中断された。

　　「沖縄の終戦記念日，慰霊の日というのがあるんですけど，六月二十三日なんですよ」，「それまで燃え上がっていたものが，黙禱でスーッと冷えきった感じでした。──八月十五日は，私ら関係ないですから」。

　彼が6月23日を終戦記念日として意味づけていること，また，沖縄の人々にとっての終戦記念日とは6月23日であると，彼が意味づけていること。これらを質的調査によって知ることができたのである。これは同時に，終戦記念日は日本中どこでも8月15日で，誰にとっても同じような重みをもっているだろうという，調査者の思い込みが打ち砕かれ，修正を迫られていった瞬間でもある（谷，1996：16-17）。

　調査者の思い込みが打ち砕かれる瞬間，それは調査者の「常識」が揺らぎ，「わかったつもり」が無効となり，社会についての「思考」が動き出す瞬間でもある。8月15日のサイレンへの意味づけや想いは，人によって異なるだろう。そして，その異なりは，その人が生きてきた社会の構造や歴史，あるいはその人が社会の中で位置するポジションなどへと考えを広げていく契機ともなるのである。

＊谷富夫編，1996，『ライフ・ヒストリーを学ぶ人のために』世界思想社。

　　　　　　　　　　　　　　　　　　　　　　　　　　　　　　　　　（E. K.）

（2）データ素材をデータに
①サンプリングと記録

　質的データの素材は多様で豊富。ただし，それらの事柄が，そのまま質的データとなるわけではない。大森林の木々だって，人間が意識して伐採して加工しなければ木材とはならないのと同じこと。問題意識に基づいて，どこからどのように素材を切り取ってくるか，それこそが質的調査におけるデータ収集過程となる。

　まず考えなければならないことは，「どこの誰」「どんなフィールド」「どん

な資料」を対象とするかである。「環境問題に関心がある」ということが実際はどんなことか知ろうとしても、手近な人々にだけ話を聞けばよいというものではない。やはり、環境問題に関心の高そうな人を探して、話を聞くほうがよいだろう。面倒な数式はないものの、適切な調査対象を選ぶという意味で、質的調査にとってもサンプリングは重要なのだ。

次に大切なのは、「記録」である。せっかく社会的な問題意識をもって、「見たり」「聞いたり」したとしても、そのままでは時間の経過とともに忘れてしまう。多くの質的調査において、記録するという作業は大切な営みである。そこで質的データの原料は、

聞き取り調査においては、

聞き取りメモ、聞き取りノート、インタビュー記録、録音した会話を文字に起こした逐語録（ちくごろく）、など

観察法においては、

観察メモ（フィールドノート、フィールドノーツ）、観察ノート、日記などといった記録に変換されて、質的調査の大事なデータとなっていくのである。

＊なお、メモの取り方や、記録の仕方については、佐藤郁哉、2002、『フィールドワークの技法——問いを育てる、仮説をきたえる』新曜社。R・エマーソン、R・フレッツ、L・ショウ（佐藤郁哉・好井裕明・山田富秋訳）、1995＝1998、『方法としてのフィールドノート——現地取材から物語作成まで』新曜社、などが参考になるだろう。

また、質的データの材料だって、通常そのままでは使えない。社会的な問題意識をもって読み込むことで、必要な部分が浮かび上がって切り取られていくことだろう。多くの場合、ノートやカード（手書きでもコンピュータ上でも構わないが）の形に整理されて、社会について考えていくための質的データへと再構成されていくのである。

②証拠能力に気を配る

忘れてはならない大事なことをもう一つ。それは、証拠能力に気を配ることである。研究の世界は、法廷闘争に似ている。「私は見た」「僕は聞いた」だけでは裁判での勝ち目はない。「いつどこで？」「どんな状況で？」「そのときあなたは何をしていたの？」など、反対尋問を受けることを考えておく必要が当然ある。インタビューメモであれ、フィールドノートであれ、「いつ」「どこで」「どんな状況で」で収集されたものなのか、それらも最低限必要な情報であることをけっしてお忘れなく。

量的調査でも質的調査でも同様だが，社会調査におけるデータとは，誰かだけが知っている特別な知識ではけっしてない。状況（プライバシー等の倫理問題や，資金，時間，技術等）さえ許せば，調査者以外の人間でも，追実験や再調査可能なものでなければならないのだから。

（3）質的データを分析する

①質的データは暴れん坊

　質的データは，数字のように規則正しいものでない。1＋1が2になるとは限らないところに，難しさと面白さがある。ましてや調査票調査のデータのように，マトリックスには収まらない。質的データは，人々の息吹が聞こえそうなほど生身の現実に近く，かつアメーバのように不定型なものなのだ。

　おまけに，調査票調査のように，データが一発で勢揃いするわけでもない。多くの場合，次々と新しい，あるいは関連するデータが蓄積されていく。ある段階でのデータ分析から得られた知見や解釈が，次のデータで覆されることだって起こり得る。空間的にも，時間的にも，ほとほと行儀の悪い連中なのである。

　さらに，質的データは，「問い」さえあれば，ある程度は分析がスムーズに進む量的データとは異なっている。「お前ごときの問題意識なんて，世の中に通用するものか」とばかりに，「問い」そのものの修正を迫るような凶暴な奴もいる。質的データとは，一筋縄ではいかない，暴れん坊である。

②「問い」と「データ」を格闘させる

　それでは質的データを分析するとはいかなることか。盛山和夫は，「問いとの関連において，データは何を表示しているのかを考察すること」「データが意味をもつような問いとは何かを自問しながらデータを徹底的によむこと」と述べる（盛山，2004）。つまり，「問い」と「データ」を対話させ，格闘させるのである。「問い」によって，データが整序化されるだけではない。「データ」が「問い」に修正を迫り，「データ」を生かす「問い」を要求することだってあるのだ。「問い」と「データ」を「徹底的に」格闘させること，それこそが質的データを分析することなのである。

＊盛山和夫，2004，『社会調査法入門』有斐閣ブックス。

　そのため，質的データ分析のマニュアル化はなかなかに難しい。KJ法（コラム58参照）やグラウンデッド・セオリー・アプローチ（GTA）（コラム57参照）

などが，質的データを分析する手助けにはなるだろうが，いずれにしてもかなり大変な作業であることは確かである。何度でも読み返す。組み替え直す。「問い」そのものを再検討する。膨大な時間と労力がかかる。おまけに，何度も一からやり直すことだって起こりえる。しかし，あきらめてはいけない。世の中，簡単に答えが得られるわけがない。答えが簡単に得られることは，「問い」が薄っぺらであることの証明である。「問い」と「データ」との総合格闘技のような格闘こそが，「社会について考える」力を高めていく，大切なプロセスなのである。

（4）他者へも伝わる物語へ

いやはや質的調査は大変な調査法である。しかし，まだ終わりではない。社会調査は「結果を公表」してナンボのものだ。質的調査の場合，調査票調査の報告書のように，かなり確定した報告スタイルは存在しないといえるだろう。しかし，データ素材をそのまま提示するだけ，あるいはデータとの格闘の軌跡を長々述べているだけのレポートは，読む側にとっては迷惑千万なものであることは確かだろう。

質的調査の最終段階は，問題意識とデータとの関連を明確にしつつ，社会について考えたことを，他者へも伝わる物語へと紡ぎ上げていくことである。この点に関して，佐藤健二は「誤解をおそれず大胆ないいかたをするなら，モノグラフを構成していくときの基本モデルは，地誌的・百科事典的な網羅性志向にではなく，探偵小説的な物語づくりにあるのではないか」「社会科学としての作品が目標とするのは，いわば自らの捜査記録たるフィールドノートを素材にした『謎解き』の物語づくりである」(佐藤，2000) と，面白い指摘を述べている。筆者も賛成である。ただし，なにもベストセラーとなるほどの物語でなくともよいだろう。最低限目指すべきは，刑事裁判における検察官の起訴状(証拠をコンパクトにまとめ，事実関係を整理し，有罪である根拠と刑の重さを主張するアレである) なのではないだろうか。

＊佐藤健二，2000，「厚みのある記述——モノグラフという物語」今田高俊編『社会学研究法　リアリティの捉え方』有斐閣。

何が問題で，どのような方法が採られ，質的データのどの部分，あるいはどんな組み合わせを根拠に，社会について何を考えて，問題に対する「答え」，あるいはサジェスチョンを得たのか，これらが読者に伝わる物語となって一つ

　グラウンデッド・セオリー・アプローチ（GTA）は，ストラウスとグレイザーというアメリカの2人の社会学者によって開発された質的研究の一方法である。これは，1960年代における社会学の主流であった grand theory（誇大理論）に対抗してつくられた。1967年に出版された *The Discovery of Grounded Theory: Strategies for Qualitative Research*（邦訳『データ対話型理論の発見——調査からいかに理論をうみだすか』）は，理論をデータによって検証するのではなく，データから帰納的に理論を提示しようとする試みとして高く評価されている。

　その後，ストラウスとグレイザーは仲違いして，別々に著作を発表してきたこともあり，GTA の全体像を示すことは難しいが，おおまかなプロセスは次のようなものである。

　①データの切片化：質的調査で得られたデータ（主に，文章化されたテキストデータ）を，適当なまとまりに区切っていく。

　②オープンコーディング：まとまりに区切られたデータに適切な小見出しをつける。

　③軸足コーディング：小見出しを論理的に関連づけて，カテゴリーへとまとめていく。

　④選択的コーディング：カテゴリー間の相互関係や因果関係を，論理的に体系化していく。

　⑤理論的飽和：①から④の作業を繰り返し行い，これ以上理論を発展させることができないと思われる状態のことを，理論的飽和と呼ぶ。

　要するに，質的データを調査者の視点から分解，切り刻み，それを再構成することで，新たな物語をつくり上げようとする営みである。初期の「データ対話型理論」と名づけられた発想からは異なっているという批判もあるが，「問い」と「データ」の関連を徹底的に読み込む一つの方法としては評価できる。詳細は以下にあげる文献等を参照してほしい。ただし，あくまで方法論の一つであることをお忘れなく。そんな簡単に理論的飽和なんかしやしない。そして，繰り返すが社会調査で大切なのは方法ではなく，社会についてどれだけ考えることができたかということなのだから。

　＊B・G・グレイザー，A・L・ストラウス（後藤隆・大出春江・水野節夫訳），1967＝1996，『データ対話型理論の発見——調査からいかに理論をうみだすか』新曜社。
　＊具体的な方法を知りたい方には，木下康仁，2007，『ライブ講義 MGTA　実践的質的研究法——修正版グラウンデッド・セオリー・アプローチのすべて』弘文堂。才木クレイグヒル滋子編，2008，『質的研究方法ゼミナール——グラウンデッド・セオリー・アプローチを学ぶ』医学書院，などが参考となるだろう。

（E.K.）

　ドキュメント分析では不定形のデータ材料を相手にする。このような時に参考になるのが川喜田二郎の発案によるKJ法である。データをまとめるためのKJ法は次の手順で行う。

①カード作り

　集めてきたすべてのデータ材料を1つずつ丹念に読み，重要な部分（キーワードや文章）を「一行見出し」として1件1枚ずつカードに抜き出していく（付箋紙を使うと机上だけでなく，白板などでも実施できる）。どの記事から抜き出したかがわかるように，データ材料（記事の切り抜きやコピー）には連番をつけておき，カードにも該当番号を記しておくとよいだろう。

②グループ編成

　グループ編成は，小チーム編成⇒中チーム編成⇒大チーム編成，の順番で行う。小チーム編成の手順は以下の通りである。

（1）カード拡げと眺め読み

　机上の模造紙や白板上に転記されたカードを並べていく。並べ終わったらすべてのカードを数回，「読むというより眺めて（川喜田，1967：74）」いく。

（2）小チーム作り

　次にカード群を仕分けして小チームを作っていくのだが，手続き上で重要なところなので，原典を引用する。引用中の「紙切れ」は本コラムでは「カード」と表記している。

　　「やがて紙きれ同士のあいだで，その内容の上でお互いに親近感を覚える紙きれ同士が目についてくるだろう。「この紙きれとあの紙きれの内容は同じだ」とか，「非常に近いな」と感ずるもの同士が目にとまる。そう気がつけば，その紙きれ同士をどちらかの一ヵ所に集めるのである。このようにして，まもなく紙片群があちこちにできる。いわば紙きれ同士の小チームができていくのである」

　　　　　　　　　　　　　　　　　　　（川喜田，1967：74。傍点は川喜田による）

（3）表札作り

　カード群が小チームへ仕分けされた段階で，それぞれの小チームの表す内容を，新しいカードに一行で表記する。これが各チーム「表札」となる。

　「小チームの編成がひととおり終わったら，まったく同じ手続きで小チーム同士を編成して，いくつもの中チーム」（川喜田，1967：75）を作っていく。同様に，中チーム同士を編成して大チームを作っていく。

③図解化，文章化

　グループ編成によってだけでも，集めたデータ材料が意味のあるまとまりになって

いることだろう．さらに，図解化（A型）や文章化（B型）によってグループ間の関係を明瞭にするとより理解が深まるだろう．

　不定形のデータ材料を論理的に整理する方法としてKJ法を紹介した．KJ法のルール全般は，本コラムではすべてを紹介しきれない．詳細な手続きやルールについては，原典（川喜田，1967），手順や留意点がより詳細に解説されている続編（川喜田，1970）などを読んだうえで，実践することを薦める．

＊川喜田二郎，1967，『発想法　創造性開発のために』中央公論社．
　川喜田二郎，1970，『続発想法　KJ法の展開と応用』中央公論社．
　川喜田二郎，1996，『KJ法　混沌をして語らしめる』（川喜田二郎著作集5）中央公論社．

（H. K.）

の質的調査が完結したことになる．おっと，忘れてはならないのが証拠性だ．質的調査の報告書や論文に，注が多くなるのは仕方のないことなのである．

Words　エスノグラフィーとモノグラフ

　質的調査，特に参与観察法による研究成果は，しばしばエスノグラフィー（ethnography，民族誌）やモノグラフ（monograph）と呼ばれる．**エスノグラフィー**とは，西欧の人類学者が，自分たちとは異なる民族についての参与観察結果を報告したレポートに語源をもっている．**モノグラフ**とは，一つの対象（モノ）を，全体的に描き出す（グラフ）という意味で，参与観察によって，ある地域や社会集団の全体像を描いたレポートを指す言葉である．現在，2つの用語の区別はほとんどなされていない（強いていえば，異文化性の強い対象に関して，エスノグラフィーという言葉が用いられる傾向があるかもしれないが）．どちらにおいてもポイントとなるのは，対象とする集団が何であれ，表層的な事象を記述しただけの「薄っぺらな記述」だけではなく，そこにはりめぐらされた意味の網の目を解き明かすような「分厚い記述」が求められていることである．

---

④　質的調査の留意点

　本章の最後は，社会調査としての質的調査実施のうえでの留意点を述べておこう．魅力的でさまざまな強みをもつ質的調査だが，使い方を間違えたらとんでもないことになる．質的調査の実践のためには，以下に述べる留意点を十分理解しておいて欲しい．

（1）調査倫理を肝に銘ずる

①プライバシーに最大限の配慮を

　留意点の第一は，何と言っても，プライバシーの保護に注意しなければならないことだ。あらゆる調査で共通するが，とりわけ質的調査においては，この点について十分すぎるほど慎重でなければならない。というのも，質的調査で着目するデータ素材，つくり上げるデータ，そしてデータ分析をもとにした記述は，とても具体的なものだからである。その中には他人に知られたくない「本音」や「秘密」なども含まれているかもしれない。たとえそうでなかったとしても，対象者や対象地域を実名のままで結果を公表したりすれば，どのような迷惑をかけることになるか計り知れない。データの管理や結果の公表には細心の注意が不可欠である。

②「上から目線」の厳禁

　最近は減ってきたと信じるが，以前に問題となったのが，調査者の，調査対象者に対する傲慢な態度や，調査地での横暴な振る舞いである。多くの場合，調査者のほうが，調査対象者よりも学歴が高かったり，学術的な知識は豊富かもしれない。しかし，調査の現場においては，学歴も学術的知識も関係ない。調査対象者こそ，調査者の知らない知識や経験をもっている。謙虚に教えてもらうという姿勢こそが大切だ。いわんや，手っ取り早く必要な情報だけを搾取しようなどという姿勢は論外である。

　日本家族社会学の草分けの一人であり，優れたモノグラフを多く残した有賀喜左衛門は，調査という言葉を嫌い，「おつきあい」という言葉を好んだという。他人様の話はみんな説教だと思って肝に銘じること，調査地ではすべての人を先生だと思う心構えこそが必要である。「我以外，皆我が師なり」なのだ。

（2）日常の細かいところへも目を配る

　量的調査が，調査者の頭の中で考えた，あるいは何かでお勉強した理論仮説から，より具体的な作業仮説を導く形で，抽象的な概念を具体的な事柄で測定する営みだとしたら，質的調査は，眼前にある具体的な事柄と格闘して，それを抽象的な概念へと昇華させつつ，社会の仕組みを解き明かしていく営みと対比できるだろう。だとしたら，具体的な事柄を，どのように捉えていくかが質的データの素材収集にあたってのポイントとなる。

　神は細部にこそ宿る。日々のささやかな出来事の積み重ねが我々の人生を形づくっていくように，社会のありようは，ささいな仕草や，言葉の使い方など，

日々の何気ない事柄中にも表れてくるものだ。次章で紹介するウィリスが，「ハマータウンの野郎ども」の日々の行動を詳細に観察したように，出来事の細部にまで注意を払って観察する姿勢が大切である。質的調査のデータ素材の多くは日常的なもの。日常を構成する細かいところへどれだけ目配りができるかも，質的調査の良否を左右する大事な留意点なのである。

（3）自分の常識を押しつけない

　人は皆，自分の経験や行為に自分なりの主観的な意味づけをしながら生きている。同じものを見ても，あなたと私が同じように感じ，同じ意味づけをするとは限らない。そして，この違いにこそ，文化や社会の差異，生きてきた人生の異なりを読み取る契機が存在する。

　そのために，聞き取り調査や参与観察においては，できうる限り調査対象者自身の視点から，具体的にどんなふうに感じたり考えたりしているのか知ろうとする姿勢が大切である。私（調査者）の常識を押しつけるだけでは，社会の現実は読みとれない。私の常識は相手の非常識と考えて，あくまで謙虚に調査対象者の言動と向き合おうとする姿勢が大切である。

（4）自分自身との対話も大切に

　我々は，日々の生活の中で，さまざまなことを想いながら生きている。多くの場合，データの素材も方法も日常的なものである質的調査においては，調査者自身も，さまざまなことを想いながら調査に従事することだろう。実は，調査者自身の想いも，質的調査では大切なデータ素材なのである。だって，調査者だって社会を構成する一人だもの。

　質的調査では，「問い」と「データ」が対話し，格闘するだけではない。「質的調査の中では，私たちがどう感じるかということも重要なデータであり，自分の本当の関心に自分で気づくきっかけにもなる」（工藤・寺岡，2010，17頁）といわれるように，内なる声に耳を傾け，自分自身と対話し，時には格闘する姿勢が必要である。そのために，多くの質的調査（特に参与観察法では必須であろう）では，フィールドノートのほかに，日記をつけることが推奨されている。無精者にはなかなか難しいが，調査中は無精しないように。

＊工藤保則・寺岡伸悟，2010，「質的調査の歴史と考え方」工藤保則・寺岡伸悟・宮垣元編『質的調査の方法——都市・文化・メディアの感じ方』法律文化社。

質的調査は，調査票調査に勝るとも劣らない厄介で面倒な調査法である。しかし，その実践は，確実に調査者自身の世界観を深め広げてくれる。そして，「社会について考える」力を高めてくれる。次章では，質的調査の古典的な作品も紹介しながら，質的調査の実際についてみていく。そして，ぜひ質的調査の実践にトライしてみよう。

（木下栄二）

第9章

質的調査の実際

要点 質的調査は，量的調査とかなりおもむきを異にする。データ素材も違えば，方法も異なる。そして，「社会について考える」スタイルも異なっている。本章では，代表的な３つの方法，聞き取り調査，参与観察法，ドキュメント分析について，先行研究を紹介しつつ，質的調査の実際についてみていこう。なお，それぞれに練習課題を載せている。ぜひ実際にやってみよう。そして，自分なりの問題意識をもって，本格的な質的調査にチャレンジしてほしい。社会調査は，机上のお勉強だけでわかるものではない。汗かき恥かき実践することで，その面白さ，奥深さを理解できることだろう。

➤キーワード：聞き取り調査，参与観察法，ドキュメント分析

---

① 聞き取り調査の実際

（1）聞き取り調査とは

聞き取り調査とは，他者の話をしっかり聞いて，質的データの原料を収集する方法である。人々の語ってくれたこと，それは「社会について考える」ための第一級のデータ素材である。これはインタビュー調査とも呼ばれ，社会調査のさまざまな場面で，最も多用される方法といってもよい。

具体的な方法は多種多様だが，重要な区別として，**構造化インタビュー**，**半構造化インタビュー**，**非構造化インタビュー**の３区分は押さえておこう。構造化とは，質問と回答が，事前にどれだけ確定しているかを示す（指示的―非指示的とも呼ぶ）。構造化インタビューでは，調査者が質問項目も回答選択肢も事前に確定させておく。つまり，調査票調査における面接法である。半構造化インタビューは，質問項目をあらかじめ用意しておくが，順番にとらわれることなく，調査対象者の自由な語りを大切にする方法。非構造化インタビューは，質問項目すら事前に決めることなく，何らかのテーマや話題について，調査対象者に自由に話してもらう方法である。

質的調査で用いられるのは，半構造化インタビューや非構造化インタビュー

　他者の話を聞くことは，社会調査の最も基本的な方法の一つである。もっとも，誰に聞くか，どのように聞くか，そしてそこから何を考えるかには，まさに多様なバリエーションがある。

　フランスの社会学者モラン（Morin, E.）は，調査票調査による画一的な情報の集積よりも，インタビューや世間話的な対話によって得られる多種多様な情報を重視している。特に，女性誘拐の噂の成り立ちを追求した『オルレアンのうわさ』（1969＝1973）は，量的調査ではけっして味わうことのできない社会調査の魅力を示した名著である。

　生活史を聞き取るタイプの研究は数多いが，特に特定個人に焦点をあて，そのライフヒストリーを描いた研究として，文化人類学者である前山隆の『被相続者の精神史——或る日系ブラジル人の遍歴』（1981），『ハワイの辛抱人——明治福島移民の個人史』（1986）などが有名である。なお，ライフヒストリーという用語のほかに，その「語り」の物語性，それも口述者と調査者の相互作用の中で醸し出される物語性に注目して，ライフストーリーという言葉が用いられることもある。

　全く違った視点から，人々の語りや対話を分析する方法もある。一つは，語りの仕方そのものを分析対象とする。たとえば，口げんかでは，内容よりもしゃべり方そのものが勝敗を左右する。もしも都道府県対抗口げんか選手権なるものがあれば，大阪は優勝候補筆頭である。このように，語りの仕方そのものを分析対象とする方法は，会話分析と呼ばれ，エスノメソドロジーの影響を強く受けた方法である（なお，会話分析については，谷富夫・芦田徹郎編，2009，『よくわかる質的社会調査　技法編』ミネルヴァ書房，106-120頁等を参照されたい）。

　また，社会構築主義という立場では，語りの中で使われている言葉の意味の異同に注目する。たとえば「家族」とか「友だち」とかいう言葉は，同じ人の発言でも，状況によってその指し示す人々の範囲が広くなったり狭くなったりする。この分野ではグブリアムとホルスタインの『家族とは何か——その言説と現実』（1990＝1997）が，すでに古典の地位を占めている。

　　＊E・モラン（杉山光信訳），1969＝1973，『オルレアンのうわさ』みすず書房。前山隆，1981，『被相
　　　続者の精神史——或る日系ブラジル人の遍歴』御茶の水書房。前山隆，1986，『ハワイの辛抱人——
　　　明治福島移民の個人史』御茶の水書房。J・F・グブリアム，J・A・ホルスタイン（中河伸俊・湯川
　　　純幸・鮎川潤訳），1990＝1997，『家族とは何か——その言説と現実』新曜社。

（E. K.）

である。調査対象者の自由な語り（数字にはしにくいが）こそが，大切なデータ素材なのだ。

（2）聞き取り調査の働き

　調査票による構造化インタビューでは，すべての調査対象者に同じ質問内容を，同じ聞き方，同じ順序で質問する。おかげで，人々の回答を比較可能な数値にして分析できる。他方，質的調査としての聞き取り調査では，調査対象者の自由な語りを重視する。そのため，比較可能な数値を得ることは難しい。しかし，そこにはデメリットを補って余りあるメリットが存在する。

　すなわち，調査票では聞ききれないような，細部にわたる具体的な事実や，物事の起こる（起きた）プロセスやメカニズム，あるいは調査対象者の主観的な意味づけをも知ることができることだ。さらに，量的調査では少数派となるような人々，マイノリティ，いわゆる「平均的」な状態から離れている人々を対象とするのにも，聞き取り調査は優れている。

　もっとも，聞き取り調査の分析手法は多種多様。なにしろ，われわれのコミュニケーションの中心は言葉である。言葉のかたまりが話や語りとなる。そこには膨大な量の情報が含まれる。会話の仕方そのものに注目する会話分析という方法もあれば，語りの中で使われている言葉の意味を追求する方法もある。

　しかし基本はやはり，語られた内容をしっかり聞き取って，それをまとめることで「社会について考える」こと。次に，あまり平均的とは言い難い人々を対象とした例と，一人の人間の生活史に注目した例を紹介しておこう。

①「平均的」ではない人々を対象に——マリファナ常習者へのインタビュー

　世の中には，いろんな人がいる。量的調査は，集団の「平均的」な姿を描くのは得意だが，平均から離れた人々の姿を描くのは，ちょっと苦手。しかし，世の中，さまざまな人々（とっても偉い人もいれば，眉をひそめたくなるような人も）がいるのは当然のこと。少数派を無視しては，社会的現実を把握したことにはならない。世間の少数派や，平均から離れた人々を対象とするとき，聞き取り調査が役に立つ。

　アメリカの社会学者ベッカー（Becker, H. S.）は，1940年代に，平均から離れた人々，彼の用語でいえばアウトサイダーたちを対象とした調査を行った。その成果は逸脱行動研究の古典ともいえる『アウトサイダーズ』にまとめられている。その中から，不法で不道徳な存在とされるマリファナ喫煙者への聞き取り調査を紹介しておこう。

　ベッカーにとってのマリファナ常用者は，心理学者や法律家が力任せに決めつけるようなアブノーマルな存在ではない。彼は，マリファナ使用者の態度と経験における変化のシークエンス（連続性）に一般的説明をあたえようと企図

して，マリファナ常用者が，どのようにしてできあがっていくのかを具体的に検討した。

　数年間にわたる調査の中で，マリファナ使用者たちと合計50回のインタビューを行った。インタビューでは，マリファナ体験の変遷に焦点を絞り，マリファナに対する彼らの態度および使用上の変化，そして変化の理由を聞き取っている。そして，この聞き取り調査によって，マリファナ体験にも，喫煙方法の学習，マリファナ使用を禁じている法的・道徳的な社会統制との闘いなどの課題が存在することを明らかにした。

　無論のこと，「マリファナ常習者になれ」と言っているわけではない。しかし，世の中には「平均的」ではない人々，少数派と言われる人々，それも自ら選び取った人もいれば，やむなく逸脱のレッテルを張られている人々もいる。自分の世間の中に安穏と生きているだけでは，けっして十分に「社会について考える」ことはできない。非喫煙者にとっては不潔で汚らしく見えるかもしれない喫煙所も，スモーカーには今や数少なきオアシスである。自分に理解できない人々への目配りも大切なのだ。そして，そのような人々を対象とするとき，聞き取り調査は威力を発揮する。

　②生活史という方法——人生から社会を考える

　量的調査は，集団に注目する。そこでは，一人ひとりの個性は，無味乾燥な数字の中に埋没してしまう。他方，質的調査では，一人ひとりの個性にこそ注目する研究が多い。特に，生活史研究は，かけがえのない人間一人ひとりの人生と，社会構造，社会変動とを結びつけようとする試みであり，大人気の研究スタイルである。

　生活史とは，「個人の一生の記録，あるいは個人の生活の過去から現在にいたる記録のことである。具体的には口述史，自伝，伝記，日記などがある」（谷，1996：4）。社会学において生活史がクローズアップされたのは，1920年代のアメリカであった。これには，トマスとズナニエツキが著した『欧米におけるポーランド農民』によるところが大きい。手紙や自伝といった個人的記録が，はじめて社会学的なドキュメント分析のデータ材料として活用されたからである。

　＊谷富夫編，1996，『ライフ・ヒストリーを学ぶ人のために』世界思想社。
　＊Ｗ・Ｉ・トーマス，Ｆ・ズナニエツキ（桜井厚抄訳），1958＝1983，『生活史の社会学——ヨーロッパとアメリカにおけるポーランド農民』御茶の水書房。

　H. S. ベッカーは，シカゴ大学社会学科の大学院在籍中に，マリファナ使用者や経験者たちに対して聞き取り調査を行った。この研究成果は，*American Journal of Sociology*（1953）や，*Social Problems*（1955）などの雑誌に論文として掲載された。

　彼は，大学院生として研究活動を行いながら，その一方で，プロのミュージシャンとして演奏をこなし，収入を得ていた。このような立場を利用して，ダンス・ミュージシャンたちを対象とする参与観察を，2年間行ったのである。彼は，「私の観察したこれらの人々の多くは，私がミュージシャンに関する研究を行なっているとは夢想だにしなかったにちがいない」（ベッカー，2011：81）と述べている。この研究成果も，2本の論文として，1950年代前半に，アメリカの学術雑誌に掲載されている。

　以上4本の論文を再録する形で，1963年に出版されたのが，ベッカーの著作 *Outsiders: Studies in the Sociology of Deviance* である。日本語訳は1978年に出版され，1993年に新装版が出されている。そして2011年に，1973年版の全訳が出版されている。下に示すように，全10章のうち，第3章から第6章という中心的な部分は，彼が若い時分に行った調査研究の成果である。

　「社会集団は，これを犯せば逸脱となるような規則をもうけ，それを特定の人々に適用し，彼らにアウトサイダーのレッテルを貼ることによって，逸脱を生みだす」（第1章）（ベッカー，2011：8）。「私たちは（逸脱する側と統制する側のうち；本章筆者注）誰の視点を提出したらよいのであろう？」（第9章）（ベッカー，2011：170）。ベッカーは，当時としてはきわめて斬新な見方や根本的な問いを提示した。逸脱行動研究や社会問題研究の系譜において，『アウトサイダーズ』は画期をなした一冊であると言える。

　　＊H・S・ベッカー（村上直之／訳），1973＝2011，『完訳　アウトサイダーズ——ラベリング理論再考』現代人文社。

　「問わず語り」とは，読んで字のごとく，聴き手が「問わないのに」話者（語り手）が自分から「語る」ことを言う。でも，調査の場でどうすればこのようなことが起こるのだろう。

　中野は，この「お婆さん」について，次のように述べている。「短くない私の調査生活のなかで数多くの，出逢いえた 話 者 たちのなかでも，彼女は，きわだって特異なパーソナル・ヒストリーをもち，しかも，そのすぐれた話者としての資質を持つ人である」と。「調査の達人」と言われる中野にとって，「初めの挨拶と初めの問いかけ以外，いつも，ほとんど発言の必要が」ない経験は，果たして希なことだったのだろうか。

　聞き取り（インタビュー）調査では，調査者／インタビュアーが質問を投げかけ，被調査者／インタビュイー／インフォーマントがそれに応答するというやり取りがなされる。この後の「生活史の聞き取りの練習課題」にある通り，実際には「半構造化インタビュー」が採られることが多い。そうした中にあって，「問わず語り」形式の聞き取りが目指され，実践されることがあるのだ。「非構造化インタビュー」は，事前に質問する仕方や項目を定めず，相手との自由なやり取りに委ねるので，初心者にはハードルが高く，職人技が求められる。

　もう一つ注目すべきは，中野が「初めの挨拶」に続いて発する「初めの問いかけ」の重要性に関してである。近年の質的研究法の教科書*では，この「初めの問いかけ」を「ナラティブ生成質問」と呼ぶことがある。聞き手の「最初の問いかけ」次第で，インフォーマントが「まとまった語り（ナラティブ）」を即興で語ってくれる（＝ナラティブを生成する）と考えられている。この手法は，「ナラティブ・インタビュー」とも言われる。

　中野がこのお婆さんをインタビューした当時，ナラティブ・インタビューという用語は使われていなかったが，「初めの問いかけ」を行って「問わず語り」を引き出す中野の実践はナラティブ・インタビューそのものであった，と見てよいだろう。

　なお，こうした調査の仕方を擬似的に体験するために，熊井啓監督の映画作品「サンダカン八番娼館 望郷」（1974年，山崎朋子原作／栗原小巻・田中絹代主演）を観ることをお薦めしたい。女性史研究家が九州・天草を訪れ，かつてボルネオの娼館で身を売っていた元「からゆきさん」の老婆と出逢って生活史を聴き取るという筋立てになっている。

　　＊ウヴェ・フリック（小田博志監訳），2011，『新版 質的研究入門——〈人間の科学〉のための方法論』春秋社，特に第14章。

（N. G.）

　日本では，中野卓による一連の聞き取り調査の成果が，生活史への注目を導き出したといえる。特に，第1作である『口述の生活史』（1977）の反響は大

きかった。「或る女の愛と呪いの日本近代」という副題のついたこの作品は，そのほぼ全編が，対象者の語り口と中野による必要最小限度の注釈によって構成され，当時80歳代半ばだった一人の「お婆さん」の一生の物語を，時代背景とともに描き出したものである。

　中野が1974～76年の2年間，何度も「お婆さん」のお宅を訪問して，「彼女（お婆さん）自身のとらえた主体的な世界とその歴史」を聞き，録音テープに記録した。このインタビューについて，中野は「話は，問わず語りにひとりでどんどんと展開し，私はほとんど問いを重ねる必要もないほどでした」と述べる。まさに，非構造化インタビューの好例である。

　＊中野卓編，1977，『口述の生活史──或る女の愛と呪いの日本近代』御茶の水書房。

　人がいなければ社会は存在しない。一人ひとりの実存を通してこそ，社会も見えてくるし，「社会について考える」ことにも深みが出る。生活史という方法は，調査票では聞ききれないような，細部にわたる具体的な事実や，物事の起こる（起きた）プロセスやメカニズムなどや，調査対象者の主観的な意味づけをも知るための有力な方法なのである。

（3）生活史の聞き取りに挑戦
①練習課題
　それでは，生活史の聞き取りに挑戦してみよう。もっとも中野のような非構造化インタビューはそうそう簡単にできるものではない。ここでは半構造化インタビューを用いた聞き取り調査の練習をしてみよう。

　とりあえず「高齢者の生活歴と現在の生活満足」をテーマに，身近にいるお年寄り（家族，親族，近隣など）にお話を伺って，それを2000字以上のリポートにまとめてみよう。この課題の目的は，①対象者の話を聞く耳を養うこと（インタビュー技術の習得）と，②対象者の話のまとめ方について学ぶこと（インタビュー結果のまとめ方の習得）である。

　一つ注意だが，馬鹿正直に「年寄りの昔話を聞いてこいと言われたので」などと言ってはダメ。「人生経験豊富な方のお話を聞いてみたくて」とか言い換える知恵を持たないと生きていけないからね。

　＊高齢者だけが対象となるわけではない。お父さんお母さんに20歳の頃を聞いてみるのも面白い。その場合，当然大項目が異なってくる。当時の，恋愛，友情，将来への夢や不安，親との関係などが候補となるだろう。

②まとめるための項目（大項目）とそのための質問項目を用意する

インタビューは，事前の準備が大切。現在の超高齢社会および高齢者の生活や，彼ら彼女らの生きてきた歴史等について予備的な知識をもつことが望ましい。たとえば，新聞やTV，ネットに掲載されている関連記事を読んでおくとか，近現代日本史の復習とかしておこう。高度経済成長とバブルは，全く別物です。

そのうえで，何を聞いたらよいのか考えよう。その際，具体的な質問項目に先だって，最後のまとめを意識した大項目を考えておくことをお勧めする。以下に，今回のテーマに沿った大項目と質問項目の一例を示しておこう。

〈**大項目 a：現在の暮らしについての概況**〉
- 現在の居住地と同居家族　　・性別（聞かなくもわかるけど。たぶん）
- 年齢　　・暮らし向きの程度，などなど。

〈**大項目 b：家族歴**〉
- 出身地　　・父母の主たる職業　　・父母の暮らし向きの程度
- 子どもの頃の暮らし向き　　・兄弟姉妹のこと　　・恋愛と結婚
- 配偶者のかかわり　　・子どもの数　　・子育ての苦労　　・子どもの結婚
- 現在の兄弟姉妹や子供，孫との付き合い，などなど。

〈**大項目 c：職業歴**〉
- 初めてついた職業（初職）　　・最も長くしていた職業（最長職）
- 現在の職業（現職），などなど。

〈**大項目 d：現在の生活状態**〉
- 健康状態　　・家庭内での役割（家族の中心？　引退している？　など）
- 家庭外での役割（仕事は？　地域での役職などは？　など）
- 趣味や楽しみ　　・暮らしで困っていること　　・気がかりなこと，
　　　　　　　　　　　　　　　　　　　　　　　　　　　　　　　　などなど。

〈**大項目 e：生活への満足の度合い**〉
- 現在の生活にどのくらい満足しているか　　・満足や不満の理由，などなど。

---

③インタビューの現場で(1)

さて，協力してくれる方が見つかって，いよいよインタビュー本番。質的調査たる聞き取り調査では，質問の順番も，聞き方も，上の例の通りである必要は全くない。相手や状況に合わせて，臨機応変に対応することが大切。上の質問項目は，調査者が知りたいことを，きちんと対象者から聞いているかのチェックリストに過ぎない。聞き取り調査の最中や終了の直前に，聞き漏らし

がないかどうかをチェックするためにお使いください。

　そもそも聞き取り調査で最も困ることは，調査対象者が無口であること。冷や汗がでてくるほどだ。だから，対象者の話が，質問とは無関係の方向にそれてしまっても，とにかく話をしてくれているのだから，それはそれで歓迎すべき事態である。「**相手の話をさえぎってはならない**」が，聞き取り調査の鉄則である。

　もっとも，それたままではチト困る。また，インタビューの中では，対象者が質問の意味を即座に理解できない場合も多々ある。調査者には，根気強く相手の話を聞くことと同時に，対象者が話しやすいようにある程度の誘導も必要。つまり，上手な会話のキャッチボールが求められる。初心者にとって，これはなかなか難しいが，ぜひ頑張ってみよう。社会調査のみならず，社会人としてのコミュニケーションスキル向上のトレーニングともなるから，ぜひお勧めである。

　そして，とにかく，「しっかりと聞き取ること」「表情や雰囲気も見逃さないこと」を心がけよう。いうまでもないが，その際，「上から目線」など厳禁。とにかく，「教えていただく」という姿勢が大事である。

　④インタビューの現場で⑵

　また，調査対象者がいろいろ話してくれても，記憶にだけ頼るようでは心もとない。録音するという手もあるが，生活史法の場合は，あまり録音に期待しないように。あとで確認のために使うのはよいが，逐語録（ちくごろく）を作るのはとってもとっても面倒くさい。もっとも必要なときには，面倒だろうが作らねばならないのは当然。そして何よりも重大な注意は，録音に際しては必ず対象の方の許可を得ること。隠し撮りは犯罪です。

　ここはやはり，ノートかルーズリーフを用意して，メモを取りながら話を聞こう。メモには，回答内容のほかにも，語調の強弱，対象者の表情や目線，身振りなども記録する。それら自体が質的データの原料でもあるし，インタビューの全体像を思い出すのに役に立つ。

　ただし，対象者と向き合いながらメモを取ることになるのだから，言葉の断片や単語だけのメモにならざるを得ない。自分なりの略語や記号を工夫しておくことをお勧めする。また，メモを取ることに夢中になって，調査対象者の話を聞くことがおろそかになっては本末転倒。しっかりと聞く姿勢はお忘れなく。

　「やい，人の話を帳面に書きとるてえのはたいげえにしない。（中略）他人様

の話はみんな説教だと思って，一言一句，胸の底にお収めなせえ」

*浅田次郎，2002（←2000），『壬生義士伝（下）』文春文庫，222頁。

　また，聞き取りメモは，必ず当日のうちに聞き取りノートに仕上げなければ
ならない（録音だって同じこと）。断片的な言葉の群れをつなぎ合わせて文章化
し，必要な補足説明も入れ，実際の調査の様子が再現できるようなノートを作
成しよう。

　なお，当たり前のことだが，他人様にお願いしてお話を伺うのである。約束
の時間を守る。失礼にならない服装をする。録音する場合は，必ず許可を取る
など，基本的な礼儀は絶対に守るように。

> **Words 「文字起こし」と逐語録**
>
> 　聞き取り調査ではボイスレコーダー等に録音することも多い。最近の録音機器
> は小型軽量であるが，録音する場合は，絶対に相手の許可が必要である。くれぐれ
> もお忘れなきように。そして，録音ができた場合は，録音されたインタビュー内容
> を文字にする「**文字起こし**」というものすごく面倒くさい作業が待っている。こ
> れを**トランスクリプション**と呼び，文字に起こしたものを**逐語録**（トランスクリ
> プト）という。逐語録は調査対象者の言い間違いや沈黙なども含めて，できる限り
> インタビュー当時の状況をそのまま再現できるように作成することが大事である。

⑤リポートにまとめる

　インタビューが終わって，聞き取りノートもできたら，いよいよリポートの
作成である。それは，質問項目と調査対象者からの応答だけを羅列するだけで
はダメ。他者にも伝わる物語を意識しながら，上記の大項目a〜eごとに，
しっかりした文章にまとめ直してみよう。一問一答形式のリポートなんか紙飛
行機にしてやる。さらに，そのインタビューを通してあなたは何を感じたか？
「調査の印象」も大項目の一つとして書き加えておこう。

　もっともすべての大項目が同じ分量になるとは限らない。たとえば，職業歴
について，生き生きといろいろお話してくれた方が，家族歴については事実関
係だけで素っ気なかったり，その逆だったりもある。最もそのこと自体は，気
にする必要はない。人生の中で大切なこと，生活世界は人それぞれだから当然
である。

　なお，リポートの最初に，インタビューを実施した日時，場所，対象者とあ
なたとの関係，インタビュー時の状況なども記しておくこと。前章で証拠能力

が大事だって言ったでしょ。けっして忘れないように。ただし，実名は出さないこと。調査に協力してくれた方のプライバシーへの配慮は何よりも大切です。

（4）自分なりの聞き取り調査を

　上の課題で練習したら，さらに自分なりの問題設定で，聞き取り調査にチャレンジしよう。

　社会調査の出発点は，社会的な問題意識。やはりここは，自分なりの問題設定に基づいて，聞き取り調査にチャレンジしてみよう。参考までに，筆者の指導学生たちの過去の卒論テーマを紹介すると，さっと思い出せるだけでも「高齢者の生活満足の多様性とその理由」「ニューハーフの人生と社会的位置づけ」「男性同性愛者の「こっち」――実存と画一化のはざまで」などがある。聞き取り調査のテーマは無限大。いろいろ考えて，とにかくやってみよう。

　その際に大切となることは，事前勉強とサンプリングだ。事前勉強の重要性は，もはやいうまでもない。対象者と Face to Face で向き合う聞き取り調査では，「そんなことも知らないのか！」「いったい何を聞きたいのだ！」と怒られることもある。自戒も込めて強調しよう。事前勉強はしっかりしておくように！

　問題意識が固まり，事前勉強もある程度できたなら，次は対象者を捜す。聞き取り調査は，その辺の人に適当に聞けばよいなどというものではない。問題設定に合致するのはどんな人たちなのか，サンプリングは大切である。

　対象が決まったら，必ず事前に調査協力のお願いをしなければならない。その際には，何のための調査か，何を聞くのか，聞き取りの記録方法（録音機器の使用・未使用），予定している公表の形式（公刊する・しない，匿名にする・実名にする）などについても，あわせて伝えておくように。

　　＊本格的な調査にあたっては，当該大学の研究倫理委員会などへ相談して，許可を得ておくことをお勧めする。研究倫理委員会に説明できないようでは，対象の方々にわかってもらえるとも思えない。また見落としていた点などについて，指摘がもらえたらラッキーだと思おう。

　そして，テーマにあわせて，大項目と質問項目を準備する必要がある。テーマが違えば，調査項目も違うのは当たり前。マニュアル的な説明はできないが，ヒントを2つだけ。一つは，事前勉強，特に先行研究のチェックが重要である。そしてもう一つは，後ろから考えること。つまり，最終リポートの形を考えて，こんな話で一つの章や節，あるいは項を作る，そのためには，各章節項を埋め

るために，どんな情報が必要かを考えるのである。

② 参与観察法の実際

（1）参与観察法とは——「現場」に入る

参与観察法は，調査対象とする集団・組織・地域社会に入り込み，かなり長期にわたって，人々と活動や生活をともにしながら，質的データの素材を収集する技法である。要するに，実際に「現場」に入るところに，この方法の真髄がある。

大人になると，「現場」を知ろうともせずに，文句ばかりつける上司との戦いが待っている。そんな上司どもはクズである。せめて，そんなクズにならないように，「現場」に入ることの価値と大切さも，この方法で学んでほしい。もっとも，「現場」に入るといっても，入り方，つまり参与の仕方はさまざまである。暴走族の研究だからといって，一緒に暴走する必要はない。参与観察法における調査者は，「完全な観察者」から「完全な参与者」までの間のどこかを行き来するものなのだ。本節では，「完全な観察者」に近い例と，もう少し「内側」まで入り込んだ例とを紹介しよう。

＊「完全な観察者」の技法としては非参与観察法がある。第11章に具体的な方法を載せているので，そちらにもぜひチャレンジしてほしい。

（2）参与観察法の働き

「現場」にて，実際に見聞きすることを真髄とする参与観察法は，最も多様で膨大な情報を収集できる調査法である。この特性ゆえに，主として「異質な世界を理解しよう」とするときに用いられることが多い。

もっともわれわれの世間なんて，猫のひたい並みに狭いもの。「異質な世界」は海の向こうだけではなく，道を一本渡ったところ，扉を一つ開けた先にも存在している。世の中知らないことだらけだから，参与観察法の活躍の場は多い。

〜〜〜《 **コラム61　さまざまな参与観察法** 》〜〜〜

参与観察法は，20世紀初頭に登場した，人類学や社会学の新しい潮流に源をもつ。それは，研究者自身が現実を直接観察することによって，ある地域や集団の全体像を記述し，新しい理論の構築を目指すというものであった。特に，西欧人にとっての異文化を理解しようと頑張って成長してきた社会人類学や文化人類学では，世界中のさ

まざまな地域に調査者が住み込んで，多くのエスノグラフィー（民族誌）を描いてきた。『西太平洋の遠洋航海者』（1922）などで有名なマリノフスキーらの機能主義，その後の『悲しき熱帯』（1955）などを著したレヴィ＝ストロースらによる構造主義など，新しい理論を提示しつつ，参与観察法はスタンダードな研究法として定着している。

　一方，社会学分野は，同じ社会の中にある異文化や，新しい文化を理解するために参与観察法を用いてきた。ワースの『ゲットー』（1928），ゾーボーの『ゴールド・コーストとスラム』（1929），ハイナーの『ホテル・ライフ』（1936）などのシカゴ学派のモノグラフ，あるいは，リンド夫妻がアメリカ中西部の小都市に住み込んで参与観察を行った成果である『ミドゥルタウン』（1929），『変貌期のミドゥルタウン』（1937）など，幾多の名作が参与観察によって生まれている。

　アメリカにおいて，参与観察法を使った研究は現在でも盛んである。ネオ・シカゴ学派と呼ばれる一群もあり，イタリア系アメリカ人の階級文化を観察したガンズ『都市の村人たち』（1962）などが，すでに翻訳されている。また，カリフォルニア大学バークレー校には，現代都市民族誌センターがあり，こちらの動向も注目を集めつつある。

　外国人から見れば，あきらかに特殊な文化をもつ日本を対象にした研究だってある。イギリス人のドーアが，1951年に東京の下町に数カ月間住み込んで調査を行った『都市の日本人』（1958），カーチスによる『代議士の誕生』（1963）などが有名である。

　もちろん日本人による日本国内を対象とした研究も数多い。調査地で10年以上も暮らしながら参与観察を行った，きだみのる（山田吉彦）による『にっぽん部落』（1967），暴走族に対して，集会などにしょっちゅう顔を出す「オッチャン」として関わりながら参与観察を行った佐藤郁哉の『暴走族のエスノグラフィー』（1984），大衆演劇の劇団に役者として参加した鵜飼正樹の『大衆演劇への旅』（1994）などが古典となりつつある。

　なお，古典から最近の作品まで，手軽に一望してみたいという方には，松田素二と川田牧人の編著による『エスノグラフィー・ガイドブック』（2002）がお勧めである。

＊Ｂ・Ｋ・マリノフスキー（増田義郎編訳），1922＝2010，『西太平洋の遠洋航海者』講談社学術文庫。Ｃ・レヴィ＝ストロース（川田順造訳），1955＝2001，『悲しき熱帯〈1〉〈2〉』中公クラシックス。Ｌ・ワース（今野俊彦訳），1928＝1994，『ユダヤ人問題の原型・ゲットー』明石書店。ハーベイ・Ｗ・ゾーボー（吉原直樹ほか訳），1929＝1997，『ゴールド・コーストとスラム』ハーベスト社。Ｎ・Ｓ・ハイナー（田嶋淳子訳），1936＝1997，『ホテル・ライフ』ハーベスト社。Ｒ・Ｓ・リンド，Ｈ・Ｍ・リンド（中村八朗抄訳），1929，1937＝1990，『ミドゥルタウン』青木書店。Ｈ・Ｊ・ガンズ（松本康訳），1962＝2006，『都市の村人たち──イタリア系アメリカ人の階級文化と都市再開発』ハーベスト社。Ｒ・Ｐ・ドーア（青井和夫・塚本哲人訳），1958＝1962，『都市の日本人』岩波書店。Ｇ・Ｌ・カーチス（大野一訳），1971＝2009，『代議士の誕生──日本保守党の選挙活動』日経BP社。きだみのる，1967，『にっぽん部落』岩波書店。佐藤郁哉，1984，『暴走族のエスノグラフィー──モードの叛乱と文化の呪縛』新曜社。鵜飼正樹，1994，『大衆演劇への旅──南条まさきの一年二か月』未來社。松田素二・川田牧人編著，2002，『エスノグラフィー・ガイドブック──現代世界を複眼でみる』嵯峨野書院。

（E.K.）

そして，なにしろ「現場」で実際に見聞きできるのだから，聞き取り調査以上に，細部にわたる具体的な事実や，物事の起こる（起きた）プロセスやメカニズムなどをも知ることができ，さらには調査対象者の主観的な意味づけだって知ることができる。もちろん，アウトサイダーな人々の生活や行動を把握することにだって適している。まさに参与観察法とは，社会調査の総合格闘技。次に，参与観察の古典とも言われる『ハマータウンの野郎ども』と『ストリート・コーナー・ソサエティ』を紹介しよう。

①具体的な行為を観察する──不良どもの日常は？

　問題とする社会事象によっては，調査者が完全に「内側」にまで入り込むことは難しい。暴走族やヤクザなどのいわゆる逸脱集団などは，その典型である。また，特定の年齢層を対象とする場合も，その例となる。哀しいことに，人間は望みどおりに年齢を変えられない生き物なのだ。

　一例を示そう。いつの世にも教師に逆らい，学校に反逆する中高生はいる。不良どもである。しかし，連中はなぜ不良なのだろう。「あいつら馬鹿だから」では，答えにならない。この問題に取り組み，「現場」に入って観察したのが，イギリスの社会学者ウィリス（Willis, P. E.）である。彼は，1970年代に，イギリス中部の工業都市にある労働者の子弟を主な生徒とする中学校（彼はこれを「ハマータウン中学校」と呼ぶ）を対象に，参与観察を実施した。調査対象は多岐にわたるが，主要な対象は学校から落ちこぼれていく「野郎ども」12人からなる集団である。彼自身が，授業を含むあらゆる学校生活と放課後も含む彼らの活動を，その場に出向いて観察している。そのほか，定期的に集団で話し合う場をもったほか，個別にインタビューをしたり，少年たちの日記をも参照するなど，さまざまな質的調査の方法を駆使して，精力的に調査を実施した。

　ウィリスの調査は，1977年に『ハマータウンの野郎ども』という著作となった。この本の魅力の一つは，彼が実に詳細に「野郎ども」の姿を描き出したことだ。少し紹介しておこう。「野郎ども」は，「授業中はできるだけ仲間同士で寄りそうようにして，椅子でかりかりと引っかいてみたり，教師のちょっとした指図でも不満たらたらに舌打ちしてみせたり，およそ椅子の上でとりうるあらゆる姿勢を試してみるかのように始終そわそわしている」（ウィリス，1985：35-36）という，実に困った連中である。

　しかし，彼らはけっして馬鹿なのではない。教師とのおおっぴらな敵対に至る一歩手前で身をかわす。連中は，いつでももっともらしい抗弁を用意している。「教室を歩きまわる生徒はノートするために用紙がいるのだと言うだろう。

古典紹介　『ハマータウンの野郎ども』

　労働者階級の家庭に生まれたものの大学へ進み，研究者となったウィリスの問題関心は，もともと労働者階級の文化に向けられていた。その中で彼は次第に，学校に不満をもつ「落ちこぼれ」の男子生徒たちに，また，彼らが労働生活に適応してゆくさまに，注目するようになった。そして，「労働者階級の若者たちは，どのようにして，なにゆえ，伝統的に労働階級のものとされる職域をあたかも自らの意志で引き受けるようになるのか」（ウィリス，1985：428）という「問い」をもって，ハマータウンの「野郎ども」の世界に飛び込んでいったのである。

　「問い」に対する答えは，労働者階級の若者たちは，資本主義社会のさまざまな虚構を見破る洞察力をもち，それが反学校文化となって現れる。しかし，彼らが自分たちの集団にこだわり，より広い視野にたつことを制約されているゆえに，資本主義社会の底辺に位置する職業を自ら選びとり，結果的に階級構造の安定に寄与しているというものであった。最終章の「月曜の朝の憂鬱と希望」というタイトルにも，労働者階級出身のウィリスの苦い思いが表れている。

　質的調査としてみたとき，この作品の魅力は，「野郎ども」が学校というフォーマルな組織の中でつくるインフォーマルな反学校文化を，参与観察とインタビューによっていきいきと描写したこと，それに基づく鋭い理論的考察にある。章構成は以下のようになっている。

　なお，原著は1977年に，*Learning to Labour: How working class kids get working class jobs* というタイトルで出版された。訳者はあとがきで，原著タイトルを生かしきれなかったと詫びているが，『ハマータウンの野郎ども』という邦題もまた，実にたくみで意味深いネーミングである。イギリス社会のみならず，日本社会の現状を分析するためにも多くのヒントを与えてくれる名著である。

　＊P・E・ウィリス（熊沢誠・山田潤訳），1977＝1985，『ハマータウンの野郎ども』筑摩書房。

教室を離れようとしている生徒はいっぱいになった紙屑をすてにいくのであって，他の生徒が弁護して「やつのいつもの役目なんですよ」などという。半開きの机からはマンガ本や新聞やヌード写真がのぞいていて，おもしろくもない教科書に色をそえている」（ウィリス，1985：36）。

　ウィリスは，「野郎ども」のことを詳細に観察し，丹念に彼らの話を聞くことで，教師に逆らい，学校に反逆する輩が，けっしてただの「馬鹿」ではないことを明らかにしていく。反逆のメカニズムは，「野郎ども」なりの文化（ここではイギリスの労働者文化）をバックボーンとして，学校文化を彼らなりの立場でよく理解したうえでの対応過程なのである。もっとも，ウィリスの考察の本質は，ここからさらに，資本主義社会の底辺に位置する肉体労働者たちの世代間再生産メカニズムへと，彼自身の苦い思いとともに進んでいくのだが。

　②「内側」に飛び込んで観察する──異質な世界の姿をつかむ

　お仕着せのパック旅行では，旅先がどんな土地なのか知ることは難しい。一つの地域社会が本当はどんなところなのか知るためには，長期間住み込んで，地元の人々と交流しなければならない。さらには，現地に案内役をしてくれる友人ができたらしめたものだ。

　アメリカの社会学者ホワイト（Whyte, W. F.）は，名門大学の大学院生であった1930年代後半に，あるイタリア系移民の密集地域（スラム地区）で，参与観察を行った。街かどのギャング団に，「仲間」として加わり，行動をともにしたのである。

　ホワイトは，ギャング団のリーダー役をつとめていたドック（仮名）という青年と知り合うことで，その地域に受け入れられ，内側から地域の全体像を把握していった。彼らが初めて交わした会話の一部は，次のようなものである（ホワイト，2000：296）。

　ド　ッ　ク：君がみたいのは，上層の人の生活か，それとも，下層の人の生活か。
　ホワイト：できることならすべてをみたいのです。私はコミュニティのできるだけ完全なピクチャーを手に入れたいのです。
　ド　ッ　ク：わかった，君がみたいと思うものは何時でも，おれが連れていってあげよう。

　この出会いをきっかけにして，ホワイトはドックを頼りに，スラム地区の全体像をつかんでいった。「スラム地区の問題として言われることは，それが崩

古典紹介　『ストリート・コーナー・ソサエティ』

　都市とは，けっして均質な地域の集まりではない。一つの都市の中に，全く異なった顔を持つさまざまな地域が存在している。金持ちの住む地域もあれば，貧乏な人々が肩寄せあって暮らす地域もある。しかし，どんな地域であれ，そこには人々の日々の暮らしがあり，暮らしを支える社会組織があるものなのだ。

　W・F・ホワイトは，「スラム地区とはこのようなところだとの私のイメージに一番合っていた」（ホワイト，2000：289）という理由から，彼はあるイタリア系移民のコミュニティを調査地として選び，これに「コーナーヴィル」という仮名を与えた。彼は「コーナーヴィルに生活すれば，私はコーナーヴィルを理解し，また受け容れられるだろう」（ホワイト，2000：298）と考え，1936年の秋から3年半の間，そこでの生活にどっぷりと漬かりながら参与観察を実行した。

　ホワイトは，スラム地区の生活全体を捉えるために，特定のグループや，それらのグループのリーダーたちを対象として，徹底的な調査を行った。政治家（表の大物），ヤクザ（裏の大物），大学生中心の社交グループのリーダー（表の小物），ギャング団のリーダー（裏の小物）。これらのリーダーたちと接触し，各々のグループに一人のメンバーとして加わったりしながら参与観察を行ったのである。

　ホワイトの研究成果は，1943年に *Street Corner Society: The Social Structure of an Italian Slum* として出版され，1993年には増補改訂第4版が出された。その日本語訳『ストリート・コーナー・ソサエティ』は，394頁の大著であり，参与観察法の古典として頻繁に紹介される。章構成は以下のようになっている。

　なお，アペンディクスにある「「ストリート・コーナー・ソサエティ」のその後の展開過程」には，彼の研究経過とその後のコーナーヴィル再訪の様子が詳細に記されている。これは，一つの読み物としても非常に面白く，参与観察法の実践に，大いに参考になるものである。

　＊W・F・ホワイト（奥田道夫・有里典三訳），1993＝2000，『ストリート・コーナー・ソサエティ』有斐閣。

壊したコミュニティだということだ。コーナーヴィル（ホワイトが名づけたスラム街の仮名）に関して言えば，そのような診断はまったく誤解を招くものだ。——コーナーヴィルの抱える問題というのは組織化されていないということではなく，それ自身の社会組織をコーナーヴィルをとりまく社会組織に調和させることに失敗しているということなのだ。このことは地元政治や闇商売の組織の発達を理由づけているし，同時に彼らの民族やイタリアという国に対する忠誠心をも物語っている」（ホワイト，2000：280）。

「スラム地区は，組織が未発達で整備されていない，混沌としたところだ」。ホワイト自身が育てられてきた中流以上の階層には，こういったイメージが蔓延していた。スラム地区を「外側から」ながめるだけでは，このイメージを払拭することはできなかっただろう。ホワイトは「内側に」飛び込むことによって，そこで暮らす人々にとって，スラム地区はよく組織され統合された社会システムである，という本当の姿を知った。すなわち，スラム地区に対する旧来のイメージ（思い込み）を修正していったのである。

（3）観察ノートの作成に挑戦
①練習課題

参与観察法は，社会調査の総合格闘技，そう簡単にできるものではない。観察の記録である**観察ノート**（フィールドノート，フィールドノーツとも呼ぶ）が作れなくては話にならない。ここでは，目の前の状況を描写する練習をしてみよう。

とりあえず課題は，自分が参加している授業，部活，サークル，バイトなどから一つを選び，5～10分間の観察記録を2000字以上の文章にすること。その際，「最近，部活の雰囲気が良いのはなぜだろう」とか，「あの授業がクソだるいのはなぜだろう」とか，問いを立てておくように。自分が感じていることを，具体的な事実をもって解き明かすことができたら，あるいは自分の感覚を修正することができたら，それは社会調査への立派な第一歩。この課題の目的は，①状況を観察する耳目（あるいは五感全部）を養うこと（観察技術の習得），②観察結果を他者に伝わる文章にする方法について学ぶこと（観察記録の作成方法の習得）。まずは，これらのことがどんなに難しいことか，汗かき恥かき学んでいこう。

②観察を始める前に

何事につけ事前の準備は大切。観察対象が決まったら，まずはその場所の状

況，全体像を事前に整理しておこう。「何の部活（バイト，授業）？」「そこどこ？」「どんなところ？」など，観察現場の概観は必須項目。全体像がないと他者には伝わらない。わかる範囲は事前に整理しておくことが大切。

また，問いに合わせて，観察のポイントも考えよう。人々の「動き」「言動」「容姿・服装」「反応」などなど，ある程度は事前にチェック項目を考えておいたほうが観察しやすい（もちろん失敗もある。な〜に，その時は反省して，修正して，再度チャレンジすればよい。失敗に気づけたら，それだけでも大きな前進です）。

③観察の現場で

いざ観察。そこで大切なのが**観察メモ**。記憶に頼るだけでは心許ない。何にメモしても構わないが，大判のノートを拡げるとチト目立つ。B7版程度の小さなメモ用紙などが良いだろう。観察しながらメモを取るには，聞き取り調査同様，自分なりの略語や記号を工夫しておくことをお勧めする。また，メモを取ることに夢中になって，調査対象の観察がおろそかになっては本末転倒。しっかりと見聞きする姿勢はお忘れなく。

また，観察にあたっては，どこか1点にだけ集中するのではなく，広い目で，周辺にも目を向けよう。たとえば「あの授業がクソだるいのはなぜだろう」という問いだからといって，教師のことだけを見ているのは考えもの。その場を構成する他の人々の動きにもしっかりと目を向けよう。教師の視線の先には，温泉旅行の計画で盛り上がる一団が存在するかもしれない。なぜ，教師がある種の言動をするのか，他の学生たちとの関わりも重要である。

なお，ひょっとすると「何やってんだ？」と奇異の目で見られるかもしれない。その時は仕方ない。「授業の課題なのです」と正直に答えておくように。

④観察ノートを作成する

観察が終了したら，**必ずその日のうち，いやすぐさま**観察ノートの作成にかからねばならない。時間とともに鮮度は急激に落ちる。「明日にしよう」なんてけっして思ってはいけない。

さらに観察メモと記憶を頼りに文章化していくわけだが，いくつか注意点がある。まず主観的な印象だけではダメ。「部活の雰囲気が良いのは，可愛い後輩がいるからだ。彼女がいるとみんなキラキラしている」なんて書かれたら，読む方はクラクラしてしまう。「そんなのお前の主観だろ！　何の説明にもなっていない」と怒られるだけだ。大切なのは，「雰囲気が良い」「可愛い」「キラキラ」なんて主観的な印象の根拠となった仕草，行為，言動などの具体的な情報であることをお忘れなく。

また，そこにいる人々の具体的な言動の連鎖にも注意しよう。物事はつながって起きるモノ。教師のクソだるい説教の前には，後ろの学生たちの笑い声があるかもしれない。ウィリスによる記述を読み返してみよう。「野郎ども」の言動の連鎖が具体的に描写されていることに改めて気づくだろう。

　さらに「(その場の)全体の構成」についての記述も必須。前述したように，わかる範囲は観察の前に整理しておこう。全体像がわかって，その中での人々の具体的な発言や行為が描写されて，はじめて一つの物語としての観察ノートなのだ。

　なお，聞き取り調査同様，「いつ」「どこで」「どのように(あなたはどこにいたの？　など)」実施されたのかという情報(証拠能力)の重要性と，プライバシーを守ることの大切さはいうまでもない。

> ＊とにかく1回やってみよう。そのあとで佐藤郁哉『フィールドワークの技法』の第4章「フィールドノーツをつける──「物書きモード」と複眼的視点」などを熟読することをお勧めする。
> ＊佐藤郁哉，2002，『フィールドワークの技法──問いを育てる，仮説をきたえる』新曜社。

(4) 自分なりの参与観察を

　観察ノートはうまく書けただろうか。うまくいかなくても落ち込むことはない。失敗に気づくことも，質的調査では前進である。実際の参与観察では，かなり長期にわたって観察(インタビューも含む)が実施され，膨大な量の観察ノート(インタビュー記録含む)が作成され，蓄積されることになる。小さな物語ともいえる観察ノートが集積されて，大きな物語であるモノグラフやエスノグラフィーへと昇華する(したらよいね)。

　それでは自分なりの問題設定をもって，参与観察法にチャレンジしてみよう。繰り返すが，この方法の神髄は「現場」に入る，だ。もっとも参与の仕方にもレベルがあるように，「現場」にもいくつか種類がある。最もポピュラーなのは，ホワイトのように「地域」に入ること。そこには社会学のみならず人類学，民俗学の膨大な蓄積がある。ほかにもウィリスのように，なんらかの組織，施設，集団を観察の「現場」とすることもある。こちらの「現場」も多種多様，『搾取される若者たち──バイク便ライダーは見た！』(阿部，2006)の著者は，自らバイクを駆って荷物を運んだ。筆者の同僚には，「男らしさ」の研究のためにホストクラブのホストとなった人もいる。私のゼミの女子学生はホストの生態を観察するためにホストクラブに通った。まさに参与観察法のテーマは無限大，

失敗したって構わない。なにかしらの参与観察に，ぜひチャレンジしてみよう。

　＊阿部真大，2006，『搾取される若者たち——バイク便ライダーは見た！』集英社。

　しかし，ただ漠然と「現場」に入っても，はた迷惑になるだけで，何もわかりはしないだろう。聞き取り調査同様，いやそれ以上に，調査倫理，サンプリング，事前勉強は重要だ。

　聞き取り調査よりもはるかに多くの人々と直接間接に接することになるのだから，調査倫理の重みもグッと増してくる。まずは，自分が何者か，何をしようとしているのか，自分の立場を明確に伝えなければいけない（スパイじゃないのだからね）。そして大切なのは調査対象の人々との**ラポール**（信頼関係）の形成。そのうえで，ホワイトにとってのドッグのように，その立場を受け入れて，案内役となってくれるような人ができたらしめたものだ。さらに「上から目線」なんてまさに厳禁。災害被災地に入って，「私は研究者だから」なぞとふんぞり返っていたら，段られること必定である。バイト先が対象であっても，働かずにメモばかりしていたら怒られるよね。

　サンプリング，事前勉強の大切さはいうまでもない。ただし，質的調査の場合，「お勉強した通りでした」なぞと，いわば仮説の検証だけではつまらない

> ### Words　ラポールとオーバーラポール
>
> 　**ラポール**（**rapport**）：質的調査においては，対象者と調査者の間の信頼関係が大切である。この信頼関係のことをラポールと呼ぶ。質的調査の成否は，ラポールの形成にかかっていると言われるほどだ。しかし，初対面の相手とラポールができあがっていることなどあり得ない。どうしたらラポールを形成できるのか。完璧な解答などないが，とにかく**焦りは禁物**である。何を知りたいのか，なぜその人に話を聞く必要があるのか，これらを誠実にしっかりと伝えられるようにしておくこと。そして，基礎的な知識をふまえておくこと。こういった最低限の条件を満たしたうえで，徐々に徐々にラポールを形成していけばよい。
>
> 　**オーバーラポール**（**over rapport**）：ラポール形成ばかりに励みすぎて，対象者と過度に濃密な人間関係を形成してしまうと，冷静で客観的な調査ができなくなる。このような状態はオーバーラポールと呼ばれるもので，特に参与観察法では注意が必要である。さらに，参与観察の対象とした集団が２つの派閥に分かれて反目している場合などは，「あっちを立てればこっちが立たず」である。だからといって，両方にいい顔をしようとすれば，どちらからも信頼されず，ラポール形成はままならない。いやはや「現場」はいろいろである。

（量的調査でも同じことです）。あなた自身の五感をもって，従来の定説やイメージをくつがえすことにこそ，研究の醍醐味があることもお忘れなく。

　さて頑張れば頑張るほど，膨大な量の観察ノートやインタビュー記録が蓄積されることになる。前章で述べたように，質的調査のデータは暴れん坊，分析だって大変だ。血みどろになって格闘してもらうしかないのだが，一度記録されたものはすべてがドキュメントとなる。本章の最後に，ドキュメント分析を紹介しておこう。

③　ドキュメント分析の実際

（1）ドキュメント分析とは

　ドキュメントとは記録のことである。つまり，何らかの記録された素材を分析し，人々の生活ぶりや人々の生活に影響を与える事柄といった社会的事実を読み取り，社会について考える方法が，ドキュメント分析である。

　ドキュメント分析の材料は，多様で豊富。文字での記録だけでも，新聞や雑誌の記事，本など活字で印刷されたもの，ホームページやSNS上の文章，さらには手紙などの手書きの文章まで，じつにいろいろだ。もちろん，インタビュー記録や観察ノートも立派なドキュメントである。また，写真やポスター，絵画などの静止した画像はもちろん，テレビ番組やCM，映画などの動く画像だって材料となる。そこにはたいてい音も入っている。ラジオ番組や歌などの聞く記録も材料候補である。おまけにドキュメントはノンフィクションに限定されない。小説やテレビドラマなどの虚構（フィクション）だって材料となる。

（2）ドキュメント分析の働き

　ドキュメント分析の働きも多様である。生活史法では，日記や手紙，自伝などを材料に，個々の生活や人生を再構成して，そこから社会のあり方や変化について考える。『ポーランド農民』を例にとれば，彼らがアメリカ社会への適応にどれほど苦労したかを明らかにすることは，アメリカという当該社会を映し出す鏡ともなる。あるいは，新聞や雑誌，TVや映画などのマス・メディアを材料にして，それらに隠されているメッセージを読み解くことで，社会の構造や規範について考えることもできる。また，地域や企業のホームページや紹介パンフレット類，会議録，市町村史や社史などを材料とすれば，当該の地域社会や企業のあり方を，さまざまな側面から描き出せるだろう。

そして，ドキュメント分析の強みは，社会事象をかなり長い時間幅で捉えられる点にもある。ある社会現象の今と昔を比較しようとする時や，何十年といった時間幅で変化の経緯を捉えようとする時，ドキュメント分析は強い。いま話題の「SDGs」だって，ちょっと前は「環境問題」，昔は「公害問題」という言葉が一般的だった。いつから，どのような経緯で，「SDGs」なる社会問題が成立してきたのか，新聞記事検索などから明らかにすることができるだろう。さらには，流行歌だって大切なデータ材料。「歌は世につれ，世は歌につれ」。はやり廃りの中にも，社会の仕組みは見え隠れするものなのだ。

　おまけに，分析手法も多種多様。データ材料が違えば，その調理法である分析手法も異なってくる。同じ材料だって，目のつけどころを変えるだけで，全く違った料理になる。

　ただし，基本中の基本は，一つのドキュメントを分解して再構成することと，多くのドキュメントを収集して，それらを分類・整理すること。この二つは必須である。次に，新聞紙上の「身上相談」から，その文章を分解して再構成しながら社会について考えた作品と，数多の「就職用自己分析マニュアル」を分類・整理することで，背後にあるメッセージの意味を読み解こうとした作品を紹介しよう。

①分解して読み解く——身上相談から読み解く不幸の要因連関

　いつの世にも不幸は絶えない。しかし不幸はけっして個々人だけの問題ではない。不幸も，社会の全体的な体制との関わりにおいて存在する。「現代社会の機構がその中に生きる諸個人の内面をどのように浸しているか，同時に人々は現代の状況にどのように対抗しているか，そして我々は何をなし得るのか」（井上，1967：45）という一貫した問題意識のもと，精力的に活動した見田宗介の論考の一つに，「現代における不幸の諸類型——日常性の底にあるもの」（見田宗介，1965，『現代日本の精神構造』弘文堂，所収）がある。そこでは，日常を探求するための活火山として，新聞紙上の「身上相談」が分析対象とされている。

＊井上俊，1966，「書評　現代日本の精神構造」『社会学評論』16(3)，149-152頁。

　見田は，『読売新聞』（東京版）で1962年の1年間に掲載された身上相談304件を材料に，現代日本（当時）における不幸について考察した。彼は身上相談304件の全体像，その有効性と限界を論じたうえで，12事例について詳細に検討する。そこでは，投書者や回答者のあげている顕在的要因の内的連関を読み解くことから始まって，さらにその背後にある潜在的な社会的要因にまでさか

~~~~~ コラム62　さまざまなドキュメント分析 ~~~~~

　ドキュメント分析の材料は，多種多様。いくつか紹介しておこう。

〈遺　書〉　作田啓一（1960ほか）は，BC級戦犯の遺稿集『世紀の遺書』を分析し，①贖罪死（罪に対する償いとしての死），②とむらい死（すでに逝った仲間達への弔い），③いけにえ死（自分が所属している集団，メンバー〔国家，天皇，上官，同僚，部下〕のための自己犠牲としての死），④自然死（刑死でも，それを運命，宿命とし受け入れる）の４タイプに分類し，日本社会の特徴についてまで考察を拡げている。

〈自　伝〉　浜口恵俊（1974）は，日本経済新聞に掲載された「私の履歴書」という各界名士の自伝を活用して，日本人のキャリア形成についての分析により，日本社会の特徴として，集団主義ではなく，間人主義という考え方を提唱した。

〈流行歌〉　見田宗介（1963＝1973）は，1868年から1963年までに出された日本の流行歌451曲分の歌詞を材料にドキュメント分析を行った。見田は，流行歌には人々の切実な情念や願望が託されているととらえ，それらの分析によって，「怒りの歴史」や「郷愁とあこがれの歴史」など，いくつもの違った角度から日本人の心情の深層とその推移を描き出している。

〈小　説〉　プラース（Plath, W. D.）は，『日本人の生き方』（プラース，1985）で，小説を材料としたドキュメント分析に挑んでいる。扱った小説は，『菩提樹』（丹羽文雄），『細雪』（谷崎潤一郎），『恍惚の人』（有吉佐和子），『四十八歳の抵抗』（石川達三）の４点である。成人後の長い年月を，日本人はどのように受けとめ成熟していくのか。プラースは，小説を材料としたドキュメント分析によって，このことをつかもうとしたのである。

〈女性雑誌の写真〉　落合恵美子（1990）は，女性雑誌に掲載された女性のグラビア写真を材料に，主に1950年代から80年代半ばまでの女性の描かれ方から，性役割の変遷を分析している。

〈映　画〉　坂本佳鶴恵（1997）は，1950年頃からの家族像の変化を，映画を通して分析している。1950年前後の母親が不幸を甘受するというパターンを中心とする「母ものブーム」から，明るいホームドラマの隆盛とその衰退を論じて，日本における「家族の物語」の変遷をつかもうとしたのである。

〈絵　画〉　アリエス（Aries, P.）は，絵画作品を材料として，近代以前と近代とで，「子供に対するまなざし」が異質であることを描き出している（アリエス，1980）。近代以前では，赤ちゃんの時期を過ぎた人間は「大人の縮小版」として描かれていた。そこでは，体型・服装など，すべてが「大人」と同じように描かれていて，違っているのは「小さめであること」だけであった。近代に入り，子供を特別な存在として見つめるようになってから，〈子供〉が誕生したのである。学問分野としては社会史の研究に属するが，アリエスの行った研究は社会学でも注目を集めた。

　＊作田啓一，1960，「戦犯受刑者の死生観について」『ソシオロジ』24号。浜口恵俊，1974，『日本人にとってキャリアとは——人脈のなかの履歴』日本経済新聞社。見田宗介，1967→1978，『近代日本の心情の歴史——流行歌の社会心理史』講談社。Ｗ・Ｄ・プラース（井上俊・杉野目康子訳），1980＝

1985, 『日本人の生き方』岩波書店。落合恵美子，1990，「ビジュアル・イメージとしての女——戦後女性雑誌が見せる性役割」『日本女性生活史　第5巻　現代』東京大学出版会，203-234頁。坂本佳鶴恵，1997，『〈家族〉イメージの誕生——日本映画にみる「ホームドラマ」の形成』新曜社。P・アリエス（杉山光信・杉山恵美子訳），1960＝1980，『〈子供〉の誕生』みすず書房。

（E.K.）

のぼって考察がなされている。以下に一例を挙げよう。

〈ⓐ要素の抜き出し〉

　作業は，ある程度長い文章の中から，注目できる部分，ポイントと思える部分を抜き出すことから始まる。下は，一人の女性からの身上相談である。見田は，この文章の中から，不幸の事態とその要因を指し示すと思われる部分12カ所を切り出す（下線と丸数字は本章筆者による）。

　　私は金融機関に勤務する27歳の女性で，①高齢の父母と３人ぐらしをしています。いくつかあった縁談も，両親も私も幸福になれるようにと望んだため，②まとまらず，現在に至っています。自分では気の進まぬ結婚をするくらいなら，独身で勤め続け，③両親をみてあげようと思っていますが，近隣や職場で理想が高すぎるとか，④オールドミスとかげ口をきかれ，職場ではけむたい存在ではないかと思うにつけ，⑤居づらい思いがし，⑥明朗さも失いがちな日々となってしまいました。私たちの職場では共かせぎができず，⑦女子は結婚すると退職しなければなりません。それで，⑧経済力をつけたいと洋裁を習いはじめ，こんど後期の勉強を，⑨東京の本校でおさめ師範免許をとるつもりでいますが，そうなると今の職場をやめねばなりません。⑩東京でどうやって勤め口をさがせばよいのか，⑪家や両親をどうすればよいのか，新聞の求人欄をみても，⑫現在の給料の半分にもならないので思案にくれています。　　　　（長野・R子）（『読売新聞』東京版，1962年10月20日）

〈ⓑ連関図の作成と社会的要因の推測〉

　幸福のステレオタイプが一度流通すると，本来不幸ではない人々も，それに合致しないというだけで，焦燥や劣等感に悩まねばならなくなる。見田は，投書者が「焦燥」という不幸の事態を訴えていると読み取り，切り出した12カ所を，⑨「東京で洋裁の師範免許をとりたい」という望みを軸にした連関図にまとめる。

　さらに，顕在的な要因の特定部分に着目し，それに影響を与えている潜在的な社会的要因を推測する。彼女も社会の中で生きている。悩みの背後には，社

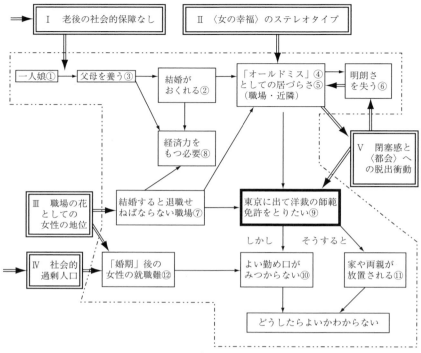

図 9-1　不幸の要因連関図例

　出所：見田，1984：31頁。ただし一部手を加えている。

会状況が存在する。推測された要因は，①老後の社会保障がないこと，②〈女の幸福〉のステレオタイプ，③職場の「花」としての女性の地位，④社会的過剰人口，⑤閉塞感と〈都会〉への脱出衝動，の５つである。

　そして顕在・潜在の諸要因を，上の図のようにまとめている。このようにして，ある一人の女性の不幸の訴えを，社会的背景の中に位置づけようと試みたのである。

　さて，どう感じられただろうか。さすがに古い？「年金制度が確立している現在なら，このお姉さんの悩みも解消ね」と思ったあなた，一応，社会状況と個人的心情との関連に想いをはせている。しかし，〈都会〉への脱出衝動や閉塞感は，現在でも存在する。親子関係だって，介護離職，介護疲れなど，かえって深刻化している一面すらある。女性の地位も，どれほど向上したと言えるだろうか。

あるいは，異なった連関図が思い浮かぶかもしれない。それはそれで大歓迎。ここでのポイントは，一人の個人的な悩みを，その内的な要因連関に分解したうえで，背後にある社会的要因までも推測すること。一つの正解を求めるよりも，多様な推測こそが「社会について考える」ことにつながるだろう。

　ある程度長い文章を，分解して読み解く作業は，インタビュー記録の分析などでも有効である。文脈そのものを重視するナラティブ・アプローチの発想とは異なるが，**研究にとってポイントとなる部分を切り取って再構成することは，**ドキュメント分析の王道である。そして，個人的な事柄は社会的な事柄。一人の人間の笑い，涙，怒り，絶望などの背後にある全体的な社会の構造に思いをはせることは，社会調査の原点でもある。

②**分類・整理して読み解く——「就職用自己分析マニュアル」が求める自己とは？**

　「え〜，このお姉さん，自己肯定力が足りないわね。もっと自分で自己の可能性を拡げるべきよ！」なんて思った人もいるかもしれない。そう，今は自分を見つめる時代，書店にもネットにも，自分自身の「○○力を高める」ための情報が溢れている。そのような情報を自己啓発メディアと呼び，それらが「何を訴えて読者を惹きつけ，また読者をどこへ誘おうとしているのか」(牧野，2012：ⅲ) を分析した研究に，牧野智和の『自己啓発の時代——「自己」の文化社会学的探究』(勁草書房，2012) がある。彼は，自己啓発メディアの世界観に社会学的に切り込み，自己啓発書ベストセラー，大学生向けの就職対策マニュアル本，女性向けライフスタイル誌，男性向けビジネス誌を対象として自己啓発メディアの「世界観」あるいは「教理」を読み解くことを試みている。ここでは，「第三章　就職用自己分析マニュアル」が求める自己とその社会的機能」を取り上げて，ドキュメント分析の観点から，どのような作業のもとに，どんなことが考えられたのかをみてみよう。

　まず，「就職用自己分析マニュアル」とは何か。牧野は，1981年から2010年までに出版された「自己分析」という語をタイトル・内容に含み，かつ大学生向けの就職対策情報を掲載していると判断された203タイトル793冊を，オンライン書店「本屋タウン」(現 Honya Club.com) 等のデータベースから抽出する。そして，1980年代後半から現れた「自分自身に対して行う作業課題」に着目し，より代表的で影響力のある96タイトル(『超速マスター！ 自己分析のすべて』『史上最強の自己分析〈驚異の〉超実践法』など累計686冊) の初刊本を最終的な分析対象に選定した。

　次には，選定された96冊を熟読しながら，そこに登場する「自己分析」のた

めの具体的な作業課題をすべて記録していく。つまり，「自分史を書く」「キャリアプランを書く」，あるいは「自分の長所・短所を書き出してみる」などの作業課題を，延々と（延々と）書き出していくのである。

　そして書き出した作業課題を，類似した傾向や特性によって分類する。何度も分類してはやり直しを繰り返したうえで，分類した作業群に名前をつける。下表は，これらの作業の一部を抜き出したものである。

表 9-1　作業課題の分類

抜き出された作業課題例	分　類
自分史を書く，好き（嫌い）だったこと，熱中したこと，印象深かったこと，楽しかった（辛かった）こと，人に誇れること，などなど	過去の回顧
自分の性格，特徴，長所・短所，趣味，特技，資格，持っている能力，などなど	現在の自分の分析
キャリアプランを書く，将来の自分について想像する（私生活），入社してからやりたいことを考える，自分の夢を書き出す	未来の想像
他人の意見を聞く	他己分析
希望する職種・企業・（やりたいこと）の導出	職業の導出
なぜ働くのか	働くとは
適正診断テストをする	適正診断

出所：牧野，2012：114頁の図表3-4より作成。

　牧野は，書き出した作業課題を，「過去の回顧」「現在の自分の分析」「未来の想像」「他己分析」「職業の導出」「働くとは」「適正診断」の7パターンに分類・整理する。研究テーマに合わせて対象を選定，限定していくことが質的調査におけるサンプリングであり，必要なポイントを延々と書き出して，それらを分類・整理するという作業は，ドキュメント分析の基本である。

　それでは，そこからどんなことが考えられたのだろうか。牧野は分類した作業課題群の出現傾向および内容の変化を時系列的に検討し，バブルがはじけ，就職大氷河期（2000年前後）も訪れる1997年以降に出版された70冊において，「過去」「現在」「未来」の自分についての作業課題の掲載数・掲載率が飛躍的に伸びたことを明らかにする。「未来の想像」は83%，「現在の自分の分析」は91%，そして「過去の回顧」に関してはじつに94%のマニュアル本において，具体的な作業課題が提示されているのである。

　それでは，「過去」「現在」「未来」の自分についての作業とは何か。単純にいってしまえば，自分をじっと見つめて，本当の自分を知ること，牧野の言い

方によれば，「「自己の自己との関係」の構築を促す作業課題」となる。さらに就活のために，「本当の自分」を，どう輝くものへ見せるか考えなさいという課題でもある。

　自分をじっと見つめて，本当の自分を知ったりしたら，オジサンは泣いてしまう。何でこんなことをしなければならないのだろうか。学生にとっては，就活で何をすればよいのかという手続きを詳細にマニュアル化して示すことで，初体験である就活の不透明性を低減できるというメリットがある。丁寧に説明してくれているのだから，ガクチカ（学生時代に力を入れたこと）くらいしっかり書けるように頑張ろう。

　しかし牧野の思考は，個々の学生にとってのメリットだけでは終わらない。彼の眼は，「自己分析」を推奨することの，社会にとっての価値・機能にまで向けられる。彼は，「自己への微細なまなざしそのものが新規大卒採用市場の状況認識や採用プロセスと結びつくその契機にこそ，社会問題を個人化する最もミクロな駆動因がある」（牧野，2012：129）と指摘する。つまり，どんなに採用状況が悪化（社会の問題）しようとも，就活がうまくいかないのは，課題を遂行できない学生個々人の努力不足（個人の問題）に過ぎない。常に自分に目を向けさせることで，社会状況から目を背けさせる機能が隠されていることまで牧野は看破したのである。

　　「為せば成る，為さねば成らぬ何事も，成らぬは人の為さぬなりけり」

（上杉鷹山）

　自分で自分に向かっていうには，大好きな名言だが，お前にはいわれたかない。この格言も，状況によってはただの個人責任論に過ぎない。「自己分析」の推奨にも，その背後には，「成功は私のおかげ，失敗はあなたの責任よ」とすました顔をしている無責任な上司が居るかの如く，責任を個人に押しつける，社会の側の責任回避のロジックが潜んでいる。

　じっと自分を見つめて，「○○力」を高めるのも悪くない。しかし，それだけでは辛すぎる。**さあ，顔を上げて社会をみよう**。時には，「こんなの社会の責任だ！」と開き直ることも大切。もっとも逆ギレだけでは困るので，社会調査を通して「社会について考える」力を高めていきましょうね。

（3）新聞記事検索に挑戦

①練習課題

　それではドキュメント分析の練習です。素材も手法も山ほどあるが，まずは新聞記事検索。その際，「○○（事件）はどのように報道されたのか」というように何かしらのトピックを取り上げて，その報道の仕方を検討して，2000字程度のリポートにまとめてみよう。この課題の目的は，①ドキュメントを探し出す能力を養うこと（検索・探索能力の向上），②ドキュメントを読み込んでまとめる能力を養うこと（読解・再構成能力の向上）である。

②検　索

　まず新聞検索。現在は各新聞社がデータベースをもっている。朝日は朝日新聞クロスサーチ，読売はヨミダス歴史館，毎日なら毎索（マイサク）などである。大学図書館の中には，学生・教職員が無料で使えるように契約しているところもあるから，図書館で確認しよう。

　とりあえず検索画面で〈検索語＝○○〉と打って，日時期間を指定。まずは全文検索だが，膨大な量になったり，関係ない記事がヒットする可能性もあるので，検索語を追加するなど，必要に応じて検索対象を絞り込んでいこう。

> ＊新聞検索にあたってはぜひ第10章も参照のこと。ただしここでは練習なので，汚職，不倫，いじめ，殺人，強盗，詐欺，あるいは事故や災害等でもよいが，できるだけ具体的な事件を題材に報道のされ方をまとめることから始めよう。

③記事を並べて読み込む

　作業は，記事を時系列に並べ，その記事内容をじっくりと読んで，どんな形のリポートにするかを考えることから始まる。その際，そもそもそれはどんなトピックとして報道されているのか，トピックの内容は十分に伝えられているのか，などがチェックポイントとなろう。

　さらに見出しの大きさや記事の分量も分析対象となる。当初は大見出しだったものが，時間とともに小さく少なくなり，解決したわけでもないのに，いつの間にか報道されなくなることだってあるものだ。

④リポートを書く

　リポートに必要なことは，もちろん当該のトピックが，どのように報道されていたかの概要だが，報道の立場性，社会的背景の言及の仕方などにも注意しよう。何らかの違和感がもてたらしめたものだ。あなたの気づき，少なくとも印象は必ず書くように。さらに，同じトピックについての新聞社による報道の

仕方の違いや，類似のトピックについての過去の報道の仕方との比較などができたら，グッと面白みも増すことだろう。

そして忘れてならないのが，根拠となる記事は何新聞（何版？）のいつのものかの明示。ほかの人が同じ作業をすることが可能となる情報を載せることは，科学の基本中の基本である。

（4）自分なりのドキュメント分析を

ドキュメント分析のテーマや材料は豊富で多様。自分なりの問題意識に基づいたドキュメント分析に挑戦しよう。参考までに，筆者の指導学生たちの卒論テーマをあげれば，「人生案内」における「不倫」の相談内容・相談者に関する論文，「少年犯罪の語られ方」の変化を新聞記事検索によって検討した論文，「住宅」や「お墓」の広告・パンフレットを材料に，日本人の家族観や死生観を論じた研究などがある。

もちろんドキュメントはネットの中にだけあるわけではない。1990年代中頃，電車の中で女性雑誌の中吊り広告を読みながら，「女性雑誌って，外国のことをどのように描いているの？」という疑問に目覚めた女子学生がいた。彼女の場合，最初のハードルは，どうやって女性雑誌の広告を収集するのか。だって，中吊り広告を収集するのは大変そう。そこで，**図書館**。ドキュメント分析の場合，絶対に侮ってはならない材料の宝庫は図書館である。彼女も，図書館所蔵の新聞縮刷版を用いて，新聞の下段にある女性雑誌の広告を材料とした。そこから彼女は，女性雑誌の広告にある外国の国名，地名が含まれている文章を抜書きし，それらを分類・整理した。そして，女性雑誌の広告の見出しにある外国は，テロも，人種差別も，犯罪もなく，土地の人々との「ナマ」の触れ合いを勧めるでもなく，まるで，楽しむことのみを目的に最初から設計された遊園地であるかのようにしか語られないことを明らかにした。

ドキュメント分析のテーマや材料は無限大。きっと，あなたの問題関心に応えるデータ材料があるはずだ。おまけに，分析途中で補充ややり直しもできるという利点（だって，ドキュメントは基本，逃げないからね）もある。

ただし，繰り返しになるが，「事前勉強の大切さ」と「サンプリングの重要性」はお忘れなく。どんなに材料があっても調理法がわからなければ何にもならない。あるいはベジタリアンにお肉をてんこ盛りにしても食べてもらえない。

さらに調査倫理も忘れてはならない。「えっ？　ネットの中なら大丈夫では？」なんて思っているあなた，それは甘いというもの。世の中には著作権もあれば，

ネットの中にだってプライバシーは存在する。炎上したって知らないからね。さらにドキュメントはネットや図書館にだけあるものではない。個人の日記や手紙，業務日誌のようなものが対象となる場合もある。それらの閲覧・利用に際しては，礼儀はもとよりプライバシーの保護等の調査倫理が大切である。

　「事前勉強」「サンプリング」「調査倫理」の３点を肝に銘じたら，さあ，レッツ・トライ！　あなたも自分なりのドキュメント分析に挑戦してみよう。

（木下栄二）

コラム63　フィールドノート（野帳）

　フィールドワークには，さまざまなワークを記録するフィールドノート（野帳）がなくてはならない。どんなノートでもよいのだが，フィールドワーカーによく使われているものもある。文具メーカーのコクヨが測量士のために1959年に発売し始め，野外での測量や建設現場でよく使われるようになった「SKETCH BOOK」「LEVEL BOOK」「TRANSIT BOOK」等という名前の「野帳」（それらの総称）が定番と言ってよいだろう。高校時代に考古学部で活動していた筆者は，遺跡の分布調査，発掘調査，前方後円墳の測量調査等のフィールドワークで使うようになり，以来，社会学のインタビュー調査や参与／非参与観察，まち歩き等をする際にも絶えず持ち歩き，いつでも何でも記録／メモを取るようになった。フィールドノートだけでなく，備忘録／思いつきメモ帳としても使っている。

　屋外で片手に野帳を持って筆記しやすいように，硬くて丈夫な表紙が使われている。ズボンの後ろポケットにも胸のポケットにも入るように，コンパクトでほどよい大きさになっている。値段も安価だ。あらかじめ時間と場所を決め，机に向かい合ってインタビュー調査を行うこともあるだろうし，新聞記者が現場で取材するように，立ったままで行うこともあるだろう。ICレコーダーなどで音声を録音したり，ビデオカメラで録画する場合であっても，録音・録画がきちんとできないこともあるので，手元で要点をしっかり書き留めておくことは絶対に必要だ。そんな時に，野帳が大活躍する。回りに大勢の人がひしめき合っているような状況であっても，野帳と筆記用具を取り出して，すぐにまた確実に記録することができる。耐水タイプの野帳もあるので，多少雨が降っていても大丈夫だ。LEVEL と TRANSIT はどちらかと言えば測量士向けだが（水準測量やトランシット測量に適している），SKETCH は３ミリ方眼のノートになっているのでスケッチにも適しており，社会学のフィールドワーク用としてはより使いやすいかもしれない。

　野帳を持ってフィールドに出よう！　　　　（N.G.）

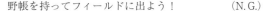

第 **IV** 部

実習と実践

◈ Introduction ◈

　第Ⅳ部は，授業の教科書というより，自学自習のお供にしていただくことを想定している。学生が自ら社会調査を企画・設計して実施したり，社会調査に基礎を置いた卒業研究（卒業論文）に前向きに取り組んでいくことを後押ししたいと考え，その羅針盤となる「実習と実践」編を用意した。

　取り上げるのは，①公開情報の探索とデータ化——社会問題を深掘りする（第10章），②非参与観察法——まわりを見よう（第11章），③ビジュアル調査法——写真観察と映像フィールドワークをやってみよう（第12章），の３つである。①では，問題意識をもつことができず，したがって何を研究テーマにすればよいのかわからない，迷路に迷い込んでいる学生が念頭に置かれる。公開されている生の情報を探索して収集し，どのように整理・加工・整序してデータをこしらえ，それをどのように分析して，考えをめぐらせていけば，独自の研究構想を思い描くことができるようになるのか，について道案内する。②と③では，社会調査の世界では主流ではなく周辺的な位置づけが与えられる，（随分前からあったという意味では）「古くて」，（社会調査の教科書で言及されることがあまりないという意味では）「新しい」手法を用いて，ともかく調査をやってみることを推奨する。なお③については，写真観察では静止画，映像フィールドワークでは動画という「画像／イメージ」（ビジュアル素材）を主にカメラで撮影してデータとして使うので，一括して「ビジュアル調査法」と位置づけている。

　第Ⅳ部で目指すのは，学生一人ひとりが**センス・オブ・ワンダー**を磨き，**ソシオロジカル・イマジネーション**を働かせて，問いを立て，調査研究を構想し，自ら**"社会学すること（Doing Sociology）"**を実習・実践してみること，である。「センス・オブ・ワンダー」については，本書第２章（27-30頁）で詳しく説明してあるので再説はしないが，「社会学的想像力」については，28頁や59頁に用語が出ているものの，説明が後回しになっているので，次頁のコラムを参照してほしい。

　ところで，非参与観察や写真観察を含む「観察法」は，社会を，組織や集団を，まちや人々を「観察（observation）」する「見る（観る）社会調査」の総称である。社会学の実証研究が「社会を見る／観ること」から始まることを踏まえれば，観察法は社会調査の最も根源的な方法ということができる。観察法の代表選手は，もちろん「参与観察」である。第Ⅲ部で詳述した通り，よく知ら

れ，王道を歩んでいるが，他方であまり使われていない非参与（直接）観察や
写真観察もある。参与観察に比べるとかかる時間や労力が少なくて済み，職人
技を必要としない点で，学部学生にとっては敷居がずっと低い。手軽にできて，
コストパフォーマンスも高い。またセンス・オブ・ワンダーと社会学的想像力
を養う意味においても，おすすめの調査手法なのだ。

（後藤範章）

コラム64　社会学的想像力の働き

　アメリカの社会学者でラディカル社会学の先駆をなし，各方面に大きな影響を与え
たライト・ミルズ（C. Wright Mills）が著した古典的名著の 1 冊が，*The Sociological
Imagination*（1959, 67, 2000〔40周年記念版〕, Oxford University Press ＝鈴木広訳
『社会学的想像力』紀伊國屋書店，1965, 1995〔新装版〕）。ミルズはこの中で，T・
パーソンズに代表される「誇大理論（Grand Theory）」とラザースフェルドに代表さ
れる「抽象化された経験主義（Abstracted Empiricism）」を共に批判し，それらを乗
り越えていくために，「社会学的想像力（人間と社会との，個人生活史と歴史との，
自己と世界との相互浸透を把握するのに欠くことのできない能力）」の復権を説いた。
　「私的」と思われるような個別具体的な事柄の中にも，しっかりと社会性（歴史的
文化的な諸状況）が入り込んでいる。そうした「個人環境にかんする私的問題」
（〈私・個別・部分〉性）と「社会構造にかんする公的問題」（〈社会・公共・全体〉
性）とを関連づけるのが，「社会学的想像力」の働きである。ミルズはいう。「社会観
察というものは，高度の熟練と鋭敏な感覚とを必要と
することが忘れられている。発見というものは，創造
的精神が社会的現実の真只中に身を置くときにのみ生
まれるということが忘れられている」と（引用はすべ
て訳書）。

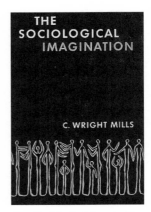

　社会学的想像力を働かせるのに，センス・オブ・ワ
ンダーが重要な土壌となるのは，いうまでもない。
　さらに，近年，ビジュアル調査法が社会学的想像力
を活性化させる技法のセットからなっていること，ビ
ジュアル調査戦略が社会過程の特殊性をつかみ，特殊
なものの中にある一般性を描き出し，両者の関係を照
らすことにおいて，社会学的想像力を発展させるのに
適していることが注目されるようにもなっている
（C・ノウルズ他，2004＝2012：本書307頁参照）。

The Sociological Imagination
の表紙（1959年）

（N.G.）

　テクニックとしては今一つ完成していない印象のある観察法だが，実は日本にも観察法を駆使した立派な先輩たちが大勢いる。まずは『日本の下層社会』（1899）で有名な横山源之助（1871～1915年）が，近代的社会調査の中における観察者の最初の一人としてあげられよう。彼は「天涯茫々生一夜闇冥をつんざきて夜の東京を観る，神田万世橋より銀座通大時計の前まで幾人の車夫に出会せしや，其中空車を曳き来るものと客をのせ来りしものとの比例，屋台幾つありしや其種類，人の往来及び其数を統計しぬ。」（「深更の東京」『毎日新聞』明治28年5月10日付）と述べて，空理空論を排して，まず目の前に展開する社会的現実を知ることの重要性を主張する。目の前にある社会的現実を認識すること，これこそがまさに非参与観察法の神髄である。

　次に，考現学で有名な今和次郎（1888～1973年）の存在を忘れてはならない。日本民俗学の大立者であり『遠野物語』などで有名な柳田国男（1875～1962年）が，民話や伝説など「目に見えないもの」を言葉で収集する名人だとしたら，柳田の門下でもあった今は，まさに「目に見えるもの」を収集する名人であった。女性の服装から家屋の構造，看板の意匠，まさに何でもかんでも観察した今の姿勢は，考古学が古い過去の社会を遺物・遺跡から考えるのに対し，現在目の前にある事象からこそ現代を考えることができるという考現学へと結実していった。

　そして，考現学は風俗学，路上観察学へと発展を続け，現在も南伸坊をはじめ多くの優秀な観察者を輩出している。「街が呼んでいる」とばかりに，既存の学問からも芸術からも自由に，彼らは思いのままに観察対象を広げていく。「女子高生制服ウォッチング」なんてものもあれば，建物のカケラを集めてみたり，古いポスターの残存状況調査，さらにはマンホールの蓋まで観察している。なかでも町の各種建造物に組み込まれたまま保存されている無用の長物的物件（たとえば，壁にめり込んでいて絶対に開かない門，2階の壁に貼りついてどこにもいけない階段など）であるトマソン物件の探索は楽しい。

　日本には，輝かしい観察の伝統があり，多くの先輩たちがいる。教科書の中だけで社会がわかるものではない。きみも教室を飛び出して，街に出て，心のおもむくままに観察対象を探してみよう。

＊参考文献
〈横山源之助について〉
　　川合隆男，1994，「横山源之助と社会観察」石川淳志・橋本和孝・浜谷正晴編著『社会調査——歴史と視点』ミネルヴァ書房，96-123頁。立花雄一，1979，『評伝　横山源之助』創樹社。
〈考現学について〉
　　今和次郎，1987，『考現学入門』筑摩書房（ちくま文庫）。
〈路上観察学について〉
　　赤瀬川原平・藤森照信・南伸坊編著，1986，『路上観察学入門』筑摩書房。

（E. K.）

第10章

公開情報の探索とデータ化
──社会問題を深掘りする──

① 研究目的でのネット利用とデータ化をめぐって

「公開情報の探索とデータ化」が目指すものは，何の変哲もない有象無象の情報の海原から確かな一筋の光明を見出して，研究の課題／テーマを導いていくことである。ネットで「生の」情報を検索・収集し，整理・加工・整序してデータに変換（＝データ化）していく。そして，それを用いて「調べ」を進め，問題意識を深めていくことができれば，卒論で取り組む研究計画が少しずつ「形」になっていくはずである。

でも，これがなかなか難しい。一筋縄ではいかないのだ。

大多数の大学生は，大学に入るまで，教師が作った問題に答えていかに高い点数を獲得するかを競い合ってきた。問題は作るものではなく解答するものであって，正解も原則1つしかなかった。学習するとは，「正しい（とされる）知識」を注入し記憶量を増やす受動的な営みであり続けた，と言っても過言ではない。本書第3章でも言及したように，大学に入って，「学問する」とは，自ら「問いを立てる」ところから始まる主体的／能動的な営みであり，いくつもあり得る答えの中から「（自分で考えた）ある答え」をデータ分析と理詰めで導き，説得力ある結論に仕立て上げることに傾注するものだと説かれても，そう簡単にできるわけがない。実際には，高校とは比べものにならないほど大勢の学生が入る大教室で，担当教員の話を一方的に聞いてノートを取っているだけの受け身の授業が多い中で，そんなことを急に言われたって戸惑うばかりだ。

では，どうしたらよいのか。まずは，今時の若者なら入り浸ることが多いネットの世界を，「研究目的で」使ってみることである。ネットに流れる情報には，根拠／ソースが不確かで怪しいもの，デマ／フェイクや不正なものだって含まれる。まさに玉石混淆だ。だから「鵜呑み」にはできない。でも，他者に向けて公表されていることを前提にすれば，これだって立派な「公開情報」。

情報の正確性や信頼性を見極めつつ，有効に利活用することを実践しよう。情報収集に使うデバイスは，デスクトップPCでもノートPCでもタブレットでもスマートフォンでも何でもOK。ネット上に公開されている情報にアクセスし，雑多で取るに足らないものの中から使えそうな確かな情報を探り出して，それをデータ化し，データを分析していくやり方と道筋を示してみる。なお，ここで言う**探索**とは，文字通り「探」求／究＋検「索」，すなわちネットを「検索」して得られた情報を基にした「探求（探し求めること）」ないし「探究（探し究めること）」，を意味する。本章では，精度の高い情報を収集してデータ化し分析につなげていく起点となる作業を，より積極的な意義を込めて（検索ではなく）「探索」という語で表現することにしよう。

　ところで，**データ化**に関しては，本章冒頭で「ネットで「生の」情報を検索・収集し，整理・加工・整序してデータに変換していく」ことと説明した。それが，第2章で述べた「集計・分析可能なデータを作る」ことになるのだが，「収集した情報をデータに変換していく」作業が具体的にどんなものであるのか，にわかにはイメージできない。情報を整理・加工・整序するとは，一体どういうことなのだろう。また，その作業がどうして「データを作ること」になるのだろう。

　そこで，集めた情報が整理・加工・整序されないまま放置されている状態を考えてみたい。頭の中がいわば**ゴミ屋敷**状態になっていると言ってもよい。どこにどんなものがあるのかすら，全くわからない。情報の置き所を整理したり，手を加えて判読しやすくしたり，使えそうな情報と使えなさそうな情報とに種分けしたり，秩序立てて整えたりしないと，せっかく収集した情報を利活用することはできないだろう。情報で埋まったゴミ屋敷を整理・整頓し，加工・整序して，“分析可能な「データ」”にしていくこと。これが「データ化」作業なのである。

　以上を踏まえて，次節以降のアウトラインを示しておこう。第2節では，東京オリンピックを社会問題として位置づけて，膨大な情報の山を探索する。第3節では，確かな情報源を掘り当てて，加工・整序を施し分析可能なデータを作り上げる。第4節では，データを分析し解釈することを通して，社会問題を深掘りする。

② 社会的な問題への注目
――東京オリンピックを題材とした情報探索――

　私たちは本書第1章で，社会調査を「社会的な問題意識に基づいてデータを収集し，収集したデータを使って，社会について考え，その結果を公表する一連の過程」と定義した。社会調査の出発点となる「社会的な問題意識」をもつためには，その手前にある「社会的な問題（社会問題）」に注目すればよい。

　ただ，社会問題といっても何に焦点を当てたらよいのか迷ってしまうかもしれない。でも，難しく考える必要はない。第2章で述べた，私たちの身の回りで日常的に引き起こされているさまざまな社会現象から見出した「不思議（？）」や「驚き（！）」から入っていけばよいのだ。

（1）社会問題としての東京オリンピック―― 3つの素朴な疑問

　そう言われて，真っ先に思い浮かんだものがある。東京オリンピックだ。2021年に「東京2020オリンピック・パラリンピック競技大会」（以下，東京2020大会）が開催されるかなり前から，開催中も，開催後今日（2023年3月）に至るまで，「？」や「！」がいくつもあった。「オリンピック＝スポーツの祭典／平和の祭典」とはとても言えないほど，東京オリンピック自体が「社会問題」と化している。大会スポンサーの選定・契約をめぐる汚職（贈収賄）疑惑や大会の業務委託事業をめぐる談合疑惑が，大会終了後1年近く経った2022年7月以降に次から次へと暴かれて刑事事件に発展し，東京2020大会組織委員会（以下，組織委），組織委の専任広告代理店を務めた電通，大会に関係した諸企業のいずれも中枢部からすでに合計20名以上が逮捕・起訴されている。ただ，この件に関しては後で俎上に載せることとし，皮膚感覚に訴えるという意味で理解しやすい「？」（疑問）として，次の3つを例示するところから話を始めたいと思う。

　1つ目。リオデジャネイロ2016大会閉会式のリオから東京への五輪旗引き継ぎ（フラッグハンドオーバー）セレモニーで流された，安倍晋三首相（当時）がスーパーマリオ（任天堂のゲームキャラクター）になって登場するサプライズ動画が世界中で大きな話題になった。動画には，ドラえもんやのび太，キャプテン翼，ハローキティ，パックマンも登場した。BBC（英国放送協会）は，この演出によって「2020年東京五輪がどういうノリのものになるのか，世界へのヒントとなった。日本のポップカルチャーの様々な有名キャラクターを，臆面も

なく次々と繰り出してくる大会になるだろう」と報じた（2016年8月22日）。これに比べ，東京2020大会の開会式は（閉会式も）インパクトや盛り上がりに欠け，国際オリンピック委員会（以下，IOC）のトーマス・バッハ会長と組織委の橋本聖子会長の挨拶も共に長くて退屈だった。それがために，多大な資金や人材を投じた割にはさえなかったと疑問や期待外れの声が渦巻いてしまった。このリオと東京大会での「演出の落差」は，どうして生まれたのだろう？

　2つ目。東京2020大会は，（後述する通り）始まる前からずっとさまざまな不祥事や騒動が続発した。その上何やら連鎖するかのように，ある不祥事が別の不祥事を呼び，ある騒動が別の騒動を呼んだ（ように思われた）。それらの多くがマスメディアおよびSNS・ウェブメディアによる報道・伝播によって可視化されたので，多くの人々に強い印象を与えることにもなった。不祥事や騒動が連鎖的に巻き起こっていった（ように見えた）のは，どうしてなのだろう？

　3つ目。無観客での開催になったものの，新型コロナウイルスのパンデミック下で，しかも国内の1日の感染者数，重症者数，入院者・療養者数が過去最多を記録した大流行期の最中に，反対や疑問の声（世論）を遮って開催を強行したのは，そもそもどうしてなのだろう？

（2）情報探索の2つの方法とその結果——1つ目の疑問をめぐって

　そこで，これらの不思議なことの背後で，どのような力や相互作用や因果連関が作用していたのか／いなかったのかについて（この点が社会学の研究では重要となるので），情報を幅広く収集して調べ，掘り下げてみることにする。

　まず，試しにGoogleで1つ目の東京2020大会開会式について，「東京五輪　開会式」を検索語として（以下，検索に関してはヒット件数を抑えるためにOR検索ではなくすべてAND検索で）検索してみると，IOCの「東京2020大会開会式のハイライト」や開会式の模様を収めた動画をはじめ，160万件以上の膨大なウェブページがヒットする。この中から信頼度（確からしさ）の高い情報を得るには，【A】信頼度の高いウェブサイトやオンライン・データベース（以下，DB）に依拠する，【B】信頼度が期待できなくても，制作者の異なる多数のページを閲覧してそれらに共通する事項がどのようなものなのかを探り出していく，のどちらかを選択すればよいだろう。

　研究目的の情報探索においては，行政や研究機関，新聞・通信・テレビ等の報道機関のウェブサイトやオンラインDBといった【A】に依拠することが基本となるので，これを習慣化しよう。今回の検索結果では，上から順に拾って

いくと, IOC, 日経新聞, 朝日新聞, 読売新聞, 首相官邸, 東京都, 東京新聞, 産経新聞等のページが上がってくる。だが, それらを1つひとつ見ていくと, ほとんどが当たり障りのない表向きの公式情報ばかりで, 1つ目の疑問を掘り下げるにはあまり役立ちそうもない。

　となれば,【A】では収集できない（裏情報や闇情報といった類を含む）情報を入手するには【B】に頼る他ない。今回の検索結果に加えて,「東京五輪　開会式　ゲーム音楽」や「東京五輪　開会式　演出」を検索語としたり関連キーワードを使って検索の幅を広げていけばよい（それぞれ, 33万件以上, 25万件以上がヒットした）。【A】では公表をはばかることが多いゴシップやスキャンダルを積極的にネタにしたり, 最深部まで切り込んで暴いたり論評を加えたりする雑誌（プレジデント・オンライン, 文春オンライン, ダイヤモンド・オンライン等）・スポーツ紙（日刊スポーツ, スポーツ報知, スポニチ等）, ウェブメディアのサイト（gooニュース, Yahoo!ニュース, Business Journal等）,（ゲームやアニメやエンタメやスポーツやドローン等の）業界・企業・私人の面白そうなサイト（タイムアウト東京, Famitsu, PR TIMES, ユヌス・ジャパン,（株）ハミングバード, アニメ!アニメ!, eSports World,（株）インプレス, KAI-YOU.net, モデルプレス, マグミクス, ゲームウィズ, SPAIA, Samejima Times, 浮雲ch.等）に掲載されているページが次から次へと出てくる。

　裏事情にも通じるこれら数多（あまた）のウェブページで得られた情報を整理しないままでは, ゴミ屋敷になってしまう。かと言って, ほんのいくつかのページを見ただけで理解したつもりになって, それに依拠することも避けなければならない。では, どうしたらよいのか。キモは, 情報を整理・整頓しながら事実関係を検証し,「確からしさ」を高めて使えるようにすることである。興味が引かれるページを横断的に閲覧し有機的につなぎ合わせて集約していけば, それらに共通する内容が浮かび上がってくる。個々のページに書かれている内容をいくつものページと重ね合わせて相互検証することによって, 中身の確からしさを確実に高めていくことが可能となる。つまり,【B】の方法でも事実関係を固めていくこと（＝裏取りすること）ができるのだ。【B】によって収集した情報を相互に検証することで現れ出てくる「共通項」を取り出して記述してみると, 以下のように整理できた。

　開会式の各国選手団の入場行進で使われたゲーム音楽は, 全部で19曲にのぼる。ドラゴンクエストやファイナルファンタジーをはじめ, 日本を代表するゲーム音楽ばかりだ。ゲームの発売元は, スクウェア・エニックス9, バンダ

イナムコ4，カプコン2，コナミ2，セガ2であった。世界で最も売れかつ最もよく知られている，その意味で最も代表的な日本のゲームと言えるスーパーマリオ（任天堂）とポケットモンスター（（株）ポケモン）が，どうしたことか共に外されていることも突き止められた。スクウェア・エニックス社とバンダイナムコ社のゲームだけで7割近くが占められていることからしても，明らかに偏っている。他方で，音楽の作曲者は適度にバラついており偏りはあまり見られなかった。また，リオ2016大会の閉会式の動画で使われ大好評だったゲームやアニメのキャラクターは，開会式・閉会式を通して登場することがなかった。

　リオのセレモニーの企画・演出にあたったのは，佐々木宏氏（電通出身のクリエイティブ・ディレクター），椎名林檎氏（音楽家），MIKIKO氏（演出家・振付師），菅野薫氏（クリエイティブ・ディレクター）の4人だった。東京大会の開閉会式に関しては，2018年7月に，野村萬斎氏（狂言師）が演出の総合統括責任者を務め，佐々木氏も椎名氏もMIKIKO氏もチームに加わって，合計8人からなる布陣となった（制作は電通）。ここら辺の経緯に関しては，【A】の新聞各紙でも詳しく報道されている。しかし，チーム内でゴタゴタが相次ぎ，MIKIKO氏がチームから去った2カ月後の2020年12月には，チームの解散と佐々木氏が責任者を務める新体制に切り替わることが発表された。ところが，その佐々木氏も2021年3月，開会式出演候補の女性タレントの容姿を侮辱する演出案を提案したことが表ざたになり，引責辞任に追い込まれた。開閉会式の演出メンバーの辞任・解任劇は大会開催の直前まで続き，7月20日には作曲担当者の1人だったミュージシャン小山田圭吾氏が，過去の雑誌インタビューでのいじめ（加害）告白に対する批判が続いていたことを受けて辞任。7月22日には，ショーディレクターを務める小林賢太郎氏が，ナチス・ドイツによるユダヤ人大量虐殺を揶揄する過去のセリフ使用を理由に解任された。

　ネットを検索して公開情報を幅広く収集し整理（＝情報探索）するだけで，以上のような経緯や裏側の事情が手に取るようにわかった。大方の期待を裏切って東京大会の開閉会式がさえないものになってしまった（酷評も多かった）理由の1つが，トラブル続きのチーム内事情にあったことはおそらく間違いではなかろう。だが，これだけでは表層的な捉え方で終わってしまう。社会学の観点でより深掘りすべきは，企画・演出チーム内に不協和音を生じさせ続けた「要因／力学／構造」がどんなものであったのか，であろう。この点に関しては，チームの外側を含めて，よりマクロかつミクロで立体的な分析をしないと解明することは難しい。そのためには，収集した膨大な情報を整理して共通項

（事実関係）を引き出し記述しただけで満足してしまうのではなく，情報をさらに加工・整序して分析可能な「データ」を作って分析（説明）していくことが不可欠となる。

　この点を，2つ目と3つ目の疑問に答えること，別言すればデータ化の作業とデータの分析を通して，さらに突き詰めていこう。

③　情報源のデータ化作業
──情報の加工と整序──

（1）　2つ目の疑問をめぐって──情報源の狙い撃ち探索

　2つ目の，どうして不祥事や騒動が連鎖的に巻き起こっていった（ように見えた）のかに答えるには，まずは時間軸に沿ってどのような出来事が実際に生起したのかを精確に把握する必要がある。どんな研究を進めるうえでも必須の前提作業となるが，「年表」を作ってみればよいだろう。年表作りは，研究の構想を練るうえでの重要なヒントや指針をも与えてくれるに違いない。

　Google で「東京オリンピック　2020　年表」を検索語として検索してみると，60数万件がヒットするものの，年表らしきものがほとんどないことがわかる。最初のページから10ページ分の約100件を見ていっても，オリンピックの歴史に関する資料集，競技種目や結果の一覧，2020大会の「あるある」，2020大会の解説，過去の大会開催地一覧と公式ポスターの紹介等といった周辺的なものばかりで，年表はたった3つしか出てこなかった。ネット検索だけでは，そう簡単には年表に行き当たりそうもない。オリンピック年表を一から自前で作ることもできなくはないが，めちゃくちゃ大変だ*。

＊朝日新聞の新聞記事 DB「クロスサーチ」を用いて，検索語を「東京オリンピック 東京五輪 2020 問題」，対象紙誌名を「朝日新聞のみ」，発行日（日付指定）を「2013年1月1日以降」，検索対象を「見出しと本文と補助キーワード」，本紙か地域面かを「本紙」，発行社を「東京」と条件指定して検索してみた。1,352件の記事がヒットした（検索日は2022年12月31日）ので，膨大な記事の中から一定の基準を立てて取捨選択して絞り込み，年表を作成すればよいのだが，言うは易く行うは難しである。

　では，どうしたらよいのか。【1】東京2020大会の開催側の諸機関に狙いを定めてウェブサイトを探索してみたり，【2】オリンピックのことを連日報じた新聞・テレビ等の報道機関にも注目してみよう。【1】であれば，①IOC，②日本オリンピック委員会（以下，JOC），③日本国政府，④東京都，⑤組織委，【2】であれば，⑥朝日新聞，⑦読売新聞，⑧毎日新聞，⑨NHK 等などが該

当する。

【1】の①の英文サイトでは, Top ＞ Olympic Games ＞ Past Games ＞ TOKYO 2020 と辿っていくと東京2020大会のページに行き当たるのだが, 年表はない。だが, 短い動画と解説文がアップされている「Tokyo Stories」や, 大会のさまざまな場面を切り取った印象的な写真が多数アップされている「Gallery」など, 大会を振り返るには恰好なサイトである。②も同様である。

③に関しては, 首相官邸のサイトをのぞいてみる。サイト内検索で「東京2020大会」を検索してみると, 「2020年東京オリンピック競技大会・東京パラリンピック競技大会」のページが出てきた。その中に「東京2020大会関係年表」があった。だが, 政府が主体となって行ったことや関与した事項が中心となっており（したがって網羅性が低い）, 社会問題と関連づける視点も弱いので, 使えるものではなかった。文部科学省のスポーツ庁のサイトも見てみたが, めぼしい情報は得られなかった。

④の東京都は, 大会開催都市だけあってウェブサイトにも力が注がれている。トップ＞教育・文化・スポーツ＞東京2020大会＞東京都オリンピック・パラリンピック調整部の経路で, 「東京2020大会東京都ポータル」に行き着く。だが, 年表を含め参考となる情報は乏しかった。他方で, このポータルには, ⑤の組織委（正式名称は「公益財団法人東京オリンピック・パラリンピック競技大会組織委員会」）のサイトも収められている。そこには, 収支および大会経費の最終報告, 第9回理事会（2015年12月）〜第50回理事会（2022年6月）までの資料と議事録, 2013〜22年度の事業計画書・事業報告書・財務諸表, 組織委の入札結果（調達案件一覧や調達先一覧等を含む）等々, 組織の構造分析や財政分析に使えそうな情報が満載だ。ただし, 残念ながら年表はなかった。

【2】の報道機関はどうであろう。新聞社は, 独自の新聞記事DBをもっているのが強みである。新聞記事は, 専門の記者が取材を重ねて裏取り（事実関係の確認）をし, 証拠に基づく記事を書き, 編集者や校閲者らによる幾段ものチェックを経て報じられるので, 信頼性は高い。もちろん, 新聞社（組織ジャーナリズム）と言えども時には誤報もするし, ろくな取材もせずにいい加減な記事を書く記者だっているだろう。歪んだ意図をもって誰か／何かを貶める恣意的な記事を掲げる新聞社だって, 中にはあるかもしれない。だから全面的に信頼できるわけではないのだが, 相対的に信頼性は高いと言ってよい。新聞紙面やウェブサイトで報道される（＝DBに収録される）記事は膨大な量になるので, 網羅性も高い。さらに, ソースを明確に示せるし, またいつでもどこ

からでもアクセス可能なので，公開性とアクセス可能性も高い。**新聞記事DB**
は，①**信頼性**が高い，②**網羅性**が高い，③**公開性**と**アクセス可能性**が高いと
いった最も重要な基本要件が揃っている。各大学の図書館が提供するサービス
の中に新聞記事DBが含まれているだろうから，大学生であれば無料で，かつ
スマホやタブレットでどこからでもアクセスできるはずなので，もっともっと
積極的に研究目的で新聞記事を利活用しよう。

（2）依拠する情報源の確定——データ化作業の土台

　三大新聞のウェブサイトに関しては後述するとして，NHKのウェブサイト
も見ておこう。NHK NEWS WEBで，トップ＞特設サイト＞東京オリンピッ
ク・パラリンピックと辿っていくと，「大会までのあゆみ」*というページに行
き当たる。ここでは，2009年10月3日の2016年大会の東京招致失敗から2021年
7月23日の東京2020大会開会式開催までのあゆみを年表形式でまとめており，
実に合計903もの事項が掲載されている。非常に詳細であり出来事のカバー率
（網羅性）が高いうえに，関連する出来事を事細かに拾い上げて時系列で整理し
ている。「社会問題としての東京オリンピック」を掘り下げるには間違いなく
格好の素材になり得る。

＊https://www3.nhk.or.jp/news/special/2020news/chronology/

　ただ，1つ問題がある。NHKの年表は，2021年7月23日（開会式の開催）で
終わっている。東京2020大会がらみの問題はそれ以降も次々と生じており，
まだ終わってもいない。当然のことながら，大会開催中と大会終了後今日に至
るまでをフォローしないといけない。年表になっているかどうかはともかく，
時系列で事細かな出来事が詳細に報じられているものを探す必要がある。とな
れば，新聞社のウェブサイトがよい。朝日・読売・毎日新聞のサイトをのぞい
てみよう。

　朝日新聞デジタルには「東京オリンピック2020」と題する特設サイトがあ
り，その中に「東京オリンピック2020ニュース一覧」のページがある。読売
新聞オンラインにも，「東京2020オリンピック」特設サイト内に「ニュース」
ページが置かれている。毎日新聞ニュースサイトにも，「東京オリンピック
2020」特設サイト内に「ニュース｜東京オリンピック」ページがある。いずれ
も，既報の記事にリンクを張って時系列に掲載しているリンク集である。2023
年3月3日現在で，朝日新聞にはなぜか2021年8月5日〜同年9月3日までの

50記事しか掲載されていない。読売新聞には大会前から2022年12月29日までの非常に長期間にわたって膨大な記事が掲載されているのだが，大会期間中の日本人選手が出場した競技に関する記事が大半を占め，パラ大会終了後の関連記事が少ない（66記事）うえに社会問題に切り込む視点が希薄である。

　これに対し，毎日新聞には2021年7月30日〜2023年2月10日までがカバーされ，大会期間中の競技結果の記事もさることながら，大会終了後の記事が多く（166記事）かつ社会問題を追及するジャーナリスティックな視点が強い。ということで，大会終了後の出来事に関しては毎日新聞の「ニュース｜東京オリンピック」＊を年表と見立てて使うことにした。また，毎日新聞は，汚職・談合事件関連のニュースを「東京オリンピック」と切り離し，別建てで「東京五輪汚職」という特集サイト＊＊も用意している。2023年3月現在で約190もの記事が掲載されており（リンク集），大変充実しているのでこれも参照する。

　＊https://mainichi.jp/sportsspecial/tokyo2020/news/
　＊＊https://mainichi.jp/tokyo2020-bribes/

　NHKの年表が大会開催までの900超の，毎日新聞の2つの特設サイトが大会終了後の約160＋190（計350超）の，全部で1250超もの出来事に関する文字列と関連写真が時系列に並べられているだけなので，このままでは一情報源に過ぎず，「データ」と言えるような代物ではない。これをさらに加工し整序していくことで，段々と使えるデータになっていく。

（3）データ化作業の第1段階——情報選定の方針と基準

　データ化作業の第1段階として，1つひとつを丹念に読み込みながら，使えそうな事項と使えない事項に腑分けし，かつ使う事項を大幅に絞り込む作業を行う。そのためには，年表作成の基本方針や選定の基準を明確にしておく必要がある。既述の通り，年表を作る目的が「社会問題としての東京オリンピックを深掘りする」ことに置かれているので，「社会問題を深掘りするために年表を作る」方針が自動的に定まる。年表に入れ込む事項の選定基準は，個々の出来事が社会問題との関連性が高いかどうか，ということになるはずだ。ひとまずあまり厳密に考えずに，年表に入れる事項を直感に頼って選んでみたらよいだろう。ただし，後の作業を考えて，可能な限り絞り込むことも忘れないようにしたい。

　この方針と基準を基にして使う事項を絞り込んだ結果，関連する社会問題を

明瞭にしてくれそうな出来事として，NHK198項目，毎日新聞19記事を選定した。年表を作る際には，説明文をまるごと引用することなく最大限凝縮して表のセルに組み入れ，出来事ごとに「一言（だけの）コメント」を【　】を付して添えることもやってみた。一例だけ引いておくと，表10 - 1 の No. 1 の元になった2013年 9 月 8 日の NHK の記事は，以下の通りである（全文の引用）。

2020年大会開催都市が東京に決定 56年ぶり 2 回目の大会招致に成功

　IOC 総会（アルゼンチン・ブエノスアイレス）で立候補していたトルコのイスタンブール，東京，スペインのマドリードの 3 都市が順番にプレゼンテーションをして最後のアピールをした後，94人の IOC 委員による投票が行われた 1 回目の投票でイスタンブールとマドリードが同数で並び再投票が行われた結果，マドリードが落選。東京とイスタンブールを候補に行われた最終投票では東京が過半数を集め開催都市に選ばれた。安倍首相は福島の原発事故の汚染水の問題について「状況はコントロールされており，全く問題ない」と述べ抜本的な解決に向けて政府が責任を持って対策を進めていると強調し理解を求めた。

　表10 - 1 の No. 1 と比べてみてほしい。文字数が格段に削減されていることがわかるだろう。また，表では【　】部分を略してあるが，これは社会的な意味づけやどんな種類の社会問題と関連するのかといったことをあぶり出す一助になるはずだ。この作業によって全体的に分量を大幅に縮約できたものの，それでもまだ相当な量となるので，ここでは表を掲載することはできない。ただ，これによって1069（903 + 166）が217（198 + 19）事項と約 5 分の 1 になり，かつ社会問題との関連性をより明確につけることができた。

（4）データ化作業の第 2 段階——アクター別年表の作成

　しかしながら，これでは依然として，問題を生み出す構造やメカニズムを追究することが可能となる「データ」にはなっていない。もう一工夫する必要がある。そこで，データ化作業の第 2 段階として，この217事項を**アクター（行為主体）**別に仕分けした年表を作成する作業を行ってみる。行為主体に注目することによって，各事項が相互にどう関連するのかをより明確につかむことが期待できる。主要なアクターとして，①IOC・JOC 等【オリンピック業界セクター】，②政府・東京都等【行政セクター】，③組織委やスポンサー等【大会運営セクター】，④国内／国際世論や市民の動向【市民セクター】，⑤その他の 5 つを用意することとした。⑤に「その他」を当てたことによって網羅性も確

表10-1 「東京2020大会をめぐる主要な出来事」年表（2012-20年）

No.	年月日	①IOC・JOC等【オリンピック業界セクター】	②政府・東京都等【行政セクター】	③大会組織委員会やスポンサー等【大会運営セクター】	④国内/国際世論や市民の動向【市民セクター】	⑤その他
1	2013年9月8日	IOC総会で2020年大会の開催都市を東京とすることが決定。		安倍首相がプレゼンテーションで福島原発事故の汚染水問題について「状況はコントロールされており、全く問題ない」と発言	→安倍首相の発言をめぐって疑問や批判の声が強まる	
2	2014年1月24日			東京大会の準備・運営にあたる組織委員会発足。会長に森喜朗元首相就任	→2021年2月21日 女性を蔑視する発言に対する世論からの反発を受けて会長を辞任	
3	4月14日			組織委、「みずほFG」「三井住友FG」とスポンサー契約を締結。オリンピックのスポンサーに関して「1業種1社」の原則がある中、同業種の2社と契約を結ぶ。→後のケースに1業種2社や3社が選ばれることが流出		
4	2015年7月8日		国立競技場将来構想有識者会議、新国立競技場建設の総工費2520億円の計画（2012年11月に選出された国際デザインコンクール、コンペで最優秀賞受賞のザハ・ハディド氏［審査委員長：安藤忠雄氏］）を確認し、2015年10月に着工することを承認すると発表		→巨額な建設費、競技場の巨大さ、デザインの奇抜さなどをめぐって建築家や市民から批判が噴出	
5	7月17日		安倍首相、新国立競技場の計画見直しを表明			
6	7月24日		大会のシンボルとなる公式エンブレム（佐野研二郎氏デザイン）発表			→7月29日 同左の公式エンブレムに対し、ベルギーのデザイナーが自らのデザインに酷似していると問題視
7	9月1日			組織委が大会エンブレムを白紙撤回	「一般国民の理解が得られない」として	
8	12月22日		安倍首相、新国立競技場の建設計画について先に公表された2案のうち隈研吾氏がデザインしたA案に決定したことを明らかに			
9	2016年5月12日	東京都・政府・組織委・IOCの4者協議	東京都・政府・組織委・IOCの4者協議。ボート・カヌー会場を「海の森水上競技場」、水泳会			仏検察当局が、東京2020大会招致をめぐる資金が国際陸連前会長に振り込まれていた可能性があるとして捜査していると発表

No.	日付	内容	批判・声	国際情勢
10	11月29日	場を「アクアティクスセンター」に決定。会場の見直しせず、当初の計画通り。ただし、バレーボール会場については先送り →12月16日 小池百合子都知事、バレーボール会場を「有明アリーナ」とすることを表明【2016年東京オリンピック構想では佐々木公園アリーナだった】		
11	2017年2月8日	東京地検特捜部が竹田恒和JOC会長ら招致委の関係者から任意で事情聴取していたことが判明 →2019年3月18日 JOC竹田会長、6月の任期いっぱいでの退任を表明【事実上の辞任に追い込まれたとみられる】		
12	2018年7月19日	大会スケジュールの大枠決定。暑さを考慮し一部競技で開始時刻が前倒し		
13	9月12日	IOCに多額の放送権料を支払う米NBCの希望を受け、五輪は準決勝と決勝が午前の時間帯に行われることに決定		
14	2019年6月16日	ボートとカヌー会場となる「海の森水上競技場」が完成。式典。総工費は308億円【オリンピック開催後も年間1.58億円の赤字になると試算されている】		
15	11月1日	IOC・東京都・組織委・国のトップ級4者協議でマラソンと競歩会場の札幌移転を決定。小池都知事は「あえて申し上げるならば合意なき決定だ」と発言		
16	11月30日	新国立競技場が完成。3年で完成。建築面積は旧競技場の2倍。建築面積6万坪。工事費1529億円（当初計画では1300億円）		
17	2020年1月14日			WHO（世界保健機関）、中国の肺炎患者から新型コロナウイルスが検出されたことを公表 →パンデミック（世界的大流行）に
18	1月23日	東京オリ・パラ大会で日本選手団が着用する公式ウエア発表（デザインと制作はAOKI）		
19	3月16日	安倍首相、G7首脳によるテレビ会議後の記者会見で「人類が新型コロナウイルス感染症に打ち勝ち証しとして完全な形で実現するということについてG7の支持を得たところだ」と発言	→安倍発言をめぐって疑問や批判の声が渦巻く	
20	3月24日	東京オリ・パラ大会、1年程度延期で決定。延期は史上初		
21	4月1日	安倍首相、全国の全世帯に布マスク2枚配布の方針を表明 →8月28日 辞任表明	→同左に対して疑問や批判の声	

表 10-2 「東京 2020 大会をめぐる主要な出来事」年表（2021-22年）

No.	年月日	①IOC・JOC等【オリンピック業界セクター】	②政府・東京都等【行政セクター】	③大会組織委員会やスポンサー等【大会運営セクター】	④国内（国際）世論や市民の動向【市民セクター】	⑤その他
22	2021年2月19日	菅義偉首相、G7首脳会議で「人類が新型コロナウイルスに打ち勝った証しとして開催する決意だ」と述べ各国に支持を呼びかけ				
23	3月20日	IOCや組織委などの5者会談。東京大会の海外観客の受け入れ断念を決定				
24	5月14日				東京大会中止を求めるオンライン署名が35万を超え、活動を行う弁護士が記者会見で「パンデミックが収束していないことは明らかで世界中の人々が心から歓迎できる状況ではなく中止すべきだ」と発言	
25	6月2日		尾身茂新型コロナウイルス対策政府分科会会長、衆議院厚生労働委員会で「今の感染状況での開催は普通はない」と指摘			
26	7月8日	組織委やIOC、東京都などの5者協議、緊急事態宣言が出されることなどを受けて東京など首都圏の全会場での無観客開催を決定	政府や東京都に4回目の緊急事態宣言を発出することを決定。東京五輪は宣言期間中に行われることに		←世論の動向	
27	7月9日				東京大会の開催中止を求める市民グループが東京地裁に仮処分の申し立て。仮処分を行った男性は「無観客とはなったが緊急事態宣言下の開催は愚の骨頂」と表明	野村総研、「大会で期待される経済効果の半分以上が失われる」と発表
28	7月15日	バッハIOC会長が小池都知事と会談。「日本の人たちに対するリスクはゼロ」と発言 → バッハ発言をめぐって疑問や批判の声		組織委、海外選手が来日後新型コロナウイルス検査で「陽性」だったと発表	東京大会中止を求めるオンライン署名が45万を超え、署名活動を行った弁護士が都に提出	
29	7月18日	バッハ会長の歓迎会が東京・赤坂の迎賓館で開催。菅首相や小池都知事など出席。会場周辺では抗議活動				

No.	日付	事項	補足
30	7月19日	東京五輪のサッカーの試合を児童がスタジアムで観戦する茨城県鹿嶋市の小学校が「持ち込む飲み物は大会スポンサーのもの」とするように呼びかけていたことが判明	
31	7月～9月	第32回オリンピック競技大会（7月23日～8月8日）、第16回パラリンピック競技大会（8月24日～9月5日）	
32	7月29日	開会式で大会関係者用の弁当約4000食が処分されていたことが判明。組織委は、東京五輪が掲げる「持続可能性」理念にそぐわないとして「非常に遺憾だ」と陳謝	→8月7日　TBSテレビ「報道特集」が、42競技場中の国立競技場を含む20会場分の弁当に関する内部資料を根拠として合計13万7461食もの弁当が廃棄されたと報道 →組織委、廃棄であったと認め謝罪
33	2022年7月8日		安倍元首相、銃撃され死去
34	7月20日	組織委の高橋治之元理事が大会スポンサーのAOKIから4500万円を受託収賄容疑で受領した疑い（五輪汚職の第一報） →8月17日　東京地検、高橋氏を受託収賄容疑で逮捕し、AOKI前会長・前副会長・専務執行役員の3氏を贈賄容疑に発展	
35	8月23日	高橋容疑者が東京地検の調べに対し「組織委会長だった森喜朗元首相にAOKIホールディングスを紹介した」と説明。森氏は会合を否定	
36	9月3日	高橋容疑者が出版大手「KADOKAWA」のスポンサー契約を仲介した疑いがあることが判明 →その後、大手広告代理店「ADKホールディングス」や大会マスコットのぬいぐるみを販売した玩具会社「サン・アロー」、大会スポンサーだった駐車場サービス会社「パーク24」にも東京地検の捜査が及び、逮捕者が続出した	
37	11月20日	組織委が2018年に発注したテスト大会の計画立案業務を落札した複数の企画会社が談合が行われた疑いがあること公正さ疑惑の第一報 →東京地検が公正取引委員会と連携して捜査を進めた結果、五輪汚職（贈収賄）事件とは別に「五輪談合」事件に発展し、逮捕者が続出した。電通・博報堂・ADKの大手3社をはじめとする広告会社とイベント業界各社の間で受注調整が行われ、利益を分け合っていた実態が明らかになっていった。また、官製談合の疑いも浮上している	
38	12月21日	会計検査院が東京五輪・パラの総経費が1兆7千億円（組織委公表額より3000億円増）に上ったと発表。また、道路や気象装置などの大会関連経費を加えると約3兆7千億円に達すると算定。さらに、国立競技場の民営化のメドが立っておらず、完成後も国が維持費56億円負担していることを指摘	

保できるので，217事項の全てをこの5アクター別に割り振っていく。これが，ここでの情報を加工し整序していく作業となるわけだ。

　Excel のワークシートで，行（表側）を年月日，列（表頭）を5アクターとして，1つの表に217事項を時間順かつアクター別に入れ込んでみる。この作業はスマホやタブレットではとてもできないので，PC を使おう。できるだけ大画面のモニターが利用できるとなおよい。217×5＝1,085 ものセルができることになるが，1セルにすべての文字が表示されるようにするために，行の高さや列の幅を調整したりセルの書式設定で「折り返して全体を表示する」ようにする。また，複数のアクターにまたがる事項もあるので，その場合はセルの書式設定で「セルを結合する」ようにする。事項ごとに細い罫線で括るようにすれば，見分けが付きやすくなる。こうした作業の末に，超特大の表が出来上がった。ウルトラワイドの大型 PC モニターならともかく，文字のサイズを10pか11pにする限り，通常サイズ（ノート PC 程度）の画面ではすべての列を一面に映し出すのはなかなか難しい。なので，フォントサイズを8pか7pにしてみることも必要になるはずだ。

　モニターの画面で表の全列が収まるようになれば，下にスクロールしていくことで，アクター別に整理した出来事の年表を「鳥の目」で俯瞰することも，細部を「虫の目」で凝視することもできるようになる。1つひとつの出来事間やアクター間の関連性も見えてくるだろう。つまり，掘り下げて検討すること＝分析することを可能とする「データ」が，1つ出来上がったことになる。絞り込みの度合いがまだ低く表が大きすぎるので，すべてをここに掲載することはいまなお難しい。そこで，東京開催が決定した2013年9月〜2022年12月の期間に生じた東京2020大会をめぐる出来事を，特に不祥事や騒動に焦点を合わせて厳選し最小限の事項に留めた年表を別に作ってみることにした。**表10-1，10-2の「東京2020大会をめぐる主要な出来事」**年表がそれである。各項目には，表側に掲げた年月日以降に生じた関連事項も「→」を付して追記してある。また，「←」を付けてあるのは，その出来事に影響を与えたと考えられる事項である。

　年表を俯瞰／凝視することで，ある出来事が連鎖して他の出来事を生み出していったり，アクター間で影響を及ぼし合ったりなどといった出来事間およびアクター間の因果や相関等の関連性が透けて見えてくるので，不祥事や騒動がどのような**「要因／力学／構造」**によって引き起こされるのかに迫ることも可能となる。オリンピック業界セクターと行政セクターと大会運営セクターが相

互に密接に連携し合って事を進めていき，それに世論や市民が呼応する。逆に，世論や市民の動きに３つのセクターが敏感に反応することもあるし，３セクターの間で連携がうまく取れずに微妙なズレが生じることもある。そうしたことがまざまざとわかってくる。

　この年表は，２つ目の疑問に対する答えになると同時に，社会問題を生じさせるプロセスやメカニズムを究明するための「データ」になり得ることにも気づかされるはずだ。データ化作業は，分析可能な「データを作る」ことに留まらず，次節で取り扱う「社会問題を深掘り」して研究構想を具体化することをも導いてくれる。

④　社会問題の深掘り
──年表によるデータの分析と解釈──

（１）　３つ目の疑問をめぐって──年表の読み解き

　３つ目の，新型コロナウイルスのパンデミック下で，国内の１日の感染者数，重症者数，入院者・療養者数が過去最多を記録した大流行期（第５波）のただ中という最も深刻な状況*であったにもかかわらず，世論の反対の声**を押し切ってまで大会を断行したのはなぜなのか，を掘り下げてみよう。

　＊政府が東京都に対して４回目の緊急事態宣言を発令している中で，大会は断行された。後に隣接３県等にも拡大され，かつ当初の７月12日〜８月22日の期間が９月30日まで延長された。結果的に，オリ大会もパラ大会もすべての期間を緊急事態宣言下で行うという異常な事態となった。このことに加えて，日本国内のワクチン接種が他国に遅れを取っていたことも指摘しておかなければならない。政府の IT 総合戦略室の情報発信サイト（https://cio.go.jp/）に掲載されている「ワクチン接種の日次推移」によれば，大会開催前日（2021年７月22日）時点のワクチン接種率は１回目が37.3%，２回目が22.1%に過ぎなかった。これは，新型ウイルスに対する免疫レベルが低水準であったことを意味する。

　＊＊開催前に実施・公表された新聞社・通信社・テレビ局などによる各種世論調査の結果を見ると，質問文や選択肢が違うので賛否の態度を明確に示すことは難しいものの，世論は「大半が開催に反対もしくは懐疑的」だった。たとえば，３回目の緊急事態宣言下中の2021年５・６月に行われた朝日新聞と読売新聞の電話による全国世論調査では，朝日（５月15・16日調査）が「中止」43%〈同年４月10・11日調査35%〉，「再び延期」40%〈34%〉，「今夏に開催」14%〈28%〉，読売（６月４〜６日に調査）が「中止」48%，「観客を入れずに開催」26%，「観客数を制限して開催」24%という結果だった（朝日新聞と読売新聞のそれぞれの新聞記事による）。また，フランスのグローバル調査会社イプソスが７月13日に発表した28カ国で実施のオンライン調査の結果でも，大会開催に「反対」が57%，「賛成」が43%，国別では韓国の86%，日本の78%が「反対」だった（2021年７月

14日共同通信配信および各紙掲載記事）。また，朝日新聞は，「夏の東京五輪　中止の決断を首相に求める」と題する「社説」を2021年5月26日付の朝刊に掲載し，「人々の当然の疑問や懸念に向き合おうとせず，突き進む政府，都，五輪関係者らに対する不信と反発は広がるばかり」であり，「誘致時に唱えた復興五輪・コンパクト五輪のめっきがはがれ，「コロナに打ち勝った証し」も消えた今，五輪は政権を維持し，選挙に臨むための道具になりつつある」等として，開催中止を菅首相に突き付けた。

　3つ目の疑問に対する答えは，これまでのデータ化の諸作業と検討を経て作成された年表が与えてくれる。表10-1と10-2の年表には，2013〜22年の間に起こった東京2020大会関連の主要な出来事が時間（縦）軸に沿って整理され，左端のNo.欄に示されているように合計38の事項で構成されていた。これを再度丹念に読み込んでいくと，おおむね次の6種の社会問題事象を引き出して類別することができた。①有力政治家らによる世論誘導や不適切な言動関連の問題，②組織・大会の運営関連の問題（プログラム・競技時間や場所の変更問題を含む），③汚職（贈収賄）・談合事件関連の問題，④新国立競技場建設・エンブレム騒動関連の問題，⑤開催経費の膨張や無駄使い関連の問題，⑥新型コロナウイルス・パンデミック対応関連の問題，である。

　表10-3は，①〜⑥別に関連性の高い事項をNo.順にその数字を入れ込んだものである。No.31と33については対象から外した。複数の問題事象欄に重複して記載されている事項の数字は，太字のゴチック体にして下線を引いて目立つようにした。また，②に含まれるプログラム・競技時間や場所の変更問題に関しては，②内に（　）を付けて一応分けて提示してみた。

　表10-1と表10-2とを重ねながら読み解いてみると，大半の事項がいくつもの問題に関連性を有していること，それぞれの問題が独立して生起したのではなく相互に関連し合って引き起こされたこと，に気づかされる。①〜⑤は，コロナ・パンデミック（⑥）が発生するずっと以前の段階から，関連する出来事が同一の問題事象内で連鎖的に，もしくはいくつかの問題事象間で相互連関的に（重なり合って），次々に生じていたことを再確認することもできる。

　表10-1に出てくる組織委会長となった森元首相，安倍首相やその後を引き継いだ菅首相，小池都知事だけでなく，元の超大年表には小池氏の前の都知事（三代連続で任期途中で都知事を辞した石原慎太郎氏・猪瀬直樹氏・舛添要一氏）や五輪相等の政治家（トップリーダー）の名前が何カ所にも出てくる。彼ら／彼女らは，不適切な言動が物議を醸す一方で，IOCやJOC等とも連携して大玉の見栄えの良い花火をタイミングよく打ち上げて五輪開催へ向けての地ならしをし，

表 10 - 3　問題事象別の諸事項

社 会 問 題	事 項 の No.
①有力政治家らによる世論誘導や不適切な言動関連の問題	1，**2**，**19**，**21**，**22**，**28**，29，**35**
②組織・大会の運営関連の問題 　（プログラム・競技時間や場所の変更問題）	**2**，**3**，**10**，**20**，**23**，**26**，30，**32**，**34**，**35**，**36**，**37**，**38** （12，13，15，**20**）
③汚職（贈収賄）・談合事件関連の問題	**3**，9，11，18，**34**，**35**，**36**，**37**
④新国立競技場建設・エンブレム騒動関連の問題	**4**，5，6，7，8，**16**
⑤開催経費の膨張や無駄使い関連の問題	**4**，**10**，14，**16**，**32**，**38**
⑥新型コロナウイルス・パンデミック対応関連の問題	17，**19**，**20**，**21**，**22**，**23**，24，25，**26**，27，**28**

　開催に懐疑的ないし否定的な傾向が強かった世論を押し切る先導役／旗振り役を果たした（①）。有力政治家に与えられた重要な役割の一つと言ってよいのかもしれない。そして，裏側の見えないところに，利権に群がる数え切れないアクターが蠢動する魑魅魍魎の世界が広がる。東京2020大会の専任広告代理店である電通が組織委をコントロールする体制が構築され，電通元顧問の組織委理事らが暗躍してスポンサー選定を行ったり企業連合（カルテル）を結んで談合を行った（③）のも，その顕著な例の一つである。大会招致や運営のマネジメントや組織ガバナンスも歪められて不祥事や騒動が頻発し，疑問や厳しい批判の声に包まれもした（②④）。大会開催経費も大幅に膨らんだ（⑤）。そして，2020年の春先にはコロナ・パンデミックが発生し，大会が１年延期され，最終的には中止ではなく無観客での開催を強行するわけだが，パンデミックは①〜⑤によって基本「構造」が出来上がった後になって立ち現れた一大騒動に過ぎなかった，という解釈を導いてもくれる。

　たとえば，No. 3, 4, 9, 10, 11, 12, 13, 14, 15 の諸事項をなぞってみよう。これらは五輪という表舞台に隠れたところで起こった出来事であるが，No. 3・4・9・10・11・14 からは業界の癒着・汚職・談合等の「腐敗臭」が漂ってくる。また，招致段階で表看板に掲げていた「コンパクト五輪」とはほど遠い実態も顕わになる。No. 12・13・15 からは，アスリート・ファーストという謳い文句よりも，IOC の生命線にもなっている巨額な放映権料を支払うテレビ局（NBC）の意向や都合を最優先する姿勢が際立ってくる。No. 15 にある「あえて申し上げるならば合意なき決定だ」という都知事の発言が，開催都市より

IOC の意向が重視されることを物語っている。つまり，表 10-1 と 10-2 は，東京 2020 大会関連の主要な社会問題を現象させる「利権の構造」がかなり前の時点ですでに出来上がっていたことを，私たちに思い知らせてくれるのである。

　以上のように，この年表によって全体を俯瞰しかつ細部を凝視すれば，**オリンピックには利権の構造が根っこのところで絡んでいる**ことがクッキリと浮かび上がってくる。これが，3 つ目の疑問に対する明快な答えとなる。

（2）利権の構造と祝賀資本主義――メガスポーツイベントを深掘りする

　大会終了後のランニングコスト（負の遺産化）を考慮せずに国立競技場をはじめ多数の競技会場が新設される等の結果，開催経費は招致段階（2013年の「立候補ファイル」）で公表していた額の約 2 倍に膨れ上がった。電通が大会スポンサーの選定にあたり，それまでの 1 業種 1 社の原則をいとも簡単に破って 1 業種から 2 社も 3 社も選んだ。これらのスポンサー企業の多くが，電通等の広告代理店を通して CM を大量に出稿したことは言うまでもない。開催期間中の13万食もの弁当（1 億2000万円弱）が廃棄されたことを含め，壮大な「無駄使い」「浪費」が制度的に生み出され，そこに莫大な公金が注ぎ込まれた。上述の通り，大会の開催が巨大な「利権」を生み，裏側では開催の何年も前から利益を最大化してどう配分するかをめぐって種々様々な動き（贈収賄や談合等）が起こり，スポーツが目的外（政治・経済）利用されたと考えることができる。

　商業化したオリンピックは，巨大な利権と便益を生み出す「打ち出の小槌」であり，企業にとっては一大ビジネスチャンスとなる。IOC，JOC，政府，東京都，組織委，そしてスポンサーといった開催側の主要アクターを，大会の枢要なキーパーソンズ（有力な政治家も含まれる）が人治によって結合させ，調整・差配しながら利益を最大化して分配すべく巧みに操るように「**構造化**」されている。この構造は，東京2020大会に限らず，五輪が汚職事件を頻繁に引き起こす根本的な要因にもなる。

　このメカニズムの解明にあたっては，アメリカの政治学者でサッカーの米国代表選手としてオリンピックに出場したこともあるジュールズ・ボイコフが概念化し主張を展開している「祝賀資本主義」論*が参考になる。「**祝賀資本主義**（Celebration Capitalism）」は，カナダのジャーナリストであるナオミ・クラインが『ショック・ドクトリン――惨事便乗型資本主義の正体を暴く』（岩波書店，2011年：原著2007年）で提唱した「**惨事便乗型資本主義（Disaster Capitalism）**」，

すなわち戦争や自然災害やクーデターなどによる大惨事（危機）につけ込み，政府を動かして市場原理主義／新自由主義的な経済改革（小さな政府の推進，公的セクターの民営化，福祉・医療・教育予算の縮減など）を一気呵成に進め，これによってより一層の利潤追求を推し進めようとするグローバル企業による「**災害資本主義**」のあり方，を導きの糸としている。ボイコフは，新自由主義資本（グローバル企業）による「火事場泥棒」が「災害」に限らず「祝賀」に際しても起っている，と捉えた。そして，「祝賀の祭典」の典型例がオリンピックである，ということになるわけだ。

＊「祝賀資本主義」に関しては，以下の文献を参照のこと。
ジェールズ・ボイコフ（中島由華訳），2018，『オリンピック秘史──120年の覇権と利権』早川書房。
ジェールズ・ボイコフ（井谷聡子・鵜飼哲・小笠原博毅監訳），2021，『オリンピック 反対する側の論理──東京・パリ・ロスをつなぐ世界の反対運動』作品社。
小笠原博毅・山本敦久，2019，『やっぱりいらない東京オリンピック』岩波ブックレット，岩波書店。
本間龍，2021，「祝賀資本主義のグロテスクな象徴」『世界』6月号。
鵜飼哲，2021，「崩壊のスペクタル 東京オリンピック2020──惨事と化したメガイベントの行方」『世界』11月号，他。

　2022年6月21日，組織委は，開催経費が1兆4238億円となったと発表（最終報告）した。経費分担は組織委が6404億円，東京都が5965億円，国が1869億円になった。詳細に関しては，先に紹介した組織委のサイトにある「組織委員会の収支及び大会経費の最終報告について」を参照してほしい。

　組織委の分担金はすべて「収入」で賄われるが，収入の67.6％に当たる4330億円がスポンサー料である。スポンサーは「パートナー」と位置づけられて，4つのカテゴリーに「階層」化されていた。最高位のスポンサー料を支払う第1階層が，トヨタ自動車やパナソニック，ブリヂストン，VISA，コカ・コーラ，P&G，アリババ，サムスン電子，オメガなど14社からなる「ワールドワイドオリンピックパートナー」。第2階層が，アサヒビールや日本生命，東京海上日動，みずほFG，三井住友FG，アシックス，NEC，富士通，キヤノン，三井不動産，エネオス，NTT，LIXILなど15社からなる「東京2020ゴールドパートナー」。第3階層が，日本航空，全日空，JR東日本，東京メトロ，JTB，近畿日本ツーリスト，東武トップツアーズ，ヤマト，セコム，ALSOK，TOTO，エアウィーヴ，大日本印刷，TOPPAN，日本郵便，日清食品，東京

ガス，読売・朝日・日経・毎日の4大新聞社など32社からなる「東京2020オフィシャルパートナー」。そして最低位のスポンサー料を支払う第4階層が，AOKI，KADOKAWA，パソナ，パーク24，Google，ヤフー，清水建設，コクヨ，産経新聞社，北海道新聞社など20社からなる「東京2020オフィシャルサポーター」である。合計81社の多くが日本と世界を代表する大企業で占められている。また，東京都と国が分担する7834億円（負債）は税金で賄われるので，「尻拭い」をさせられるのは一般の都民・国民である。

　ここから，オリンピックというメガイベントに主に税金を原資とする莫大な公的予算が湯水のように投じられ，それを企業が群がって食い尽くす（利潤追求の絶好の機会とする）という構図を読み取ることができる。利益の分配にあずかるのはスポンサー企業だけではもちろんない。IOCやJOCをはじめとする各国のオリンピック委員会（NOC）に代表される国際的なオリンピック業界（「業」界と呼ぶのがふさわしい！），JOCを含むNOC傘下の加盟競技団体に代表される競技スポーツ業界，巨額の放映権料をIOCに支払う米国のテレビネットワークNBCに代表されるテレビ・メディア業界，電通や博報堂に代表される広告業界，競技場や選手村等の建設・解体にあたる大成建設・清水建設・大和ハウスや三井不動産に代表される建設・不動産業界，安藤忠雄建築研究所やザハ・ハディド・アーキテクツや隈研吾建築都市設計事務所に代表される建築設計・デザイン業界，無償ボランティアや有償スタッフの派遣業務にあたるパソナに代表される人材派遣業界，その他オリンピック開催の大中小さまざまな恩恵にあずかる関連業界，政治家や財界人，そして東京都および国等々，膨大な数になる。

　こうした「利益を分かち合う巨大で複合的な政・経の連合体」の存在が，「祝賀の祭典」たるオリンピックを断行させた／止めることを許さなかった「主体（張本人）」となった。今回明るみに出た組織的で大掛かりな汚職・談合事件は，組織委理事で元電通顧問の高橋治之氏らが引き起こした私的で一業界内の問題ではけっしてない。こうした**「構造」**がある意味で必然的に生みだしたものなのである。オリンピックには，スポーツが有する「経済を活性化する機能」や「社会を統合する機能」，さらに「**スポーツ・ウォッシング**（スポーツによって不都合なことを覆い隠したり人々の不平・不満や批判の芽を摘んだりする「洗い流し」）機能」を果たすことが強く期待されている。しかし，スポーツのビッグイベント開催の背後には，IOC・JOC（オリンピック業界）や競技団体・者（スポーツ業界）と共に利害が直接絡む政界・政治家や財界・企業や官界・官僚

等の計算・思惑が蠢くことが常態化している。

　だからこそ，オリンピック（メガスポーツイベント）は重大な社会問題と位置づけられるのだ。

⑤　感性を研ぐ

　大会開催に伴い新型コロナ感染者が大幅に増大した事実を軽視することは，けっしてできない。組織委も政府も東京都も，東京2020大会が感染拡大をもたらさなかったと強弁したが，それはバブルの内側（アスリートや大会関係者）に限ったことであり，オリンピック開催が東京および国内の感染拡大を加速度的に拡大させた間接的かつ直接的な要因になったことは間違いない*。

＊厚生労働省の新型コロナウイルス感染症情報に関するオープンデータ（https://www.mhlw.go.jp/stf/covid-19/open-data.html）によって東京都の新規感染者の推移を把握しておくと，オリ大会が始まって5日後の7月27日からオリ大会が終了して5日後の8月13日まで，過去最多の感染者数が更新され続けたことがわかる。ウイルス感染から発症までには数日間のタイムラグがあることを前提とすると，オリ大会の開催期間中，感染者数が急増し続けていった（重症者数や病床利用率や重症病床利用率等も大会期間中に軒並み急増した）のである。なお，この件に関しては関西学院大学社会学部大谷研究室の報告書『データで語るコロナ感染症』（2023年3月）も参照されたい。

　オリンピック憲章は，オリンピック・ムーブメントの理念の一つに「連帯」を掲げている。しかしながら，現実は，オリンピックに熱中する人々と反対する人々との「分断と対立」，祝賀に乗じて利益を受ける主催者・政府・メディア・スポンサー連合と感染リスクや負債を背負わされる都民・国民との「利益相反」を生んでしまった。「東日本大震災から見事に復興した姿を世界に示す」「人類が新型コロナに打ち勝った証しとする」という安倍晋三・菅義偉の両元首相が声高に述べた五輪スローガンが，虚しい余韻を残すばかりである。

　「祝賀資本主義」をキー概念として東京2020大会を読み解いてみると，年表によるデータ分析からあぶり出される「構造」の意味がより鮮明になっていく。そして，データ化の作業とデータ分析を段階を踏んで進めていくことは，次に取り組むべき課題を次第に明確化させると共に，社会的な問題意識を深め，研究の構想／計画を具体化し固めていくプロセスに自ずと連接していくことになるのである。

　最後に，再度問う。なぜ開会式でマリオやポケモンが外され，その裏で一体

どんな力が作用したのか？　……東京2020大会をめぐる疑問は，尽きそうもない。感性と知的好奇心と問題意識を研ぎ澄まそう！

（後藤範章）

第11章

非参与観察法
──まわりを見よう──

① 非参与観察法とは

　非参与観察法（non-participant observation）とは，「観察者（調査者）が，局外者や第三者として（非参与），調査対象をありのままに（非統制）観察」（安田・原，1982）する方法である。もっともこれは可哀想な調査法。たいていのテキストでは欠点ばかり書かれてまともに相手にされていない。しかし，ホントはとっても役に立つ良いヤツなんだ。口下手・話し下手の人でも大丈夫だし，面倒な質問文も考えないですむ。そんなお手軽なヤツでありながら，実際の行動場面を対象にするこの方法は，とってもリアリティを感じやすい。

　ここでは，数ある非参与観察法の中でも，人々の日常の行動を，数字にして考える量的調査の一つとしての方法を実践してみよう。そして，現実からデータを作ること，データを整理してみることの難しさと面白さを楽しんでみてほしい。

＊安田三郎・原純輔，1982，『社会調査ハンドブック』有斐閣。

＊人々の日常をありのままに観察する方法のほかに，意図的に実験室的状況を作って観察する方法（実験的観察法）もある。詳しくはコラム66を参照。

＊お断り：本章は，1999年の『社会調査へのアプローチ』初版当時から基本的に変更はない。20年以上前に執筆したものなので，現在からみると問題設定，観察テーマ，観察事象等は必ずしも適切とは言えないかもしれない。しかし，方法や手続きに変わりがあるわけではない。本章を参考に，ぜひ読者の皆さん各自が創意工夫を凝らして，「今」を切り取るような非参与観察を実践してほしい。

② 非参与観察法を始める前に！

（1）問題と仮説
非参与観察法は社会調査の技法の一つ。社会調査を始めるには，それなりの

　まったく同一のロウソク２本に同時に火をつけて，片方のロウソクの炎だけをコップで覆ってみたとしよう。コップで覆われたロウソクの炎は消え，覆っていないロウソクの炎は燃え続ける。このとき，コップで覆われたロウソクを「実験群」と呼び，覆っていないロウソクを「統制群」と呼ぶ。２つのロウソクの違いは，コップで覆うという新しい要因を加えるか加えないかの１点だけだから，炎の消えた原因は，コップで覆ったことだと明白になる。また，実験動物という言葉を聞いたことがあるだろう。たとえば，年齢，健康状態，飼育方法など重要な要因がすべて同一な２匹の猿の１匹にだけエイズウイルスを注射する。エイズウイルスを注射された猿だけがエイズに感染し，もう一匹は感染しない。ゆえに，エイズウイルスがエイズの原因だと明らかになる。

　特定のある要因以外の条件を同じにして，その要因の効果を測定する点で，実験的観察法は最も科学的な方法である。しかし，この方法を人間集団や社会に適用するには倫理的な問題も含めて，きわめて多くの重大な問題がある。特に調査法と関連する問題の一つに，「観察すること自体が，観察しているものを変えてしまう」という社会科学における大問題がある。そこで以下，この問題との関連で，産業社会学等にも大きな影響を与えたホーソン実験を紹介しよう。この研究そのものの知見も重要だが，同時に社会調査は失敗からこそ学ぶべき点も多いということの好例でもある。

　ホーソン実験は1924年から1932年まで，シカゴ郊外のホーソン工場で行われた。初期の目的は，生産高に対する照明効果の探求という単純なものであった。そのため，同等な熟練度をもつ労働者を２つの集団に分けて，片方のグループの照明は一定（統制群）にして，片方のグループの照明のみ変化（実験群）させる実験から始まった。しかし，どちらのグループでも生産性が向上したのである。この結果は，実験する側に大きな衝撃を与えた。そこで，エルトン・メイヨーをはじめとする研究者が招かれて大規模な実験室的状況を作っての研究が開始された。

　ここでは研究の経緯について詳述する余裕がないので重要な結論だけ先取りしておこう。彼らの結論は，生産高に影響しているのは照明をはじめとする物理的環境というよりも，むしろ労働者の態度であるというものであった。実験されているという状態そのものが労働者のやる気を引き出し，物理的環境の如何にかかわらず生産高を向上させたのである。つまり，変数を統制しようとして，「実験してますよ。頑張ってね」という新たな変数を状況の中に持ち込んでしまったのである。

　この結論に至った調査の失敗は，「社会学における実験の統制が，その実験へ新たな変数を持ち込む」「人間状況の中で変数を統制しようとする試みが，その状況に新たな変数を持ち込む」というホーソン効果と呼ばれる社会調査論上の重要な認識となった。ホーソン効果の意義は，実験的方法のみならずわれわれが社会について調査しようとする際に，常に調査すること自体が，社会への働きかけであり，社会そのものを変化させる可能性のあることに留意させる点できわめて大きいと言わねばならな

い。

＊参考文献：G・イーストホープ（川合隆男・霜野寿亮監訳），1982，「実験的方法」『社会調査方法史』慶應通信，29-53頁。

（E.K.）

◇◇◇

用意がいる。いきなり観察しようと外に出ても呆然と立ちつくすだけだ。第1に必要なことは何か？　そう，まずは問題を立てねばならない。今回はあまり堅苦しく考えないで「A大の女の子は派手だ」と疎ましく（羨ましく？）思っているあなたの「思い」を出発点に始めてみよう。

　「A大の女の子は派手だ」という肯定文では，調査は始まらない。問題は疑問文，つまり「A大の女の子は派手かな？」にしなければならない。そして，そこには「他大学よりもA大の女の子は派手だ」，つまりは「大学によって女の子の派手さは異なる」という仮説が暗黙のうちに想定されている。

　それでは仮説を陽の当たる場所に出そう。「大学によって女の子の派手さは異なる」がまずあって，「A大の女の子は派手」というきみの「思い」は仮説のもつ可能性の一つとなる。「どの大学でも女の子の派手さは変わらない」（どこでも一緒よ），「A大よりも他大学のほうが派手」（なによ，わがB大のほうがA大より派手よ）という人々がきみの「思い」への対抗馬だ。

　仮説と対抗馬の次には，きみの「思い」が成り立つ理由も考えねばならない。「大学も偏差値で異なる。偏差値の低い大学の学生は，勉強よりも遊びに夢中だから見た目も派手になる」とか「大学ってそれぞれ昔からの学風がある。おしゃれな大学もあれば質実剛健なところも」とか「学費の高い大学の学生は金持ちだから派手なんじゃないの」とか，まずはいろいろ考えよう。

（2）観察事象

　仮説ができてもそれだけじゃ調査は始まらない。だいたい「派手」って何よ？　仮説を構成する概念に調査可能なように操作的定義を与えてあげねば進まない。今回の仮説では「大学」が独立変数に，女の子の「派手さ」が従属変数になっている。「大学」もどことどこを比較するか，厳密に考えれば大問題だが，それ以上に悩ましいのは「派手さ」をどう見るかだ。非参与観察法の場合，見てわかる何らかの事象，つまり「派手さ」を示す観察事象を決めないことには始まらない。つまり「△△を着ている（身につけている）人は派手」と決めることが操作的定義になる。

これは意外と難しい作業だ。「やっぱり派手な娘はイヤリングとか指輪とか，飾り物をいっぱい身につけていると思う。飾り物の有無とか量で派手さを見ようよ」とか，「飾り物って観察しにくい。イヤリングなんか髪に隠れてしまう。逆に考えたら，うちの大学が地味に見えるのは，ジーパンの女の子が多いからだ。ジーパンの着用率だけでも結構派手さってわからないかな」とか，「ジーパンだけじゃさすがに寂しい。せめて靴にしよう。ハイヒールとスニーカーで着るものも変わるから」などといろいろ考えねばならない。

この場合の留意点は，観察可能性と妥当性だ。いくら派手さを示すものでも，観察できないのでは仕方ない。観察相手はこちらのことなどかまってくれない。歩いている人の指輪をチェックするのは至難の業だ。また，いくら観察しやすいモノでも，それが「派手さ」を示すモノでなければ仕方がない。どれだけ「派手」に迫れるか，つまり観察事象の妥当性にも注意がいる。

（3） カテゴリーの設定

とりあえず観察事象を靴にしよう。若干妥当性は下がるが，ジーパンよりはマシだし，観察も比較的容易だ。ところが靴にも，さまざまな分類の仕方がある。ブランドを見るのも一興だが，これは観察が難しい。とりあえず，ハイヒールとか，スニーカーとか靴の形態で分類しよう。

靴の形態を分類すると決めたら，次は分類区分を考えねばならない。この区分をカテゴリーと呼ぶ。「スニーカー，革靴，ハイヒール，サンダルなんてのもあるよね」「まさか下駄の子はいないよね」とか靴の形態区分，つまりカテゴリーもいろいろとあって悩んでしまう。分類する軸（この場合は「靴の形態」）を決めても，カテゴリーも自動的に決まるとは限らない。これも観察可能性と妥当性を考慮しながら調査の前に決めなければならないのだ。なかなか面倒くさい話だが，無精な人のために簡単な例を挙げよう。「ハイヒールの女の子は派手な格好しやすいよね。だからハイヒールとそれ以外でいいんじゃない」。

③ Let's try
——非参与観察法の実習をやってみよう——

（1） 何を学ぶか

さて前節までのお勉強が終わったら，いよいよ非参与観察法にチャレンジしてみよう。一人でもできるけど，できたら数人のグループになって，きみたちオリジナルの調査を実施しよう。

この実習から学んでほしいことは以下の通りである。

①自分の周囲を観察する目を養う

社会とは，遠く離れた世界に存在しているわけではない。常に我々は社会の中で生きている。社会について考えるためのデータは，我々の目の前にいつでもあるのだ。ふだんはぼんやりと見ている目の前の事象を整理することが，社会調査の第一歩である。

②問題・仮説・概念の操作的定義の実践

非参与観察法にとっても，問題・仮説・概念の操作的定義など社会調査の基本の道具は大切だ（第3章参照）。自分たちで簡単な調査を設計することで，これらの道具を実際に使ってみよう。

③数字を使って考える

観察結果は数字の形となる。数字はそれだけでは意味をもたないが，ちょっと工夫するといろんなことを語ってくれる。数字を使って考えたり，表現したりするテクニックも勉強しよう。

④調査結果を人に伝える

調査が終わったら，結果を整理してリポートにまとめてみよう。非参与観察法からも立派な調査結果が得られるはずだ。調査リポートの書き方についても勉強しよう。どんなに素晴らしい調査をしても，それを他人に伝えることができなければ，何の意味もないのだから。

（2）実習の手順

①問題・仮説・観察事象の確定

グループができたら，みんなで話し合って問題・仮説・観察事象を確定しよう。前節や資料を参照してほしいが，特に問題と観察事象の関連には注意が必要。くれぐれも観察可能性と妥当性をおろそかにしないように（コラム67参照）。

②観察対象・方法を決める

女子学生の「派手さ」を「ハイヒール」で見ると決めたとしても，「どこで」「いつ」「誰が」「どれだけ」見るかも決めねばならない。比較の場合には，できるだけ条件を同じにする必要もある。A大学の学園祭期間とB大学のテスト期間を比較しても話にならない。

③観察票を作る・約束事を決める

調査に出かける前にグループで共通の観察票（資料参照）を作ろう。現場で簡単に書き込んで整理が簡単になる。また，観察の際の約束事も決めておく必

　非参与観察法の実習では，普段何気なく見過ごしている身の回りの事象を整理すること，つまり「見えているものをきちんと見る」ことも目的の一つ。だから，何を調査するかは，堅苦しく考えるよりも，素朴な疑問から出発したほうが面白い。教科書を暗記したって，社会はわからない。まずは，日常の素朴な疑問や関心を大事にしよう。

　しかし，注意すべき点もいくつかある。第1に，非参与観察法も，どんな問題設定にも最適というわけではない。たとえば，「みんな昼飯は何を食べているのだろう？」という疑問はよいとしても，「じゃあ，学生食堂の人気メニューは何かを観察してみよう」となると感心できない。なぜなら，そんなことは，食堂の人に聞いたほうがはるかに早い。「見る」ことの力が発揮できる問題設定にすることを忘れてはいけない。

　第2に，どんな調査でもそうだが，問題と仮説，仮説と指標とがうまく適合しているかも，慎重に考えねばならない。「若者のマナーはなっとらん」と思ったからといって，若者ばかりを観察しても，比較対照がなければ証拠能力ゼロだ。常に反対者がいることを意識しながら，問題を仮説に発展させよう。また，マナーを測る指標は何かな？　マナーといってもいろいろある。マナーのすべてを見ることはできないので，観察事象が自分の問題意識と適合的であるかどうかは思案のしどころである。なかなか厄介だが，これらをうまく設定できるかが調査の成否を左右する。

　もっとも思案ばかりしていても始まらない。レッツ・トライ！　試行錯誤も大切だ。それでは参考までに，筆者のクラスの例を少し紹介しておこう。よくある例の一つが，「授業態度」に注目した「授業時間別の居眠りする者の比率」などの観察だ。「昼食後は眠くなる。だから3時間目は居眠りが多い」と考えるようだが，実際には教員の授業のやり方のほうが，学生の居眠りに大きな影響をもつとの結果が，毎年のように提出されてくる。教員としてはドキッとしてしまう。

　また，「マナー」や「ルールの遵守」に着目するグループもある。たとえば，「赤信号，みんなで渡れば怖くない」というギャグを検証しようとした学生たちもいる。交差点の信号で，「一人か，連れがいるか」を独立変数に，「赤信号を守るか」を従属変数としての観察である。結果は，「一人」のほうが信号無視をする比率が高かった。ギャグと違って現実は，「赤信号，みんなで待てば苦にならない」のかもしれない。あるいは「若者はマナーが悪いか？」を問題として，マナーの善し悪しを「煙草のポイ捨て」で見たグループもある。駅の喫煙コーナーやバス停などでの喫煙者を，若者と年長者に分けてポイ捨てする人の比率を見たのだが，若者も年長者もマナーの悪い奴は悪いらしく，結局差異はなかった。もっとも，喫煙者しか対象とならない，年齢も見た目で判断せざるを得ないなど欠点もある。最初の問題設定に対して，調査では限定的な解答しか得られない場合もあることは意識しておかねばならない。

　そのほか，男と女というジェンダーの違いに注目するというように，いわば独立変数のほうから発想する場合もある。「男女の自意識」「男女の清潔感」に差異がどの程

度あるのか，「ショーウィンドウに映る自分の姿をチェックするか」「学校や駅のトイレで用を足した後に手を洗うか」といったことを観察事象にして，男女の比率の差異から，ジェンダーについて考察の手がかりを得ようとした学生たちもいる。

　以上の例はあくまでも参考に過ぎない。諸君自身の疑問や問題意識を大切にして，非参与観察法に挑んでみよう。　　　　　　　　　　　　　　　　　　　(E. K.)

資料　観察票の例（女子学生のハイヒール着用比率の観察）

観察テーマ：女子学生の派手さ
観察事象：女子学生の靴
カテゴリー：①ハイヒール，②ハイヒール以外

観察対象：
観察日時：　　　月　　　日（　）　　　時　　分〜　　時　　分（　　分間）
観察場所：

約束事：• 踵がだいたい3 cm 以上のものはハイヒールとする。
　　　　• 対象は女子学生に限定する（先生とか年輩の人の靴はカウントしない）。

観察表

ハイヒールの女子学生	ハイヒール以外の女子学生

その他の気づいた点の記入欄

要がある。「ハイヒールってどんなの？」なんて奴が現れたら大変だ。グループで共通理解を作っておこう。

④いざ観察

暑かったり寒かったり，変な目で見られたりといろいろ大変だが，観察現場ではとにかく無口で頑張ろう。かつて公衆トイレで用を足したあとに手を洗うという事象を観察したグループがあったが，場所によっては臭くて閉口したそうだ。それと大事なことをもう一つ。観察現場では，現場に来る前に考えていたこと以外にも，いろいろなことに気づくものだ。この「気づき」もとっても大切。ぜひ，現場での「気づき」もメモしておこう。

④ リポートを書く

（1）必要な項目

観察が終わったら，今度はそれをリポートにまとめてみよう。社会調査というものは，調査者だけが悦に入っていても仕方がない。調査結果を，他者に伝えなくては意味がない。ここでは数人のグループで手分けして観察を行った結果をまとめるという前提で，リポートの書き方の１つの例を示して，調査リポート作成の際の注意事項を考えてみよう。

まず，リポート作成の際に一番気をつけねばならないのは，リポートは他者にわかってもらえなければ意味がないということだ。走り書きやメモ書きのようなリポートは論外だ。表やグラフも見やすく作って，とにかく相手に理解してもらえるように努力することが大切だと肝に銘じておこう。

さて次に，リポートに最低限必要な項目を押さえておこう。名前やクラスを書き忘れないようにするのは当たり前だが，その他にも必要な項目はいろいろある。まずは5W1Hだ。例１を参考に，①問題，②仮説，③観察事象，④カテゴリー，⑤観察実施時の約束事，⑥観察対象，⑦観察日時，⑧観察場所をしっかり書こう。「誰が（Who）」「なぜ，何のために（Why）」「何を（What）」「どのように（How）」「どこで（Where）」「いつ（When）」実施した調査かを示すことは，あらゆる科学の基本である。5W1Hをいつも忘れないようにね。

そして，観察結果を表やグラフの形で見せるのも当然のこと。今回のリポートではグループで手分けして観察をおこなった場合を考えているので，⑨各自の観察結果の表と，⑩グループみんなの観察結果を集めた表を別々に作ること。

①問題，②仮説，③観察事象，④カテゴリー，⑤観察実施時の約束事，⑥観察対
象，⑦観察日時，⑧観察場所，⑨各自の観察結果（表），⑩観察結果（グループ
全体の集計）（表），⑪ポイントを抜き出した表・グラフ，⑫調査時の印象，⑬調
査結果の考察

　調査結果が何を語っているのか，⑪ポイントを抜き出した表やグラフも作成
して，きちんと相手に説明できるリポートを目指そう。
　また，⑫調査時の印象も忘れないように。調査現場では，調査前には考えも
しなかったさまざまなことに気づくもの。結果を解釈するためにも，調査現場
での「気づき」はとっても大切だ。

リポートの例1 （前半部分）

①問題：女子学生の派手さ
　　　A大学の女子学生は派手だと思う。まずは，大学によって女子学生の派手さが
　　異なるかどうかを立証してみたい。もし，明白な違いが存在するのなら，それは
　　大学の多様性を考える一つの鍵となるのでないだろうか。
②仮説：• A大学とB大学では，女子学生の派手さが異なる
　　　　• A大学の女子学生のほうが派手である
　　　　• A大学の方が，B大学よりも偏差値が低く，かつ学費が高い。偏差値が
　　　　　低いことは，勉学よりも遊びにウエイトを置きやすいのではないだろう
　　　　　か。
　　　遊びの時の格好は派手になりやすい。また，学費の高さは，家庭の経済状況が
　　ある程度裕福であることを予想させる。裕福であれば，派手な服装もしやすいの
　　ではないだろうか。
③観察事象：女子学生の靴
④カテゴリー：• ハイヒール
　　　　　　　　• ハイヒール以外
⑤観察実施時の約束事：
　　　　　　• 踵がだいたい3cm以上のものはハイヒールとする。
　　　　　　• 対象は女子学生に限定する（先生とか年輩の人の靴はカウントしない）。
⑥観察対象：A大学とB大学の女子学生
　　　　　　（通学時の女子学生の靴を観察する）
⑦観察日時：7月1日（月）　　AM10時〜AM11時
　　　　　　7月2日（火）　　AM10時〜AM11時
　　　　　　7月3日（水）　　AM10時〜AM11時
⑧観察場所：A大学正門とB大学正門
　　　　　　（自分は，7月1日のA大学正門前の観察と，7月2日のB大学正門前の
　　　　　　観察に参加した。）

最後にくるのが，⑬調査結果の考察である。調査結果が何を語っているのか，言葉でいえなければ話にならない。ここでまず意識しておいてほしいことは，印象と考察は全く別ものだということだ。印象には，なぜそのような印象をもつかについての根拠の提示は必要ないが，考察の場合は，なぜそのように考えられるのか，その根拠を明示することが絶対必要となる。そして，この根拠は常に観察結果の中に求められなければならない。

（2）結果を提示する

①個人表の作成

　まずはきみ自身の観察結果をまとめた表を作ろう。例2の個人表を参考に，表頭と表側，そして％の使い方の2点に注意しよう。

　(1)表頭と表側：例2はいわゆるクロス表になっている。この場合，表の上側（ハイヒール・ハイヒール以外）を表頭，表の左側（日付や場所が書いてある方）を表側と呼ぶ。上にあれば表頭で，左横にあれば表側だ。多くの場合，従属変数を表頭に，独立変数を表側におくのが慣例である。つまり，ハイヒールを履こうが日付や場所は絶対に変わらない。ゆえに日付や場所は独立変数となる。しかし，ハイヒールを履いたりスニーカーを履いたりは，日や場所によって変わるじゃないか。だから，こちらは従属変数なのだ。

　(2)％の使い方：例2では（　）の中に％（パーセント，百分率）の値を記入している。％は小数点以下第2位を四捨五入して，第1位まで載せるのが慣例だ。そして，もっと大切なことは，独立変数の各カテゴリーごとに％を算出するということだ。例2では7月1日にハイヒールを履いていたのは33.3％，7月2日は25.0％となっている。つまり独立変数に位置する日にちの違いによって，ハイヒールの着用率が異なることがわかる仕掛けになっている。

リポートの例2

⑨各自の観察結果			
	ハイヒール	ハイヒール以外	計
7月1日(月)　A大学正門前	50 （33.3）	100 （66.7）	150
7月2日(火)　B大学正門前	55 （25.0）	165 （75.0）	220
計	105 （28.4）	265 （71.6）	370

②全体表の作成

　グループで手分けして観察を行っているという前提なので，ほかのメンバーの観察結果も合わせた表を作ろう。面倒くさがらずに，せっかく苦労して観察したのだから，得られたすべての情報がわかるようにしようじゃないか。例3の全体表のように，小計と総計も忘れずに。

③ポイントを抜き出したグラフを作る

　全体表を睨みながら，どんなリポートを書くかを考える。それは，全体表の膨大な情報の中から，必要な情報はどれかを考えることでもある。例ではまず第1に，3日間合計のＡ大学とＢ大学のハイヒール率の比較のグラフを作ろう。もともと大学比較が目的なのだから，このグラフは絶対必要だ（例4‐1）。全体表の大学別小計を使えば簡単さ。

　さらに全体表をよく見てみよう。どうも日によってハイヒールの比率が違うようだ。大学ごとに日ごとのハイヒール率のグラフも作ってみよう（例4‐2）。

リポートの例3

⑩観察結果（グループ全体の集計）		ハイヒール		ハイヒール以外		計
Ａ大学　7月1日（月）		50	(33.3)	100	(66.7)	150
7月2日（火）		30	(30.6)	68	(69.4)	98
7月3日（水）		34	(29.6)	81	(70.4)	115
Ａ大学小計		114	(31.4)	249	(68.6)	363
Ｂ大学　7月1日（月）		52	(26.7)	143	(73.3)	195
7月2日（火）		55	(25.0)	165	(75.0)	220
7月3日（水）		25	(11.9)	185	(88.1)	210
Ｂ大学小計		132	(21.1)	493	(78.9)	625
総　　計		246	(24.9)	742	(75.1)	988

リポートの例4‐1

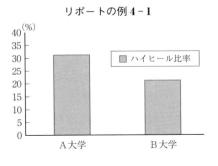

リポートの例4‐2

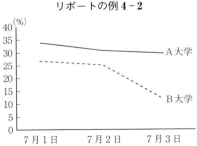

（3） 調査の印象を書く

　先述したように，調査のときの印象はとっても大切。ここでは何でもいいから思ったことを書いておこう。なあ〜に，印象だもの，何を書いたって減点されるはずはないのだから（例5参照）。

リポートの例5

⑫調査時の印象
　A大学とB大学の両方で観察したが，思っていたほどA大学の女子学生も派手ではないと感じた。むしろ印象に残ったのは，私たちの大学が，駅から1キロメートル以上歩かなくてはならないのに対して，A大学ではスクールバスがキャンパスの中まで入ってくることだ。私たちの大学でもスクールバスがあればいいのにと，とても羨ましく思った。
（その他の例）
　• 雨が降って，傘をさしながらの観察がとてもかったるかった。
　• ハイヒールにもいろいろな形があっておもしろかった。などなど

（4） 調査結果を考察する

　どんな調査リポートでも一番大切なのがこの部分。風雨にメゲズ頑張っても，ここで転けたらすべては徒労。大切なことは，第1に調査によって何がわかったのか，つまり，調査結果の示している事実は何かを丁寧に記述することだ。第2に，調査結果の示している事実は，なぜそうなったと思えるのか，あるいはどんなことを意味していると考えられるのか，説明の部分も丁寧に書くことだ。

　そして，この2つをしっかり区分することも忘れないように。それでは，例に基づいて考察を書く際の注意点をいくつか述べておこう。

リポートの例6

⑬調査結果の考察
　大学によって女子学生の「派手さ」は異なることを立証しようと，私たちのグループは，A大学と私の通うB大学の女子学生の靴について観察した。「派手さ」を見るために，靴の中でも特にハイヒールに注目した。そして，両大学の女子学生はそれぞれ，どのくらいの人がハイヒールを履いているのか，7月1日から3日までの3日間，両大学の正門前で，登校中の女子学生の靴を観察した。ハイヒールを履いている人は，確かに「お姉さん」という感じがして「派手」だと思った。ハイヒールを「派手さ」の指標とすることは，ある程度は妥当性があると思う。

調査結果だが，まず３日間合計での両大学のハイヒール率をグラフ１に示す。Ａ大学では観察総数363名（延べ数，Ｂ大学も同様）のうち114名（31.4％）がハイヒールだったのに対して，Ｂ大学では観察総数625名中，132名（21.1％）がハイヒールだった。Ａ大学のほうが，10.3ポイントもＢ大学よりも通学にもハイヒールを履いている女子学生が多いことがわかった。このことは，私たちの仮説通りの結果と言える。つまり，大学によって女子学生の「派手さ」は異なっており，Ａ大学のほうがＢ大学よりも「派手」であることを示す結果であるといってよいと思う。

　しかし，仮説を立てた当初の予想から考えると，以下の２点が予想外であった。第１は，Ａ大学でもハイヒール率が31.4％だったことである。Ａ大学の女の子はみんな派手だというイメージをもっていたので，当初の予想ではもっと多くの女子学生がハイヒールを履いているものだと思っていた。いわゆる「派手」という人が，どのくらいの比率でいたら，その大学は「派手」とイメージされるのだろうか。調査以前には考えていなかった新しい疑問が生じた。

　予想外の第２は，日によって両大学のハイヒール率が異なることである。３日間それぞれの両大学のハイヒール率をグラフ２に示す。これを見ると，７月１，２日における両大学のハイヒール率の差異は，それぞれ6.6ポイント，5.6ポイントに過ぎない。しかし，７月３日は，Ａ大学のハイヒール率が29.6％と前日，前々日とあまり変わらないのに対して，Ｂ大学では11.9％であり，Ａ大学との差異も17.7ポイントと大きくなっている。このように両大学のハイヒール率の違いが日によって異なることは，私たちが当初考えていた仮説の理由では説明できない現象だ。このことを説明するために私が考えた解釈は以下の通りである。

　まず７月３日と他の日の違いは何であったかを考えると，他の日が晴れていたのに対して，この日だけが朝から雨だった。私は，この天候の違いに注目したい。雨の日は，歩きにくいので，ハイヒールよりも歩きやすいスニーカー等を履こうと考えるのではないか。特に駅からかなり歩くＢ大学では歩き易さは大切。他方，Ａ大学はスクールバスがあるので，天候によって歩きやすさを考える必要は少ないのではないだろうか。つまり，通学条件の違いが，どんな靴を履くかに影響していて，それが雨の日には特に大きな違いとなってあらわれるのではないかという解釈である。

　このように考えると，Ａ大学とＢ大学の女子学生のハイヒール率の違いは，仮説の理由で考えた偏差値や学費ではなく，むしろ通学条件であるという可能性も高いと思える。今度は，偏差値や学費の他に，通学条件にも注目して，もっと多くの大学でも調査を行って，女子学生のハイヒール率，そして「派手さ」を規定する要因を確かめてみたいと思った。

①何の調査だったっけ？

　まずは何の調査だったのか，簡単にまとめておこう。難しく考えることはない。項目①から⑧までを簡単な文章にまとめればよいだけだから（例６，第１

パラグラフ参照）。

②仮説は当たっていたのかな？

苦労を重ねて手に入れた調査結果をいよいよ述べるときがきた。調査結果提示のポイントは，仮説に併せて論点を整理することだ。この場合は，当然A大学とB大学の違いが最初にやってくる。また，結果の提示に際しても，調査結果の示す事実の部分と，その説明・解釈の部分は別のセンテンスにすることも鉄則だと覚えておこう（例6，第2パラグラフ）。

③数字の意味

仮説が当たっていてもはずれていても，ちょっと気になるのが，数字の読み方だ。例では，「みんな派手だと思ったのに，3割か」と頭を傾げているが，ホントに数字は難しい（例6，第3パラグラフ）。なぜならば，数字はそれだけでは意味をなさないし，数字とイメージの間には距離がある。

たとえば同じ3割でも，プロ野球の打者の打率ならば立派なものだ。でも，もし3割がチームの勝率だったらえらいことだ。何を示すのかによって，3割だって多くもあれば少なくもある。また，同じ3割打者でも強打者として名を残す選手もいれば，あまり記憶に残らない選手もいる。数字が同じでもイメージも同じとは限らないところが，世の中の面白いところだ。

数字とイメージの関連はとても難しい問題だが，せめて数字と観察事象との関連には気をつけよう。かつてバイクのヘルメットの着用率について観察したグループがあったが，「85％の人がヘルメットをしていた。ヘルメットの着用率は8割以上とかなり高く，バイク通学者の安全意識は高い」なんて書いてきた。当然厳重注意である。だって，本来100％じゃなきゃやばいのだから。

④仮説を越えて

調査によって得られる情報量は莫大なものがある。まずは仮説に併せて情報を読んでいくことが第一だが，それだけではつまらない。全体表をじっくり見てみよう。思いもしなかった論点が浮かんでくるときもある。例では，日によってハイヒール率の差異が違うことに気がついている。新しい論点は，時には仮説そのものの再検討を要請する。

面白いじゃないか。「新しいこと考えるなんて面倒」なんて無精はいわないで，どんどん新しい論点を探してみよう。調査の本当の面白さは，調査をすることによって，調査者自身が成長していくことなのだから。

（木下栄二）

第12章

ビジュアル調査法

──写真観察と映像フィールドワークをやってみよう──

① ビジュアル調査法とは

　ビジュアル調査が，日本でもようやく注目されるようになってきた。「見る（観る）社会調査」の一種で，社会を凝視・観察し，「見る」ことのできるデータを集めて分析し，結果を「見える」ように提示する社会調査のことである（詳しくは，コラム68を参照のこと）。

　調査の現場でカメラやビデオカメラが使われることは，ずっと昔からあった。報告書に写真やスケッチや図が添えられることも，ずっと昔からあった。だが，多くの場合，カメラやビデオカメラは，調査現場のあれこれを参考までに記録する補助的なツールと位置づけられていた。写真やスケッチも，そこで調査を行ったことの証しだったり，調査報告書の空きスペースを埋める挿絵程度のものと見なされていた。

　ビジュアル調査は，「見る」ことをもっと前向きに積極的に位置づける。しかも**肉眼（人の眼）**だけに頼るのではなく，**カメラ（機械の眼）**を最大限に使う。それは，「人の眼」が，見ているようで見ていない，見えているようで見えていない，見たいものしか見ない，見ようとしない限り見えてこない，見つめた分だけ見えてくるのに対して，「カメラの眼」が，人が見ていない／見えていない／見たくないものも自動筆記するからである。しかも，静止画（写真）や動画（ビデオ）には，「歴史や社会構造，社会プロセスがありありと写り込む」（飯沢耕太郎）からであり，「社会の探求のためのツール」（H・ベッカー）となるからである。社会や人々を写した写真や動画は，社会学研究の重要な素材／データになり得る。

　また，**写真術と社会学**が共に1839年にフランスの地で産声を上げたということも知っておきたい。写真術は，フランスの画家・作家であるルイ・ダゲール（1787〜1851年）が発明したレンズ付き暗箱型カメラである「ダゲレオタイプ」

が1839年8月19日にフランス学士院で発表され，公認されたことをもって創始されたと言われている。社会学は，フランスの哲学者であるオーギュスト・コント（1798〜1857年）が，『実証哲学講義』第4巻（1839年）の252頁で「社会学（la sociologie）」という新しい名称を明記し，社会学を論じたことをもって創始されたと言われている。写真（カメラ）も社会学も，共に同時代を生きたフランス人によって1839年という同じ年に誕生したのは偶然だったのだろうか，それとも必然だったのだろうか。

　実際のところ，写真術と社会学はその後別々の道を歩むことになるが，アメリカの社会学者であるハワード・ベッカーは，1974年に発表した 'Photography and Sociology'*と題する論文の中で，「社会へのまなざしと探究」という点では両者は共通の地盤に立っていると述べている。こうした観点に立つと，カメラ（静止画を記録する）・ビデオカメラ（動画・音声を記録する）と社会学を「交差」させて調査研究を進めることが可能となる。ここから，「ビジュアル調査法」が立ち現れるのである。

　「見る」ことで調査データを集める。集められた「見える」データを，さらに何度も「見る」ことで洞察を深めていく。結果を「見える」ように示すことで，言葉と数字で表現するのとは違った力を帯び，専門家以外（大学生や高校生）にも広く伝えることができる

　これを使わない手はない。だから，やってみよう。

＊Becker, Howard S., 1974, 'Photography and Sociology,' *Studies in Visual Communication*, 1 (3), American Anthropological Association. なお，Google Scholar で検索すれば，元論文を閲覧することができる。

コラム68　ビジュアル調査法

　ビジュアル調査法（visual research methods）とは，ビジュアル素材を現地で生成または収集し，整理・加工・保存・管理（＝データ化）して，そのデータを分析・解釈する社会調査の一手法である。調査研究のプロセスで，①カメラやビデオカメラを調査の道具（ツール）として素材を生成／収集する，②ビジュアル素材をデータ化して研究の対象とする，③それらのデータを「見ること」に軸足を置いて分析し解釈する，④調査研究の成果をビジュアル（視覚的）に表現する，のいずれかまたはすべてが組み込まれている。

　ビジュアル素材とは，ビジュアルに記録／制作された諸資料をいい，写真・ビデオ・映画・テレビ番組・絵画・ポスター・イラスト・スケッチ・マンガ・絵葉書など

の「視覚イメージ／視覚 表 象 リプレゼンテイション 」がすべて含まれる〈広義のビジュアル素材〉。社会調査で「ビジュアルに記録する」営みは，調査者がフィールドで写真やビデオを「撮影する」こととほぼ同義であるので，実際には写真（静止画像）とビデオ（動画像）が中心となる。ただし，調査のプロセスで"既存の"ビジュアル素材を入手して使うこともあるので，広義のビジュアル素材を軽視するものではない。また，本来，視覚に訴える「映像」と聴覚に訴える「音声」とは別物であるが，ビデオには音声が収録されることが多いので，ビジュアル素材には動画と一体化している音声も含まれる。なお，内容分析，記号論，図像解釈学，カルチュラル・スタディーズ（映画研究やテレビ番組研究），表象文化論，視覚文化論などのような既存のビジュアル素材それ自体を「分析・解釈・読解する方法」（＝ビジュアル文化の社会学的研究）は，現地調査を必須としないので，ここで言うビジュアル調査法には該当しない。

　データ収集を促進するための道具として，カメラや画像を用いる「現地調査の方法」としてのビジュアル調査は，(A)調査者が写真やビデオを撮影するケースと，(B)画像を利用してデータ収集にあたるケースとに分けることができる。(B)の代表格は，「**写真誘出インタビュー法（photo-elicitation interview）**」である。インタビューでの「探り」として写真を用いるものであり，インタビュイーとのラポール形成やインタビュイーの反応を引き出す「触媒」として写真が使われる。また，次項で扱う「**集合的写真観察法（collective photographic observation）**」も同列である。これらは，フィールドワークでのさまざまな発見・発想を引き出し洞察を深める道具として，他者が撮影した写真（静止画）を最大限に利活用する点に特色がある。

　ビジュアル調査の主潮流は，画像を手段／触媒として用いる(B)ではなく，(A)にある。これには，ビジュアル・エスノグラフィー，ビジュアル・ナラティブ，ドキュメンタリー写真術，写真目録法（GT法との組み合わせによる），写真日記／ビデオ日記，日記写真・日記インタビュー法（DPDIM），ビデオに記録された会話やインタビューの分析，人類学的な映像利用（映像人類学），写真投影法などなど，多種多様な方法がある。これらはまた，実際の調査でカメラやビデオカメラを使い，撮影された画像を「研究の主データとして」位置づける点に特色がある。

＊ビジュアル調査法の方法論的な特徴や具体的な研究事例に関しては，以下を参照されたい。
　　マーカス・バンクス（石黒広昭監訳），2007＝2016，『質的研究におけるビジュアルデータの使用』新曜社。分藤大翼・川瀬滋・村尾静二編，2015，『フィールド映像術（100万人のフィールドワーカーシリーズ15）』古今書院。キャロライン・ノウルズ，ポール・スウィートマン編（後藤範章監訳），2004＝2012，『ビジュアル調査法と社会学的想像力——社会風景をありありと描写する』ミネルヴァ書房。後藤範章，2010，「ビジュアルな記録を利用する」谷富夫・山本努編著『よくわかる質的社会調査 プロセス編』ミネルヴァ書房。後藤範章，2011，「その「まち」らしさを新/再発見するビジュアル調査法の可能性」松山大学総合研究所『地域研究ジャーナル』第21号。後藤範章，2011，「特集解題：映像フィールドワークと都市社会学」日本都市社会学会編『日本都市社会学会年報』第29号。後藤範章，2014，「ビジュアル調査法」一般社団法人社会調査協会編『社会調査事典』丸善出版。山中速人，2009，『ビデオカメラで考えよう——映像フィールドワークの発想』七つ森書館。

（N. G.）

② 集合的写真観察法
——社会のプロセスと構造の可視化と可知化——

　以下で実習するのは，「写真観察法」というビジュアル調査の一方法である。その前に，写真観察法の一種である「集合的写真観察法」を取り上げておきたい。『新・社会調査へのアプローチ』（2013年）では，以下のコラムを掲載した。

コラム69　集合的写真観察法——新しいビジュアル・リサーチ・メソッド

　写真は，「無意識が織り込まれた空間」であり，撮影者の意図を離れて自由に読み解くことを可能にするメディアである。したがって，そこに写り込んでいる「物語素」の一つひとつに応じたテクスト（物語）の抽出が可能となる。しかも，1枚1枚の写真には，その場所の歴史や社会構造，社会のプロセスがありありと写り込むことがある。写真は，「社会の探索のためのツール」，「集合的心理の標識」として，社会学の研究，社会の解読のための格好な素材となるのである（W・ベンヤミン，R・バルト，H・ベッカー，P・ブルデュー，J・ボードリヤール，飯沢耕太郎，西村清和らの写真論・写真行為論・写真メディア論を参照されたい）。写真のもつこうした特性を踏まえ，観察（オブザベーション）の一変種として，写真行為を基に社会をまなざし，調査・分析するという研究が行われている。

　“一瞬”に凝縮されたドラマ。1枚の写真を通して，複雑に変化する「東京」と「東京人」を社会学の眼で読み解く！　「東京人」観察学会（日本大学文理学部社会学科・後藤ゼミ）が取り組んでいる，“写真で語る：「東京」の社会学”というプロジェクトがそれだ。私たちが生きている社会，その中でうごめいている人間，事象の細部の中に宿っている「社会的な意味」や「人々の意図」をくみ取って，文字通り動詞型の「**社会学すること（Doing Sociology)**」に学生たちが内発的・積極的に取り組める，学部学生を対象とする「社会学の教育・実習プログラム」として構想・開発され，1994年に始められたものである。

　「東京」や「東京人」を象徴的に表すと考える場面を1枚の写真におさめて，適切なタイトルを掲げると共に，社会学的な言説で短い（400字程度の）解説を加えることによって創り上げられた数百点のレポート群（＝「東京」における多元的なリアリティが刻印された質的集合データ）の中から選び出された数十点（毎年30点前後）を，ゼミの場において，「各人の視点（まなざし＝現実認識／東京認識）から写し取られた1枚1枚の写真は，「東京」や「東京人」の諸相をどれほど鮮やかに描き出し，そこにいかほどの社会学的な知を織り込むことができるのか」という観点から，集合（集団）的に解釈し直して，タイトルや解説文に手を加えた新しい作品群（“オムニバスとしての「東京」の社会学”）に仕上げていく。また，写真に写り込んでいる集合

意識や集合現象をくみ取って社会学的に分析するために，現地でのインタビューや観察その他のフィールドワーク（データに裏打ちされた「場面の再現」と「関係者の主観的意味の理解」）が並行して実施されることによって（＝**マルチメソッド・アプローチ**），〈解釈〉に幅と深みと実証性が担保される。

　作品化プロセスにおける〈まなざし〉と〈対話〉を介してのドラマティックな相互作用は，ゼミの学生たちの「東京」や「東京人」に対する"**センス・オブ・ワンダー**"（感応力／感覚の主体性）を研ぎ澄まし，"**ソシオロジカル・イマジネーション**"（社会認識のための想像力／洞察力）と表現力（構想力）を質的に高めていく。そしてそれはまた，リアリティを嗅ぎ取り，読み込み，さまざまな実証データを収

〈既発表作品より〉

「公共性」と「私性」の折り合い
——携帯電話のアイロニー——

　京王線・新宿駅の中央改札口付近。利用者のいない公衆電話がずらりと並んでいるその向こうに，携帯電話で通話している若者が 1 人。二重の意味で皮肉な光景と言って良い。

　1 つは，公衆電話が街のオブジェになりつつあるという点で。NTT によれば，PHSや携帯電話が普及し始めた1994年度以降，公衆電話の設置数も利用者も大幅に減少しているという。2 つは，にもかかわらず，公衆電話近辺は安心して電話をかけられる場所であり続けているという点で。コンサート会場や病院，電車，教室内などで，着信音を鳴らされたり，話しを聞かされたりでいやな思いをさせられる人は多い。携帯（＝私）電話は，公共性の高い空間をもたちどころに「私化」し，不快指数を一挙に高める暴力性を有しており，どこででも送受信できる利点が最大の欠点にもなる。

　だから，TPO をわきまえて携帯電話をかけようとすると，ついつい公衆電話に近づいてしまうのだ。

1998年 7 月 8 日(水)午後 3 時頃　京王線・新宿駅にて撮影

Ⓒ「東京人」観察学会（日本大学文理学部社会学科・後藤ゼミ）

集・分析し，共通の言葉を紡いでいくことによって，それまで捉えきれていなかった諸事象の背後に見え隠れしていた社会のプロセスや構造の"可視化"と"可知化"をも促す。

「集合的写真観察法」と称されるこの方法は，「新しいビジュアル・リサーチ・メソッド」として地歩を着実に固めつつある。

〈写真の説明（物語）力〉

　この写真は，前頁の写真が撮られた1998年7月からちょうど6年経った2004年7月に，同じ場所でほぼ同じアングルで撮影したものである。10数台の同一タイプの公衆電話（写真には全てが写っていない）が一列にズラーッと配置されていた1998年と，合計8台・3種類の公衆電話がコーナーを使ってコンパクトに配置されている2004年。ここから何を物語れそうか，考えをめぐらせてみてほしい。写真は，社会的なリアリティを的確かつ瞬間的に（何よりもビジュアルに）伝えてくれる「説明（→物語）力」を蔵している。

　＊集合的写真観察法に関しては，以下を参照されたい。
　　後藤範章，2005，「「集合的写真観察法」に基づく教育実践」札幌学院大学社会情報学部『社会情報』第15巻第1号。後藤範章，2009，「ビジュアル・メソッドと社会学的想像力——「見る」ことと「調べる」ことと「物語る」こと」日本社会学会編『社会学評論』第60巻第1号。後藤範章，2009，「ビジュアル調査法の展開と可能性——集合的写真観察法」社団法人新情報センター『新情報』第97号。

（N.G.）

③ 写真観察法のススメ
——手順と実際——

「集合的写真観察法」は，肉眼では捉えきれない都市の意識や無意識が写り込む（"機械の眼"が切り取った）写真を凝視し，対話とフィールドワークと文章化の作業を，継起的かつグループワークとして重ねていくことで，一人ひとりの認識作用が融合し集合的な解釈枠組や解釈（間主観性）が織りなされて，見えない／見えにくい／見え隠れしている「社会のプロセスと構造」（不可視性）を可視化（視覚化）し可知化（知覚化／言語化／価値化）する，ビジュアル調査の"特異な"方法である。グループでないとできないし，大学の調査実習やゼミナールのような場でないと成立しにくい。だが，写真観察なら1人でもできる。ここでは，頭に「集合的」がつかない「写真観察法」をより一般的なビジュアル調査の方法と位置づけて説明し，写真観察の実習に取り組んでみることにしたい。

手順は，以下の通りである。

①日常風景を凝視・観察して，写真を「撮る」
②写真"を"見て，「感じ」て，小さな物語素を抽出する
③写真"で"見て，より大きな社会的世界を「読む」
④調べて，分析・解釈・考察し，言葉を添えて写真"で"「物語る」

「撮る」→「感じる」→「読む」→「物語る」の四段階に分けて，解説していこう。

（1）写真を撮る——まちや人を凝視・観察する

第1段階は，まちや人から「！」や「？」を見出して，写真を「撮る」こと，である。

あなたが今日，自宅から大学へ来るまでに，何を目にとめ，記憶しているか，思い出してみてほしい。ほとんど覚えていないのではないだろうか。人は，「見ているようで見ていない」し，「見えているようで見えていない」し，「見たいものしか見ない」のが通例だ。逆に言えば，「見ようとしない限り見えてこない」。だから，あなたがどこかのまちを歩く際には，ただ漫然と見るのではなく，何かおもしろいものがないかを強く意識して，四方八方をよく観察しながら歩いてみよう。「見つめた分だけ（何かが）見えてくる」はずである（コラム70を参照のこと）。

立ち止まって日常風景を凝視し，まちや人から何かしらの「！」や「？」を瞬間的に感じ取ったら，深く考えずにともかく，手当たり次第写真を撮ろう。撮って，撮って，撮りまくろう。多ければ多いほどよい。たくさん撮りためることで，思いのほか写真（の表現／説明）力の高い写真が含まれていたり，撮影時には気にもとめていなかったものが写り込んでいて思わずビックリするようなことがあったり，などといった可能性が高くなる。

コラム70　トマソン物件を探せ

　トマソン物件とは，人間に純粋な昇降運動だけを強いる「純粋階段」や，けっして開くことのない「無用門」など，本来の機能を失ったまま不動産等に付着していて美しく保存されている無用の長物のことである。なお，トマソンという名は，1980年代初頭に，読売ジャイアンツにて空振り三振を繰り返した元大リーガー，トマソン選手にちなんでいる。彼の芸術的な空振りに感動した赤瀬川原平が，まったく世の中の役に立たない超芸術という意味で，街中にある無用の長物をトマソン物件と命名したのである（トマソンさんは，きっと知らないと思うけど）。

　トマソン物件の探索は楽しい。とりあえず，カメラをもってブラブラして，「ナンだこれ？」「なんの役にたつのかわからない」という代物を探してみよう。自分のまわりを意識して見ることは，社会調査の大切なトレーニングだ。そして，トマソン物件を見つけたら写真を撮って，簡単なリポートを作ってみよう。リポートはトマソン物件の写真を1枚以上添付して，いつどこで撮影したものか，なぜトマソン物件と考えたのか，そのトマソン物件に名前をつけるとしたら何か，そして探してみた感想までを1000字程度にまとめてみよう。

　参考までに，実際に学生が提出したリポート例を示しておく。

〈レポート例〉••••••••••••••••••••••••••••••••

（1）高所ドア
　　撮影日時：2011年12月22日
　　場　　所：奈良県橿原市
　私がこの建造物をトマソンだと思った理由は，外壁にドアが付着しているが，それへ通じる階段や通路がないなど，そのドアへのアクセスが不可能となっているからだ。また，一般のドアのあるべき姿から言って常識外の高さに設置されているからだ。「使いようがなくて無用になっているけれども，何かたたずまいが変な物」というトマソン物件の代表格といっても過言ではない。物件そのものの異常性ではなく，物件の位置の異常性が

このトマソンの特徴であり，他のトマソンとは異なっている。もし，この建造物の中の人が，間違えてこのドアを開けてしまったらと考えると，想像しただけで恐ろしくなる。

（2）原爆タイプ
　　撮影日時：2011年12月22日
　　場　　所：奈良県大和高田市
　私がこの建造物をトマソンだと思った理由は，壁面を塗り変えればいいものを，以前存在した建物の痕跡をわざわざ残してあったからだ。赤瀬川原平が，原爆によって影が建物に焼き付く光景に酷似しているところから「原爆タイプ」と名付けたものだ。密集市街

地で，建物と建物の間に唐突に駐車場が現れたときなどにこの物件が見つかる可能性が高い。都市再開発や地上げなど，バブルの爪痕を色濃く残すトマソンである。

（3）トマソン物件を探してみて
　私は，このレポートを完成させるにあたって，カメラを片手に様々な場所を散策した。普段利用している道や，今まで行ったことのない道を歩いたりした。普段よく通っている場所にトマソン物件を発見したときは，探していたものを見つけることができた喜びと，いつも何気なく通っている道にこんな物件があったのかと普段の自分の視野の狭さに気付くことができた。これからは，視野を広く持ち，どのようなことにも興味・関心を持ちたいと思う。
　トマソン物件について調べてわかったことは，バブル時代に乱立された豪華な建築物がバブル崩壊後一気に取り壊され，様々な理由で部分的に残った建築物だということだ。バブル崩壊は私の生まれてくる前のことで，あまり私の人生に関わりのないものだと思っていたが，意外に身近な場所にバブル崩壊の象徴があったのだと気付かされた。

・・・

　以上は一例にすぎない。トマソン物件にはさまざまタイプがある。詳しくは，赤瀬川原平の『超芸術トマソン』を見てほしいが，彼が気づかなかったトマソンだって続々誕生している。筆者の最近のお気に入りは，昔は立派に橋だったのに，川が埋め立てられて，欄干のみ美しく保存されている「川のない橋」と，壁に付着した立派な灰皿が，「禁煙」のステッカーを張られてたたずむ「禁じられた灰皿」などだ。
　トマソン物件には，人の世のうつろいや諸行無常が詰まっている。ぜひ，トマソン物件探しにチャレンジしてみよう。
　＊参考文献：赤瀬川原平，1987，『超芸術トマソン』ちくま文庫。

（E.K.）

カメラは，人が「見ていない／見えていない／見たくない」ものまで「自動筆記」（J・ボードリヤール）する。撮影者の肉眼では捉えきれなかったり，また文化的バイアスのもとで見逃してしまう微細なディテイルをも公平に記録するのである。このことは，社会調査の方法論上，カメラ（写真）の最大の強みとなる。だから，写真を観察することで，撮影者が見落としていた発見や発想がもたらされる。写真をデータとして利活用すること，写真観察法の，何よりの利点と言えるだろう。

（2）写真"を"見る——センス・オブ・ワンダーを働かせて物語素に感応する

第2段階は，写真"を"見て「感じる」こと，である。

たくさん集められた写真は，「社会をのぞき込む窓」となり，ある社会事象に関する多元的なリアリティが刻み込まれた質的データ群を構成する。そこでまず，写真を1点ずつ，改めて凝視・観察し，微細な点まで注目して，何がどう写っているのかについて整理してみるのである。

写真をたくさん見ていくと，徐々に「写真を見る目」が養われ，センス・オブ・ワンダーと視認性が高まって「感応」するようになっていく。写真の中から，「！」や「？」（小さな物語の素材）を次から次へと発見することができるようになるのだ。語るに値すると考える「物語素」を見出すことができた写真を残し，そうでないものは対象から外そう。同じ事象が写っている写真が何枚もある場合は，その中で写真力が最も高いものを選ぶようにすればよい。なお，写真力不足だが素材としては捨てがたいという場合は，撮り直しもありだ。

（3）写真"で"見る——社会学的想像力を働かせて社会的世界を読む

第3段階は，写真"で"見て「読む」こと，である。

写真に写り込んでいる「物語素」の一つひとつに応じて，どのように物語っていくかを構想するのである。ポイントは，写真から，社会学的な視点（アイデア・仮説・概念・命題など）を見出して，いかなる意味世界を探求するかである。

1点ごとに，さらに凝視・観察を深め，物語素に対応させた「調査研究のテーマ」を考えてみよう。そして，「新たにテーマ・焦点化した事象」を，写真を介して（間接的に）観察し，社会学的想像力を働かせて「写真の背後に隠れているより大きな社会的世界」を読んでみるのである。

（4）写真“で”語る──フィールドワークと分析・解釈・考察を重ねて物語る

第4段階は，写真“で”語る，調べて「物語る」こと，である。

最後に行うのは，作品化することにした各写真に写っている／写っていない場面・現場に立ち降り，フィールドワークを行って実証データを収集・整理・加工・分析し，言葉に置き換えたテクストを写真に「寄生」させて，その写真と共に語ることである。データの分析・考察・解釈，ファクト・ファインディング（事実認定）とその社会学的なインプリケーション（含意）の探究を深めて，物語る＝言語化する，のである。

フィールドワークは，参与観察，直接観察／非参与観察（第11章を参照），関係者へのインタビュー，アンケート，尾行（追跡）調査，踏査とマッピング等々，必要に応じて，また使える手法なら何でも使って実施する。もちろん，テーマに関する先行研究成果などの関連文献や史・資料を集めて読み込むことも大切だ。

それらを土台として，調査研究の成果を「形」にしていこう。作品のタイトルと解説文の案を作成し，友人を集めて発表し，意見をたくさん出してもらったらよい。それによって不十分な点が見えてくるので，その都度，フィールドワークと対話と文章（言語）化を繰り返し，少しずつ完成度を高めていくのである。

④ Let's try
──写真観察をやってみよう──

では，実習をはじめよう。課題は，以下の通りとする。ただし，「東京と東京人」の代わりに，「大阪と大阪人」でも「会津と会津人」でも「熊本県と熊本県民」でも「京都大学と京大出身者」でも，何にしてもよい。

まず，カメラ（スマートフォンでもよい）とフィールドノート（野帳：第9章コラム63参照）を持ってまちに出よう。そして，たくさんの写真を撮ろう。事前の準備としては，カメラのバッテリーがフル充電してあるかどうか，時刻が合っているかどうか，メモリーカードやHDDなどの記録媒体の容量が十分かどうか，画像サイズを大きく（高画質に）してあるかどうか，GPS機能や方位センサー付きの機種なら起動してあるかどうかなどをチェックし，必要に応じた手立てをしておくこと（予備のメモリーカードやバッテリーを用意するなど）。撮影の際には，正確な撮影日時，場所，何を撮ろうとしたものかを，その都度フィールドノートに記録しておくことを忘れないように。

〈課題〉 あなたが今日の「東京」（より一般化すれば，現代都市／現代社会にまで広がり得る）や「東京人」（都会人／現代人）を象徴的に表すと考える場面を1枚の写真におさめ，写真に写っている現地・現場でフィールドワークを行って，適切なテーマ（作品タイトル）を掲げると共に社会学的な言説で300〜400字程度の解説を加える。

〈レポートの体裁〉 A4の用紙1枚に，写真をほぼ半分の位置から上側に1点のみを貼付または入れ込み，レポートの最上部に学科・学年・番号・氏名を，写真の上にはやや大きめに作品タイトルを，写真の下には解説文を，最終行には撮影日時と場所（詳細な住所と共に）を書き入れる。

〈取り組む期間〉 2カ月間

〈留意事項〉 ①"各人の視点（まなざし＝現実認識）から写し取られた1枚の写真は，どれほど鮮やかに「東京」や「東京人」の諸相を描き出し，また，そこにいかほどの社会学的な知を織り込むことができるのか"を意識して，課題に取り組む。②写真は，可能な限り高画質で撮影しプリントする。③写真を沢山撮影した上で最もふさわしいものを選んで1事象に1枚の写真を使うこととし，また1事象につき1点のレポートを作成することを原則とする。

写真を撮影した後には，撮りためた画像を整理・加工・保存してデータ化する。オリジナルの画像（未処理のローデータ）は，カメラからPCやポータブルHDDやフォトストレージなどに取り込んで，何も手を加えず（加工・編集をせずに）保存する。「20130115Shinjuku01_03.jpg」のような，撮影年月日・地名＋整理番号などを入れ込んで，わかりやすくまた後で使いやすいように適切なファイル名を付けておく。そのうえで，オリジナル画像に必要最小限の加工・編集を施す。フォトレタッチソフトを使えばいかようにも修正（レタッチ）できるが，「オリジナルの記録・再現」の原則を遵守し，オリジナルを歪めないように注意する。色調（明るさやコントラスト）の適度な補正，不要な部分の削除（トリミング），赤目の除去，カラー画像のグレースケールへの変換等々は許容範囲に入るだろうが，色を変えたり，画像を必要以上にシャープにしたりコントラストをつけ過ぎたり，逆にある部分をぼかしたり取り除いたり，変形させる等々は慎むべきだ。最小限の加工・編集をした画像のファイルは，研究データ用として，オリジナルとは区別して保存・管理する。

そしていよいよ，写真"を"見て「感じる」→写真"で"見て「読む」→フィールドワークを行って写真"で"「物語る」ことになる。

写真がないと理解しにくいので，先のコラムで紹介した「東京人」観察学会

の "写真で語る：「東京」の社会学" プロジェクトによる写真を1点だけ掲げる。

電車と一緒におはよう，おやすみ
――暮らし続けて42年――

　部屋の灯りが漏れる何の変哲もない夜の団地。しかし，よく見ると下には電車がずらりと整列している。1968年に開設された都営地下鉄三田線西台駅に隣接する志村車両検修場と，その2年後に車庫上部の有効活用のため人工地盤と共に建てられた公営住宅だ。車庫の上に建つ団地は，他に類を見ない。

　検修場では主に，早朝（4:30頃）に試運転作業，日中に車両の点検作業が行われ，終電後（00:25）には回送電車が入庫する。後藤ゼミが団地の居住者36人に行ったインタビュー調査によると，「音（試運転のベルやエンジン音）が聞こえる」と答えた27人のうち25人は「生活をする上で気にならない」と答えた。また，居住歴20年を超える者は21人，60歳以上は31人と高齢化も進む。駅近という利便性や低廉な家賃，そして「慣れ」が彼らの耳栓となったのだ。

　この異様な団地には，高度経済成長のまっただ中の人口急増期に量産主義に走らざるを得なかった当時の東京が，ある意味で "最も露骨に" 表象されている。

2012年7月18日（水）21時00分
西台住宅5号棟（東京都板橋区高島平9丁目1）にて撮影

　この写真は，団地の下で地下鉄の車両がズラーッと並んでいる場面を撮ったものであり，車両基地（夜の9時に明かりが煌々とついていることから単なる車庫ではなさそうだ）が団地に併設されている点に東京性が見出された。

　次に，写真を凝視することで浮かび上がってくるこの「東京性（小さな物語

素)」の背後に見え隠れする「より大きな社会的世界」を，読み込んでみる。人が住まう／生活する場である団地と車両を点検したり修理したりする車両基地・検修場とが同居するなどということは，本来はあり得ない。にもかかわらず，ここにこうして現実にあるということの背景や理由はどのようなことなのかが想起・想像される。

　そこで今度は，写真に写っている／写っていない現地・現場に立ち降りて，フィールドワークを行うことになる。この団地で生活している居住者にインタビュー（聞き取り調査）したり，東京都住宅供給公社その他の関係機関でヒアリングを行えばよい。

　最後に，フィールドワークによって得られた実証データを分析し，主題化した「社会的世界」を物語る。解釈したことを言葉に替え（言語化し），ふさわしい作品タイトルと短めの解説文を写真に添えたレポートを作ってみるのである。こんな具合に。

　さあ，今度はあなた自身が，カメラ／スマートフォンとフィールドノートを持ってまちに出よう。写真観察というビジュアル調査法が，あなたの出番を待っている。

＊写真観察法に関しては，以下も参照のこと。
　関根康正，2011，「フィールドワークへの招待——写真観察法」日本文化人類学会監修『フィールドワーカーズ・ハンドブック』世界思想社。

⑤　映像フィールドワーク
——社会学的映像モノグラフの制作——

（1）映像フィールドワークの試み——社会学分野の大学ゼミの実践例

　映像フィールドワークとは，ⓐ映像（動画と音声を記録する）機器をフィールドに持ち込んで，ⓑ社会現象を映像で記録し，ⓒ映像（フィールドノーツの一部となる）をデータとして分析・考察し，ⓓ映像で成果（モノグラフ／作品）を公表する，そのすべてもしくは一部を組み込んだ社会調査の一方法である。動画・音声を記録するビデオカメラと社会学を交差させて調査を進めるので，社会学の研究対象になり得る面白い「物語（集合現象）」を見つけ出せるのであれば，最適な方法の一つとなる。

　東京大学の丹羽美之氏は，「ドキュメンタリーは映像を使った社会学だ！」と喝破して，前任校の法政大学社会学部のゼミナールで映像ドキュメンタリー制作を実践した（金井明人・丹羽美之編著『映像編集の理論と実践』法政大学出版局，

2008年)。大阪市立大学の石田佐恵子氏も，ゼミナールで「映像制作を介した
フィールドワーク」を実践し，映像で社会や文化を描く取り組みを行った（石
田佐恵子ほか『国際シンポジウム「ムービング・イメージと社会——映像社会学の可能
性」報告要旨集』大阪市立大学都市文化センター，2007年）。

　丹羽氏は同上編著書の中で，「映像を用いたフィールドワーク」ないし「エ
スノグラフィックな映像制作」の方法を，①事前リサーチ（情報収集），②企画
（調査計画），③リサーチ，④撮影（ロケ），⑤編集，⑥公開（上映）に沿って解
説する。そして，「調査の方法論は文字による記述を前提としたフィールド
ワークと基本的に何も変わらない」が，「どんな貴重な観察や聞き取りができ
たとしても，それがカメラで記録されない限り使えない」ことが「決定的に違
う点」であると指摘する。映像フィールドワークは，参与観察のようなエスノ
グラフィックな調査によって紡ぎ出される「ことば（テクスト）」を「映像
（ムービング・イメージ）」に置き換えることで成立する，と言ってよいだろう。

（2）地域社会調査の一手法として——もう一つの実践例

　上述の通り，写真（静止画）を使って「東京」と「東京人」の社会学的調査
研究を学部のゼミ生と協働して長年続けてきていた筆者は，丹羽氏や石田氏に
触発されて2008年度より触手を動画まで広げることにした。2010年度までの3
年間に試行した「東京ドキュメンタリー」プロジェクトに続き，2011年度から
は，大学（学部）のある京王線・東急世田谷線の下高井戸駅および京王線桜上
水駅の周辺地区（東京都世田谷区と杉並区にまたがる）で，地域のヒト・コト・モ
ノ（＝地域資源）を発掘し，それを題材とする映像作品を制作し，内外に向け
て発表するという「下高井戸・桜上水物語」と題するプロジェクトを，学部2
年の社会学演習で取り組んだ。表12−1には，「下高井戸・桜上水物語」を中
心に日大後藤研究室の学生（演習生とゼミ生）が制作・発表した映像作品33点を
発表年ごとに整理してある。いずれも，地域社会に関する様々なトピックス
（主題）をめぐって映像フィールドワークを実践し，映像モノグラフ（ドキュメ
ンタリー）に取りまとめた調査研究の成果物である。

（3）映像フィールドワークの手順と実際——作品制作の方法とプロセス

　短いもので約8分，長いもので1時間以上と，尺にバラツキはあるが，数カ
月〜2年ほどかけて学生たちが渾身の力を振り絞って制作した力作が揃ってい
る。この中から，「下高井戸・桜上水物語」プロジェクトをスタートさせた

表 12-1　学生が制作・発表した33点の映像作品

No.	発表年	映　像　作　品　の　タ　イ　ト　ル
1		甲州街道沿いから発せられる希望の息吹──自立と共生社会を目指して(10分38秒)**
2	2022	味噌も売る呉服屋──下高井戸商店街の隠し味(12分11秒)**
3		ここは深夜のサードプレイス──下高井戸のオーセンティック・バー(14分16秒)**
4		下高井戸商店街は生きている──コロナで分かれた商店街の3つの姿と打開への光(17分6秒)*
5	2021	新生日大フェニックスを追って──自主性を育んだその先に(9分42秒)*
6		子どもたちのサードプレイス──下高井戸が作り上げた子どもの居場所(12分51秒)*
7	2020	いのちと文化を育むブリコラージュ──北海道中川町 小さな町の社会実験(45分19秒)**
8	2018	学生スポーツ選手と生きる──とんかつ山路で生まれる明日への活力(9分43秒)*
9		桜上水5丁目の道しるべ──地域を繋ぐ人々の思い(13分21秒)*
10		中川の中側から──下高井戸の中の北海道中川町(16分9秒)*
11	2017	名物市場の行く末は──61年目の下高井戸駅前市場(8分58秒)*
12		それいけパン屋さん──天然酵母と税金の無駄遣いの追求(10分45秒)*
13		世田谷マーマレード物語──世田谷区と新潟県十日町市松代をつなぐ夏みかん(24分52秒)**
14	2016	世田谷で農業を営むということ──桜上水からお店で買えない野菜を提供します(12分48秒)*
15		開かずの踏切とこれから──京王線の高架化計画と地下化を求める沿線住民の動向(13分49秒)*
16		つむぎ合う，未来。──ポストフクシマの新しい生き方と社会像(1時間1分58秒)**
17	2014	一度きりの人生を泳ぎ切る！──盲目の金メダリストを支えるまちと人々(22分29秒)*
18		竹清堂──竹香る桜上水(11分1秒)*
19	2013	TOKYO世田谷シモタカイド──多色多彩なまち(8分16秒)**
20	2012	月見湯温泉──笑顔生み出す下高井戸・桜上水の隠れた名湯(12分41秒)*
21		岡さんの家TOMO──大きな窓を開け放つ小さな家(12分29秒)*
22	2011	しもたか音楽祭──響け！ 愛するこの街で(13分12秒)*
23		下高井戸シネマ──マンション2階の ʼ大きなʼ 映画館(12分53秒)*
24		新しい農村の在り方──鴨川から種まく人々(11分57秒)**
25	2010	青山のFarmer's Market──理想と現実の狭間で(10分48秒)*
26		俺達はここにいる──若者達の熱き奮闘(9分58秒)*
27		繋ぐ人という音──羽田・穴守稲荷神社(8分52秒)*
28	2009	ホームレスとNPO法人てのはし──池袋の公園で生まれた小さな社会(8分34秒)*
29		歌舞伎町想い人──街の安全と繁栄を願って(7分46秒)*
30		個性を発信！ 読者モデル──主役は街の若者たち(11分22秒)*
31		根津神社例大祭──祭りで感じる江戸・東京の粋(20分19秒)*
32	2008	大都市の小さな商店街──アイバンラーメンと丸美ストアの人々(12分54秒)*
33		新しい下町の形──日暮里駅開発と駄菓子屋街のゆくえ(10分58秒)*

注：*印は学部2年の演習生，**印は学部3・4年のゼミ生が制作・発表した作品を表す。

2011年に制作・発表した記念碑的作品でもある No.22 を取り上げて，作品制作の方法とプロセスを解説しておこう。

　「しもたか音楽祭──響け！　愛するこの街で」は，2011年10月29日（土）・30日（日）開催の第10回しもたか音楽祭をメインに据えて作り上げられた作品である。音楽祭では，下高井戸駅から日大文理学部に通じる日大通りの途中にある世田谷区立松沢小学校の体育館で開催された「地域コンサート」(10/29午後)・「ブラスの響き」(10/29夜)・「クラシック音楽の夕べ」(10/30夜)と題するコンサートの他に，街角でも路上コンサートがあちこちで開かれ，下高井戸のまちが音楽一色に染め上がった。

　企画者の学生は，ふとしたことからこの音楽祭のことを初めて知って，興味を抱いた。ウェブサイトを探索したり関係者に聞き取りをするなどの事前リサーチをした結果，次のようなことがわかった。①下高井戸商店街振興組合が主催して2日間にわたって開催され，その年で10回目となるほど地域に定着していること。②参加団体も多く，大勢の来場者で毎回ぎわいを見せる地域の名物行事となっていること。③地元の中学校・高校・大学の音楽系サークル・クラブ以外にも，2004年に地元在住のプロの演奏家が住民と一緒に結成し松沢小学校の音楽室を練習拠点として演奏活動を続ける下高井戸の市民オーケストラ「しもたかフィル」等，来場者（大半が地元住民）を魅了してやまない音楽祭の常連団体がいくつもあること。④商店街振興組合には下高井戸駅周辺エリアの250以上の店舗・事業所が加盟しており，世田谷区と杉並区とに分かれながらも商店街が一体となって街の活性化のための諸活動を熱心にかつ生き生きと展開していること。これらにいたく「不思議（？）」と「驚き（！）」を感じ，もっと詳しく調べれば地域社会の中で商店街が果たしている役割や個性的な地域文化のあり様を解き明かすことができると考えて，チームを組んで映像フィールドワークを行った。約3カ月半をかけて，キーパーソンや主要な組織・団体にインタビューしたり密着して取材・撮影する（映像制作の業界用語で「プロダクション」と言う）と共に，研究室や実習室でラッシュ（未編集の映像）を見ながら／聞きながら議論して，使う部分を切り出し，つなぎ合わせ，作品を仕上げていく編集作業も行った（「ポストプロダクション」と言う）。多くの質的調査と同様，途中でデータ（動画・音声）が足りないと判断した場合は，追加・補充のインタビューや撮影を行ったし，チームや演習内でデータの解釈や作品化の方向等をめぐって意見をぶつけ合い，結論が簡単には出ないこともたびたび経験した。

時間とエネルギーを注ぎ苦労を重ねた結果，事前リサーチ【プリプロダクション】と取材・撮影【プロダクション】と映像の編集と作品化【ポストプロダクション】を経て作品がようやく完成し，学内で開催した映像祭で上映（公開）することができた。作品化にあたっては，調査レポートや論文をまとめるのと同様に，最初に立てた問い（ⓐ商店街がクラシック音楽に力点を置いた大掛かりな音楽祭を開催し続けているのはどうしてなのか？　ⓑ音楽祭に関わる／集う多数の人々はどのような思いを抱いて準備にあたったり，演奏したり，来場して聴衆となっているのか？　ⓒ音楽祭が商店街や地域社会にどのような社会・経済的な効果をもたらすのか？）に対する答えを織り込んだ。具体的には作品を見ていただくことにして，要は調べて判明したことを文字ではなく「映像」で見せることに徹したのである。社会学の観点に立った映像フィールドワークによって制作された作品を，「**社会学的映像モノグラフ**」と位置づける理由でもある。

　この作品以外にも，多種多様なトピックスにフォーカスを定めた「物語」が紡ぎ出され，映像で表現され，見る人を魅せている。表12-1に掲載されていないものを含む全作品が，日大後藤研究室のウェブサイト（https://n510.com/）で公開されているので，観て参考にしてほしい。

　大学・学部・学科が，ビデオカメラ，編集・作品制作専用のPC（編集用ソフトを含む），その他の機材を用意してくれているのならもちろんよいのだが，なくても心配ない。最新スマートフォンのカメラは性能が非常によくなっているので，静止画であっても動画・音声であっても実用に十分耐えられる。スマホ用もPC用も，高性能でありながら無料で使える編集用ソフトも出回っている（PC用の動画編集ソフトとしては，DaVinci Resolve［ダビンチ・リゾルブ］の無料版をすすめておきたい。もちろん，より高性能で本格的なAdobe Premiere Proなどの有料ソフトを使えるようなら，それに越したことはないのだが）。

　なので，スマホとPCさえあれば，いつでも，どこでも，映像フィールドワークが実践できるし，映像作品の制作・発表が可能となる。ゼミや演習でやることが決まれば，1人ひとりで地域を丹念に歩き回って観察・聞き込みを行い，興味深い「物語素」を見つけ出すことができたら，企画書を作成しよう。それを持ち寄って企画コンペを行い，テーマや内容の面白さや実現可能性などを勘案して2，3に絞ったうえで，5名前後でチームを組んでフィールドワーク（取材・撮影・録音）を実施し，作品（映像ドキュメンタリー／社会学的映像モノグラフ）を時間をかけて作り上げていく。チーム内だけではなくゼミや演習内でも，映像データ（映像で記録した動画＋音声の生データ）を見て／聞いて意見交

換して意味を読み解いていくセッション，それを基に構成を組み立ててある程度「形」になってきたら試写会を何度も重ねながら，作品（ドキュメンタリー／モノグラフ）の質を徐々に上げていけばよいだろう。

（4）表現のための映像と記録のための映像——作品とデータ源の狭間で

こうした「**表現のための（作品としての）映像**」には，関西学院大学の山中速人氏のように批判的な言辞が投げかけられているので，耳を傾けておきたい。山中氏は，テレビのドキュメンタリー番組にありがちなイメージを先に膨らませてそれに合わせて撮影し映像を構成していくやり方は，その地域／まちが持っている文化的な多様性・複合性を削ぎ落とすことになるので，「（社会学の）研究のための映像」にはならない。研究に必要なのは「**記録としての（データ源としての）映像**」である，と主張する（前掲の山中，2009）。

しかしながら他方で，映像フィールドワークの成果物も「一種のモノグラフ」であり，社会学の他の（文字を主とする）モノグラフ同様，完成品で評価すればよいという捉え方ができることも知っておきたい（前掲の後藤，2011）。社会学的映像モノグラフを学生と一緒に制作・発表し続けている経験を踏まえるならば，山中氏が言うように，先に膨らませたイメージに沿って作品化が進むわけでは必ずしもない。作品は，フィールドワークを積み重ねて少しずつ明らかになっていったことを映像化して（映像データで根拠づけて），構成されるのである。また，社会学的映像モノグラフには，地域社会の諸相や社会風景を生き生きと映し出し，見る者を「魅せる」力が宿っており，地域の活性化とか商店街の振興とか地方創生とか大学による地域貢献活動にも生かすことができる。

いずれにしても，映像フィールドワークは，モノグラフにまとめて表現（作品化）することを目指して行うにしても，映像をデータとして分析するために行うにしても，実践してみるに値する優れた社会調査の一手法であることは間違いない。

（後藤範章）

索　引

（＊は人名）

〈編著者紹介〉

大谷信介（おおたに・しんすけ）

1955年　神奈川県生まれ
筑波大学大学院社会科学研究科博士課程単位取得退学，社会学博士
　現　在：社会調査協会理事　自治体調査支援委員会委員長
　［専　攻］都市社会学・社会調査論
　［主著または主論文］『都市居住の社会学』（ミネルヴァ書房，2020），『〈都市的なるもの〉の社会
　　学』（ミネルヴァ書房，2007），『現代都市住民のパーソナル・ネットワーク』（ミネルヴァ書房，
　　1995），『グローバル化時代の日本都市理論』（共編著，ミネルヴァ書房，2015），『マンションの
　　社会学』（編著，ミネルヴァ書房，2012），『問題意識と社会学研究』（編著，ミネルヴァ書房，
　　2004），『これでいいのか市民意識調査』（編著，ミネルヴァ書房，2002），*Networks in the Global
　　Village*（共著，Westview Press, 1999）など

木下栄二（きのした・えいじ）

1960年　埼玉県生まれ
東京都立大学大学院社会科学研究科博士課程単位取得退学
　現　在：桃山学院大学社会学部教授
　［専　攻］家族社会学・社会調査論
　［主著または主論文］「家族意識の構造・要因分析」『家族研究年報』（第14号，1989），「親子関係
　　研究の展開と課題」野々山久也ほか編『いま家族に何が起こっているのか』（ミネルヴァ書房，
　　1996），「結婚満足度を規定するもの」渡辺秀樹ほか編『現代家族の構造と変容』（東京大学出版
　　会，2004）など

後藤範章（ごとう・のりあき）

1956年　長野県生まれ
日本大学大学院文学研究科博士課程満期退学，博士（社会学）
　現　在：日本大学文理学部特任教授
　［専　攻］都市社会学・ビジュアル社会学・社会調査論
　［主著または主論文］『鉄道交通と巨大都市化の社会学』（日本評論社，2022，第42回日本都市学会
　　賞（奥井記念賞）・第17回地域社会学会賞受賞），『鉄道は都市をどう変えるのか──交通インパ
　　クトの社会学』（編著，ミネルヴァ書房，2021），『ビジュアル調査法と社会学的想像力』（監訳，
　　ミネルヴァ書房，2012），*Tradition and Change in the Asian Family*（共著，East-West Center,
　　1994）など

小松　洋（こまつ・ひろし）

1963年　大阪府生まれ
東北大学大学院文学研究科博士課程中途退学
　現　在：松山大学人文学部教授
　［専　攻］環境社会学・計量社会学・社会調査論
　［主著または主論文］「愛媛県のごみ排出の現状と情報源としての『分別辞典』」──環境社会学の
　　視点から」愛媛大学・松山大学愛媛県南予地域共同研究プロジェクトチーム『チームびやびや』
　　［代表：若林良和，市川虎彦］編著『愛媛学を拓く』（編著，創風社出版，2019），「紙とリサイ
　　クル」松山大学・愛媛大学『えひめの価値共創プロジェクト』編『大学的愛媛ガイド』（昭和堂，
　　2020），「回答者視点からみた社会調査──調査の有効性と懸念および協力しやすさに着目して」
　　『社会と調査』（共著，No. 26，2021）など

最新・社会調査へのアプローチ
——論理と方法——

2023年9月30日　初版第1刷発行　　　　　　　　〈検印省略〉
2024年5月30日　初版第3刷発行

定価はカバーに
表示しています

編著者　　大谷信介　木下栄二
　　　　　後藤範章　小松　洋
発行者　　杉　田　啓　三
印刷者　　坂　本　喜　杏

発行所　　株式会社　ミネルヴァ書房
607-8494　京都市山科区日ノ岡堤谷町1
電話代表（075）581-5191
振替口座01020-0-8076

ISBN 978-4-623-09524-7
Printed in Japan

大谷信介 編著
マンションの社会学　　　　　　　　　　　　　　　本体3,000円

大谷信介 編著
これでいいのか市民意識調査　　　　　　　　　　　本体2,600円

大谷信介 著
都市居住の社会学　　　　　　　　　　　　　　　　本体2,500円

キャロライン・ノウルズ，ポール・スウィートマン 編
後藤範章 監訳
渡辺彰規・山北輝裕・松橋達矢・林 浩一郎・後藤拓也 共訳
ビジュアル調査法と社会学的想像力　　　　　　　　本体3,400円

後藤範章 編著
鉄道は都市をどう変えるのか　　　　　　　　　　　本体6,500円

谷　富夫・芦田徹郎 編著
よくわかる質的社会調査　技法編　　　　　　　　　本体2,500円

谷　富夫・山本　努 編著
よくわかる質的社会調査　プロセス編　　　　　　　本体2,500円

S.B. メリアム 著
堀　薫夫・久保真人・成島美弥 訳
質的調査法入門　　　　　　　　　　　　　　　　　本体4,200円

S.B. メリアム，E.L. シンプソン 著
堀　薫夫 監訳
調査研究法ガイドブック　　　　　　　　　　　　　本体3,500円

山口富子 編著
インタビュー調査法入門　　　　　　　　　　　　　本体2,800円

──────── ミネルヴァ書房 ────────
https://www.minervashobo.co.jp/